HISTOIRE POPULAIRE ILLUSTRÉE
DE
 L'EMPEREUR NAPOLÉON III
PAR
MM. GRANIER DE CASSAGNAC & PAUL DE CASSAGNAC

LACHAUD & BURDIN, Éditeurs, 4, place du Théâtre-Français

M

Le sixième fascicule de notre *Histoire populaire illustrée de l'Empereur Napoléon III* n'a pu paraître en son temps. Des poursuites exercées contre nous, à l'occasion des gravures du précédent fascicule, ont été cause du retard qu'a subi celui-ci. Nous en avons éprouvé de graves inconvénients et des pertes matérielles considérables; néanmoins, encouragés et soutenus par tous nos amis et désireux de montrer notre dévouement par nos efforts, nous continuerons notre œuvre jusqu'au bout. Nous comptons que votre bon concours ne nous fera pas défaut.

Agréez, M   , nos salutations empressées.

LACHAUD et BURDIN, éditeurs.

On lit dans le Pays *du 1er octobre, sous la signature de* M. Paul de CASSAGNAC :

Le premier volume de notre HISTOIRE POPULAIRE DE L'EMPEREUR NAPOLÉON III a déjà paru. Les deux premières livraisons du deuxième volume sont prêtes ; le livre marche rapidement à sa fin.

L'administration nous a fait subir quelques tracasseries qui nous ont un peu retardés.

Mais elles ont eu pour résultat de stimuler le zèle de nos souscripteurs.

On voulait nous empêcher de poursuivre notre œuvre vengeresse, notre œuvre d'apologie, de justice, où, l'histoire en main, nous restituons à l'Empereur mort la physionomie pleine de grandeur et de génie qui était sa physionomie vraie.

Pour ceux, en effet, qui veulent s'opposer à l'avènement certain de l'Empire après l'expiration légale du Septennat, nous étions des hommes dangereux, des hommes qui ne craignaient pas de déchirer les voiles, de prouver que le 2 Décembre fut nécessaire au salut de la France, que la guerre n'est pas le résultat de la volonté de l'Empereur; et, à tout prix, on a voulu mettre des obstacles à notre publication.

Ne pouvant s'en prendre au texte, aux faits, au récit lui-même, qui n'est que le reflet de l'impartiale vérité, on s'en est pris aux gravures, innocentes et anodines.

Soit! mais nos amis ne trouveront dans cette petite persécution que l'occasion nouvelle de faire des efforts pour la propagation de ce travail utile, indispensable. Prouver que Napoléon III fut un grand homme et qu'il aima la France par-dessus tout, le prouver à ses ennemis, n'est-ce pas augmenter les chances de son fils, lui ouvrir les voies et assurer l'avenir en honorant le passé?

Il faut que nos amis, connus et inconnus, s'occupent activement de vulgariser ce livre. Chaque commune devrait en avoir un. Partout où est le poison le remède doit être placé.

Voyez les républicains : ils se livrent à une propagande effrénée en faveur de leur cause.

Impérialistes! allez-vous rester les mains dans les poches, vous croiser les bras et ne donner aucun moyen aux électeurs de pouvoir répondre, quand on leur dit que le 2 Décembre fut un crime, que le Mexique fut un crime, que la guerre de 1870 fut un crime?

Des éditeurs dévoués ont fait des frais énormes de publicité. Venez à leur aide, donnez-leur le moyen de faire prochainement, lorsqu'ils seront au pair de leurs dépenses, une édition à bas prix pour le peuple.

Nous, je vous le répète, nous avons donné ce que nous avions : notre plume. A vous de la rendre féconde et utile, en amenant des souscripteurs.

PAUL DE CASSAGNAC.

Imprimerie Parisienne, J. Soubie.

HISTOIRE POPULAIRE ILLUSTRÉE
DE
 L'EMPEREUR NAPOLÉON III
PAR
MM. GRANIER DE CASSAGNAC & PAUL DE CASSAGNAC

LACHAUD & BURDIN, Éditeurs, 4, place du Théâtre-Français

Paris, le _____ 1874.

M_____

Nous avons eu l'honneur de vous écrire déjà au sujet du _____ payement que vous n'avez pas effectué.

Notre lettre étant restée sans réponse, nous vous informons que nous vous ferons présenter le *31 Décembre prochain*, une Quittance de ▬▬ montant de ce que vous devez sur votre souscription et d'après le Bulletin d'engagement que vous avez signé.

DÉTAIL : { *Montant de la souscription*. . . _____
{ *Frais de retour et correspondance* _____

TOTAL. . . _____

Nous vous prions, M_____, de faire bon accueil à notre traite de fin Décembre et de vouloir bien nous continuer votre bon concours jusqu'à l'accomplissement de notre entreprise, qui a été pour nous onéreuse et difficile, mais que nous tenons à honneur de mener à bonne fin.

Agréez, M_____, nos salutations empressées,

LACHAUD & BURDIN,
ÉDITEURS

Voir d'autre part :

On lit dans le Pays *du 1ᵉʳ octobre, sous la signature de* M. Paul de CASSAGNAC :

Le premier volume de notre Histoire populaire de l'Empereur Napoléon III a déjà paru. Les deux premières livraisons du deuxième volume sont prêtes ; le livre marche rapidement à sa fin.

L'administration nous a fait subir quelques tracasseries qui nous ont un peu retardés.

Mais elles ont eu pour résultat de stimuler le zèle de nos souscripteurs.

On voulait nous empêcher de poursuivre notre œuvre vengeresse, notre œuvre d'apologie, de justice, où, l'histoire en main, nous restituons à l'Empereur mort la physionomie pleine de grandeur et de génie qui était sa physionomie vraie.

Pour ceux, en effet, qui veulent s'opposer à l'avènement certain de l'Empire après l'expiration légale du Septennat, nous étions des hommes dangereux, des hommes qui ne craignaient pas de déchirer les voiles, de prouver que le 2 Décembre fut nécessaire au salut de la France, que la guerre n'est pas le résultat de la volonté de l'Empereur ; et, à tout prix, on a voulu mettre des obstacles à notre publication.

Ne pouvant s'en prendre au texte, aux faits, au récit lui-même, qui n'est que le reflet de l'impartiale vérité, on s'en est pris aux gravures, innocentes et anodines.

Soit ! mais nos amis ne trouveront dans cette petite persécution que l'occasion nouvelle de faire des efforts pour la propagation de ce travail utile, indispensable. Prouver que Napoléon III fut un grand homme et qu'il aima la France par dessus tout, le prouver à ses ennemis, n'est-ce pas augmenter les chances de son fils, lui ouvrir les voies et assurer l'avenir en honorant le passé.

Il faut que nos amis connus et inconnus s'occupent activement de vulgariser ce livre. Chaque commune devrait en avoir un. Partout où est le poison le remède doit être placé.

Voyez les républicains : ils se livrent à une propagande effrénée en faveur de leur cause.

Impérialistes ! allez-vous rester les mains dans les poches, vous croiser les bras et ne donner aucun moyen aux électeurs de pouvoir répondre, quand on leur dit que le 2 Décembre fut un crime, que le Mexique fut un crime, que la guerre de 1870 fut un crime.

Des éditeurs dévoués ont fait des frais énormes de publicité. Venez à leur aide, donnez-leur le moyen de faire prochainement, lorsqu'ils seront au pair de leurs dépenses, une édition à bas prix pour le peuple.

Nous, je vous le répète, nous avons donné ce que nous avions : notre plume. A vous de la rendre féconde et utile, en amenant des souscripteurs.

Paul de Cassagnac.

PUBLICATIONS RECOMMANDÉES

Nos amis qui désirent les ouvrages ci-après, n'ont qu'à nous adresser leur commande, l'expédition leur sera faite immédiatement et ils payeront deux mois après avoir reçu, sur présentation d'une quittance (Les expéditions sont toujours faites *franco*).

TITRES DES OUVRAGES	PRIX	NOMBRE d'ouvrages demandés	MONTANT de la Commande
	fr. c.		
Œuvres posthumes de Napoléon III (nouvelle édition)	7 50		
Le 16 Mars à Chislehurst, avec les noms des personnes présentées à Cambden-Place, par M. Granier de Cassagnac, ancien Député au Corps législatif (2ᵉ édition)	1 »		
Empire et Royauté, par Paul de Cassagnac.	» 50		
L'Aigle, Almanach du Suffrage universel, par Paul de Cassagnac, 1875 (25 fr. le cent)	» 50		
La Dépêche du 20 août 1870, du maréchal Bazaine au maréchal de Mac-Mahon, par le colonel baron Stoffel (5ᵉ édition)	2 »		
Vingt ans de Despotisme et Quatre ans de Liberté, par Fernand Giraudeau	3 »		
Les Titres de la Dynastie impériale, par Edouard Guillemin	» 50		
Histoire populaire de Napoléon III, petit format, par Paul de Cassagnac (40 fr. le cent)	» 50		
Empire ou Radicalisme, par H. Aubert et l'abbé Castay	2 50		
Une Sœur de Charité (l'Impératrice Eugénie), avec portrait, par Evariste Bavoux, ancien conseiller d'État	1 »		
Le Quatrième Napoléon (avec portrait), par Léonce Dupont	3 »		
Le Lendemain de l'Empire, par A. Vitu	3 »		
Le Catéchisme impérial, par Edouard Boinvilliers	» 50		
On demande un Dictateur, par Jules Amigues	1 »		
Comment l'Empire reviendra, par Jules Amigues	1 »		
Journal d'un Parisien pendant la Commune, par Eugène Loudun (2 vol.)	6 »		
Le Bonapartisme (4ᵉ dynastie), par Alfred d'Alembert	1 »		
Le Journal de Chislehurst (Funérailles de l'Empereur), par F. Aubert	1 »		
Les Vacances du quatrième Napoléon à Arenemberg, par Evariste Bavoux	1 »		
Le Retour de l'île d'Elbe	1 »		
La Fusion et l'Appel au Peuple	1 »		
A Reporter			

TITRES DES OUVRAGES	PRIX	NOMBRE d'ouvrages demandés	MONTANT de la Commande
	fr. c.		
Report..............			
BUSTE DE S. A. LE PRINCE IMPÉRIAL par Francia			
Modèle n° 1. — Plus grand que nature, haut. 92 c.	100 »		
Modèle n° 2. — Hauteur 55 c., épreuve de choix, albâtre stéariné....................	30 »		
Modèle n° 3. — Edition populaire, hauteur 30 c., albâtre stéariné....................	10 »		
PHOTOGRAPHIES CARTE ALBUM			
Groupe de la Famille impériale...........	1 50		
S. M. l'Empereur Napoléon III...........	1 50		
S. M. l'Impératrice.....................	1 50		
S. A. Le Prince impérial................	1 50		
Tombeau de l'Empereur.................	1 50		
Chapelle Sainte-Marie de Chislehurst.....	1 50		
Cambden-House (Chislehurst)............	1 50		
Totaux.............			

Remplir le Bordereau et l'adresser à MM. LACHAUD et BURDIN, libraires-éditeurs, 4, place du Théâtre-Français, à Paris. — On reçoit les ouvrages par le retour du courrier et on est prié de ne payer que sur présentation de la quittance, soit deux mois après la réception de la commande.

Je, soussigné

demeurant à

déclare souscrire aux ouvrages que j'ai signalés dans le présent

Bordereau, moyennant la somme de

que je payerai deux mois après réception des Ouvrages et sur présentation de la Quittance de MM. Lachaud et Burdin.

A   le   187 .

Signature,

HISTOIRE

DE

NAPOLÉON III

1674.74. — Boulogne (Seine). — Imprimerie JULES BOYER et Cie.
Administration : rue Neuve-Saint-Augustin, 11, à Paris.

GRANIER DE CASSAGNAC ET PAUL DE CASSAGNAC

HISTOIRE POPULAIRE

ILLUSTRÉE

DE

L'EMPEREUR NAPOLÉON III

TOME I

PARIS
LACHAUD & BURDIN, LIBRAIRES-ÉDITEURS
4, PLACE DU THÉATRE-FRANÇAIS, 4

1874

PRÉFACE

Aucun des écrivains qui ont raconté les événements accomplis en France depuis 1789 n'a répondu clairement à ces deux questions :

Quel était le but de la Révolution ?

Quel était le moyen de la clore, en assurant ses résultats ?

Ce que les autres n'ont pas fait, nous allons le tenter en quelques mots, car les vérités bien nettes n'ont pas besoin de phrases bien longues.

La Révolution française, suite du développement des idées chrétiennes et de la marche de la raison publique, avait pour objet, en complétant les progrès déjà accomplis sous l'ancienne monarchie, de faire régner parmi les hommes l'égalité devant la loi, d'abord par la suppression de priviléges que rien ne justifiait plus, ensuite par une équitable répartition faite à chacun des droits et des devoirs de tous.

Ainsi, rendre commun l'accès de toutes les carrières, rompre les digues qui arrêtaient le travail, placer dans l'effort personnel, dans l'étude, dans l'intelligence, dans la moralité les avantages jusqu'alors placés dans la naissance, faire enfin qu'au lieu de devoir son rang à la loi on ne le dût qu'à soi-même, — voilà le but de la Révolution.

Placer la société, les personnes, les intérêts, les progrès sous la garantie d'un pouvoir nouveau ; pouvoir issu de la confiance nationale, pour qu'il fût fort ; et héréditaire, pour qu'il fût stable ; — voilà le moyen d'assurer les résultats de la révolution, et d'en clore les troubles.

Ce peu de mots suffisent à faire comprendre que, de tous les hommes qui prirent ou qui reçurent le mandat de diriger la révolution française, Napoléon Bonaparte, général, premier consul, empereur, fut le seul qui aperçut clairement son but, et qui assura ses conquêtes, en les faisant passer dans nos institutions.

Cela explique la popularité et l'immensité de son pouvoir, dues à la reconnaissance des amis de la révolution, et la grandeur de sa chute, due à la haine de ses adversaires.

Il faut bien remarquer, en effet, que Napoléon Ier n'a pas été renversé, comme Louis XVI, comme Charles X, comme Louis-Philippe, par l'explosion de l'opinion nationale révoltée ; il est tombé sous le poids de l'Europe féodale, coalisée pour la quatrième fois contre celui qui était l'apôtre armé de la révolution, et sa représentation triomphante au milieu de la vieille Europe.

Un fait bien simple suffit à peindre l'effet du passage de Napoléon dans la société moderne. La Sicile est une partie intégrante, mais séparée du territoire de Naples. Eh ! bien, le territoire napolitain est régi par le code civil français, tandis que le territoire sicilien est encore régi, à cette heure, par le code féodal du moyen-âge. Pourquoi cette différence ? Parce que, durant tout le temps que le roi Joseph et le roi Murat occupèrent l'Etat de Naples et y établirent les lois françaises, la Sicile resta occupée par les Bourbons, sous la garde des Anglais.

Supposez la coalition, ayant à sa tête l'armée de Condé ou les émigrés de Quiberon, triomphante des armées républicaines ; supposez que Napoléon n'eût pas eu le temps de consolider la révolution française à Marengo, à Austerlitz, à Iéna et à Wagram, et la France serait encore féodale, comme la Sicile.

Le rôle des Bonaparte, deux fois sanctionné par un vote solennel de la France, en 1804 et en 1852, consiste donc à défendre et à développer pratiquement la prépondérance de la démocratie fondée par la révolution, et à la soumettre à une discipline qui la conserve, en la préservant des excès qui la compromettent.

Livrée aux entraînements et aux désordres inhérents à la forme républicaine, la démocratie a toujours dégénéré et s'est changée en démagogie, principe anti-social, contre lequel les esprits et les intérêts réagissent violemment. Au contraire, groupée autour d'un pouvoir fort, né du choix du peuple, et par conséquent investi de sa confiance, la démocratie s'est toujours maintenue et développée, fortifiant la nation par la richesse, élevant les caractères par la moralité.

Dans l'accomplissement de son œuvre civilisatrice, Napoléon Ier eut surtout à porter le dernier coup aux traditions féodales ; et, quoique finalement renversé par elles, il laissa dans ses institutions civiles, administratives et militaires le principe d'égalité qui devait les tuer.

Autre a été l'œuvre de Napoléon III. Chargé, le 10 décembre 1848, d'arracher la France à la compétition des vieux partis et de la rendre à elle-même, il a poursuivi sa tâche, soutenu par l'amour et la reconnaissance du peuple ; mais, arrêté dans sa marche par une guerre inopinée et malheureuse, et précipité du pouvoir par une faction honteusement alliée aux ennemis, il est mort dans l'exil, regretté de la France, respecté de l'Europe, laissant pour héritage à son fils le soin et l'honneur de reprendre et d'accomplir la mission que six Plébiscites ont donnée à sa famille.

Ce livre sera comme le miroir dans lequel l'esprit élevé, l'âme noble, le cœur généreux, le caractère calme et résolu de Napoléon III viendront se réfléchir et se peindre.

Dans ses luttes, entreprises en vue de rendre la France à elle-même, comme dans l'exercice du pouvoir conféré par la confiance publique, il témoigna toujours de son respect pour la souveraineté nationale, de ses efforts pour améliorer, par le développement du travail, la condition matérielle et morale de tous ; de son désir de donner au pays l'ordre, la richesse, la gloire ;

de montrer enfin que l'esprit de sa dynastie était toujours vivant dans son âme, et qu'élevé au trône par la volonté du peuple, il n'avait en vue que sa prospérité et sa grandeur.

Il perpétuait ainsi la pensée de Napoléon Ier, qui avait dit, en recevant la couronne : « Mon esprit ne serait plus avec ma postérité, le jour où elle cesserait de mériter l'amour et la confiance de la grande nation. »

Il pratiquait les leçons de sa mère la reine Hortense, qui lui avait tracé sa voie dans ces paroles d'une élévation et d'une dignité souveraines :

« Le peuple, qui donne, a le droit d'ôter. Les Bourbons, qui se croient propriétaires, peuvent prétendre réclamer la France, comme un bien. Les Bonaparte doivent se rappeler que toute puissance leur vient de la volonté populaire. Ils doivent en attendre l'expression et s'y conformer, leur fût-elle contraire. » (*Mémoires de la reine Hortense.*)

Tel il vécut sur le trône, tel il est mort dans l'exil, laissant des enseignements dans lesquels son fils a puisé la devise napoléonienne :

TOUT POUR LE PEUPLE ET PAR LE PEUPLE.

Paris, 1er mars 1874.

A. GRANIER DE CASSAGNAC.   PAUL DE CASSAGNAC.

HISTOIRE POPULAIRE ILLUSTRÉE

DE

L'EMPEREUR NAPOLÉON III

LIVRE PREMIER

Naissance du prince Louis-Napoléon Bonaparte. — Caractère de la reine Hortense et de ses deux enfants. — Leur éducation. — Jeunesse du prince Louis. — Ses études. — Sa participation aux événements d'Italie. — (1808-1836).

A la page 38 du tome XVII de la Correspondance de Napoléon Ier, nous trouvons deux lettres qui doivent ouvrir notre histoire et servir de frontispice à notre livre. Voici la première :

A L'IMPÉRATRICE,

A BORDEAUX.

« *Bayonne, 23 avril 1808.*

« Mon amie, Hortense est accouchée d'un fils : J'en ai éprouvé une vive
« joie. Je ne suis pas surpris que tu ne m'en dises rien, puisque ta lettre est
« du 21 et qu'elle est accouchée le 20, dans la nuit.

« Napoléon. »

Voici la seconde :

A HORTENSE, REINE DE HOLLANDE,

A PARIS.

« *Bayonne, 23 avril 1808.*

« Ma fille, j'apprends que vous êtes heureusement accouchée d'un
« garçon. J'en ai éprouvé la plus grande joie. Il ne me reste plus qu'à être
« tranquille et à savoir que vous vous portez bien. Je suis étonné que dans
« une lettre du 20 que m'écrit l'archichancelier, il ne m'en dise rien.

« Napoléon. »

Cet enfant dont la naissance était saluée par l'Empereur, s'appelait Louis-Napoléon, et devait plus tard, comme son oncle, réunir sur son auguste tête, la gloire qui resplendit et le martyre qui sanctifie.

Il était le troisième fils de Louis, frère de l'Empereur et roi de Hollande, et de la reine Hortense-Fanny de Beauharnais.

Le roi Louis a laissé dans l'histoire un nom populaire. Quand l'Empereur monta sur le trône, il nomma Louis connétable de France et colonel général des cuirassiers. Il lui fit un royaume de la république Batave, constituée en monarchie.

Louis ne garda pas longtemps la couronne. Des difficultés s'élevaient à chaque instant entre l'Empereur et lui ; l'Empereur voulait naturellement faire converger vers l'intérêt exclusivement français l'autorité royale de son frère, et celui-ci, qui prenait très au sérieux son rôle de souverain, ne pouvait pas consentir, tout en demeurant fidèle à la France, à sacrifier les intérêts particuliers du peuple hollandais. De là, des dissentiments qui le décidèrent à abdiquer le trône. Il en descendit comme il y était monté, simplement, noblement, forçant l'Empereur lui-même à admirer son généreux caractère, emportant l'estime du peuple, dont il avait voulu faire le bonheur, et offrant à ses concitoyens l'exemple si rare d'un homme de cœur dont la conscience ne saurait faiblir, même devant les séductions de la puissance suprême.

Louis-Napoléon, son fils, demeura toujours singulièrement fier du désintéressement et de la grandeur d'âme montrés par son père, et, dans ses *Considérations politiques et militaires sur la Suisse*, il rend un éclatant hommage à sa mémoire, tirant un légitime orgueil de cet acte digne d'être mis dans Plutarque à côté des actes les plus beaux du tyrien Abdalonyme, du grec Philoppœmen et du romain Vespasien.

A partir de son abdication, le roi Louis resta tout à fait étranger à la politique. D'un esprit réfléchi, calme, pratique, ayant une rare connaissance des affaires, il offrait un contraste singulier avec le caractère sensible, romanesque et poétique de la reine Hortense.

Jamais deux natures ne furent aussi complétement dissemblables et opposées. Néanmoins la plus sincère estime ne cessa de régner entre les deux époux, et nous verrons plus tard comment ils se partageaient la mission si douce et si grave à la fois de l'éducation de leurs enfants.

Trois enfants étaient nés de cette union. L'aîné, Charles Napoléon, prince royal de Hollande, mourut à La Haye, le 5 mai 1807.

Cette date, si triste pour la reine, devait plus tard lui devenir plus cruelle encore par la mort de l'Empereur à Sainte-Hélène; et que de larmes lui coûtèrent ces anniversaires qui lui rappelaient tout à la fois la perte de son enfant et la perte de son bien-aimé père adoptif!

Son deuxième enfant fut le Prince Napoléon, né le 11 octobre 1804; fait par l'Empereur grand-duc de Berg, et qui mourut s jeune, si brillant, si regretté dans l'insurrection italienne de 1831.

Enfin le troisième était Louis-Napoléon, plus tard Empereur des Français sous le nom de Napoléon III, et le seul qui soit né dans le palais des Tuileries.

Plus on lit les mémoires du temps, plus on s'attache à la physionomie ravissante de la reine Hortense. Peu de femmes sont moins connues qu'elle, sous les aspects divers qui faisaient d'elle une femme de premier ordre; on a souvent fait l'éloge de son charme enchanteur, de sa grâce, de la merveilleuse bonté de son cœur, mais on a trop sacrifié les qualités élevées et sérieuses de sa remarquable intelligence aux qualités séduisantes de son esprit.

En 1808, à l'époque de la naissance de Louis-Napoléon, la reine Hortense avait à peine vingt-cinq ans. Elle était, on le sait, la fille de l'Impératrice Joséphine, et elle tenait de la race créole tout ce qui donne à la femme cette beauté vive et douce, cette nature simple et enjouée, cette tournure élégante et nonchalante qui semble en faire une race particulière dans la race blanche elle-même. Elle était de taille moyenne et pourtant elle paraissait grande, tant son port était majestueux et distingué. Ses grands beaux yeux bleus avaient une douceur infinie et troublaient par l'étrange pénétration qu'ils possédaient. Sa main fine et élégante se perdait dans les gants si longs qu'on portait à cette époque et qui montaient jusqu'à demi-bras. Son pied était cambré; sa taille ronde et souple était singulièrement maigrie à cette époque, et sur son beau visage, si mobile d'expression, commençait à errer cette pâleur maladive, qui trahissait une grande faiblesse de poitrine, et qui, plus tard, faisait d'autant plus ressortir l'incroyable énergie avec laquelle elle domptait la souffrance physique. Mais ce que la reine avait de plus charmant, c'étaient ses cheveux blonds qui tombaient jusqu'à terre. Une de ses fidèles amies raconte que lorsque son coiffeur démêlait ces admirables tresses, il était obligé d'aller si loin, que les deux petits enfants, Louis et Napoléon, couraient sous cette nappe éblouissante de cheveux d'or, sans même déranger le coiffeur dans son ouvrage.

Au moral, la reine était douce, bonne, serviable, et prodigieusement instruite. Trois exemples, pris au hasard, établiront ce qu'il y avait de profondément sérieux dans cette éducation artistique où l'histoire coudoyait la poésie et où la poésie marchait de pair avec une science complète de la géographie.

Un jour, en 1815, elle était à Aix-les-Bains, en Savoie, sous la garde et la surveillance d'un officier autrichien délégué par les alliés. Cet officier avait pour ami un frère d'armes, dont l'unique vanité reposait sur une épée vieille de plusieurs siècles, appartenant à sa famille, et qui aurait été l'épée de Richard Cœur-de-Lion Il la montrait avec une rare complaisance, et il ne se fit pas prier beaucoup pour la soumettre à l'admiration de la reine Hortense. La reine jette un coup d'œil distrait sur cette arme admirablement conservée d'ailleurs, puis elle dit négligemment : — « Pardon, je vois là les insignes de l'Ordre de la Jarretière ; or, je ne sache pas que cet ordre existât du temps de Richard Plantagenet. C'est donc tout au plus de Richard III qu'il s'agit. » L'officier demeura confondu, et la reine, dans sa modestie, ne triompha même pas du petit succès qu'elle venait d'avoir et auquel elle fut la dernière à faire attention.

En 1814, comme elle fuyait Versailles devant les alliés et se rendait à Navarre chez sa mère, elle apprend que les Cosaques rôdaient dans les environs de la forêt de Rambouillet qu'elle devait traverser. Alors, vite, elle saisit sa carte de France, qui ne l'abandonnait jamais, et elle-même indique au cocher stupéfait les routes qu'il doit prendre et qu'elle choisit avec la sûreté d'un général d'armée.

Cette incroyable manie chez une femme de se rendre compte des lieux qu'elle traverse et qui semble assez naturelle chez la belle-fille de Napoléon, sauva la vie plus tard, comme nous le verrons, à Louis-Napoléon, quand, après la mort de son fils aîné, elle fuyait l'armée autrichienne et rentrait en France avec son dernier enfant, au mépris des lois de proscription et en suivant les chemins que sa carte lui montrait.

Elle peignait à ravir; son maître préféré était Garneray. Elle exerçait sa charmante tyrannie sur ses amies et les forçait de poser devant elle jusqu'à ce qu'elle les eût réussies, et elle était fort difficile pour elle-même.

Mais son talent préféré était la musique. C'est pour obéir à l'Empereur qui réclamait des airs patriotiques et qui trouvait la *Marseillaise* un peu compromise par les fureurs révolutionnaires, qu'elle composa le fameux air de *Partant pour la Syrie*. On lui en a attribué à tort les paroles. La reine avouait souvent avec ingénuité qu'elle n'avait jamais pu faire un seul vers de sa vie. Quelquefois, elle composait sur un refrain fabriqué par elle et qui n'avait ni queue ni tête. Les paroles de *Partant pour la Syrie* sont de M. de Laborde. La reine a laissé tout un album de romances. Il est curieux de constater que les sujets choisis par elle sont avant tout et surtout des sujets où éclataient les plus nobles sentiments. Sa modestie égalait son génie musical, tant apprécié de ses contemporains. Quand elle avait terminé une romance, elle la chantait à son entourage, et, sur la moindre critique, elle mettait la partition en pièces et cela avec la plus parfaite indifférence.

Jamais sœur de charité ne poussa plus loin la bonté pour le malheureux. Elle fut la providence des royalistes sous l'Empire. C'est elle qui sauva de la mort le prince de Polignac, et de la prison le comte de Sabran. C'est elle qui fit suspendre la loi d'exil contre la duchesse de Gesvres, la dernière héritière de Duguesclin, et qui lui fit accorder dix mille francs de pension sur la cassette de l'Empereur. C'est elle qui fit autoriser la duchesse d'Orléans et la duchesse de Bourbon à demeurer en France. Sur ses instances, l'Empereur fixa à la première quatre cent mille francs de rente et à la seconde deux cent mille francs. Et jamais femme ne fut plus insultée par les royalistes que cette bonne reine Hortense. Plus tard, quand elle traversait la France, en 1831, avec son fils mourant, Louis-Philippe, fils et neveu des deux princesses que nous venons de citer, la chassait en lui refusant jusqu'à la restitution de ses biens. Tant d'ingratitude fut toujours le résultat de tout bienfait accordé aux Bourbons ou aux royalistes !

Néanmoins, les plus grands noms du faubourg Saint-Germain, les Montmorency, les La Rochefoucauld, les Périgord et cent autres, ne purent pas s'empêcher de lui rendre les hommages qu'inspirait et qu'imposait une aussi noble femme.

Si nous avons tant insisté sur la reine Hortense, et si nous sommes décidés à revenir encore sur cette adorable physionomie, c'est que nous savons combien l'empereur Napoléon III aimait sa mère et combien il tenait d'elle.

La reine Hortense a complétement élevé son fils. De 1808, date de sa naissance, jusqu'en 1836, époque de la tentative de Strasbourg, elle ne l'a jamais quitté. C'est elle qui l'a formé, qui lui a donné tous ses goûts artistiques et toutes ses idées politiques. On retrouve dans les Mémoires laissés par la reine, la trace lumineuse de tout ce que l'Empereur a exécuté plus tard. Il n'a vécu que par elle, n'a pensé que par elle, et cette reine fut pour son fils la plus tendre des mères et la plus admirable des institutrices. Elle avait un bon sens tendre et affectueux qui produisait sur Louis Napoléon la plus incroyable des impressions. Elle en fit un homme, l'homme que vous savez, et toute la gloire lui en revient.

C'est pour cela que, pendant toutes les premières années de Louis Napoléon et jusqu'à sa première conspiration militaire, l'histoire du fils est tellement liée à l'histoire de la mère qu'il est impossible de les séparer. Faire la biographie de l'une, c'est faire la biographie de l'autre. Jamais mère ne fut plus complétement identifiée avec son fils, et c'est surtout ce côté viril, grave, étonnant du caractère de la reine, que nous voulons mettre en lumière, car nous y trouvons l'explication bien simple de toutes les vertus et de tout le génie de Napoléon III.

Et puis, avouons-le, nous cédons encore à une idée pieuse en élevant dans le cœur de nos fidèles, une statue à la reine; en faisant cela, nous obéissons à la volonté de notre cher et regretté souverain. Sa pensée plane sur nous et nous bénit d'associer à sa mémoire bien-aimée la mémoire de sa vénérée mère.

Vers 1813, la santé de la reine Hortense était gravement altérée; elle souffrait beaucoup de la poitrine. Son hôtel était rue Cerutti, aujourd'hui rue Lafitte, et dans ses rêves de malade, elle ne pensait qu'à une chose, avoir une chambre à coucher, au soleil. Toute la journée elle faisait des plans, maniant le crayon comme un véritable architecte. Puis elle laissait ces feuilles volantes sur tous les meubles. Les jeunes princes, ses enfants, respectaient ces griffonnages, et plus d'une fois Napoléon disait à Louis en les montrant du doigt : « C'est le plan de maman, il ne faut pas y toucher. »

Jamais elle ne demandait rien pour elle. Pourtant, il lui arriva une fois de dire à l'Empereur : « Sire, je suis bien mal logée, est-ce que le grand-duc de Berg ne devrait pas avoir un beau palais à Paris? cela ferait aussi travailler vos ouvriers. »

L'Empereur sourit et, suivant son habitude, pinça l'oreille de la reine et lui répondit: « A la paix, nous ferons tout ce que vous voudrez. »

La paix ne vint pas, et le beau palais avec le beau soleil rayonnant pour la mère malade, furent remplacés par l'exil, et quel exil! nous le verrons tout à l'heure.

Nous sommes au 13 avril 1813, l'Empereur vient de partir pour l'armée, après avoir embrassé ses petits neveux, qu'il adorait, et la reine Hortense va s'installer à Saint-Leu avec ses enfants. Saint-Leu lui avait été donné par l'Empereur comme apanage de Louis, et pour remplacer des biens qu'elle avait en Hollande et qu'elle avait cédés à la couronne.

L'Impératrice Joséphine habitait alors à la Malmaison.

Il nous est impossible de prononcer et d'écrire ce nom mille fois saint par le dévouement et par l'abnégation, sans saluer avec piété celle qui fut la compagne fidèle de Napoléon pendant sa prospérité, et dont le divorce volontaire paraît avoir entraîné avec elle toute la gloire et tout le bonheur de l'Empereur.

Quoi de plus beau, de plus digne, de plus admirable que cette famille Beauharnais !

La mère quitte la couronne et la cède sans sourciller, à une rivale.

La fille, dont les enfants étaient les héritiers du trône impérial, ne pense qu'à la douleur de sa mère et fait litière de toutes les espérances que lui donnait la constitution de l'Empire. Bien plus même, elle témoigne à l'Impératrice Marie-Louise un dévouement admirable, et elle ne voit en elle que la femme de l'Empereur.

Le fils, cet illustre homme de guerre, ce vaillant soldat, ce grand cœur qui s'appelle le Prince Eugène, ne songe qu'à son pays, qu'à son bienfaiteur ; et supportant tous les trois un aussi rude coup avec une inaltérable et patriotique humilité, ils y trouvent encore le prétexte d'une affection d'autant plus immense qu'elle est plus désintéressée.

Cette famille Beauharnais est ce que la France a donné de plus grand, de plus noble ; et, parvenue aux honneurs les plus inespérés, elle sut, dans le malheur, forcer les souverains alliés eux-mêmes à des égards qu'ils n'eurent jamais pour ces princes de Bourbon, ramenés par eux dans leurs fourgons et en piétinant les cadavres de cent mille Français.

LA REINE HORTENSE

A Saint-Leu se place une caractéristique anecdote.

On venait d'apprendre la victoire de Lutzen, l'Impératrice Marie-Louise alla passer une journée à Saint-Leu, chez la reine Hortense. Dans la journée on monta à cheval ; le soir, il y eut comédie au château, puis, l'Impératrice partie, les dames de la reine voulurent lui ménager une petite surprise. On mit son fils aîné, le prince Napoléon, dans le secret. Le plus jeune était endormi et ne savait rien. La reine, suivant son habitude, dit à son fils aîné d'aller se coucher. Le petit prince ne répond rien, mais n'obéit pas. La reine insiste et lui demande le motif de sa conduite un peu extraordinaire. L'enfant garde un mutisme absolu, sa mère insiste, se fâche, et alors sans rien dire il va se mettre au lit. La surprise a lieu et elle consistait dans une scène comique jouée par l'acteur Brunet. La reine se divertit fort, tout en poussant, de temps en temps, quelques soupirs. Quand la scène fut finie, elle se tourna vers la société et dit : « Savez-vous que vous avez troublé le plaisir que vous vouliez
« me faire? Je m'explique maintenant le désir de Napoléon de ne
« pas aller se coucher : il était du secret, et je m'en veux de ma
« sévérité. Comment ne m'avez-vous pas mise dans la confidence?
« J'ai des remords d'avoir refusé à mon fils la prière qu'il me faisait
« pour rester. Je n'ai pas joui des folies de Brunet. Je pensais tou-
« jours à l'effort que mon fils avait fait pour s'en aller, car, à cet
« âge, toutes les impressions sont si vives ! De cette manière, j'ai
« presque mis mon fils en pénitence, et il ne le méritait pas! »

Certes, la reine ne gâtait pas ses enfants, mais le souvenir de la perte douloureuse de son fils aîné Charles, l'avait si vivement impressionnée, qu'elle ne put jamais voir un de ses enfants malade ou triste sans être aussitôt plus malade et plus triste que lui.

On était à la fin de mai. La reine devenait de plus en plus souffrante. La poitrine se prenait, et les médecins alarmés lui conseillèrent les eaux d'Aix, en Savoie. Elle partit, laissant ses enfants à la Malmaison, aux soins de sa mère, l'impératrice Joséphine.

C'est à Aix que se passa la terrible catastrophe où périt Mme de Broc, sa dame de compagnie. Cette jeune femme, à peine âgée de vingt-trois ans, belle comme les amours, respectée de tous, était la sœur de Mme la duchesse de la Moskowa. En traversant un torrent, elle tombe et elle est entraînée par les eaux, sous les yeux de la reine qui, folle, désespérée, le pied sur un rocher glissant, lui tendait son écharpe et poussait des cris déchirants, s'exposant vainement pour la sauver.

La reine, violemment affectée de ce malheur, ne voulut pas demeurer davantage à Aix, et se hâta de rejoindre ses enfants à Saint-Leu, où vint l'attendre l'Impératrice Joséphine.

D'ailleurs, les événements commençaient à devenir de plus en plus sombres, à mesure que s'avançait cette terrible et néfaste année 1813. Le roi Louis, qui était en Italie, rentra immédiatement en France, et c'est alors que la reine dit ces paroles, qui sont l'éloge du roi, et son propre éloge à elle : « Mon mari est bon Français, il
« le prouve en rentrant en France, au moment où toute l'Europe
« se déclare contre elle ; c'est un honnête homme, et il est digne
« de son caractère de venir se réunir à tous les Français pour
« aider de ses moyens, la défense de son pays ; c'est ainsi qu'il
« faut reconnaître tout ce que ce peuple a fait pour notre famille. »

Ce mot de « peuple » est constamment à la bouche de la reine. Jamais elle n'oublie, comme on le verra dans le cours de cette histoire, que sa famille doit tout au peuple, qu'elle n'est quelque chose que par lui seul, et sans cesse elle lui rapporte tout avec reconnaissance.

Parmi les familiers de Saint-Leu se trouvait, au premier rang, M. Decazes, plus tard duc et favori d'un roi. Petit secrétaire du roi Louis, il faisait une cour respectueuse à la reine, sollicitait la place de maître des requêtes, et n'obtint, à son grand déplaisir, que la place de secrétaire des commandements de Madame Mère. Ce fut ce même Decazes qui, devenu premier ministre, fut un des plus acharnés contre la famille impériale.

Si vous saviez comme, à cette époque, les royalistes étaient plats et humbles devant l'aigle impériale ! Les plus nobles maisons du faubourg Saint-Germain briguaient l'honneur de fournir des dames du palais, et il fallut les revers pour montrer l'ingratitude jointe à la lâcheté des attaques.

Sans qu'on puisse s'en rendre encore bien compte, on sentait l'Empire craquer de toutes parts. La trahison rampait sous les pieds de l'Empereur. On essaya de corrompre jusqu'au Prince Eugène.

Un jour, la reine Hortense reçoit une lettre de son frère, ainsi conçue :

« Ma bonne sœur, j'ai besoin de te mander ce qui m'est
« arrivé la semaine dernière.

« Un parlementaire autrichien demande avec instance à nos
« avant-postes de pouvoir me remettre lui-même des papiers très-
« importants; j'étais justement à cheval; je m'y rends et je trouve
« un aide-de-camp du roi de Bavière, qui avait été sous mes ordres
« la campagne dernière. Il était chargé, de la part du roi, de me
« faire les plus belles propositions, pour moi, pour ma famille;
« assurait d'avance que les souverains coalisés approuvaient que je
« m'entendisse avec le roi pour m'assurer la couronne d'Italie.
« Tout cela était bien séduisant pour d'autres que moi. J'ai
« répondu à toutes ces propositions comme je le devais. — Adieu,
« ma bonne sœur, ton frère sera, dans tous les temps, digne de toi
« et de sa famille. »

Ces ignobles propositions lui furent encore renouvelées; c'est alors qu'il écrivit à sa femme, si Française de cœur, Augusta de Bavière, une magnifique lettre se terminant par ces mots indignés : « Dans quel temps vivons-nous ! Et comme on dégrade « l'éclat du trône, en exigeant, pour y monter, lâcheté, ingratitude « et trahison ! Va, je ne serai jamais roi ! »

Tel était le Prince Eugène, le glorieux oncle de Louis-Napoléon, et son modèle en matière d'honneur et de chevalerie. Comment voulez-vous qu'à pareille école, et entouré de telles femmes et de tels hommes, notre jeune Prince n'ait pas sucé, dès son plus jeune âge, l'amour de la gloire, de la patrie et de la probité?

1813 venait de s'achever tristement, et on commençait l'année 1814 sous les plus affreux auspices. L'étranger envahissait la France, et les armées impériales décimées disputaient à des adversaires sans cesse renouvelés, de stériles victoires. Le 9 février Mâcon était pris. Alors commencèrent pour la reine toutes les atroces alternatives de succès et de malheurs qui composent la campagne de France, si belle et si inutile. Partout la trahison et la fatalité. Le maréchal Victor perd la tête, et le maréchal Augereau refuse de marcher. En vain le Prince Eugène faisait-il un appel éloquent à l'Italie et gagnait-il la bataille du Mincio, la victoire s'éloignait de nous et l'heure de la défaite avait sonné pour la France.

Naturellement, dans ses heures de tristesse, la reine Hortense se rapprochait de sa mère et allait plus souvent à la Malmaison. Elle y menait ses fils, dont le cadet, le petit Louis, était l'enfant gâté de l'Impératrice Joséphine. Celle-ci se plaisait à raconter un trait de son préféré, quand le pauvre petit avait quatre ans. Ce trait est un vrai bijou de sentiment et dénote bien à l'avance ce que Napoléon III avait de bonté dans le cœur.

Donc le petit Louis n'avait que quatre ans; il était mince, fluet, délicat. Etant avec sa gouvernante, madame de Boubers, il aperçut pour la première fois un ramoneur; la peur le prit et il courut se cacher. Là-dessus, madame de Boubers lui fait un grand sermon sur sa frayeur, et lui raconte que les ramoneurs sont de malheureux enfants obligés de quitter leur papa et leur maman, pour aller dans les pays étrangers, gagner péniblement de quoi manger, en nettoyant les cheminées. Cette histoire frappa beaucoup le petit Louis. Et quelque temps après, il est réveillé brusquement par un ramoneur, qui descend par mégarde de sa cheminée, tout couvert de suie et dans l'état horrible que l'on sait. Sans s'effrayer un instant, le petit Louis enjambe à grand'peine la balustrade de son berceau, saute à terre, au risque de se rompre le cou, et court en chemise à son tiroir, où il prend ce qu'il a d'argent pour le donner au jeune savoyard. Tout cela fait du bruit, sa nourrice, qui était dans la chambre voisine, se précipite et le trouve tout penaud et faisant des efforts inouïs pour remonter dans son lit, qui était trop haut. Il fut grondé pour avoir donné tout son argent, quand il ne lui était permis que d'en donner une partie d'un coup.

Les deux jeunes princes vivaient en très bon accord avec le petit roi de Rome, qui était bien le plus délicieux enfant que l'on pût voir.

Mademoiselle Cochelet, lectrice de la reine Hortense, raconte qu'étant allée le visiter, elle l'aperçut derrière une chaise, où il était mis en pénitence par sa gouvernante Madame de Montesquiou. Alors il se cacha sur la chaise, la figure toute rouge et sillonnée de larmes et comme perdue dans ses belles boucles blondes. Mademoiselle Cochelet s'approcha, et lui dit : « Sire, Votre Majesté ne me reconnaît donc pas? » Et elle voulut lui prendre la main. Le roi de Rome la retira vivement, en disant avec une voix étouffée par les sanglots : « Elle ne veut pas me laisser voir les soldats de papa! »

La plus grande punition pour le petit roi de Rome était de lui défendre de voir relever la garde montante sur la place du Carrousel. Il était d'ailleurs aussi pétulant et aussi vif que ses cousins étaient calmes et réfléchis.

Plus les circonstances devenaient graves, plus la reine Hortence témoignait d'une admirable et patriotique énergie. Son âme courageuse se débattait dans ce corps frêle et délicat et donnait des leçons aux plus braves. Elle fait tout ce qu'elle peut pour empêcher le départ de cette femme irrésolue qui s'appelait Marie-Louise. Elle sentait, avec son admirable instinct, qu'abandonner Paris à l'ennemi, c'était découvrir et perdre l'Empereur qui suivait les alliés de près et menaçait de les prendre entre Paris et son armée.

Une scène assez vive avait eu lieu entre la reine et l'impératrice Marie-Louise, qui, cédant à la terreur qui dominait tout son entourage, se disposait à s'en aller et à quitter Paris.

La reine avait dit en propres termes à Marie-Louise : « Ma sœur, « au moins vous savez qu'en quittant Paris, vous neutralisez la « défense et qu'ainsi vous perdez votre couronne; je vois que vous « en faites le sacrifice avec beaucoup de résignation. »

Et l'impératrice troublée, avait répondu: « Vous avez raison, ce « n'est pas ma faute, le Conseil l'a décidé ainsi. »

De sorte que devant l'effarement général, un seul être au monde gardait son énergie, et c'était la reine Hortense qui en remontrait aux plus courageux.

Elle refusa de quitter Paris, résolut d'en partager le sort, et elle se borna à faire avertir sa mère de quitter la Malmaison et de se réfugier à Navarre.

Et avant d'aller se coucher, elle prononça ces paroles mémo-

rables : « Je voudrais être la mère du roi de Rome, je saurais par
« l'énergie que je montrerais, en inspirer à tous. » ..

Qui sait, en effet, ce qu'une résolution aussi mâle n'eût pas fait
dans ce milieu d'hésitation et de peur, et peut-être que les événements en eussent été gravement modifiés! Si les conseils de la reine
eussent prévalu, Paris se défendait, et l'Empereur écrasait les alliés
contre les portes de sa capitale.

Le départ de l'Impératrice, avait, comme le prévoyait la reine
Hortense, complétement annulé la défense de Paris. La reine mettait tout en œuvre pour pousser à la résistance. Elle dit au comte
de Regnault Saint-Jean d'Angely, colonel de la garde nationale: «Il
« faut que Paris tienne, et si la garde nationale veut défendre la
« capitale, dites-lui que je m'engage à y rester avec mes enfants. »

Elle refuse en même temps les offres de Labédoyère qui lui propose de l'escorter et de la conduire en lieu sûr.

Et puisque nous parlons de Labédoyère, racontons, en passant,
ce qu'était ce type de l'héroïsme, de la crânerie militaire et de la
chevaleresque fidélité.

Labédoyère avait été royaliste ; de plus il avait épousé Mlle de
Chastellux, d'une famille absolument dévouée aux Bourbons ; quoique aide-de-camp du prince Eugène, il avait toujours témoigné
la plus grande hostilité à l'Empereur. Mais voilà que devant les
malheurs de la patrie, devant la gigantesque épopée de la campagne
de France, il n'y tient plus, et il court se ranger auprès de l'Empereur, ayant refusé de l'aimer dans le bonheur, et lui devenant
dévoué à la vie et à la mort au jour de la défaite. Labédoyère ne se
démentit jamais d'ailleurs et, quelques mois après, il payait de sa vie
la part qu'il avait prise au retour de l'île d'Elbe. Les Bourbons, qui
trouvaient tout naturel qu'on trahit l'Empereur en leur faveur, ne
pouvaient pardonner à ceux qui les quittaient pour servir la France
et l'Empereur.

Ce n'est que lorsque la reine sut d'une façon certaine que Paris
ne se défendrait pas, qu'elle prit la détermination de partir. Jusqu'à
ce dernier moment elle hésitait, se promenait à grands pas dans sa
chambre et murmurait tout haut avec des larmes de colère : « Mais
« une armée ne peut pas prendre si facilement une capitale ! Et

« avoir l'Empereur tout près d'ici ! Mais je me souviens que Madrid
« s'est maintenu quelques jours contre nos armées ; il y a mille exem-
« ples semblables, et nous sommes des Français ! »

Elle seule comprenait la pensée de l'Empereur et savait que la défense de Paris pouvait changer toute la physionomie de la guerre et sauver la France.

Cependant les Cosaques arrivaient jusque dans les faubourgs ; la reine se décida et fit atteler sa voiture.

Elle alla à Trianon et de là à Navarre, rencontrant sur sa route les ministres, la cour, tous les traîtres et les lâches, qui s'enfuyaient à qui mieux mieux, et qu'elle couvrait d'un regard dédaigneux et méprisant. Ses deux enfants étaient avec elle, et toute son épouvante était de les voir enlever, comme otâges, par l'ennemi.

C'est à Navarre, que la reine réunie à l'Impératrice Joséphine, apprend la capitulation de Paris, l'abdication de l'Empereur, et la convention par laquelle on lui donnait l'île d'Elbe comme résidence et en souveraineté.

Ces deux nobles femmes, reines sans royaume, suppor- taient l'adversité avec un admirable courage ; elles se consolaient par la vue des deux petits princes, dont le cadet, Louis, était, on le sait, le préféré de l'Impératrice Joséphine. Celle-ci le gâtait un peu, et la reine s'y opposait avec une douce fermeté, disant : « Leur posi-
« tion élevée ne les gâterait que trop, si l'on n'y prenait garde. Je veux
« en faire des hommes distingués ; je ne veux pas qu'on leur
« donne les défauts de la grandeur ; je veux, au contraire, que
« l'idée de leur élévation les oblige à devenir meilleurs et, le
« moyen de se rendre toujours supérieur aux autres, c'est de
« s'oublier constamment pour eux. »

Tels étaient les principes dans lesquels on les élevait.

Pendant ce temps-là, les alliés s'installaient dans Paris, à la joie indécente des royalistes, qui considéraient comme un jour de fête cet effroyable deuil national. Au milieu de la ville triste et morne, allaient et venaient les dames du faubourg Saint-Germain, se mêlant à l'étranger et lui faisant tous les honneurs de la capitale. C'était infâme, et, après soixante-dix ans, la nation française n'a

pas encore oublié quelles furent les attitudes si différentes des uns et des autres, des Bourbons revenant avec l'ennemi, et des Napoléon supportant, avec dignité, avec courage, les revers de la patrie. Le retour des Bourbons, dans des conditions aussi honteuses, les a perdus et deshonorés pour toujours, et nous n'aurions pas le courage de conduire nos lecteurs à travers cette lamentable époque, s'il n'y avait là, pour en adoucir l'histoire, le spectacle superbe de ces deux femmes de cœur, Hortense et Joséphine, oubliant tous leurs malheurs, pour ne songer qu'aux malheurs de la France !

L'Impératrice Joséphine voulait s'expatrier et emmener sa fille et ses petits enfants à la Martinique.

L'Empereur Alexandre, pris d'une admiration légitime pour tant de grandeur d'âme et tant de fierté, leur fit offrir de s'interposer en leur faveur, auprès des souverains alliés et des Bourbons.

La reine Hortense répondit par ces mots d'un orgueil tout patriotique : « Tout le monde m'écrit pour me dire : Que voulez-vous ? « Que demandez-vous ? A tous, je réponds : rien du tout ! Pourvu « que je garde mes enfants, cela me suffit. Elevés par mes soins, « ils se trouveront heureux dans toutes les positions, je leur « apprendrai à être dignes de la bonne et de la mauvaise fortune, « et à mettre leur bonheur dans la satisfaction de soi-même — cela « vaut bien des couronnes. »

M. de Nesselrode, ministre de l'Empereur de Russie, ne se tint pas pour battu. Il disait de la reine à qui voulait l'entendre : « Qui ne serait glorieux de l'avoir dans sa nation ? C'est une belle perle de votre France. »

Mais la reine demeurait inflexible. Il fallut que le duc de Vicence qui se conduisait si bien pour l'Empereur Napoléon, et qui était chargé de régler toutes les affaires de la famille, lui écrivit de venir à la Malmaison avec l'Impératrice Joséphine, et que l'avenir de ses enfants en dépendait.

La reine refusait toutes les avances, toutes les gracieusetés de l'Empereur de Russie, disant : « Je ne veux pas le voir, c'est notre vainqueur ! » Et malgré tout son entourage, elle résolut d'aller rejoindre l'Impératrice Marie-Louise à Rambouillet, ajoutant que son devoir était d'être là.

Marie-Louise s'y était rendue en partant de Paris. Le petit roi de Rome l'accompagnait, et, pendant le voyage, il se passa même un fait assez curieux. L'enfant en s'éveillant dans la voiture, se mit à pleurer à chaudes larmes, disant qu'il avait rêvé de son papa, et que ce qu'il avait vu dans son rêve était affreux. Toutes les promesses de joujoux et toutes les caresses furent impuissantes à lui faire dire ce qu'il avait rêvé.

Le voyage de la reine Hortense à Rambouillet désolait tous ses amis qui voyaient dans cette démarche le meilleur moyen de mécontenter les souverains alliés, et de les faire revenir sur leurs bonnes dispositions. Mais la reine répondait : « Vous avez raison, « cela peut être vrai, mais je n'en irai pas moins voir l'Impératrice « Marie-Louise, c'est un devoir ; dût-il y avoir des inconvénients « pour moi, peu m'importe, je le remplirai. L'Impératrice Marie-« Louise doit être la plus malheureuse, elle a besoin de consola-« tions, c'est là que je dois être le plus nécessaire et rien ne « changera ma détermination. »

Elle partit comme elle l'avait dit, mais elle fut reçue froidement par l'Impératrice Marie-Louise, qui avait déjà cessé d'être Française, et qui lui dit qu'elle attendait son père l'Empereur d'Autriche, et qu'elle craignait qu'il ne fût gêné par sa présence.

Toute triste de cet accueil inattendu, la reine Hortense se décida à aller retrouver sa mère qui venait d'arriver à la Malmaison.

Aussitôt qu'il apprit leur retour, l'Empereur Alexandre vint les voir, mais il fut accueilli d'une façon glaciale. Il s'en montra désolé, car il savait l'Impératrice Joséphine et la reine Hortense sans argent, sans ressources, et à la veille de tomber dans le besoin. Saint-Leu venait d'être repris par le prince de Condé ; on avait saisi tous les titres de rente donnés par l'Empereur Napoléon à sa belle-fille en échange des biens qu'elle possédait en Hollande et qu'elle avait cédés à l'Etat ; la cassette particulière de l'Empereur avait été pillée, et il ne restait rien, mais rien du tout à ces deux femmes infortunées. D'ailleurs, elles étaient tout entières à leur douleur, et elles n'avaient même pas une pensée pour les difficultés matérielles de leur position.

Tant de désintéressement acheva de toucher l'Empereur de

Russie, qui exigea qu'on érigeât en duché, pour elle, la terre de Saint-Leu. Le roi Louis XVIII finit par y consentir, mais en stipulant cette clause insultante, qu'il accordait le titre de duchesse à Mlle de Beauharnais.

La réponse de la reine est superbe d'indignation et de fierté : « Comment, s'écria-t-elle, a-t-on pu croire que je consentirais à « une pareille formule? Louis XVIII, puisqu'il est reconnu roi de « France, a le pouvoir de sanctionner, par n'importe quel acte, la « possession de mes biens autour de Saint-Leu ; mais je ne puis « consentir à ce qu'il y ajoute de cette façon, un titre que j'ai « le droit de prendre et qui, accepté de cette manière, me don- « nerait l'air de renier la validité de celui qui m'a appartenu. Je « l'ai reçu sans le désirer, ce titre de reine ; il ne m'a pas rendue « heureuse et je le perds sans regrets. Peu m'importe d'ailleurs le « titre qu'on me donne ! Mais lorsqu'il s'agit de s'abaisser devant « un parti vainqueur, je ne dois faire aucune concession. »

Puis, se laissant aller à une agitation croissante, elle ajouta : « Le Roi vient de signer son premier acte, de la dix-neuvième année « de son règne ; c'est manifester la volonté de ne pas reconnaître « le passé. Il en est bien le maître si la nation le trouve bon. Mais « nous nous devons aux peuples qui nous ont placés si haut, de ne « jamais désavouer ce qu'ils firent pour nous. Aussi, je crois de « mon devoir de ne pas permettre qu'on oublie que j'ai été reine, « et je n'accepterai cette compensation offerte à tout ce que per- « dent mes enfants, que de ceux qui reconnaîtront ce qu'ils furent, ainsi « que moi. On aurait voulu persuader aux nations que ceux mêmes « qu'elles avaient placés à leur tête, reconnaissaient le peu de va- « lidité de leurs droits et venaient, sans plus de façon, les déposer « aux pieds des Bourbons. C'est la conséquence d'un système qui « veut anéantir toutes les gloires du passé et auquel je ne puis « m'associer sans faire injure à la France et à l'Empereur. Les « peuples sont aussi fiers que les rois, et ne souffrent pas qu'on « abaisse ce qu'ils ont élevé et ils tiennent à ce qui est leur créa- « tion, jusqu'à ce qu'il leur convienne de le détruire de nouveau. »

N'est-ce pas que c'est bien là le plus magnifique langage que l'on puisse tenir, quand on fait partie d'une dynastie populaire et qu'on se souvient de son origine plébéienne? Le peuple français serait un ingrat s'il oubliait jamais une famille élevée dans de pareilles idées et demeurant fidèle au passé démocratique de la France ! C'est le peuple que la reine Hortense défendait dans elle-même; c'était le peuple qu'on chassait dans Napoléon 1ᵉʳ, comme c'est le peuple qui était revenu avec Napoléon III et qui reviendra avec Napoléon IV.

Louis XVIII dut céder devant la noble attitude de la reine, et la clause outrageante pour elle, fut effacée. Saint-Leu fut donc rendu à la reine. Nous verrons comment les Bourbons exécutèrent ce traité imposé par Alexandre et comment ils tinrent leur parole.

La reine, tranquille pour quelque temps, s'occupait exclusivement de l'éducation de ses enfants à qui son aumônier, l'abbé Bertrand, donnait des leçons.

Ces enfants étaient d'une intelligence extraordinaire et d'une précocité étonnante. Néanmoins, ils ne comprenaient rien aux visites assez fréquentes des souverains alliés qui venaient saluer leur mère et leur grand'mère. Habitués aux rois de leur famille, ils demandèrent un jour qu'on annonçait le roi de Prusse et l'Empereur de Russie, s'ils étaient aussi leurs oncles et s'ils devaient les appeler ainsi. « Non, répondit la gouvernante, vous leur direz simplement : Sire. » — « Mais, s'écria le petit Louis, avec un profond étonnement, est-ce que tous les rois ne sont pas nos oncles ? ».

On leur apprit que ces rois qu'ils voyaient, loin d'être leurs oncles, étaient venus en vainqueurs. Ce fut au tour du petit prince Napoléon à faire ses réflexions. — « Mais alors, demanda-t-il, ils sont
« donc les ennemis de mon oncle l'Empereur ? et pourquoi nous
« embrassent-ils ? »

— « Parce que, fit la gouvernante, cet Empereur de Russie
« que vous voyez est un ennemi généreux et qu'il veut vous
« être utile à vous et à votre maman. Sans lui, vous n'auriez
« plus rien au monde, et vous et votre oncle l'Empereur, seriez
« bien plus malheureux. »

— « Ainsi, il faut donc que nous l'aimions, celui-là, » dit Napoléon, avec un gros soupir.

Le petit prince Louis, qui parlait d'habitude fort peu, avait écouté cette discussion avec une attention toute particulière. Aussi fut-on ébahi, quand on le vit, la première fois que revint l'Empereur Alexandre, tirer de son doigt une petite bague que lui avait donnée le prince Eugène, s'avancer sur la pointe des pieds, la glisser dans la main de l'Empereur de Russie et s'enfuir à toutes jambes.

Sa mère le rappela et lui demanda ce qu'il venait de faire :

« Je n'ai que cette bague, répondit l'enfant en rougissant; c'est « mon oncle Eugène qui m'en a fait cadeau, et j'ai voulu la donner « à l'Empereur, puisqu'il est bon pour maman. »

L'empereur Alexandre en eut les larmes aux yeux. Le petit Louis était d'ailleurs d'une générosité sans exemple et que tous ceux qui l'approchèrent plus tard, purent constater et reconnaître. Sa mère lui reprochait, à Arenenberg de ne rien garder des cadeaux qu'elle lui faisait, un jour qu'il avait encore donné de jolis boutons qu'elle avait fait monter exprès pour lui, il répondit : « Mais « vous vouliez me procurer un plaisir en me les offrant et vous m'en « procurez deux, celui de recevoir de vous, ma mère, une jolie « chose, et ensuite le plaisir de la donner à un autre. »

Les principes que leur inculquait leur mère étaient admirables et atteignaient la hauteur et la vertu de tout ce que les anciens philosophes, les Socrate et les Platon, pouvaient enseigner.

Quelque temps avant la chute de l'Empire, la reine, qui aimait à la folie causer avec ses enfants et leur ouvrir elle-même l'intelligence, les avait pris un matin tous les deux sur ses genoux, et après les avoir interrogés sur leur petit savoir, leur dit : « Voyons, si tu ne possédais rien du tout et que tu fusses seul au monde, que ferais-tu, toi Napoléon, pour te tirer d'affaire ? »

« Je me ferais soldat, dit-il, et je me battrais si bien qu'on me nommerait officier. »

Puis, se tournant vers le cadet : « Et toi, Louis, que ferais-tu pour gagner ta vie ? »

Le prince Louis, toujours grave et taciturne, réfléchit un instant et répondit : « Moi, je vendrais des bouquets de violettes, comme le petit garçon qui est à la porte des Tuileries et auquel nous en achetons tous les jours. »

Les personnes présentes s'étant mises à rire de cette conversa-

tion originale, la reine les gronda : « Ne riez pas, dit-elle d'un
« ton grave, c'est une leçon que je leur donne. Le malheur des
« princes nés sur le trône, c'est qu'ils croient que tout leur est dû,
« qu'ils sont formés d'une autre matière que les autres hommes et
« qu'ils ne contractent pas d'obligations envers eux; ils ignorent
« les misères humaines et ne croient pas qu'elles puissent jamais
« les atteindre. Aussi lorsque l'infortune arrive, ils sont surpris,
« terrifiés et restent toujours au-dessous de leurs destinées. »

Puis, embrassant ses enfants, elle ajouta : « Croyez bien que
« dans la position où ils sont, je ne puis pas leur donner des leçons
« qui leur soient plus utiles que de leur enseigner que, malgré tout
« l'éclat qui les entoure, ils sont sujets à toutes les vicissitudes de
« la vie : cela leur apprend à ne pas trop compter sur la solidité
« de leur grandeur et cela les habitue à compter sur eux seuls. »

Il semblait qu'au milieu même des splendeurs du trône, alors
que tout souriait aux siens, la reine avait un vague pressentiment
de l'avenir et qu'elle ne voulait pas perdre une occasion de faire
de ses fils, de vrais hommes, braves, énergiques et capables de soutenir leurs droits et de les faire triompher.

Et puisque nous avons rapporté tout à l'heure le projet qu'avait
le petit Louis de vendre des violettes, ajoutons que la violette était
la fleur préférée de sa mère, et que dans les jours de désastres, cette
fleur dut à la reine Hortense de devenir l'emblême parfumé de
l'Empire.

Et ce fut pendant l'invasion, qu'elle s'appliqua surtout à développer chez ses fils le sentiment du patriotisme qu'elle possédait,
elle, à un si haut degré. Elle leur faisait un tableau terrible du
pays ravagé, pillé, des chaumières brûlées, des moissons anéanties,
des paysans errants sans nourriture, sans abri et leur disait tous
les jours que s'ils étaient plus grands, ils iraient se battre pour
défendre la France et l'Empereur. Les pauvres enfants étaient tout
tristes et l'émotion se peignait sur leur jolie figure. Alors la reine
leur demandait s'ils ne voulaient rien faire pour venir en aide aux
malheureux qui souffraient, et eux de répondre qu'ils étaient prêts
à tous les sacrifices. « Eh bien! disait la reine, donnez tous vos
joujoux, tout votre argent, car vous ne devez pas vous amuser et

être riches, quand les autres souffrent et sont pauvres. » Et les petits princes abandonnèrent tout sans regret.

La reine voulut même faire davantage et associer complétement leur jeune esprit si facile à frapper, au souvenir des malheurs de la patrie et il fut convenu avec eux, que pour tout le temps que la France serait envahie, ils se priveraient de dessert.

Le petit prince Napoléon était tout fier de ce qu'il croyait faire pour la France et il passait sa journée à expliquer au petit Louis la grandeur de leur abnégation, et celui-ci, qui n'avait pas six ans, était enchanté qu'on le traitât comme un homme et qu'on l'associât à la souffrance de tous.

Mais quelle que fut la réserve observée par la reine Hortense et par sa mère, les deux princesses n'en étaient pas moins en butte à d'odieuses persécutions.

Le 25 mai 1814, il se passa un fait ignoble.

En parcourant un journal, l'Impératrice Joséphine y lut qu'on allait enlever de Notre-Dame, où il était enseveli, le corps du fils aîné de la reine Hortense, mort en Hollande.

L'Impératrice fondit en larmes et s'écria : « Tâchez que ma fille
« ne lise pas ce journal. Voyez l'article qu'on met sur le cercueil
« de son pauvre enfant. Cela est-il croyable? Regardez en quels
« termes méprisants on dit qu'il doit être ôté de l'église de Notre-
« Dame pour être porté dans un cimetière ordinaire. On ose
« toucher aux tombeaux! c'est comme du temps de la Révolution.
« Ah! qui m'eût dit que cela me viendrait de gens que j'ai tant
« obligés! »

L'Impératrice comptait sans l'ingratitude du parti royaliste et de tout ce qui touche aux Bourbons. Elle qui avait passé sa vie à faire du bien aux émigrés, qui fut leur véritable Providence, ne pouvait croire à tant de noirceur. C'est qu'elle ne les connaissait pas bien et qu'elle ignorait tout ce dont était capable une caste assez privée de cœur pour s'emparer du trône à l'aide des Cosaques et des Uhlans.

Il fut impossible de cacher la chose à la Reine. Elle apprit la nouvelle sans sourciller et dit froidement : « Tant mieux, je ferai placer le corps de mon fils dans l'église de Saint-Leu; il sera là

LE CHANT NATIONAL

près de moi ; il ne sera plus au milieu de ceux qui se déclarent nos ennemis. »

Et elle fit comme elle disait ; elle alla chercher le corps de son fils et le fit mettre dans le chœur de l'église de Saint-Leu.

Mais une bien plus terrible épreuve attendait encore la Reine. Malade depuis longtemps, rongée et minée par une souffrance morale et physique, l'Impératrice Joséphine mourut à la Malmaison après une courte maladie, entre les bras du prince Eugène, après de vives douleurs et en présence de la reine Hortense évanouie et presque morte de désespoir. C'était le 29 mai, jour de la Pentecôte.

Cette mort de la bonne Impératrice fut un coup de foudre pour ses amis et surtout pour le peuple de Paris qui l'adorait pour sa charité inépuisable. Les souverains alliés eux-mêmes, que la vertu de Joséphine forçait au respect, témoignèrent d'un chagrin qui complétait ce deuil universel porté par tout le monde sans exception, Français et étrangers.

Plus tard, et quand se déroulèrent les terribles événements qui suivirent, la reine Hortense et le prince Eugène, durent remercier Dieu d'avoir rappelé leur mère, avant qu'elle pût ressentir les deux coups mortels de la fin, Waterloo et Sainte-Hélène.

La conduite des princes de Bourbons à l'égard de la famille impériale continuait d'être de la dernière inconvenance.

M. de Blacas confisqua au nom du roi, tous les meubles que l'empereur Napoléon avait donnés à son frère Louis pour le château de Laeken et qu'on avait fait revenir à la Malmaison.

La famille royale, oublieuse de tout ce qui s'était passé depuis près de vingt ans, rentrait en France comme chez elle, comme si elle venait de faire une courte absence et traitait la propriété des autres avec un adorable sans-façon.

Ainsi la duchesse d'Angoulême réclama aigrement une mauvaise épinette qu'elle avait laissée aux Tuileries, le 10 août 1792, avant le pillage que l'on sait. En revanche, elle ne tenait aucun compte des cinquante pianos de l'Impératrice, dont elle s'était emparée.

Tout ce qui s'était écoulé depuis n'existait pas pour ces princes.

Coblentz était une partie de campagne un peu longue, de laquelle ils étaient censés revenir tout simplement.

Voulez-vous un autre exemple de cette prétention aussi étrange que révoltante?

Le comte d'Artois alla visiter les splendides serres de la Malmaison, et, admirant les belles plantes que tous les souverains du monde envoyaient à l'impératrice Joséphine, qui adorait la botanique, il s'imagina les reconnaître et dit : « Ah! voilà nos plantes de Trianon. »

La reine Hortense à qui le mot fut rapporté, se borna à répondre en souriant : « Puisque la terre de France leur appartient, les Bourbons doivent trouver que si nous étions leurs fermiers, nous avons très bien fait prospérer leur propriété. »

La reine inconsolable de la mort de sa mère, s'était enfermée dans la solitude de Saint-Leu. Néanmoins, tout ce que Paris avait de distingué et qui ne tenait pas étroitement à la personne des Bourbons, avait à honneur de s'y faire présenter.

Madame de Staël elle-même y reçut l'hospitalité.

Le célèbre auteur de *Corinne* cherchait surtout à briller et voulait exercer le prestige de son esprit, non-seulement sur les grandes personnes, mais encore sur les enfants. Elle s'occupa beaucoup des petits princes, et leur adressa des questions d'un pédantisme exagéré et qui n'était guère fait pour des bambins de cet âge.

Voici le dialogue qu'elle eut avec eux :

— Aimez-vous votre oncle?

— Beaucoup, madame.

— Aimeriez-vous la guerre comme lui?

— Oui, si cela ne faisait pas tant de mal.

— Est-il vrai qu'il vous faisait réciter souvent la fable qui commence par ces mots : *La raison du plus fort est toujours la meilleure?*

— Madame, il me faisait souvent dire des fables, mais pas plus celle-là qu'une autre.

Le petit prince Napoléon, qui avait répondu avec un aplomb remarquable, se tourna vers madame de Boubers sa gouvernante, quand l'interrogatoire fut terminé et lui dit : « Cette dame est bien questionneuse. Est-ce que c'est cela qu'on appelle de l'esprit? »

On voit que madame de Staël n'eut pas plus de succès auprès des petits princes, qu'elle n'en avait eu auprès de l'Empereur leur oncle.

Jamais la haine n'est entrée dans le cœur de la reine Hortense. Elle élevait ses enfants à ne pas connaître la rancune ou la vengeance, et il a fallu évidemment le saint exemple de sa mère pour faire pratiquer plus tard à Napoléon III le pardon des injures et des trahisons.

Chaque fois qu'elle parcourait les journaux du temps et qu'elle y voyait les infamies répandues sur l'Empereur, elle disait : « ce
« qui me fâche le plus, c'est que tout ce qu'on écrit aujourd'hui
« restera comme un monument de lâcheté et que l'histoire ne par-
« donnera pas à la nation d'avoir laissé outrager, lorsqu'il est
« devenu malheureux, l'homme qui fit tant pour son illustration et
« qui fut si constamment encensé dans la prospérité. On nous appel-
« lera toujours peuple léger et sans dignité. Cette idée me peine,
« et quand je pense à cette entrée des Alliés dans Paris, j'en ai
« encore le cœur navré! Pourquoi les Bourbons n'ont-ils pas été
« se faire reconnaître dans une province par un régiment français?
« A la bonne heure, c'eut été tout simple; si on ne voulait plus de
« l'Empereur, on allait à ses anciens souverains, on les reprenait,
« le peuple était le maître de choisir qui lui plaisait, et c'était à
« nous seuls, dont il ne voulait plus, à nous résigner.

« Mais aller fêter les ennemis de son pays, ceux qui ont toujours
« fait couler le sang français! ah! le parti qui a fait cela est
« bien coupable! »

Toujours le peuple! et comme elle en parle avec respect, n'admettant rien de ce qui se passe sans lui !

C'était sanglant, mais c'était dit sans colère : et pourtant à ce moment le gouvernement royal venait de saisir ses rentes, ses arriérés dus par le Trésor, et la reine Hortense était réduite pour vivre, à se défaire de ses objets précieux!

Le prince Eugène venait de partir pour faire valoir au congrès de Vienne ses droits et ses titres, et la reine, dont la santé était fortement ébranlée, se disposait à partir pour les eaux d'Aix, en Savoie.

Elle était toute triste de laisser ses enfants à Saint-Leu. En les quittant, elle disait à Mlle Cochelet, sa lectrice : « Je laisse mes « enfants en France, dans leur patrie, cette patrie qui les a vus « naître, qui les a reçus avec tant d'acclamations. Ils restent au « milieu de leurs amis. Le premier paysan venu serait leur défen- « seur, si on voulait leur faire du mal. » — On eût dit qu'elle pressentait la vieille affection du paysan pour sa race, affection qui, à cette heure, entoure le prince impérial.

Les petits princes restèrent confiés à la garde de Mme de Boubers, de M. Devaux et du bon abbé Bertrand, qui donnait des leçons de latin à l'aîné et qui montrait à lire au cadet, et elle partit.

A propos de l'éducation des princes, il est bon de rappeler un mot caractéristique de l'empereur Napoléon, un jour que la reine Hortense lui demandait de lui donner comme précepteur de ses enfants M. de Saint-Aulaire, gentilhomme de formes exquises. Et l'empereur répondit brusquement : « Les princes de ma dynastie « ne doivent pas être élevés par des individus tenant à l'ancienne « noblesse et à des familles d'émigrés : cela déplairait à la nation. »

La reine resta quelque temps à Aix, puis alla jusqu'à Bade, où elle rencontra le prince Eugène et la princesse Augusta de Bavière, sa femme.

Celle-ci eut un mot touchant au sujet de son mari : « Eugène « a fait son devoir, sa belle réputation est préférable à tous les « trônes où j'aurais pu aspirer, et je suis fière d'être sa femme. »

A Bade, où la reine Hortense passa une grande partie du mois d'août, un petit incident bizarre frappa l'imagination de son entourage, et avec raison, comme on va le voir.

Une baronne de Krüdner, illuminée qui joua un grand rôle, car elle exerça plus tard la plus énorme influence sur l'esprit mystique de l'empereur Alexandre, vint pour trouver la reine, et prenant un air inspiré et un ton prophétique : « Je viens voir la reine, « dit-elle, il faut que je la sauve d'un danger qui la menace. Je « viens lui dévoiler ce que Dieu veut qu'elle sache ! »

Une amie de la reine, à qui elle parlait ainsi, fut tout effrayée en voyant cette petite femme maigre, anguleuse, avec les cheveux en désordre, avec un reflet surnaturel dans des yeux presque hagards, et elle n'osa pas aller prévenir la reine.

Mme de Krüdner, toujours en proie à son exaltation, continua en disant : « Ah! vous ne savez pas combien 1815 sera une année « affreuse! Vous croyez que le congrès finira? détrompez-vous, « l'empereur Napoléon sortira de son île. Il sera plus grand que « jamais; mais ceux qui prendront son parti seront traqués, per-« sécutés, punis; ils ne sauront plus où reposer leur tête. »

Et elle s'en alla, laissant son interlocutrice terrifiée.

Cette prédiction assez bizarre fut réalisée par les événements et frappa beaucoup la reine.

Vers le 28 août, la reine revint en France, elle traversa Strasbourg et arriva à Saverne. Là, elle eut une petite aventure qui se lie étroitement à l'histoire du retour de l'île d'Elbe.

Quelques officiers français l'ayant reconnue, l'avaient suivie, l'avaient rejointe sur la grand'route et lui offraient avec enthousiasme de lui servir d'escorte.

— Vous êtes notre reine, s'écrièrent-ils, et nous n'en voulons pas d'autre.

— Comme femme, je puis accepter vos hommages, dit la reine, mais aujourd'hui vous avez d'autres souverains que moi.

— Croyez-vous, madame, que nous reconnaissions l'abdication de notre empereur? Elle a été forcée.

— Messieurs, dit la reine, il a cédé aux circonstances; d'ailleurs, vous avez maintenant d'autres serments à tenir.

— Des serments pour des gens ramenés par les Cosaques! Comment se porte notre Empereur? Ne le tueront-ils pas?

— Non, dit la reine.

— Il reviendra, et il nous trouvera tous prêts à le recevoir ; il ne peut pas nous abandonner ainsi.

La reine fit tout ce qu'elle put pour les calmer, mais sans pouvoir y réussir.

— Nous sommes tous du même sentiment, ajouta l'un d'eux. Le 15 août dernier, les officiers de notre régiment se sont réunis pour fêter la Saint-Napoléon, et nos soldats ont bu à la santé de notre Empereur. Seulement ils crient tout haut : *Vive le roi*, et ajoutent tout bas : *de Rome et son petit papa.*

Là-dessus, et toujours suivie par ces enragés, la reine arrive en face d'un superbe arc de triomphe élevé pour recevoir le duc de Berry, qu'on attendait. Pendant qu'elle examine les fleurs et les guirlandes, elle est prise par les mains et les officiers l'entraînent sous l'arc de triomphe en lui disant : « Ça c'est trop beau pour des gens ramenés dans les fourgons ennemis, et il faut que vous y passiez la première. Vive la reine Hortense! » Et ils se mirent tous à crier, en agitant leurs chapeaux.

Au lieu de se réjouir de cette ovation, la reine en fut attristée. D'abord elle eut peur qu'ils n'allassent chercher leur régiment qui était près de là. Puis elle sentait le mouvement militaire qui se préparait et que l'insolence des royalistes attisait tous les jours davantage, et elle rentra à Saint-Leu, pensive et redoutant la guerre civile.

Le 31, la reine était revenue à Saint-Leu auprès de ses enfants.

Manquant d'argent, elle fit des réformes et renvoya une partie de sa maison. Les petits princes, quoique bien jeunes, avaient déjà le sentiment matériel et moral de leur infortune. La reine prenait d'ailleurs un triste plaisir à les entretenir dans les idées de leur nouvelle et si cruelle position. Et ils s'y faisaient admirablement, à tel point que le petit Napoléon dit un jour à sa gouvernante : « Je « vois bien que nous n'avons plus de fortune, et je cherche souvent « avec mon frère comment nous pourrions faire pour ne rien coûter « à maman. — Est-ce que je ne pourrais pas donner des leçons de « latin dans les villages, si on trouve que je suis encore trop jeune « pour me faire soldat? Louis, qui n'a que six ans, tient toujours « à ses bouquets de violettes ; ainsi tu vois que nous saurions très « bien gagner notre vie. »

Et la reine, à qui l'on reprochait d'attrister leur jeune imagination, disait, en hochant la tête et comme si elle avait le pressentiment de l'avenir : « Non, c'est une bonne école pour mes enfants. « Il faut qu'ils en profitent. On ne se fait une âme forte que dans « les revers, et les peuples seraient mieux compris, mieux gou-

« vernés si tous les princes avaient pu être malheureux dans leur
« jeunesse. »

Toujours pour sa santé, la reine alla prendre les bains de mer
au Havre.

En revenant, elle constata que le déchaînement des royalistes,
contre elle devenait de plus en plus violent. Et pourtant, elle s'attachait à se tenir en dehors de toute politique et à calmer les jeunes
officiers, Labédoyère, par exemple, qui ne parlait de rien moins
que de renverser le gouvernement. Tolérée en France, elle voulait
donner l'exemple du respect des lois et tenait à ne fournir aucun
motif de reproche contre elle.

Elle poussa le respect des institutions, jusqu'à faire une visite
au roi, qui la reçut d'ailleurs de la façon la plus gracieuse. Mais
la jalousie et la fureur que les royalistes éprouvaient de cette
réception augmentèrent encore les difficultés et les persécutions
dont elle était entourée. — Elle avait été digne, noble et fière
avec le roi. Et celui-ci, comme les souverains alliés, ne put résister
au charme enchanteur qu'elle exerçait autour d'elle. Il voulut la
présenter à la famille royale, et elle refusa, trouvant qu'elle
avait fait suffisamment pour fermer la bouche à la calomnie qui
l'accusait de conspirer.

C'étaient surtout les vieilles douairières du faubourg Saint-
Germain qui lui en voulaient de forcer l'admiration et les hommages du roi et de plusieurs royalistes éprouvés, comme Sosthène
de La Rochefoucault et le duc de Guiche, d'étrangers comme
Wellington, qui sollicitèrent tous d'être reçus par elle.

Mais elle s'en préoccupait peu, tout entière à ses fils.

A cette époque, le petit Louis la plongea dans les plus mortelles
inquiétudes.

Il se réveilla un matin avec une violente douleur de dent.
L'enfant, on le sait, n'avait que six ans, mais déjà brave comme un
petit homme, il alla trouver sa gouvernante : « Faites venir le
dentiste, lui dit-il, pour m'arracher cette grosse dent qui me fait
tant souffrir, mais sans le dire à maman, parce que cela lui ferait
trop de peine. »

LE CHATEAU D'ARENENBURG

— Comment voulez-vous le cacher à votre mère? lui répondit la gouvernante ; son salon habituel est à côté de votre chambre, elle vous entendra crier, et elle s'en inquiétera bien plus que si elle savait de quoi il s'agit.

— Je ne crierai pas, je te le promets, ajouta vivement le prince. — Est-ce que je ne suis pas un homme pour avoir du courage ?

La gouvernante avertit la reine, qui fit semblant de ne rien savoir, voulant laisser à son fils tout le mérite de son énergie. — La dent fut arrachée, et tout tremblant, il la porta à sa mère ; celle-ci fit l'ignorante et le complimenta beaucoup sur sa bravoure.

Mais voilà qu'une violente hémorrhagie se déclare ; l'enfant, tout pâle, perdait son sang à grands flots. En vain on essayait de mille remèdes ; rien n'arrêtait le sang et le petit Louis s'affaiblissait de plus en plus. Enfin, un peu d'amadou placé sur la gencive conjura le danger.

Il était une heure du matin. L'émotion avait duré toute la soirée, et chacun alla se coucher.

Pendant la nuit, la reine fut prise d'un cauchemar affreux. Elle se lève toute tremblante, à moitié endormie, et croit voir son fils mourant. Elle entre dans sa chambre et pousse un cri, apercevant le petit prince baigné dans son sang. L'hémorrhagie avait repris, et si la Providence n'avait pas suscité ce rêve, l'enfant mourait sans secours.

Elle remet de l'amadou ; l'amadou n'agit pas. Effrayée, perdant la tête, et ne sachant que faire, elle met son doigt sur la plaie.

Par un vrai miracle, cela suffit, le sang ne coula plus, et le pauvre enfant, qui dormait toujours, fut sauvé.

Il était si délicat, que ce simple accident avait mis ses jours en danger.

On était arrivé à 1815, cette année pour laquelle madame de Krüdner avait annoncé tant de malheurs.

Un immense soulèvement de l'opinion publique se faisait contre les Bourbons, qui semblaient prendre à tâche de blesser tout ce que la nation avait de patriotisme. L'armée était exaspérée, et c'était en vain que la reine Hortense essayait de calmer les exaltations des quelques officiers qui fréquentaient son salon.

Le 6 mars, en revenant d'une promenade au bois, elle apprend brusquement de la bouche d'un Anglais, lord Kinnaird, la nouvelle du débarquement de l'île d'Elbe. Peindre son émotion est impossible, d'autant que les royalistes annonçaient partout que l'Empereur ne ferait pas vingt pas en France sans être tué comme un chien par le premier paysan venu.

Dans tous les salons on accusait la reine Hortense d'être l'âme de la conspiration bonapartiste. Elle se sentait menacée et redoutait que ses enfants ne fussent pris comme ôtages.

Le soir, elle fit emmener les petits princes en un lieu sûr.

Le prince Napoléon, très-avancé pour son âge, résistait.

— « Où nous mènes-tu donc ? disait-il à sa gouvernante ; est-ce qu'il y a quelque danger ? Maman y restera-t-elle exposée ?

— « Non, mon prince, disait la gouvernante, c'est vous seuls qui devez en courir ; elle n'a rien à craindre.

— « A la bonne heure, reprit alors le prince tout calmé ; maintenant cela m'est égal.

La reine Hortense était dans une douleur profonde ; d'abord elle craignait pour l'Empereur, ensuite elle pensait à son pays et s'affligeait à l'idée d'une guerre civile et d'une lutte terrible entre Français.

Les royalistes affectaient une jactance incroyable ; ils n'admettaient même pas la possibilité d'une lutte, et la reine voyant le maréchal Ney lui-même se disposer à marcher contre l'Empereur, désespérait de l'aventure. — « Pourtant, disait-elle, l'Empereur n'est pas homme à ignorer ce qu'il fait. Il doit connaître la France mieux que nous, et ce n'est pas à la légère qu'il marche. »

Cependant les nouvelles se succédaient avec rapidité. On apprenait en même temps la jonction de Labédoyère avec l'Empereur, et le bruit de cette marche inouïe, triomphale, unique dans l'histoire, atterrait les royalistes. La reine n'était plus en sûreté dans son hôtel ; tous les jours on proférait des menaces devant sa porte. Elle se décida, sur les instances de ses amis, à se rendre chez une femme dévouée qui habitait rue Duphot.

C'est de là qu'elle assista à cet incroyable mouvement de l'opinion publique dans Paris. A mesure que l'Empereur approchait et que l'aigle volait de clocher en clocher, les royalistes disparaissaient, et les populations des faubourgs s'emportaient en violences contre la famille royale. La reine, toujours bonne, fit dire alors au duc et à la duchesse d'Orléans que, s'ils redoutaient quelque chose pour eux et pour leurs enfants, un refuge leur était assuré chez elle. Et elle ajoutait avec cette confiance que la famille Napoléon peut seule avoir : — « Je répondrai d'eux; car, moi, je n'ai rien à redouter du peuple. S'il se mettait en mouvement, c'est alors que je ne craindrais plus de me montrer. »

On constatera plus tard comment la famille d'Orléans se montra reconnaissante de ce bon procédé.

Prise de pitié pour le roi, qui se disposait à partir, elle lui écrivit que c'était chez elle un besoin de reconnaissance de lui exprimer ses sympathies dans un moment où la fortune lui était contraire. Elle ne pouvait oublier qu'on avait toléré sa présence en France, et elle perdait le souvenir de tous les mauvais traitements dont ce séjour avait été accompagné.

Et comme on lui reprochait cette démarche généreuse, elle répondit : — « L'Empereur ne m'en voudra pas, il sait très-bien que j'ai toujours été pour les battus, et je l'ai assez tourmenté en faveur des malheureux de tous les partis pour qu'il ne l'ait pas oublié. »

Quel admirable cœur que le cœur de cette femme! et c'est elle que les Bourbons allaient poursuivre par la persécution la plus sauvage!

Enfin, le 20 mars, l'Empereur arrive à Paris, entre dans les Tuileries aux acclamations de la foule, sans avoir tiré un coup de fusil, sans avoir versé une goutte de sang, prouvant ainsi à l'univers que c'était malgré la France qu'il était descendu du trône. Et le roi, l'ami des étrangers, le roi ramené dans les fourgons des alliés, fuyait, chassé par la réprobation générale, et attendant, pour revenir, que l'on tuât les cent mille soldats qui ne voulaient pas de lui.

Un des premiers soins de l'Empereur fut d'écrire au prince Eugène, qui malheureusement était retenu par sa parole d'honneur et qui ne put pas venir.

Hélas ! il n'était pas le seul que l'Autriche retînt parmi ceux que l'Empereur aimait ! Le roi de Rome, l'impératrice Marie-Louise étaient aussi gardés loin du père et loin de l'époux.

L'Empereur était vivement affecté de la privation des siens ; c'est pourquoi il ne reportait que plus de tendresse sur les enfants de la reine Hortense, qu'il couvrait de caresses et qu'il montrait au peuple du haut des fenêtres des Tuileries, comme pour témoigner qu'à la rigueur, il y avait encore des héritiers de la couronne de France.

La reine Hortense poursuivait son œuvre généreuse. Madame la duchesse d'Orléans, s'étant cassé la jambe, était rentrée à Paris. Madame la duchesse de Bourbon fit demander à l'Empereur l'autorisation de ne pas quitter la France. Ce fut la reine Hortense qui servit d'intermédiaire, et ce fut elle qui leur fit accorder, comme nous l'avons déjà dit, quatre cent mille francs et deux cent mille francs de pension.

C'était ainsi que la reine se vengeait des mauvais procédés de la famille royale.

« Ces princesses sont absolument dans la même position que
« moi il y a peu de jours, disait-elle ; elles se trouvent isolées
« comme je l'étais et sans appui dans leur patrie. Je sais mieux que
« personne combien cela est triste, et je trouve que c'est pour moi
« un devoir de m'occuper d'elles ; je suis bien aise aussi de trouver
« dans l'Empereur de nobles et généreux sentiments ; il fait un
« sort à ces princesses, tandis que moi avec qui les Bourbons
« avaient contracté des engagements, on me calomnie pour se
« dispenser de les remplir. Je pense que la cause la plus belle est
« celle où on ne craint pas d'être magnanime, et telle a toujours
« été la conduite de l'Empereur avec ses ennemis. Il est vrai que
« les politiques vous disent qu'il faut être fort pour être généreux :
« moi je dis que d'être généreux rend fort. »

Au moment de montrer la façon horrible dont fut traitée la reine après Waterloo, il est bon de mettre sous les yeux du lecteur les lettres par lesquelles les duchesses d'Orléans et de Bourbon imploraient si humblement sa protection.

Voici ces lettres :

Madame,

« L'obligeance que Votre Majesté a bien voulu me faire témoi-
« gner m'inspire la confiance de la réclamer pour obtenir de
« l'Empereur une décision qui m'est si nécessaire et si pressante,
« en la cruelle position dans laquelle je me trouve. J'aurais
« craint de fatiguer Sa Majesté l'Empereur en lui retraçant les
« motifs propres à émouvoir sa magnanimité ; j'aime à me
« persuader que les bons offices de votre Majesté produiront cet
« effet et qu'elle voudra bien rendre justice à la reconnaissance

« Madame,
« de votre servante,

« Louise-Marie-Adélaide de Bourbon,

« Douairière d'Orléans.

« *Ce 15 mars* 1815. »

« Madame,

« L'intérêt dont Votre Majesté a bien voulu me réitérer le
« témoignage dans son admirable lettre du 29 mars me confirme
« l'espoir que l'Empereur adoucira bientôt ma si cruelle position,
« le ministre des finances l'ayant mise sous ses yeux. Il sera bien
« consolant pour moi de devoir à la générosité de l'Empereur et à
« votre obligeante entremise, d'obtenir ce que ma position, dont je
« ne pourrais assez vous exprimer la gêne, sollicite si instamment.
« Agréez encore une fois, Madame, l'expression des sentiments
« qu'offre

« à Votre Majesté,
« sa servante

« Louise-Adélaide-Marie de Bourbon,

« Duchesse d'Orléans.

« *Ce 2 avril* 1816. »

« Madame,

« Je suis vraiment affligée que le mauvais état de ma santé me
« prive d'exprimer à Votre Majesté comme je le voudrais ma
« sensibilité à l'intérêt qu'elle a témoigné à ma position. Elle est
« encore bien pénible, ma jambe ne prenant aucune force. Mais je
« ne veux pas différer d'exprimer à Votre Majesté et à Sa Majesté
« l'Empereur, auprès duquel j'ose vous prier d'être mon bon
« interprète, des sentiments dont fait profession,

« Madame
« de Votre Majesté,
« la servante

« Louise-Marie-Adélaide de Bourbon,

« Duchesse d'Orléans.

« *Ce* 19 *avril* 1815. »

« Madame,

« Vous avez bien voulu me faire offrir votre médiation auprès
« de S. M. l'Empereur, pour obtenir l'autorisation de rester en
« France et un traitement convenable pour y subsister. Je vois,
« Madame, ce que vous avez déjà fait auprès de Sa Majesté, et que
« c'est en grande partie à votre intérêt que je dois les 200,000 fr. de
« rente qu'Elle a eu la bonté de m'accorder. Mais sur cette somme,
« le ministre des finances me dit que j'en dois distraire celle de
« 50,000 francs en faveur de mes frères naturels reconnus par
« mon père, ce qui réduirait mon traitement annuel à 150,000
« francs. Vous trouverez sûrement, madame, que cette somme est
« bien modique, eu égard à mes obligations et à la nécessité où
« je suis de me former un établissement en entier, n'ayant ni habi-
« tation ni meubles.

« J'avais, à la vérité, supplié Votre Majesté d'assurer à chacun
« de ces Messieurs 25,000 francs par an, comme étant la seule
« dette morale dont je me crusse tenue ; mais, outre que j'avais

« pensé que cette dette n'aurait pas dû être prise sur mon traitement
« de 200,000 francs, c'est que je regardais comme important pour
« eux de leur assurer le même revenu dans le cas où je mourrais
« avant eux. Je viens donc vous prier, Madame, d'appuyer auprès
« de l'Empereur la demande que j'ose Lui faire, et qui, je l'espère,
« ne peut vous paraître déraisonnable. C'est une nouvelle obligation
« que je vous aurai.

« Agréez, Madame, etc.

« L. M. J.-B. d'Orléans Bourbon.

« 21 *mars* 1815. »

Madame,

« Je suis bien touchée de votre obligeance et j'ai toute confiance
« dans le désir que vous me témoignez ; il me semble difficile que
« l'Empereur refuse une demande, j'ose le dire, aussi juste, lors-
« qu'elle est présentée par vous. Croyez, Madame, que ma recon-
« naissance égalera les sentiments dont je vous prie de recevoir
« d'avance les témoignages bien sincères.

« L. M. J.-B. d'Orléans Bourbon.

« 29 *avril* 1815. »

Vous avez vu l'âpreté de ces princesses, leur empressement à se courber devant cette reine et cet Empereur, qu'elles traitaient, la veille encore, du haut de leur grandeur ! L'Empereur était un brigand, la reine n'était que Mademoiselle de Beauharnais, et aujourd'hui qu'elles ont besoin d'eux, elles les traitent de majesté, en s'abaissant jusqu'à terre !

Nous raconterons tout à l'heure de quelle manière se manifesta la reconnaissance des Bourbons.

Mais n'oublions pas un autre fait important : voici la lettre que l'Empereur faisait insérer le 18 avril 1815 au *Moniteur*, au sujet du duc d'Angoulême, qui était en son pouvoir :

« ... Monsieur le comte Grouchy, l'ordonnance du roi en date
« du 6 mars pouvait m'autoriser à traiter le duc d'Angoulême comme
« cette ordonnance voulait qu'on me traitât moi et ma famille. Mais,
« constant dans les dispositions qui m'avaient porté à ordonner
« que les membres de la famille de Bourbons fussent exilés libre-
« ment de France, mon intention est que vous donniez des ordres
« pour que le duc d'Angoulême soit conduit à Cette, où il sera
« embarqué, et que vous veilliez à sa sûreté et à écarter de lui tout
« mauvais traitement . . . .
                                    « NAPOLÉON. »

L'Empereur se bornait à exiger que le duc d'Angoulême rendît les diamants de la couronne qui appartenaient à la France, et qu'il avait fait tranquillement enlever.

Voilà comment se conduisait la famille impériale à l'égard des Bourbons.

Le 1er juin eut lieu la fête du champ de mai, célébrée au milieu d'un enthousiasme indescriptible. La reine y assistait avec ses enfants.

L'Empereur, cédant à une fatale inspiration, ajoutait l'Acte additionnel à la Constitution de l'empire et donnait la liberté dans un moment où la liberté s'exerçait contre lui et brisait le faisceau de la résistance nationale. Dans les moments de danger grave, il faudrait doubler l'autorité, et l'Empereur crut le moment venu de laisser la parole à la presse ! Déplorable erreur qui ne fit qu'affaiblir le patriotisme, et qui servit admirablement les desseins cachés des ennemis de l'empire et de la France.

Le petit prince Napoléon avait dix ans, et il importait de lui donner un gouverneur qui remplaçât les soins du bon abbé Bertrand, devenu insuffisant.

La reine hésitait beaucoup entre M. de Tracy et Manuel, mais les événements se succédaient si vite, qu'il lui fut encore impossible de prendre un parti.

Le 12 juin eut lieu aux Tuileries le dernier dîner de famille. La reine y assista avec ses enfants, qui venaient faire leurs adieux à leur oncle. L'Empereur partit le même soir pour l'armée. Il était triste, et plein d'appréhensions, car il ne s'agissait plus de combattre pour conquérir, mais bien de maintenir intact le territoire de la patrie.

La reine se renferma chez elle, dans un recueillement profond ; c'est là, le 20 juin, qu'elle apprit la funeste nouvelle de Waterloo.

Le lendemain l'Empereur revenait à Paris, essayant de réorganiser les forces de la France, et ne désespérant pas encore.

Mais la reine ne se faisait pas illusion. — « Tout est fini pour « l'Empereur, disait-elle avec un calme inouï ; c'est à la France « qu'il faut songer ! On l'accueillait avec acclamations ; on avait « besoin de son puissant génie ; c'étaient des triomphes qu'on atten- « dait ; il a été malheureux, tout le monde l'abandonne. Il n'y a plus « d'illusion à se faire sur le sort qui l'attend ; trop heureux si nous « pouvons le décider à se soustraire à tout ce qui va le menacer ! »

Et elle ajoutait au général Bertrand, qui n'admettait pas la trahison, et qui ne croyait pas que la France pût séparer ses intérêts des intérêts de l'Empereur : « Oh ! ceux qui croient que c'est « à l'empereur seulement qu'on en veut, et qui s'imaginent qu'en se « séparant de lui on obtiendra de meilleures conditions, ont bien « tort. Ils ne s'aperçoivent pas qu'ils en veulent plus encore à la « puissance de la France qu'à la gloire du chef. Au lieu de se serrer « en faisceau autour de lui, au lieu d'imiter les peuples anciens, « dont le courage se montrait plus grand le lendemain d'une « défaite, on discutera sur des idées, sur des principes, et tout « sera perdu. »

Comme ces paroles étaient prophétiques et comme elles s'appliquent tout aussi bien à ce qui suivit Waterloo qu'à ce qui suivit Sedan !

Le brave Labédoyère était furieux ; il voulait que l'Empereur renvoyât les Chambres, qu'il anéantît tous les traîtres et cette opposition de médiocrité, qui, disait-il, ne comprend pas que le premier besoin d'une nation est son indépendance, et que, lorsque l'ennemi approche, c'est *combattre* qu'il faut et non *pérorer*.

Il s'emportait surtout, et avec raison, contre cette liberté inopportune que l'Empereur avait donnée. « Nous vous la donnerons la « liberté, criait-il, quand nous serons maîtres chez nous, et ce n'est

« pas le moment d'en parler, quand on est à la veille de se livrer,
« pieds et poings liés, aux despotes étrangers. »

Enfin, le 22 juin, l'Empereur envoya aux chambres son abdication en faveur de son fils Napoléon II, qui fut proclamé, sous la régence d'un gouvernement provisoire dont le duc d'Otrante était nommé président.

L'Empereur demanda à la reine Hortense de lui donner l'hospitalité à la Malmaison, et elle l'y accompagna, bravant toutes les calomnies qui l'avaient déjà désignée comme l'âme du complot de l'île d'Elbe et qui devaient la poursuivre avec plus de violence encore, en la voyant demeurer fidèle et attachée à l'Empereur jusqu'au dernier moment.

Seulement, la reine, prête à tout, voulut mettre ses enfants à l'abri. Une brave et excellente femme, petite commerçante du faubourg Montmartre, Madame Tessier, était venue s'offrir. La reine préféra lui confier ses enfants, plutôt que de les confier à une personne du grand monde, disant avec raison qu'ils seraient en plus complète sûreté chez quelqu'un du peuple.

Le 29 on alla les chercher, on les mena secrètement à la Malmaison pour recevoir les derniers baisers de leur oncle, et on les ramena au plus vite dans leur cachette.

La reine Mère, Madame Lætitia, se rendit aussi auprès de son fils, Leurs adieux furent pénibles et déchirants. « *Adieu, mon fils!* » dit madame Mère. « *Ma mère, adieu!* » dit l'Empereur, et ils se quittèrent, après une étreinte désespérée.

La reine Hortense avait offert à l'Empereur son beau collier de diamants, le suppliant à genoux de l'emporter. L'Empereur finit par l'accepter, mais il donna à la reine, en échange, un papier contenant des délégations sur des bois appartenant à la liste civile. Le tout fut saisi par les Bourbons à leur retour, et naturellement ils ne payèrent rien.

Puis l'Empereur partit. On sait ce qu'il advint de l'hospitalité qu'il avait cherchée sur un navire anglais.

La reine n'était plus en sûreté dans le palais de la rue Cerutti. Elle y était insultée comme en 1814. Alors elle fit louer une maison rue Taitbout et s'y réfugia avec ses enfants, qu'elle retira de chez la bonne madame Tessier.

Elle eut à ce moment un de ces mots comme elle en avait souvent et qui éclairent l'avenir d'une lueur d'étrange divination. Les Bourbons refusaient de maintenir le drapeau tricolore, et la reine dit :
« Ils entendent bien mal leurs intérêts, de laisser ainsi de côté un
« drapeau qui est cher à la nation et qui le sera toujours, quoi qu'on
« fasse ; en proscrivant ces nobles couleurs, ils lèguent au peuple un
« signe de ralliement et un prétexte à ceux qui voudraient s'en
« servir contre le drapeau blanc. »

La trahison avait complété ce que le désastre avait commencé. Les Bourbons, abandonnés naguère, étaient plus entourés que jamais ; et si le peuple murmurait sourdement de cette royauté antinationale qui lui était encore imposée, les plus favorisés de l'Empire étaient les premiers à saluer la dynastie royale.

C'était un spectacle honteux.

Le 19 juillet au matin, la reine Hortense eut la récompense de son noble dévouement aux princesses de Bourbon ; elle reçut l'ordre de quitter Paris dans *les deux heures*. On lui offrit une escorte des troupes alliées, qu'elle refusa.

Elle partit, accompagnée d'un simple officier autrichien, le comte de Voyna.

C'est alors que commence pour cette pauvre femme et pour ses petits enfants le plus épouvantable des voyages, un véritable chemin de la croix, où elle développa toutes les éclatantes qualités de son courage si doux et si ferme.

L'Empereur de Russie, prévenu contre elle par d'odieux mensonges, ne la couvrait plus de sa protection. Mme de Krüdner elle-même, si influente sur l'esprit de l'Empereur, l'oubliait aussi.

C'est à cette époque que Mme Dugazon, sur une recommandation de la Reine, vit cette femme extraordinaire. Elle sortit effrayée et malade de cette entrevue. Mme de Krüdner, en peignant des plus vives couleurs les malheurs présents de la France, en prédisait encore de plus grands pour l'avenir ; elle faisait un tableau terrible de révoltes, de guerres, de sang répandu dans Paris, qui finirait enfin, disait-elle d'un air inspiré, par être brûlé et ruiné de fond en comble.

Cette prophétie nous semble bien curieuse à nous, qui avons vu ce qui s'est passé depuis.

A Dijon, elle faillit être assassinée par des gardes royaux, qui voulaient s'emparer d'elle et des *millions* qu'elle emportait.

Pauvres millions ! La reine avait été obligée de vendre ses bijoux pour partir !

M. de Voyna, par sa fermeté, la tira d'affaire.

A Dôle, ce fut le contraire ; les habitants crurent qu'on emmenait la reine prisonnière, et voulurent massacrer M. de Voyna.

A son tour, la reine le sauva.

Enfin, la reine arrive à Genève, harassée, malade. Elle compte s'y reposer ; mais un ordre arrive du gouvernement de Genève qui lui ordonne de quitter la ville.

« Mais qu'on me jette donc dans le lac, s'écria la reine, car
« enfin, il faut bien que je sois quelque part ! »

La reine reprend ses enfants et repart ; elle se rend à Aix en Savoie, ville encore pleine des souvenirs de son inépuisable charité.

Elle croyait que le terme de ses souffrances était arrivé. Elle loua une maison et, toute triste, elle passait ses journées à regarder ses deux enfants, qui, joyeux d'être au grand air, jouaient toute la journée au soldat dans la cour. Le prince Napoléon avait réuni quelques enfants du voisinage et il faisait le général en chef. Le petit Louis, armé d'un bâton, faisait le sergent-major, et avec ses petites jambes essayait de suivre la marche de la troupe.

Là, elle apprit avec un serrement de cœur l'assassinat du maréchal Brune, l'arrestation de Labédoyère, son exécution et toutes les infamies de la terreur blanche. On proscrivait tous les braves de la grande armée, tout ce qui avait été fidèle à l'Empereur. Des généraux qui avaient versé leur sang pour la France sur cent champs de bataille étaient fusillés, ou obligés de se sauver comme des brigands, mourant de faim et sans abri. Ney, Bertrand, les frères Faucher, Mouton-Duvernet, Lavalette voyaient leurs têtes mises à prix, pendant que l'ignoble Trestaillon, condamné à mort pour assassinat, se promenait impunément dans Avignon, au milieu des marquises et des comtesses royalistes.

La reine supportait tout cela avec un admirable courage.

Le 6 septembre 1815, elle reçut l'ordre de quitter la France et de se rendre en Suisse.

C'était M. Decazes, ancien secrétaire des commandements de madame Mère, et devenu ministre de Louis XVIII, qui lui prouvait sa gratitude.

Mais un malheur ne vient jamais seul, comme dit le proverbe. A cette époque la reine reçut une lettre du roi Louis, son époux, alors à Rome, qui lui demandait son fils aîné Napoléon, lui laissant le petit Louis.

La reine obéit, en proie à une profonde désolation; elle en tomba gravement malade. Le petit Louis fut si vivement affecté du départ de son frère qu'il adorait, qu'il se mit au lit vingt jours avec une jaunisse des plus douloureuses.

Cette pauvre famille, composée d'une femme et d'un enfant, faisait pitié. La reine, littéralement épuisée, n'avait plus qu'un souffle de vie. Pour la faire respirer, il fallait la transporter à bras sur une colline voisine. Elle vivait d'une ou deux cuillerées de muscat et d'un biscuit.

Et c'est dans cet effroyable état qu'elle dut se remettte en route !

Oh ! les Bourbons étaient bien reconnaissants et bien généreux !

La reine devait se rendre dans le canton de Saint-Gall.

Le 28 septembre elle part, mais voilà que le canton de Zurich, qu'elle doit traverser, s'oppose à son passage.

Après mille pourparlers pénibles, elle obtient enfin l'autorisation de traverser le territoire.

Arrivée sur le territoire de Genève, mêmes difficultés, défense de s'y arrêter !

A Fribourg, les persécutions recommencent, défense de s'arrêter ! la haine des Bourbons s'attachait à ses pas et la poursuivait.

A Berne, à Constance, la même chose, défense de s'arrêter !

La reine était mourante ; elle était arrivée aux dernières limites de la force physique. Et le petit Louis, si frêle, si délicat, était comme elle.

Elle ne pouvait pas aller plus loin ; elle le déclare aux autorités et elle s'installe à Constance, promettant de repartir aussitôt qu'elle le pourrait.

Nous arrivons à 1816. Le prince Eugène était venu plusieurs fois à Constance, et sa présence avait adouci les tristesses de la position faite à sa sœur et à son neveu.

Il les emmena même à Berg, où se trouvait sa femme la princesse Augusta et toute sa petite famille, composée de cinq enfants ravissants.

Le petit Louis fut tout heureux de se retrouver avec ses cousins et ses cousines, et ce fut pour lui, comme pour la reine sa mère, le premier moment de tranquillité qu'il eût goûté depuis bien longtemps.

Revenue en Suisse et ne pouvant rester davantage dans le canton de Constance, la reine cherchait un endroit où elle pourrait s'installer définitivement, lorsque les magistrats d'un canton voisin, du canton de Thurgovie, lui firent dire que si elle voulait se fixer dans leur pays, *elle y serait soutenue par les autorités et le peuple.*

Ce canton, qui était démocratique, ne partageait pas les hostilités des autres cantons contre la famille et la politique de Napoléon.

La reine ne savait à quoi se résoudre, et elle faisait traîner la chose en longueur.

Tout entière consacrée à l'éducation de son fils, elle essayait de suppléer à tout ce qui lui manquait. N'ayant pas de maîtres sous la main, elle lui enseignait le dessin, la danse, lui faisait des lectures ; elle-même, tous les samedis, passait un examen général des travaux de la semaine, apprenant le grec et le latin avec lui.

Le prince se portait bien, et avec la santé lui était venue une certaine vivacité de manières qui contrastait singulièrement avec le fond grave et taciturne de son caractère.

La reine lui donna, à cette époque, pour précepteur, M. Lebas, homme du plus grand savoir et du plus grand mérite.

Il passait son temps à calmer la fougue du prince et à venir en aide à la reine, qui pouvait à peine s'en rendre maîtresse.

Un jour d'hiver, le prince Louis rentre pieds nus et en bras de chemise, à travers la boue et la neige.

LE PRINCE LOUIS-NAPOLÉON ARRÊTE DES CHEVAUX EMPORTÉS.

Il avait rencontré deux petits pauvres et leur avait donné, à l'un ses souliers et à l'autre son paletot.

Il y avait un an qu'elle habitait Constance lorsque, le 10 février 1817, la reine se décida à acheter le château d'Arenenberg, pour la somme de trente mille florins. Après deux ans passés à errer, elle avait enfin une maison pour abriter sa tête et un peu de terre pour cultiver des fleurs! Ce n'était pas trop tôt!

Le prince Eugène avait obtenu de son beau-père le roi de Bavière que la reine Hortense habitât ce pays si cela pouvait lui être agréable. Elle en profita pour mettre le prince Louis au collége si réputé d'Augsbourg, sous la direction du savant helléniste Hage. Le prince y passa quatre années, travaillant beaucoup et y puisant cette science de pensée et de style qui devait faire de l'historien de César un des écrivains les plus remarquables de son temps.

Pendant les vacances, la reine faisait promener son fils à travers l'Italie et la Suisse, complétant son éducation par des conseils qu'inspirait l'élévation extraordinaire d'esprit qu'on remarquait en elle.

C'est en 1821 que le prince quitta le collége d'Augsbourg, pour revenir sur les bords du lac de Constance. De nombreux professeurs, entre autres le savant Diezi, lui firent continuer ses études déjà si brillantes, et l'initièrent à tous les secrets des sciences mathématiques, pour lesquelles il avait un goût particulier.

Quand le prince avait un moment de libre, il se hâtait de le consacrer aux exercices de corps. Il était de première force sur l'escrime, l'équitation et la natation. A cheval, ou dans l'eau, il poussait l'audace jusqu'à la témérité.

On cite souvent, comme un beau trait de son caractère chevaleresque, ce qui lui arriva à Mannheim.

Il se trouvait là, se promenant avec ses cousines, filles de la duchesse Stéphanie de Bade, et tout en causant, il traversait le pont du Necker, lorsqu'une discussion s'engage sur le plus ou moins d'héroïsme des hommes de notre temps. Les jeunes princesses affirmaient qu'autrefois les hommes étaient plus galants et plus capables de dévouements héroïques. Le prince soutenait que les hommes de ce siècle valaient tout autant et que seules les occasions de se dévouer manquaient. Il développait sa thèse avec chaleur, lorsqu'une de ses cousines, prenant une fleur à son corsage la jette dans le gouffre en disant : « Tenez, du temps jadis, un bon chevalier se fût hâté d'aller la chercher! »

Le prince, sans hésiter une seconde et avant qu'on eût pu s'y opposer, se précipite tout habillé dans la rivière et, après des efforts inouïs, saisit la fleur, revient et, ruisselant, l'offre à sa cousine encore tout épouvantée et lui dit en riant : « Tenez, voici votre fleur, belle cousine ; mais, pour Dieu! ne nous mettez pas trop au-dessous de vos anciens chevaliers du moyen âge! »

Un autre jour, il parcourait à cheval les hauteurs qui dominent la ville de Constance. Soudain, il entend un cri terrible, et voit une voiture où se trouvait une femme et ses deux enfants, emportée par des chevaux affolés et sur le point de se briser dans les précipices. Eperonner son cheval, courir de rocher en rocher, au risque de se tuer, dépasser la voiture, saisir les chevaux et les renverser, d'un seul tour de poignet, tout cela sans quitter son cheval, fut l'affaire d'un instant.

Le Prince Louis était devenu l'idole des Suisses, qui adoraient sa nature généreuse, modeste et loyale.

Il avait particulièrement dirigé ses études vers l'artillerie, et, après de longues études préparatoires, il suivait avec un intérêt immense les manœuvres des troupes badoises dans les environs de Constance. Mais tout cela ne lui suffisait pas, et ce sont encore ses bons amis les Suisses qui lui donnèrent le moyen de se perfectionner dans son arme favorite.

Un camp était établi tous les ans à Thoun, pour l'instruction des soldats et des officiers suisses. Ce camp était sous la direction savante d'un ancien officier de Napoléon, le colonel Dufour. Un autre officier distingué, le colonel Fournier, était parmi les professeurs.

Le Prince y fut admis, et il y accomplit son service de volontaire avec un zèle tout particulier et une ardeur incroyable. Dans une lettre de la reine Hortense, nous trouvons ce *Post-Scriptum* bien significatif: « Mon fils est encore avec les élèves de Thoun, occupé
« à faire des reconnaissances militaires dans les montagnes. Ils font

« dix à douze lieues par jour, à pied, le sac sur le dos. Ils ont
« couché sous la tente au pied d'un glacier. »

C'est à Thoun, au milieu de ses études militaires que la Révolution de Juillet vient le surprendre.

En 1821, il avait eu à supporter la nouvelle terrible de la mort de l'Empereur.

Et en 1824, il avait encore perdu son oncle bien-aimé, le prince Eugène.

Le duc de Reichstadt vivait encore ; le roi Joseph et le roi Louis étaient dans la plénitude de leurs droits, et le prince Napoléon venant avant lui dans l'ordre héréditaire, le prince Louis ne pouvait avoir dans le cœur qu'une idée, revoir son pays, avoir une patrie, revenir dans sa France bien-aimée ! Toute préoccupation politique lui était absolument étrangère. Aussi les deux jeunes princes n'eurent-ils qu'un cri, lorsqu'ils apprirent le renversement des Bourbons : « Enfin la France est libre ; l'exil est fini, la patrie est ouverte ; n'importe comment, nous la servirons ! »

Le frère aîné de Louis, le prince Napoléon, était alors marié ; il avait épousé sa cousine, la seconde fille du roi Joseph, et il vivait à Florence avec son père, allant de temps en temps visiter sa mère et son frère en Suisse.

Il était remarquablement beau, d'une intelligence hors ligne, mais son caractère était beaucoup plus fougueux que celui du prince Louis.

Les sentiments les plus nobles, les plus chevaleresques animaient ces deux Princes, et la reine Hortense passait sa vie à trembler devant la perspective des dangers qui menaçaient ses deux paladins de fils. Pas un coup de canon n'était tiré en Europe, qu'ils ne voulussent courir et se ranger du côté du plus faible. Ainsi le prince Napoléon était presque décidé à aller en Grèce, pour combattre en faveur de l'indépendance hellénique. Sa mère ne put l'arrêter qu'en lui faisant observer que son nom pouvait nuire à cette cause si intéressante et amener des complications fâcheuses. Néanmoins il insistait encore, disant : « Je veux m'y rendre seul, et y servir sans qu'on puisse me reconnaître. » Il fallut tous les efforts de sa famille pour le décider à ne pas partir. Alors son activité dévorante le jeta dans l'industrie, pour laquelle il avait les aptitudes merveilleusement pratiques de son père, le roi Louis.

Nous n'avons pas à faire ici l'historique de la révolution de Juillet. Nous n'en dirons que ce que tout le monde sait, à savoir qu'elle eut lieu surtout en haine de la famille royale de Bourbon. On ne voulait plus des Bourbons, et on ne prit le duc d'Orléans que parce qu'il était là, et qu'on n'avait pas autre chose. Une grande portion de l'opposition impérialiste se rangea à ses côtés, comme protestation contre la vieille royauté entachée par le contact de l'étranger. Mais il ne faut pas s'imaginer que, même à cette époque, il ne se soit pas élevé des voix nombreuses en faveur d'une restauration impériale. Le retour du drapeau tricolore était intimement lié au retour de l'idée Napoléonienne, et bien du monde songea à Napoléon II. Seulement, le malheureux jeune Prince n'était pas là. Retenu captif en Autriche sous un nom étranger, fidèle à la mémoire vénérée de son père, il agonisait lentement pour mourir quelque temps après.

Des impérialistes écrivaient de toutes parts aux deux princes, fils de la reine Hortense, les invitant à prendre les armes en faveur et au nom de leur cousin ; les uns leur disaient d'arriver en France ; les autres leur offraient un point d'appui dans cette noble et si dévouée terre de Corse. Tous disaient : Nous avons combattu en songeant à votre cause — arrivez, nous sommes libres enfin et nous allons vous revoir...

Le roi Louis-Philippe se rendait un compte exact de la situation ; il voyait la popularité du nom de Napoléon ; il n'ignorait pas quelle part il devait aux impérialistes dans les journées de Juillet, faites presque uniquement par eux. Aussi en avait-il peur, et tout en méditant de rétablir la statue de l'empereur sur la colonne Vendôme, il eut soin de maintenir le décret d'exil contre la famille Bonaparte, sous prétexte de faire exécuter un traité signé par les rois alliés et qu'il n'avait pas le droit d'enfreindre. Se sentant peu solide sur le trône, le roi Louis-Philippe ménageait les cours étrangères et n'était pas fâché, en même temps, de tenir éloigné de lui ce nom dangereux, sonore, éclatant de Napoléon ! Pourtant, il avait répété souvent que, si jamais il régnait, il abolirait les lois de proscription !

Voilà donc la France fermée pour les jeunes princes; ils sont obligés de se retourner vers l'Italie, et d'y suivre les aspirations qui commençaient à s'y faire jour.

L'Italie, en ce moment, était aux mains des Autrichiens et des Bourbons, deux objets de haine pour les jeunes princes qui se souvenaient de l'emprisonnement du roi de Rome et de tout ce que la restauration leur avait fait souffrir. Or, un mouvement national, unitaire, travaillait toute la jeunesse italienne; c'était le contre-coup de la révolution de Juillet; c'était le vieux monde s'écroulant et faisant place au monde nouveau, issu de la révolution Française. Les deux princes étaient séduits par la perspective de se mêler à ce mouvement et de combattre l'Autriche et les Bourbons en Italie, ne pouvant les atteindre ailleurs.

La reine Hortense, devinant leurs projets, était en proie à une vive perplexité. Elle tremblait à l'idée de voir ses deux enfants, tout ce qu'elle adorait au monde, se lancer dans des aventures périlleuses et exposer leurs jours. Le roi Louis partageait les inquiétudes de la reine, et ils se virent à Viterbe, afin de se concerter sur les moyens de les tenir en dehors de l'insurrection qui couvait sourdement et dont on attendait chaque jour l'explosion. C'est pour cela qu'elle se rendit à Rome, afin d'éloigner ses fils du foyer d'agitation qui était en Toscane.

Sur ces entrefaites, le pape Pie VIII mourut, laissant la cour romaine en proie aux menées unitaires.

Un vent de révolte nationale soufflait partout; après la France, c'étaient la Grèce, la Pologne, l'Italie. Les journées de Juillet avaient rompu le vieil équilibre politique de l'Europe.

Menotti, un des principaux chefs du mouvement italien, était venu trouver les deux princes, leur avait parlé du concours immense qu'ils pouvaient donner à la cause nationale, en prêtant l'appui de leur nom magique. Généreux comme ils l'étaient, les deux princes acceptèrent. On leur avait dit que l'Italie avait besoin d'eux pour être libre, et ils n'hésitèrent pas.

Tout cela se passait à l'insu de la reine, qui ne savait pas ses fils engagés dans la conspiration.

Enfin, la Romagne, Modène, Plaisance se révoltent; une rixe sanglante éclate à Rome.

La reine apprend que ses fils sont au milieu des insurgés. Elle quitte Rome, arrive à Florence, espérant les atteindre, mais elle ne trouve là qu'une lettre de son plus jeune fils, lettre qui la plonge dans un profond désespoir. Le prince Louis lui écrivait. « Votre « affection nous comprendra ; nous avons pris des engagements, « nous ne pouvons y manquer ; et le nom que nous portons nous « oblige à secourir les peuples malheureux qui nous appellent. « Faites que je passe aux yeux de ma belle-sœur pour avoir entraîné « son mari, qui souffre de lui avoir caché une action de sa vie. »

La reine n'était pas femme à se laisser abattre longtemps ; elle reprend courage ; en ce moment arrive le roi Louis, tout aussi accablé. Ils sont effarés de la conduite des princes. Eux si doux, si obéissants, si soumis à la volonté de leurs parents, comment ont-ils pu prendre une détermination de ce genre et sans les consulter ?

Ils écrivirent lettre sur lettre, envoyèrent courrier sur courrier, leur faisant toutes sortes de représentations et les engageant à revenir.

Mais les princes demeurèrent inflexibles. A la tête de quelques centaines de jeunes gens, ils avaient pris les armes et faisaient le siége de Civita-Castellana, afin d'y délivrer les nombreux prisonniers que la politique romaine y tenait renfermés depuis huit ans.

Le roi Louis, qui connaissait le prestige que la reine exerçait sur ses enfants, la supplia d'aller auprès d'eux pour les ramener. Et la reine répondait : « Je ne le puis pas ! s'ils doivent revenir, ce sera « de leur plein gré. S'ils ont pris parti, je ne pourrai les détacher, « et l'on ne manquera pas de dire que je vais avec des millions pour « les aider. Alors, dans le moment terrible que je prévois, qui « pourra leur être utile, si je me suis compromise avec eux ? »

Le chagrin du roi Louis était si grand, que la reine se décida à partir. Elle arriva sur la frontière de Toscane et s'installa dans une auberge. Quelles heures terribles elle y passa, se demandant comment elle pourrait sauver ses enfants et où elle pourrait se réfugier avec eux ! Elle songeait à partir avec eux pour l'Orient, à aller en Turquie, à Smyrne, dans un des rares pays où les Napoléon pouvaient encore reposer leur tête proscrite partout. Sa désolation était affreuse : elle venait d'apprendre l'intervention de l'Autriche, et elle savait que de pauvres jeunes gens sans armes, sans argent, étaient incapables même d'opposer une résistance sérieuse. Une défaite certaine et une fuite impossible, voilà ce qui attendait les jeunes imprudents.

Toute la famille impériale intervenait auprès d'eux. Le cardinal Fesch, le roi Jérôme, avaient tour à tour recours aux ordres et aux prières. Rien n'y faisait.

Bien plus, même, le prince Napoléon fut chargé par le comité directeur de Bologne de rédiger la note des réclamations adressées au pape, prenant ainsi officiellement la tête du mouvement.

Cependant, ils traînaient derrière eux un immense obstacle, leur nom. Ce nom, qui les avait fait rechercher tout d'abord, devenait une difficulté grave devant l'intervention des troupes autrichiennes.

Le gouvernement insurrectionnel de Bologne, dont l'âme était le général Armandi, écrivit à la reine Hortense pour l'avertir qu'il avait enlevé tout commandement aux princes. Sa lettre est pleine d'éloges pour leur généreux caractère. Elle dit :

« *Monsanvito*, 3 *mars* 1831.

« ... Les jeunes princes sont ici ; ils ont fait un sacrifice pénible
« et qui demande un grand effort de raison et de sentiments : c'est
« pour ne pas nuire aux intérêts de cette malheureuse Italie qu'il
« ne leur est pas même permis d'aider ouvertement ; c'est pour ne
« pas affliger ou compromettre ce qu'ils ont de plus cher au monde.

« Je conçois, madame, ce qui doit s'être passé dans votre cœur
« pendant ces derniers jours. Mais soyez encore plus fière que
« vous ne l'étiez, madame, d'avoir de tels enfants ; toute leur con-
« duite, dans cette circonstance, est un enchaînement de sentiments
« nobles, généreux, dignes de leur nom, et l'histoire ne l'oubliera
« pas. Un jour, il faudra bien qu'on appelle vertu ce qui est vertu,
« et toutes les diplomaties du monde n'y changeront rien..... »

En effet, le général Sercognani fut envoyé pour les relever de leur commandement.

La reine Hortense et le roi Louis purent espérer un instant que cette ingratitude les découragerait. Il n'en fut rien, et ils se rendirent séance tenante à Ancône, voulant servir comme simples

LE CAPITAINE D'ARTILLERIE BONAPARTE

volontaires, du moment où ils ne pouvaient plus servir comme chefs.

Leur position était plus qu'alarmante ; on pouvait déjà fixer le jour où l'insurrection serait écrasée. Les jeunes princes étaient bannis de Suisse et d'Italie. Une loi de proscription leur fermait la France, et ils étaient certains d'être fusillés s'ils étaient pris.

La reine était dans la plus cruelle des angoisses. Elle voulait fuir avec ses enfants en Grèce ou en Turquie, mais la flottille autrichienne barrait encore le passage.

Que faire? chaque jour voyait s'épuiser le courage et les forces de la pauvre reine.

Soudain, une idée étrange, audacieuse lui vient. Elle se décide à faire courir le bruit de son départ pour Corfou, à rejoindre ses fils à Ancône et à traverser incognito la France, pour passer en Angleterre.

Un Anglais de ses amis lui procure un passe-port pour une dame anglaise, se rendant avec ses deux enfants à Londres, par la France.

La reine réunit toute son énergie, organise son départ, sort de Florence, à travers mille difficultés, gagne Pérouse, arrive à Foligno, sur les derrières de la petite armée insurrectionnelle et attend, avec une impatience fiévreuse, que les événements placent sur son chemin ses enfants, qu'elle n'a pas pu encore joindre et qui refusent de séparer leur sort du sort de leurs frères d'armes. Bientôt les Autrichiens arrivent, et la petite armée bat en retraite sur Bologne, Forli et Ravenne.

La reine veut suivre le mouvement de l'armée et elle part pour Ancône. Mais, après la première poste de Foligno à Ancône, elle voit un homme à cheval, qui court après sa voiture et lui crie : « Madame, le prince Napoléon est malade, et il vous demande! » A l'instant, elle rebrousse chemin, et l'âme agitée de mille pensées lugubres, elle arrive à Forli, et, pendant qu'on change les chevaux à la poste, elle entend, dans la foule qui l'entoure, ces mots épouvantables qui allaient de l'un à l'autre, sans cesse répétés par le peuple : « Napoléon est mort! Napoléon est mort! »

Un voile couvre les yeux de la reine, sa tête se perd, elle n'entend plus, elle ne voit plus et, expirante, elle s'évanouit.

Elle se réveille à Pesaro, couchée sur un lit, et son fils Louis, à genoux devant elle, la couvrant de baisers et de larmes.

Elle dut abandonner, à cette vue, le secret espoir qui l'animait encore. Son fils était mort, bien mort.

Nous ne décrirons pas la douleur de la reine, en perdant son fils au moment même où elle espérait le soustraire au danger. Sa douleur était horrible.

Mais cette intrépide femme jette un regard sur son dernier enfant ; elle le voit désespéré, malade, et elle reprend courage, car il faut sauver celui qui lui reste.

On enterre le prince Napoléon à Forli ; le lendemain, les Autrichiens entraient dans la ville.

Il faut fuir, l'ennemi est en vue ; la reine fait un effort désespéré et parvient à entrer dans Ancône avec le prince Louis.

Là, elle apprend que l'insurrection est vaincue partout, qu'une amnistie est proclamée et que son fils se trouve parmi ceux qui sont exceptés du pardon général. C'est donc, pour lui, la prison, la mort.

Les Autrichiens étaient aux portes d'Ancône. La reine fait préparer secrètement sa voiture, donne un déguisement à son fils, demande ostensiblement un passe-port pour Corfou, retient son passage sur un bateau qui va partir, tout cela pour dérouter les soupçons ; et elle va s'éloigner, lorsqu'un nouveau malheur la frappe : son fils Louis tombe malade, et de la même maladie qui avait emporté son frère, de la rougeole !

De toutes parts arrivaient les fugitifs de l'insurrection, poursuivis par les Autrichiens ; ils se dirigent vers Ancône pour y organiser une suprême résistance, mais Ancône avait déjà capitulé. Éperdus, ils frètent des navires, des barques pour s'enfuir, mais une tempête les rejette en partie dans le port et ils sont pris. Plusieurs sont exécutés.

C'est au milieu de cet affreux désordre que se trouvait la reine, avec son fils gravement malade et caché dans sa chambre.

Le danger avait métamorphosé la reine. Son indomptable courage avait galvanisé ses forces, et quand les Autrichiens entrèrent dans la ville, quand leur chef vint lui-même loger chez elle, séparé du prince Louis par une cloison, pouvant l'entendre s'il toussait ou s'il parlait, il trouva la reine calme, froide; et si son pouls était convulsif, si son cœur battait à lui rompre la poitrine, le visage était impassible.

Qui donc, en l'examinant de près, n'admirerait pas cette femme, plus femme que toute autre par la grâce, la séduction, la beauté, et plus brave, plus résolue que l'homme le plus énergique!

Au bout de quelques jours, le prince Louis est hors de danger. Aussitôt et sans perdre de temps, la reine exécute la plus audacieuse des fuites.

Elle traverse Loreto, Macerata, Tolentino, prenant à peine le temps de changer de chevaux.

A Tolentino, tout faillit être perdu; un Italien reconnaît le prince Louis sous son déguisement et le dénonce au colonel autrichien qui commandait la ville. Celui-ci répond noblement qu'il n'est pas là pour arrêter personne.

Elle passe de nouveau par Foligno, Pérouse; elle traverse la Toscane, toujours sur le point d'être reconnue et arrêtée.

A Camoscia, pas de chevaux! et l'auberge était pleine de fugitifs. La reine reste deux heures enfermée dans sa voiture. Quant au prince Louis, faible, encore souffrant, accablé de douleur et d'indifférence pour sa destinée, il s'était couché sur un banc de pierre dans la rue et s'était profondément endormi!

Il dut peut-être à cela d'échapper aux regards.

Il fallait traverser Sienne. La reine, une carte en main, traçait elle-même son itinéraire, contournant les villes, prenant les chemins les moins fréquentés.

Le grand-duc et sa cour étaient à Sienne; on l'évite; les fugitifs prennent la route de Pise et arrivent à Lucques.

Ils ont aussi le duché de Modène qui leur offre de grands périls, connus comme ils le sont dans ce pays.

Avant d'arriver à Massa, une calèche s'arrête devant eux et un homme en sort qui leur demande en anglais où se trouve le ministre Taylor, croyant avoir affaire à des compatriotes.

Or, la reine avait pensé à tout, hormis à cela qu'elle ne savait pas un mot de la langue anglaise, et elle voyageait avec un passeport anglais!

Le prince Louis qui connaissait l'anglais, répond ; mais son accent français le trahit et son interlocuteur le remercie, en disant : « Je vous demande bien pardon, je me suis trompé ; je vous avais pris pour des Anglais. »

Si cette mésaventure leur fût arrivée dans une grande ville, ils étaient dévoilés.

Ils passent ensuite Gênes, Nice, et enfin ils mettent le pied sur le sol français !

Que d'émotions ! rentrer en fugitifs, cachés, sous un faux nom, sur cette terre de France où sa famille avait régné ! C'était la première fois que le prince Louis voyait pour ainsi dire la France, l'ayant quittée tout enfant ; l'idée d'être revenu sur le sol natal lui produisait un effet extraordinaire. La reine, elle, était plus calme. Ce qu'il lui fallait, c'était sauver son fils d'abord, et, malgré les lois qui lui interdisaient la terre de France, elle savait bien qu'il était là bien moins en danger que sur le territoire italien.

Ils couchèrent à Cannes ; c'était là que l'Empereur avait débarqué de l'île d'Elbe.

Nous ne connaissons rien de poignant comme le récit de ce voyage écrit par la reine elle-même.

Elle nous montre son fils électrisé par le patriotisme, s'arrêtant partout pour parler français, pour entendre parler français et suffoqué par la douleur, lorsque les personnes qui savaient qu'il arrivait d'Italie, lui demandaient des détails sur la mort de son frère.

Ils arrivent enfin à Fontainebleau. Là aussi se trouvaient de douloureux souvenirs. La reine lui fait visiter le château, lui montre la cour où eurent lieu les célèbres adieux, la chambre où l'Empereur abdiqua, et enfin l'endroit où lui, le prince Louis, fut tenu sur les fonts baptismaux par l'Empereur. Et, pendant cette visite, la reine baissait son voile, de peur d'être reconnue par d'anciens serviteurs, et faisait tous ses efforts pour dissimuler ce qu'elle éprouvait tandis que le concierge qui lui faisait parcourir le château, prononçait à chaque instant et avec piété, son propre nom, le nom béni de la reine Hortense.

Enfin la reine arrive à Paris, et par un singulier hasard, sa voiture la conduit rue de la Paix, à l'hôtel de Hollande.

Le premier soin de la reine fut de faire prévenir loyalement le roi de sa présence.

Le roi voulut la voir. Il fut poli, gracieux même et déclara que l'exil de la famille Bonaparte lui pesait sur le cœur. « Je connais « toute la douleur de l'exil, dit-il, et il ne tient pas à moi que le vôtre « n'ait cessé. »

La reine lui dit qu'elle n'avait pas l'intention de séjourner en France, mais elle fit valoir tout ce qui rendait cette loi de proscription injuste et odieuse. Le roi ajouta : « Le temps n'est pas loin « où il n'y aura plus d'exilés ; je n'en veux aucun sous mon règne. » — Il s'offrit pour régler toutes les affaires de la famille impériale et pour lui faire rendre justice, disant : « Je remplirai tous les engagements que j'ai contractés. »

La reine ne demandait qu'une chose, rester quelques jours à Paris pour permettre à son fils de rétablir sa santé gravement compromise. Quant au reste, c'est-à-dire à la restitution de Saint-Leu et de ses autres biens, elle n'y comptait guère, habituée depuis longtemps à n'être plus le jouet des illusions.

Casimir Périer, alors premier ministre, vint la voir plusieurs fois, faisant de grandes démonstrations et lui offrant même ce qu'elle ne demandait pas, c'est-à-dire la possibilité de rester en France. La reine eut la naïveté de croire à cet excès de bienveillance, et elle lui parla du violent désir qu'avait son fils d'entrer dans un régiment et de servir son pays.

Savez-vous ce que répondit Casimir Périer ? Il répondit qu'il comprenait les désirs du Prince, mais qu'il lui faudrait CHANGER DE NOM !

Changer de nom ! Quand le prince Louis apprit cela, il s'écria avec véhémence : « Quitter mon nom ! qui oserait me faire une « pareille proposition ! Ne pensons plus à tout cela, retournons « dans notre retraite. Ah ! vous avez raison, ma mère ! »

Le roi et Casimir Périer offrirent de l'argent à la reine. Elle refusa noblement. Elle pouvait accepter qu'on lui rendît ce qui lui appartenait, mais autre chose, non !

Le gouvernement de Louis-Philippe voyant qu'il ne pouvait pas obtenir du prince Louis et de la reine ce qu'il voulait et effrayés de l'éclatante manifestation qui, le jour du cinq mai, fêta le souvenir et la mémoire de l'Empereur, changea brusquement d'attitude et leur signifia l'ordre de partir promptement.

Le Prince était malade, très-malade toujours; la reine Hortense demanda un délai de trois jours.

Madame Adélaïde répondit sèchement *que c'était bien long.* C'étaient ces mêmes gens pour qui la reine avait autrefois intercédé auprès de l'Empereur, dont nous avons donné les lettres obséquieuses et qui maintenant payaient leur dette de reconnaissance, à la façon des d'Orléans !

Le Prince avait une inflammation très-grave.

Le gouvernement fit dire à la reine qu'elle devait partir à l'instant, à moins qu'il n'y eût *positivement risque pour la vie de son fils.*

Le Prince, quoique dans un état très-inquiétant, refusa de s'imposer plus longtemps à la bienveillance de ce gouvernement inhumain, et il partit le 6 mai 1831.

Mais le voyage lui fit mal, et, arrivé à Londres, il se trouva en proie à une fièvre des plus violentes qui fit craindre pour ses jours.

Il lui fallut longtemps pour se remettre.

La reine et son fils furent admirablement accueillis en Angleterre. L'aristocratie seule, et encore pas toute entière, avait assumé la responsabilité de la haine sauvage montrée à Napoléon. Le peuple, toujours enclin à l'admiration de tout ce qui est grand, était sympathique et hospitalier pour le neveu de l'Empereur.

Souvent un simple artisan prenait la main du Prince et la secouait rudement en disant : — « Maintenant nous sommes de vos amis. »

Quelquefois même on refusait le payement de ce qui était dû. Il semblait qu'on eût partout Sainte-Hélène sur le cœur.

Les ennemis de la famille impériale étaient jaloux de l'empressement témoigné par les Anglais à la reine et au Prince. Aussi répandirent-ils le bruit qu'elle n'était venue en Angleterre que pour obtenir pour son fils le trône de Belgique.

Il y avait tant de gens qui croyaient encore aux millions de la famille Bonaparte !

Et pourtant jamais famille ne fut plus pauvre que celle-là pendant toute la durée de son long exil.

Jamais il ne fut tenu compte à la reine Hortense de ce qui lui était dû personnellement, et particulièrement des cinq millions annuels que la France reçut, pendant cinq années, du grand duché de Berg pour le compte de son fils aîné, qui en était souverain reconnu. La vente de ses diamants et de ses œuvres d'art fut sa seule fortune pendant les longues années de l'exil.

Et pourtant quand le trésor public fut embarrassé en 1814, le trésor particulier de l'Empereur servit à entretenir l'armée ; les dix millions qui restaient et qui suivaient l'armée dans sa retraite sur Blois furent enlevés par les Cosaques, portés au gouvernement provisoire dirigé par le duc d'Otrante, et on se les partagea fraternellement.

Il y eut même quelque chose de plus odieux. Six cent mille francs appartenant à la reine et déposés chez M. Lefebvre, receveur général à Blois, furent remis au duc d'Angoulême, et jamais on n'en entendit plus parler.

La famille impériale n'avait rien, rien à elle.

Après les Cent-Jours, le cardinal Consalvi fit dire à la mère de l'Empereur, qui habitait Rome, que la cour de France était inquiète et l'accusait de répandre des millions en Corse pour soulever le pays. Madame Mère répondit avec une suprême dignité : « Dites au cardinal qu'il peut assurer les Bourbons que si
« j'avais les millions qu'on me suppose, ce n'est pas à soulever la
« Corse que je les aurais consacrés, mais qu'ils auraient déjà
« servi aux frais d'une expédition pour voler à la délivrance de
« mon fils. »

Voilà à quoi était réduite cette famille qui avait tenu entre ses

LOUIS-NAPOLÉON A THOUN

mains les destinées du monde, et dont chaque membre avait été prince ou princesse sur le trône !

Et de nos jours, quand on a vu les d'Orléans réclamer avec tant d'âpreté ce qu'ils prétendaient leur être dû, disputant aux Allemands leur part de curée, on ne peut s'empêcher d'être ému devant l'abnégation et le désintéressement de la famille impériale qui, elle, n'a jamais rien réclamé et a souffert en silence.

Cependant, la reine faisait démarches sur démarches pour obtenir des passeports, afin de traverser soit la Belgique, soit la France, et de gagner la Suisse.

Mais le gouvernement français redoutait tellement le nom de Napoléon que, malgré les promesses faites par le roi à la reine Hortense, il éludait toute réponse.

Ce n'est que longtemps après, le 1er août, qu'elle reçut enfin ses passeports et l'autorisation de passer incognito dans le nord de la France.

Elle partit immédiatement avec son fils, débarquant à Calais. De là, elle passa à Boulogne, pour montrer au prince l'emplacement du fameux camp où la légion d'honneur fut distribuée à la grande armée.

Elle passa à Chantilly, qui lui avait appartenu, et que les Condé avaient repris. Elle avait un amer plaisir à revoir les endroits qu'elle avait habités à l'époque de sa splendeur. D'ailleurs, tout le monde se souvenait d'elle. Un paysan lui dit, en parlant d'elle : — « On a parlé longtemps d'elle ici ; on disait toujours qu'elle rôdait dans le pays, déguisée. Depuis quelque temps on n'en sait plus rien ; j'ignore ce qu'elle est devenue. »

Et la reine répondit en souriant tristement : « Elle est sans doute morte ! »

Elle ne voulait pas entrer dans Paris, elle le tourna et elle mena son fils à Rueil et à la Malmaison, voulant le faire agenouiller dans la chambre où était morte l'impératrice Joséphine. Mais la Malmaison avait été vendue, et le nouveau propriétaire avait défendu d'y laisser entrer personne sans billet.

La reine n'en avait pas et ne put pas entrer.

Connaissez-vous quelque chose de plus triste que cela ?

La reine, en racontant plus tard cette douloureuse émotion qu'elle ressentit en voyant la Malmaison, si pleine de souvenirs pour elle et fermée devant son pieux pélerinage, aimait à réciter des vers que lui avait adressés Madame Delphine Gay et que M. Amédée de Beauplan avait mis en musique.

On nous permettra de les citer, tant ils sont touchants :

> Soldats, gardiens du sol français,
> Vous qui veillez sur la colline,
> De vos remparts livrez l'accès,
> Laissez passer la pèlerine !
>
> Les accents de sa douce voix
> Que nos échos ont retenue,
> Et ce luth qui chanta Dunois
> Vous annonceront sa venue.
>
> Soldats, gardiens, etc,...
>
> Sans peine, on la reconnaîtra
> A sa pieuse rêverie,
> Aux larmes qu'elle répandra,
> Aux noms de France et de patrie.
>
> Soldats, gardiens, etc,...
>
> Son front couvert d'un voile blanc,
> N'a rien gardé de la couronne ;
> On ne devine son haut rang
> Qu'aux nobles présents qu'elle donne.
>
> Soldats, gardiens, etc,...
>
> Elle ne vient pas sur ces bords
> Réclamer un riche partage ;
> Des souvenirs sont ses trésors,
> Et la gloire est son héritage.
>
> Soldats, gardiens, etc,...
>
> Elle voudrait de quelques fleurs,
> Parer la tombe maternelle,
> Car elle est jalouse des pleurs
> Que d'autres versent pour elle.
>
> Soldats, gardiens, etc,..

Par Versailles, Melun, Sens, elle gagna la Suisse et son refuge d'Arenenberg.

Dans ses *Mémoires* qui racontent ce voyage si plein de tristes émotions, la reine Hortense termine son récit par ces mots admirables:

« Le renouvellement de la loi d'avril et l'assimilation qu'on
« fait de nous aux Bourbons, sont la preuve des sentiments et des
« craintes qui existent à notre égard. Pas une voix amie ne s'est
« élevée en notre faveur ; cette indifférence a doublé l'amertume
« de ce nouveau bannissement. Qu'ils soient heureux pourtant ceux
« qui oublient! qu'ils rendent surtout la France heureuse! Ce
« sont mes vœux.

« Quant au peuple, s'il se rappelle sa gloire, sa force, sa
« grandeur, et la sollicitude constante dont il fut l'objet, notre
« souvenir lui sera toujours cher. J'en ai la conviction, et cette
« pensée est la plus douce consolation qu'on puisse conserver dans
« l'exil, comme emporter avec soi dans la tombe. »

Ces lignes sont datées du 28 décembre 1832.

A peine revenu en Thurgovie, le Prince Louis fut sollicité de se mettre à la tête de l'insurrection polonaise. On lui offrait la couronne de Pologne.

Voici ce que lui écrivaient les chefs des insurgés :

« A qui la direction de notre entreprise pourrait-elle mieux
« être confiée qu'au neveu du plus grand capitaine de tous les
« siècles? Un jeune Bonaparte apparaissant sur notre sol, le
« drapeau tricolore à la main, produirait un effet moral, dont les
« suites sont incalculables. Allez donc, jeune héros, l'espoir de
« notre patrie, confier à des flots qui connaîtront votre nom, la
« fortune de César, et ce qui vaut mieux les destinées de la
« liberté. Vous aurez la reconnaissance de vos frères d'armes et
« l'admiration de l'univers.

« Général CNIAREWIEZ, comte PLATER, etc. »

« 28 *Août* 1831. »

Le Prince refusa la couronne, disant : « Non, non, j'appartiens
« avant tout à la France : d'ailleurs, je servirai plus efficacement

« la sainte cause de la Pologne en combattant à vos côtés comme
« volontaire. »

La reine était désolée de cette détermination ; et le Prince se mettait en route, lorsqu'il apprit la fin de l'insurrection et la prise de Varsovie.

L'oisiveté lui pesait, sa nature ardente et généreuse lui faisait chercher partout l'occasion d'être utile.

C'est cette idée fixe qui lui fit écrire au roi Louis-Philippe pour lui demander son titre de citoyen français et le droit d'entrer dans un régiment français. Le roi, fils de cette princesse d'Orléans obligée par l'Empereur et la reine Hortense, ne daigna même pas répondre.

C'est alors que le Prince chercha des consolations dans un travail obstiné. En très peu de temps, il fit paraître successivement trois ouvrages, *les Rêveries politiques; Deux mots à M. de Châteaubriand sur la duchesse de Berry ; Considérations politiques et militaires sur la Suisse.*

Il y avait dans ses œuvres un talent tel que le rédacteur en chef du *National* écrivait à ce sujet : « Les ouvrages de Louis-
« Napoléon Bonaparte annoncent une bonne tête et un noble
« caractère. Il y a de profonds aperçus qui dénotent de sérieuses
« études et une grande intelligence des temps nouveaux. »

La Suisse, qui dans le commencement avait été hostile à la famille impériale, se trouvait honorée maintenant par son hôte illustre et elle lui décerna le titre de CITOYEN de la république helvétique. Deux seules personnes avaient reçu jusque-là cette qualité tout honorifique ; c'étaient le maréchal Ney et le prince de Metternich. Chose bizarre ! ce prince, à qui son pays refusait le droit d'être Français, trouvait chez un peuple étranger une nationalité et tous les priviléges qui s'y joignaient.

Le 22 juillet 1832, mourut le roi de Rome.

Nous ne ferons pas de réflexions à ce sujet ; une légende douloureuse entoure et voile les derniers moment de ce noble fils de France. Il s'est éteint comme tout ce qui s'éteint en prison, faute d'air.

D'ailleurs l'Empereur n'avait-il pas dit souvent, à Sainte-Hélène, ces paroles significatives répétées par le docteur Antomarchi, son médecin :

« Toutes les sympathies, toutes les antipathies qu'on témoi-
« gnera pour mon fils n'auront qu'une bien faible influence sur son
« avenir. Je lui lègue mon nom et ma gloire; il n'a pas besoin
« d'autre héritage... SI ON LE LAISSE VIVRE !.. »

La mort du roi de Rome laissait comme héritier de l'idée napoléonienne, le roi Joseph, le roi Louis en deuxième ligne et enfin Louis-Napoléon, le seul, le vrai héritier de son oncle, qui n'avait pas d'enfant mâle, et de son père qui n'avait plus que lui.

Le roi Joseph était depuis 1815 en Amérique, sous le nom de comte de Survilliers. Il s'était fixé à New-Jersey, un des États de l'Union et avait obtenu, en 1817 et en 1825, par deux actes de législature, l'autorisation de posséder, sans perdre pour cela sa qualité de Français.

C'était une nature honnête, droite, loyale et profondément dévouée à la mémoire de l'Empereur.

Quand il apprit la révolution de 1830, c'est-à-dire le 18 septembre de la même année, il adressa à la Chambre des députés une superbe protestation dans laquelle il revendiquait les droits populaires de la famille Bonaparte en faveur du roi de Rome. Cette protestation qui fit grand bruit alors, mais que les journaux français n'osèrent pas publier vaut la peine d'être citée en entier. La voici :

« New-York, 18 septembre 1830.

« *A Messieurs de la Chambre des Députés.*

« MESSIEURS,

« Les mémorables événements qui ont relevé en France les couleurs nationales et détruit l'ordre de choses établi par l'étranger dans l'ivresse du succès, ont montré la grande nation dans son véritable jour : la grande capitale a ressuscité le grand peuple.

« Proscrit et loin de la patrie, je m'y serais présenté aussitôt que cette lettre, si je n'avais lu, parmi tant de noms avoués par l'esprit libéral de la France, celui d'un prince de la maison de Bourbon.

« Les événements des derniers jours de juillet ont mis dans tout son jour cette vérité historique, à savoir qu'il est impossible à une dynastie régnante par le droit divin de se maintenir sur le trône lorsqu'elle en a été expulsée une fois par la nation, et cela parce qu'il n'est pas possible que des princes, nés avec la prétention d'avoir été prédestinés pour régir un peuple, s'élèvent au-dessus des préjugés de leur naissance. Aussi le divorce entre la maison de Bourbon et le peuple français avait-il été prononcé, et rien au monde ne pouvait détruire les souvenirs du passé. Tant de sang, de combats, de gloire, de progrès dans tous les genres de civilisation; tant de prodiges opérés par la nation sous l'influence des doctrines libérales, étaient des brandons de discorde tous les jours rallumés entre les gouvernants et les gouvernés. Fatigués par tant de révolutions, et désireux de trouver la paix sous une charte donnée et acceptée comme ancre de salut après tant d'orages, les bons esprits étaient en vain disposés à tous les sacrifices. Plus puissante que les hommes, la force des choses était là, et rien ne pouvait mettre d'accord les hommes d'autrefois restés stationnaires, et ceux qu'une révolution de trente ans avait grandis et régénérés. En vain le duc d'Orléans abjure sa maison au moment de ses malheurs : Bourbon lui-même, rentré en France l'épée à la main avec les Bourbons, à la suite des étrangers, qu'importe que son père ait voté la mort du roi son cousin pour se mettre à sa place? Qu'importe que le frère de Louis XVI le nomme lieutenant-général du royaume et régent de son petit-fils! En est-il moins Bourbon? en a-t-il moins la prétention de devoir être appelé au trône par le droit de sa naissance? Est-ce bien sur le choix du peuple ou sur le droit divin qu'il compte pour s'asseoir au trône de ses ancêtres? Ses enfants penseront-ils autrement? et le passé et le présent ne font-ils pas assez prévoir quel sera l'avenir sous une branche de cette maison? Le 14 juillet, le 10 août, n'annoncent-ils pas assez les derniers jours de juillet 1830? Et ces journées à leur tour ne menacent-elles pas la nation d'un nouveau 28 juillet à une époque plus ou moins rapprochée?

« Non, Messieurs, jamais les princes institués par le droit divin ne pardonnent à ceux auxquels ils sont redevables; tôt ou tard, ils les punissent des bienfaits qu'ils en ont reçus : leur orgueil ne plie que devant l'auteur du droit divin, parce qu'il est invisible. Les annales de toutes les nations nous redisent ces vérités, elles ressortent assez de l'histoire de notre propre révolution; elles sont écrites en lettres de sang sur les murs de la capitale. A quoi ont servi et le milliard prodigué aux ennemis de la patrie, et les condescendances de tous les genres dont on a salué les hommes d'autrefois?

« Vous construirez sur le sable si vous oubliez ces éternelles vérités : vous seriez comptables à la nation, à la postérité des nouvelles calamités auxquelles vous les livreriez. Non, Messieurs, il n'y a de légitimes sur la terre que les gouvernements avoués par les nations; les nations seules ont des droits; les individus, les familles particulières ont seules des devoirs à remplir.

« La famille Bonaparte a été appelée par 3 millions 500 mille votes; si la nation croit dans son intérêt devoir faire un autre choix, elle en a le pouvoir et le droit, mais ELLE SEULE. Napoléon II a été proclamé par la Chambre des députés de 1815 qui a reconnu en lui un droit conféré par la nation. J'accepte pour lui toutes les modifications conférées par la Chambre de 1815, qui fut dissoute par les baïonnettes étrangères; j'ai des données positives pour savoir que Napoléon II serait digne de la France; c'est comme Français surtout que je désire que l'on reconnaisse les titres incontestables qu'il a au trône, tant que *la nation n'aura pas adopté une autre forme de gouvernement.* Seul, pour être légitime dans la véritable acception du mot, c'est-à-dire légalement et volontairement élu par le peuple, il n'a pas besoin d'une nouvelle élection. Toutefois la nation est maîtresse de confirmer ou de rejeter des titres qu'elle a donnés, *si telle est sa volonté*.

« Jusque-là, Messieurs, vous vous devez à Napoléon II, et jusqu'à ce que l'Autriche le rende aux vœux de la France, je m'offre à partager vos périls, vos efforts, vos travaux, et, à son arrivée, à lui transmettre la volonté, les exemples, les dernières dispositions de son père mourant victime des ennemis de la France sur le rocher de Sainte-Hélène. Ces paroles m'ont été adressées sous la

ARENENBERG. — SALON DE LA REINE.

plume du général Bertrand : « *Dites à mon fils qu'il se rappelle avant tout qu'il est Français; qu'il donne à la nation autant de liberté que je lui ai donné d'égalité.* La *guerre étrangère ne me permit pas de faire tout ce que j'aurais fait à la paix générale. Je fus perpétuellement en dictature; mais je n'eus qu'un mobile dans toutes mes actions, l'amour et la gloire de la grande nation; qu'il prenne ma devise : Tout pour le peuple français, puisque tout ce que nous avons été c'est par le peuple.* »

« Messieurs, j'ai rempli un devoir qui me paraît sacré. Puisse la voix d'un proscrit traverser l'Atlantique et porter au cœur de ses compatriotes la conviction qui est dans le sien!...

« *La France seule* a le droit de juger le fils de Napoléon; le fils de cet homme de la nation peut seul réunir tous les partis dans une constitution vraiment libérale et conserver la tranquillité de l'Europe. Le successeur d'Alexandre n'ignore pas que ce prince est mort avec le regret d'avoir éloigné le fils de Napoléon. Le nouveau roi d'Angleterre a un grand devoir à remplir, celui de laver son règne de l'opprobre dont se sont couverts les geôliers ministériels de Sainte-Hélène. Les sentiments de l'empereur d'Autriche ne sauraient être douteux; ceux du peuple sont pour Napoléon II.

« Joseph-Napoléon Bonaparte,

« *Comte de Survilliers.* »

Le roi Joseph ne se borna pas à cette protestation éloquente, il écrivit également à La Fayette, qui lui répondit d'une façon respectueuse, mais de nature à lui faire abandonner tout espoir.

Ainsi, le fait était consommé, et deux cent vingt et un députés défaisaient ce qu'avaient fait des millions d'électeurs et ce que la force brutale avait seule pu suspendre pendant quelques années.

L'idée napoléonienne, déviée de son point de départ et de son but par la Révolution de 1830, surgissait néanmoins de tous côtés.

Un intrépide journal, *la Révolution de* 1830, posa carrément les droits et la candidature au trône de Napoléon II.

Cela se passait à la fin de 1831. Ce journal était dirigé par James Fazy, publiciste et économiste député aux Etats suisses, et par Antony Thouret, plus tard député du Nord. Criblé d'amendes, poursuivi de tous côtés, accablé de prison, le malheureux journal disparut vers le commencement de 1832.

Pourtant le gouvernement était obligé de compter avec les Bonapartistes, et le 28 juillet 1833, il fallut procéder à l'inauguration de la statue replacée sur la colonne Vendôme.

La fête fut superbe, et l'écho en vibra doucement dans le cœur de Louis-Napoléon, si attentif à ce qui se passait en France.

Mais une feuille généreuse, *la Tribune*, ayant manifesté sa surprise de ne pas avoir vu un seul des membres de la famille Bonaparte *secouer la poussière de l'exil et venir au grand soleil de juillet réclamer une juste réparation*, reçut du roi Joseph une lettre où se peint admirablement le respect des Napoléon pour les droits souverains du peuple. Nous y lisons ces quelques phrases : « Vous « attribuez à des sentiments bien étranges l'absence des frères de « l'Empereur. Ignorez-vous qu'une loi inique, dictée par les « ennemis de la France à la branche aînée des Bourbons, les en « exclut en haine du nom de Napoléon ? Nous connaissez-vous « d'autres crimes ? . . . . . Devons-nous désespérer de la justice « nationale ? *Tout pour la nation* fut la devise de notre frère ; « elle sera la nôtre. Nous n'avons rien à prétendre que de sa « propre volonté. »

Tel était Joseph Bonaparte, comte de Survilliers. On voit qu'il était le digne frère de Napoléon.

Il passa dix-sept ans en Amérique, et il arriva en Europe au mois de juillet 1832 pour saluer l'avénement du roi de Rome à sa majorité. Mais il eut la douleur, en débarquant à Liverpool, d'apprendre la mort de son infortuné neveu.

C'était au milieu de travaux, encore admirés de nos jours, et dans la société de son héroïque mère, que Louis-Napoléon passa les années 1833 et 1834. Il sortit peu d'Arenenberg, écrivant beaucoup, pensant beaucoup et s'attirant des mots consolateurs, comme ce mot d'Armand Carel : « La cause impérialiste est celle « qui a le plus d'avenir. Le nom de l'Empereur est une force « immense ; l'employer au développement des idées démocratiques, « c'est une mission sublime. Les Bonaparte ont l'Europe « plébéienne dans la main, s'ils savent le comprendre. »

La reine Hortense l'aidait et l'encourageait de toute son intelligence maternelle. Elle avait pour son fils un véritable culte. Voici la lettre touchante qu'elle adressait, le 10 décembre 1834, à un homme qui lui était absolument dévoué, M. Belmontet :

« ..... Ma position de fortune m'oblige à rester l'hiver sur ma « montagne exposée à tous les vents. Qu'est-ce que cela à côté « des horribles souffrances de l'Empereur sur les rochers de « Sainte-Hélène ? La résignation est la vertu des femmes, et le « courage celle des mères. Je ne me plaindrais pas si mon fils, à « son âge, ne se trouvait privé de toute société et complétement « isolé, sans autre distraction que le travail assidu auquel il s'est « voué. Son courage et sa force d'âme égalent sa pénible et triste « destinée. Quelle nature généreuse ! Quel bon et digne jeune « homme ! Je l'admirerais si je n'étais pas sa mère. Je suis bien « fière de l'être. Je jouis autant de la noblesse de son caractère « que je souffre de ne pouvoir donner à sa vie plus de douceur. Il « était né pour de belles choses, il en était digne.... Nous avons « le projet d'aller passer deux mois à Genève : du moins *il entendra* « *parler français*. Ce sera une agréable distraction pour lui. La « langue maternelle, n'est-ce déjà pas la patrie ?

« HORTENSE. »

Le prince Louis adressait aussi des lettres à ses amis de France, et il est utile d'en citer quelques lignes, pour bien montrer combien l'inaction lui pesait, combien il eût aimé servir son pays, et quelle sainte et religieuse idée il avait de la tradition napoléonienne.

« *Arenenberg, le 10 avril* 1832.

« Il est donc vrai que l'infortune a des avantages ; elle rend « les hommes meilleurs ; elle retrempe leur âme ; souffrir, « grandit. »

« Arenenberg, mai 1833.

« ... Mon portrait vous a donc fait plaisir ; j'en suis touché. Regardez-le souvent et pensez, en le voyant, que c'est celui d'un homme qui ne transigera jamais avec aucun ennemi de la France, qui se dévouera toujours à la cause de la liberté sans regarder derrière lui, et qui demeurera constamment fidèle aux devoirs de son nom, à l'honneur de la patrie et à ses braves amis.

« L.-N. B. »

« Arenenberg, 16 novembre 1834.

« ... Toujours loin de ma patrie, privé de tout ce qui peut rendre la vie intéressante pour un cœur mâle, je dois rester homme en dépit du sort, et mes seules consolations sont dans des études fortes.

« Adieu ; songez quelquefois à toutes les idées poignantes qui doivent me blesser le cœur lorsque je rêve au grand passé de la France et quand je vois le présent si vide d'avenir. Il faut bien du courage pour marcher seul, comme on peut, au but que l'âme s'est tracé. N'importe ! il ne faut jamais désespérer ; l'honneur français a tant d'éléments de vitalité ! L'Empereur connaissait bien ce grand peuple qu'il aimait tant !

« L.-N. B. »

« Arenenberg, 27 août 1835.

« ... Ma vie n'a été jusqu'ici marquée que par des tristesses profondes et par des vœux étouffés. Le sang de Napoléon se révolte dans mes veines de ne pouvoir couler pour la gloire nationale. Jusqu'à présent ma vie n'a eu de remarquable que ma naissance. Le soleil de la gloire a rayonné sur mon berceau. Hélas ! c'est tout. Qui peut se plaindre lorsque l'Empereur a tant souffert ?... La confiance dans le sort, voilà mon seul espoir ; l'épée de l'Empereur, voilà mon seul soutien ; une belle mort pour la France, voilà mon ambition.

« Adieu ; pensez aux pauvres exilés qui ont les yeux tournés du côté de la France, et croyez que mon cœur battra toujours quand on lui parlera de gloire, de patrie, d'honneur et de dévouement.

« L.-N. B. »

Le prince Louis, par la mort du roi de Rome, devenait le seul héritier de l'Empire, après ses oncles Joseph et Louis, dont il était le seul héritier. Rappelons brièvement ses droits :

Le sénatus-consulte du 28 floréal an XII avait soumis le régime impérial à la sanction du peuple français.

Voici le dépouillement des votes :

Votants.	3.524.254
Majorité absolue	1.762.128
Contre	2.579
Pour	3.521.675

Ce sénatus-consulte réglait en même temps l'ordre d'hérédité. Voici les articles principaux :

« ART. 3. — La dignité impériale est héréditaire dans la descendance directe, naturelle et légitime, de Napoléon Bonaparte, de mâle en mâle, par ordre de primogéniture et à l'exclusion perpétuelle des femmes et de leur descendance.

« ART. 4. — Napoléon Bonaparte peut adopter les enfants ou petits-enfants de ses frères, pourvu qu'ils aient atteint l'âge de dix-huit ans accomplis.

« ART. 5. — A défaut d'héritier naturel et légitime ou d'héritier adoptif de Napoléon Bonaparte, la dignité impériale est dévolue et déférée à Joseph Bonaparte et à ses descendants naturels et légitimes, par ordre de primogéniture et de mâle en mâle, à l'exclusion perpétuelle des femmes et de leur descendance.

« ART. 6. — A défaut de Joseph Bonaparte et de ses descendants mâles, la dignité impériale est dévolue et déférée à Louis Bonaparte et à ses descendants naturels et légitimes, par ordre de primogéniture et de mâle en mâle, à l'exclusion des femmes et de leur descendance.

« ART. 7. — A défaut d'héritier naturel et légitime ou d'héritier adoptif de Napoléon Bonaparte ;

« A défaut d'héritiers naturels et légitimes de Joseph Bonaparte et de ses descendants mâles, de Louis Bonaparte et de ses descendants mâles ;

« Un sénatus-consulte organique, proposé au sénat par les titulaires des grandes dignités de l'Empire et *soumis à l'acceptation du peuple*, nomme l'empereur et règle dans sa famille l'ordre de l'hérédité de mâle en mâle, à l'exclusion perpétuelle des femmes et de leur descendance. »

Par conséquent et au nom de ce droit nouveau, qui était le droit populaire, l'héritage naturel de l'Empereur passait entre les mains de Louis Napoléon-Bonaparte, après la mort de son oncle Joseph et de son père Louis.

Le pays suisse continuait à lui témoigner les sentiments les plus affectueux. En 1834, il est nommé capitaine d'artillerie au régiment de Berne. C'était la sanction des travaux remarquables qu'il avait faits sur cette arme et qu'il devait continuer dans ce livre remarquable qui s'appelle le *Manuel d'artillerie*.

L'année suivante, en 1835, le bruit d'ailleurs assez fondé courut de son mariage avec Dona Maria, reine du Portugal. Il le démentit par la lettre suivante :

« Arenenberg, 14 décembre 1835. »

« Plusieurs journaux ont accueilli la nouvelle de mon départ
« pour le Portugal comme prétendant à la main de Dona Maria.
« Quelque flatteuse que soit pour moi la supposition d'une union
« avec une jeune reine, belle et vertueuse, veuve d'un cousin qui
« m'était cher, il est de mon devoir de réfuter un tel bruit, puis-
« qu'aucune démarche à moi connue n'a pu y donner lieu.

« Je dois même ajouter que, malgré le vif intérêt qui s'attache
« aux destinées d'un peuple qui vient d'acquérir ses libertés, je
« refuserais l'honneur de partager le trône de Portugal, si le hasard
« voulait que quelques personnes jetassent les yeux sur moi.

« La belle conduite de mon père, qui abdiqua en 1810 parce

« qu'il ne pouvait allier les intérêts de la France avec ceux de la
« Hollande, n'est pas sortie de mon esprit. Mon père m'a prouvé
« par son grand exemple combien la patrie est préférable à un trône
« étranger. Je sens, en effet, que, habitué dès mon enfance à
« chérir mon pays par-dessus tout, je ne saurais rien préférer aux
« intérêts français.

« Persuadé que le grand nom que je porte ne sera pas toujours
« un titre d'exclusion aux yeux de mes compatriotes, puisqu'il leur
« rappelle quinze année de gloire, j'attends avec calme, dans un
« pays hospitalier et libre, que le peuple rappelle dans son sein ceux
« qu'exilèrent, en 1815, douze cent mille étrangers. Cet espoir de
« servir un jour la France comme citoyen et comme soldat fortifie
« mon âme, et vaut à mes yeux tous les trônes du monde.

« Recevez, etc.
« Louis-Napoléon Bonaparte. »

Qu'on nous permette d'interrompre le côté sérieux de cette histoire, pour donner une petite place à un récit curieux que le prince Louis-Napoléon, devenu plus tard empereur, se plaisait à faire, et qui ne peut manquer de plaire aux amateurs de merveilleux.

Vers 1835, on commençait à s'occuper beaucoup de magnétisme, et la mode était de se réunir à quelques intimes pour faire des expériences divinatoires. Un jour la reine pria le docteur Bailly, un des familiers du château d'Arenenberg, d'endormir une vieille négresse, nommée Malvina, qui lui avait été léguée par l'impératrice Joséphine. Le prince Louis était absent. Le docteur endort la négresse, la met en communication avec la reine, qui lui demande si elle voit son fils.

Voici le dialogue qui s'engagea.

— Voyez-vous le prince?

« — Oui, oui, je le vois.

« — Eh bien! que fait-il, et que va-t-il faire?

« — Je le vois, entouré de soldats; on se presse autour de lui,
« on crie, on brandit les sabres en signe d'enthousiasme.

« Est-ce en Suisse, au camp de Thoune, où il est à cette heure?

« Non, ce n'est pas en Suisse, mais on parle allemand, et pour-
« tant ce n'est pas en Allemagne non plus.

LE PRINCE EUGÈNE

« — Que voyez-vous encore?
« — Mon dieu! tout est fini, on le fait prisonnier!
« — Et où le conduit-on?
« — En Amérique.
« — Je l'y suivrai?
« — Non, une maladie vous en empêchera.
« — Et puis? et puis? ne voyez-vous plus rien?
« — Si!... Oh! mon Dieu! qu'est-ce que je vois donc? reprend
« avec éclat la somnambule, comme éblouie par une lueur éclatante.
« Le voilà tout puissant, souverain d'un grand peuple!
« De quel peuple? s'écrie la reine avec enthousiasme, de quel
« peuple? de la France, n'est-ce pas?
« — Oui, de la France, dit Malvina.

On pensera ce qu'on voudra de cette prédiction, mais tout le monde sait que le prince était fait prisonnier l'année d'après à Strasbourg, qu'il allait en Amérique et que la reine gravement malade ne put pas le suivre.

Puis, il fut Empereur des Français, comme on le sait encore.

Nous allons quitter la période anecdotique de la vie de l'Empereur, pour entrer dans la période d'action, période dont Strasbourg et Boulogne furent les préludes éclatants.

Le prince Louis, à cette époque, commençait à être un véritable point de mire, en Europe.

Sa position d'héritier de la tradition napoléonienne le mettait en vue et le désignait naturellement aux amis et aux ennemis de cette tradition. L'Europe absolutiste, celle qui redoutait le nom des Bonaparte, le faisait surveiller étroitement. Ainsi, M. de Bacourt, homme de confiance de M. de Talleyrand et premier secrétaire d'ambassade à Londres, vint s'établir à quelques pas à peine d'Arenenberg, à l'hôtellerie du Volsberg. D'un autre côté, les différents chefs des partis populaires et démocratiques lui envoyaient des émissaires pour le sonder. Il se conduisit à l'égard de tous avec une extrême prudence, mais sa réponse au diplomate français fut éclatante ; il lui fit dire que quel que fût le sort que lui réservât la fortune, sa devise serait toujours celle de l'Empereur : « TOUT POUR LA FRANCE, TOUT POUR LE PEUPLE FRANÇAIS.

Cette doctrine, qui fut toujours la sienne et qui demeurera l'éternelle doctrine de la dynastie napoléonienne, lui venait de sa mère, qui n'avait jamais cessé de lui enseigner qu'un souverain populaire dépend du peuple et du peuple seul.

Et pour donner une nouvelle preuve de l'immense et salutaire influence que la reine Hortense eut sur son fils, il suffit de citer ces paroles si grandes, si élevées, que nous extrayons de ses *Mémoires*, et qui suffisent à prouver qu'elle fut l'ange tutélaire de sa famille, et l'inspiratrice innée et convaincue de l'idée impérialiste.

Pour inspirer a mes enfants l'amour de la patrie, sans haine pour personne, j'ai du, dès leur première jeunesse, leur expliquer la nature de leur position et les droits d'un peuple libre. L'Empereur, par ses grands services, avait réuni toutes les voix pour son élévation. Le peuple qui donne a le droit d'oter. Les Bourbons se croient propriétaires, peuvent prétendre réclamer la France comme un bien. Les Bonaparte doivent se rappeler que toute puissance vient de la volonté populaire; ils doivent en attendre l'expression et s'y conformer, leur fut-elle contraire. »

LIVRE DEUXIÈME

État des esprits en 1836. — Espérances que le prince Louis-Napoléon fait concevoir. — Tentative de Strasbourg. — Transportation en Amérique. — Retour. — Mort de la reine Hortense. — Le prince se réfugie en Angleterre. — Progrès des idées bonapartistes. — Le Gouvernement envoie chercher les restes de l'Empereur à Sainte-Hélène. — Tentative de Boulogne. — Échec. — Procès devant la Cour des pairs. — Le prince est condamné à la prison perpétuelle. — Forteresse de Ham. — 1836-1845.

En 1836, le prince Louis Bonaparte avait atteint la maturité de la jeunesse ; il avait 28 ans. L'heure du parti pris et de la suprême résolution avait sonné. Qu'allait-il faire de la destinée politique que sa naissance et la mort du duc de Reichstadt lui imposaient ? Allait-il renier son sang ? Allait-il répudier la succession impériale, que le sénatus-consulte du 8 mai 1804 lui avait transmise ?

Etre un agitateur, en Italie ou en Pologne, dont les douleurs l'imploraient, pouvait tenter son courage : une telle œuvre ne satisfaisait pas sa raison, toute remplie des principes politiques et sociaux que le Consulat et l'Empire avaient inaugurés en France, et dont la Restauration et le Gouvernement de 1830 avaient interrompu l'application.

La France, l'étude de son état présent, les moyens de fonder les institutions nécessaires au développement de son avenir : voilà ce qui remplissait sa pensée.

La bourgeoisie, profitant des antipathies et des haines suscitées par les principes et par les hommes de l'émigration, s'était emparée de la Société ; elle était partout, au pouvoir et dans l'opposition. Les Sociétés secrètes étaient remplies d'étudiants, de médecins, d'avocats, de professeurs, d'hommes de lettres, de commis, c'est-à-dire de bourgeois ne gouvernant pas, et jaloux des bourgeois qui gouvernaient.

Dans les grandes luttes armées qui, de 1830 à 1836, agitèrent la France et ensanglantèrent les rues, de quoi s'agissait-il ? — de principes ? Non ! — Il s'agissait de places.

Pendant l'enfantement de la monarchie de 1830, les républicains se comptèrent; et, réunis en corps, ils tentèrent, le 4 août, de pénétrer jusqu'à la chambre des députés, sous le prétexte d'y apporter une pétition demandant la proclamation de la République. Combien de signatures cette pétition, rédigée sur les barricades et chauffée par l'enthousiasme de l'émeute, avait-elle réunies ? *Quatre mille*, en les comptant toutes, les fausses comme les vraies.

Toutes les émeutes qui éclatèrent avant 1836 avaient donc été l'œuvre de ces mécontents bourgeois, cherchant sous le drapeau républicain la satisfaction des appétits qui restaient inassouvis sous le drapeau de la monarchie. La *Société des Amis du Peuple*, qui livra les combats du 5 et du 6 juin 1832 ; la *Société des Droits de l'Homme*, qui ensanglanta Paris le 9 avril et Lyon le 13 avril 1834; la *Société des Familles*, qui organisa, en mars 1836, la conspiration des Poudres ; la *Société des Saisons*, qui versa le sang du 12 mai 1837 : quels hommes comptèrent-elles pour directeurs ou pour complices ? Toujours les mêmes, Guinard, Godefroy Cavaignac, Marrast, Clément Thomas, Flocon, Recurt, Trélat, Martin Bernard, Barbès et Blanqui.

L'insuccès de ces tentatives sanglantes prouva clairement que l'opinion générale du pays ne penchait pas du côté de la forme républicaine. Le Gouvernement de Juillet sortit plus consolidé qu'ébranlé de l'épreuve des émeutes. Il y a plus : le régime républicain resta depuis lors dans les esprits associé à l'idée de violence, de désordre et de misère.

Cependant, l'établissement de Juillet n'avait pas réussi à faire croire à sa solidité. Sa meilleure chance était la prudente réserve et l'habileté du roi. Lui-même, resté ce que l'avaient fait madame de Genlis et le club des jacobins, aimant les foules et les redoutant, se maintenait en équilibre avec le point d'appui qu'il trouvait dans la garde nationale de Paris. Le jour où ce balancier viendrait à échapper de ses mains, il tomberait infailliblement.

Il avait le sentiment de l'étroitesse de la base sur laquelle reposait son Gouvernement ; et l'idée d'une catastrophe finale ne cessa jamais de l'obséder. Il usait le talent et les principes conservateurs d'une demi-douzaine d'hommes, groupés autour de lui ; et, même aux beaux jours de son règne, ne pouvant maîtriser son découragement, il disait à ses ministres : « Je ne vois pas des hommes d'ordre se former et grandir derrière vous ; vous êtes les derniers romains. »

Cette situation précaire d'un Gouvernement sans base, qui frappait les esprits attentifs, ne pouvait échapper au coup d'œil pénétrant et à l'esprit méditatif du prince Louis-Napoléon. Chaque secousse pouvait détraquer ce Gouvernement exclusivement cantonné dans la sphère de la bourgeoisie, c'est-à-dire dans le milieu le plus turbulent de la Société ; et il y avait à la fois de la logique et du patriotisme à appeler l'attention du public et l'étude des jeunes esprits sur des institutions nationales, assez libérales et assez conservatrices de leur nature, pour pouvoir être offertes comme terrain de ralliement aux épaves de la prochaine révolution.

Ces institutions, destinées à remplacer, soit le parlementarisme stérilement agitateur de 1830, soit la République faussement libérale des Sociétés secrètes, c'étaient celles qui étaient nées sous le Consulat et sous l'Empire, et qui pouvaient aisément s'approprier à la Société moderne. Issues du suffrage universel, et fondées sur la large base de la souveraineté nationale, ces institutions ouvraient la carrière à toutes les forces sociales ; et, dirigées par une monarchie forte, sortie de l'élection populaire, agissant au nom de tous et dans l'intérêt de tous, elles offraient une garantie à l'ordre public et à la sécurité des intérêts contre l'esprit de secte et les intempérances naturelles à la démagogie.

Profondément convaincu de l'accueil qui ne pouvait manquer d'être fait à ces doctrines par les esprits fatigués de la logomachie bruyante, échangée entre la droite, la gauche et les centres, le prince concentra toute son attention sur la recherche des moyens les plus propres à les présenter aux esprits, de manière à les frapper.

Depuis la mort du duc de Reichstadt, arrivée le 22 juillet 1832, la politique et la dynastie napoléoniennes n'avaient plus de chef, proclamé comme tel, et en évidence. Les frères de Napoléon Ier vivaient séparés et isolés ; Joseph, aux États-Unis ; Lucien, Louis et Jérôme, en Italie. Peu de gens se rappelaient, en 1836, le sénatus-consulte du 8 mai 1804, qui instituait le prince Louis-Napoléon héritier du trône impérial, après son oncle, le roi Joseph, et son père, le roi Louis, et le faisait ainsi chef de la dynastie.

Il ne suffisait donc pas aux institutions du Consulat et de l'Empire de contenir tous les éléments d'une large assiette pour la Société moderne; il fallait appeler sur ces institutions l'attention des générations nouvelles et familiariser celles-ci avec l'existence, l'intelligence et la résolution de leur représentant naturel.

Et ces idées sur l'instabilité des institutions de 1830, comme sur la convenance de tenir en réserve le grand nom de Napoléon pour des éventualités plus ou moins prochaines, ce n'était pas un rêve de l'imagination du Prince, enivré des souvenirs et des grandeurs de sa race : c'était une conviction raisonnée, qui vivait alors au fond des plus grands esprits. Chateaubriand, Lafayette et Carrel l'avaient partagée.

En 1832, M. de Chateaubriand était en Suisse. Le jeune prince, qui avait alors ving-quatre ans, le vit plusieurs fois ; et lui ayant envoyé un écrit récemment publié, il en reçut une lettre datée de Lucerne, le 20 septembre et contenant le passage suivant:

« Vous savez, prince, que mon jeune roi est en Ecosse; que,
« tant qu'il vivra, il ne peut y avoir pour moi d'autre roi de France
« que lui. Mais si Dieu, dans ses impénétrables desseins, avait rejeté
« la race de Saint-Louis; si notre patrie devait revenir sur une
« élection (celle de Louis-Philippe) qu'elle n'a point sanctionnée,
« et si ses mœurs ne lui rendaient pas l'état républicain possible,
« alors, prince, il n'y a pas de nom qui aille mieux à la gloire de
« la France que le vôtre. »

En 1833, Lafayette fit dire au prince qu'il désirait vivement avoir un entretien avec lui. Le rendez-vous fut accepté, et le prince reçut l'accueil le plus cordial. « Il avoua qu'il se repentait cruellement de
« ce qu'il avait aidé à faire en juillet ; mais, ajoutait-il, la France
« n'est pas républicaine, et nous n'avions alors personne à mettre à
« la tête de la nation. On croyait Napoléon II prisonnier à Vienne ».
Lafayette engagea fortement le prince à saisir la première occasion de revenir en France; « car, disait-il, ce gouvernement-ci ne pourra se soutenir, et votre nom est le seul populaire ». Enfin, il promit

au prince de l'aider de tous ses moyens, lorsque le moment serait arrivé (1).

Enfin, en 1835, le prince voulut connaître les dispositions du parti républicain à son égard, et il envoya un de ses amis auprès de Carrel, pour le sonder. Le prétexte de la visite fut l'envoie du *Manuel d'artillerie*, que le prince venait de publier.

M. Carrel, dit cet ami du prince, qui n'était autre que M. de Persigny, se montra républicain pur et désintéressé, plein de cette noble ambition qui n'a que la Patrie pour objet. Il parut avoir peu de confiance dans une réalisation prochaine de ses idées.

« Le parti républicain, dit M. Carrel, est miné par deux causes.
« qui paralyseront longtemps ses efforts : la première est la faute
« commise par une jeunesse imprudente, en exhumant les souvenirs
« d'une époque dont la moralité politique ne peut-être appréciée par
« la foule ; la seconde, c'est le manque d'un chef, et l'impossibilité
« d'en improviser un dans les circonstances présentes.

« Mais, répliqua l'envoyé du prince, vos travaux, vos talents,
« votre caractère ne vous ont-ils pas déjà élevé à cette position ? »

« La mort de Lafayette, reprit M. Carrel avec une modestie
« pleine des plus nobles sentiments, a fait jeter les yeux sur moi ;
« mais croyez qu'il faut, pour jouer ce rôle, le prestige de travaux
« plus grands, plus brillants surtout que les miens. Quand je ne puis
« parvenir à rallier un parti, comment me serait-il possible de les
« rallier tous ? » Alors, il fut question du prince.

« Les ouvrages politiques et militaires de Louis Bonaparte, dit
« M. Carrel, annoncent une forte tête et un noble caractère. Le nom
« qu'il porte est le plus grand des temps modernes. C'est le seul qui
« puisse exciter fortement les sympathies du peuple Français. Si ce
« jeune homme sait comprendre les nouveaux intérêts de la France ;
« s'il sait oublier ses droits de légitimité impériale, pour ne se sou-

---

(1) Ces détails sont tirés de la brochure publiée le 16 juin 1838, par M. Armand Laity, sous le titre : *Le prince Napoléon à Strasbourg* : brochure qui amena la condamnation de l'auteur par la Cour des Pairs.

Le prince Louis Napoléon avait lu et approuvé la brochure ; et par conséquent les détails de son entrevue avec Lafayette sont exacts.

FIALIN DE PERSIGNY

« venir que *de la souveraineté du Peuple*, il peut être appelé à jouer
« un grand rôle (1) ».

Ainsi, dès 1835, le prince savait qu'en doutant de la solidité
du régime de juillet, et en se préparant à offrir à la France la doctrine de la souveraineté nationale, alliée au plus grand nom de
l'histoire moderne, il répondait avec certitude à des éventualités
sérieuses et prochaines.

Trouver la forme à l'aide de laquelle l'opinion publique serait
vivement et efficacement saisie de ces grands problèmes politiques,
n'était pas une chose aisée. Parmi les personnes qui, par leur intelligence ardente et leur chevaleresque dévouement, avaient conquis la
confiance du prince, il s'en trouvait une dont l'esprit fin, un peu
mystique, très hazardeux, se prêtait aux solutions nouvelles et difficiles : c'était M. de Persigny.

Du même âge que le prince, M. de Persigny, d'une ancienne
famille du Forez, soldat volontaire à 17 ans, avait quitté le service comme sous-officier au 4me de hussards, en 1833 ; et, jeune,
enthousiaste, plein d'initiative, il avait cherché dans le journalisme
un aliment à son activité. Attiré par les souvenirs de l'Empire,
séduit et convaincu par la lecture du *Mémorial de Sainte-Hélène*,
il commença, en 1834, avec ses seules ressources, une publication
dans laquelle il faisait des idées napoléoniennes la base nécessaire
de la société moderne. C'est à la suite de cette publication qu'il reçut
du roi Joseph un cordial accueil et une lettre d'introduction auprès
du prince, rétiré à Arenenberg. Alors commencèrent cette affection
et ce dévouement sans bornes qui ne se démentirent jamais.

D'accord sur le but, qui était de frapper fortement les esprits
par l'idée d'un retour au principe de la souveraineté nationale, pour
fonder un gouvernement durable, le prince et M. de Persigny
étudièrent ensemble les moyens pratiques de l'atteindre. Dans le
cours de cette étude commune, M. de Persigny mit en avant un
projet un peu téméraire et bizarre de forme, mais qui montre clairement que ce que poursuivaient ces deux esprits généreux, c'était

---

(1) Cette conversation est rapportée dans la brochure que M. de Persigny publia
à Londres, le 15 décembre 1836, quelques mois après la mort de Carrel.

bien moins une ambition personnelle à satisfaire, qu'une commotion salutaire à imprimer à l'opinion publique,

Dans ce projet, le prince aurait rédigé une adresse au peuple français, dans laquelle, rappelant et résumant les doctrines démocratiques de la révolution, maintenues et sauvegardées par la forte autorité du Consulat et de l'Empire, il aurait invité la nation à chercher de nouveau dans ces doctrines, confiées à une monarchie élue, la substitution d'un gouvernement stable à un gouvernement chancelant.

Cette proclamation, suivie d'une proposition d'appel au peuple, aurait été imprimée à un très grand nombre d'exemplaires; et puis, à un jour donné, le Prince, accompagné de ses partisans déjà nombreux, l'aurait lui-même portée à Paris, les faisant distribuer partout et à tous, avec le plus de bruit et d'éclat possible.

La conséquence prévue et acceptée d'avance de cet acte de provocation au Plébiscite, c'était évidemment une arrestation et un procès; mais ce procès rendu éclatant par la personne du principal accusé et par la cause publiquement proclamée et soutenue, ce pouvait être justement le but poursuivi, c'est-à-dire le réveil de l'esprit public, et la doctrine nationale de l'Empire tenue prête pour le premier événement qui ébranlerait la société (1).

Mais en ce moment même se produisit un deuxième projet, beaucoup plus grave, conduisant au même résultat, et qui fit écarter celui que nous venons d'ébaucher.

L'éducation militaire du Prince, ses études profondes sur l'artillerie, lui avaient fait saisir toutes les occasions naturelles qui s'étaient offertes d'entretenir des relations avec les officiers français que son mérite personnel et le prestige de son nom attiraient près de lui. Dans ce nombre, trois s'étaient montrés plus spécialement sympathiques à ses principes et à sa personne; c'étaient M. Parquin, ancien et brave officier de l'Empire, chef d'escadron de la garde municipale de Paris, frère d'un avocat distingué du barreau de Paris, et qui avait épousé Mlle Cochelet, lectrice de la reine Hortense; M. Armand Laity, sorti de l'École polytechnique,

---

(1) Nous tenons de M. de Persigny lui-même la révélation de ce projet, qui fut sérieux, et dont nous abrégeons les détails.

lieutenant d'un bataillon de pontonniers, et M. Claude Vaudrey, l'un des plus brillants officiers de l'armée, colonel du 4ᵉ régiment d'artillerie, et ayant par interim sous ses ordres toute l'artillerie appartenant à la garnison de Strasbourg.

L'armée était alors, comme toujours, absolument dévouée à l'ordre; dans les redoutables émeutes qui troublèrent le règne de Louis-Philippe, elle ne fit jamais défaut à la société; mais aucun lien ne la rattachait à la dynastie et ne l'intéressait fortement à un régime inauguré, en 1830, par une intrigue parlementaire. On pouvait donc la supposer bienveillante à toutes les perspectives ouvertes sur les souvenirs de l'Empire, dont la légende vivait indestructible dans le cœur du soldat. De nombreuses conversations avec le commandant Parquin, dont la demeure au château de Sandegg n'était pas éloignée d'Arenenberg, avaient porté le Prince à compter sur la sympathie de l'armée; et à la suite d'entretiens sérieux qu'il avait eus, à Bade, avec le colonel Vaudrey, il acquit la certitude qu'il n'était pas téméraire de compter sur une prise d'armes.

Cette idée, mûrie avec quelques officiers jeunes et enthousiastes, notamment avec M. Armand Laity, alors âgé de 24 ans, commandant le bataillon des pontonniers, s'empara fortement de l'esprit du Prince. En cas de réussite, c'était le but incessamment poursuivi, c'est-à-dire la France rendue à elle-même; en cas d'insuccès, c'était la mort probablement, la captivité à coup sûr, mais c'était aussi la mise en scène, les plaidoiries, le bruit d'un procès, et, à l'aide de ce bruit, la publicité donnée aux doctrines et aux traditions impériales.

Le 15 octobre 1836, les généraux initiés furent convoqués. Soit hésitation, soit malentendu, ils manquèrent au rendez-vous. Craignant des indiscrétions, le prince passa outre. Le 25, il quitta sa mère, sous le prétexte d'une visite chez une cousine, aux environs de Bade; mais comme il devait aussi conférer avec des officiers français, près de la frontière, la reine, comme avertie par un pressentiment du cœur, lui passa au doigt l'anneau de mariage de l'Empereur et de Joséphine, en lui disant : « Si tu cours quelque danger, ce sera là ton talisman ». Le 28, il partit de Fribourg, passa par Neuf-Brisach et Colmar, et, à onze heures du soir, il entrait à Strasbourg, et allait descendre rue de la Fontaine, n° 24, chez un officier dévoué. Le lendemain matin, il faisait prévenir le colonel Vaudrey, et convoquait dans le logement occupé par M. de Persigny toutes les personnes qui devaient prendre part à l'entreprise.

Le prince avait rédigé deux proclamations, l'une aux FRANÇAIS, l'autre à l'ARMÉE. Elles résumaient toutes deux ses principes constants sur la souveraineté nationale et sur la nécessité d'y recourir pour fonder un gouvernement fort et durable. Il les lut à ses amis réunis ; en voici les principaux passages :

AU PEUPLE FRANÇAIS.

« Français !

« On vous trahit ; vos intérêts politiques, vos intérêts commer« ciaux, votre honneur, votre gloire, sont vendus à l'étranger.

« En 1830, on imposa un gouvernement à la France sans con« sulter ni le peuple de Paris, ni le peuple des provinces, ni l'armée
« française : tout ce qui a été fait sans vous est illégitime.

« *Un congrès national, élu par tous les citoyens, peut seul avoir le*
« *droit de choisir ce qui convient le mieux à la France.*

« Fier de mon origine populaire, fort de quatre millions de
« votes qui m'appelaient au trône, je m'avance devant vous comme
« un représentant du peuple.

« Fidèle aux maximes de l'Empereur, je ne connais d'intérêts
« que les vôtres, d'autre gloire que celle d'être utile à la France
« et à l'humanité. Sans haine, sans rancune, exempt d'esprit de
« parti, j'appelle sous l'aigle de l'Empereur tous ceux qui sentent
« un cœur français battre dans leur poitrine.

« J'ai voué mon existence à l'accomplissement d'une grande
« mission. Du rocher de Sainte-Hélène, un rayon du soleil mourant
« a passé dans mon âme : je saurai garder ce feu sacré, je saurai
« vaincre ou mourir pour la cause du peuple.

« Hommes de 1789, hommes du 20 mars 1815, hommes de
« 1830, levez-vous ! Voyez ce qui vous gouverne ; voyez l'aigle,
« emblème de gloire, symbole de liberté, et choisissez !

« Vive la France !

NAPOLÉON. »

A L'ARMÉE.

« Soldats !

« Le moment est venu de recouvrer votre ancienne splendeur.
« Faits pour la gloire, vous pouvez moins que d'autres supporter plus
« longtemps le rôle honteux qu'on vous fait jouer.
« Soldats ! reprenez ces aigles que nous avions dans nos gran-
« des journées ; les ennemis de la France ne peuvent en soutenir
« les regards ; ceux qui nous gouvernent ont déjà fui devant elles !
« Délivrer la patrie des traîtres et des oppresseurs, protéger les
« droits du peuple, défendre la France et ses alliés contre l'inva-
« sion, voilà la route où l'honneur vous appelle, voilà votre sublime
« mission.
« Soldats français! quels que soient vos antécédents, venez tous
« vous ranger sous le drapeau tricolore régénéré ; il est l'emblême
« de vos intérêts et de votre gloire. La patrie divisée, la liberté
« trahie, l'humanité souffrante, la gloire en deuil comptent sur
« vous ; vous serez à la hauteur des destinées qui vous attendent!
« Soldats de la République, soldats de l'Empire ! que mon nom
« réveille en vous votre ancienne ardeur. Et vous, jeunes soldats,
« qui êtes nés comme moi au bruit du canon de Wagram, souve-
« nez-vous que vous êtes les enfants des soldats de la grande
« armée. Le soleil de cent victoires a éclairé notre berceau : que
« nos hauts faits ou notre trépas soient dignes de notre naissance!
« Du haut du ciel, la grande ombre de Napoléon guidera nos bras,
« et, contente de nos efforts, elle s'écriera : Ils étaient dignes de
« leurs pères.
« Vive la France ! »

« NAPOLÉON. »

L'esprit de ces deux proclamations résume la tradition impériale :
amour du peuple, culte de l'armée ; appel à la confiance de l'un et
au concours spontané de l'autre.

Il est essentiel de bien constater qu'au moment de s'adresser à
l'armée, le Prince n'entendait nullement l'employer à asservir le

pays, mais seulement à faire d'elle la gardienne de la souveraineté nationale et du suffrage universel. Il voulait, comme représentant de l'Empire, être acclamé, non imposé ; il ne prétendait pas davantage faire servir des régiments dévoués à soumettre des régiments hostiles ; il s'adressait à l'idée, non à la force. Il allait essayer la puissance de son nom et de ses principes sur les soldats ; et c'est uniquement de cette sympathie qu'il attendait le succès de sa cause.

La garnison de Strasbourg comprenait le 3ᵉ et le 4ᵉ d'artillerie ; le 36ᵉ et le 46ᵉ de ligne, le 14ᵉ léger et un bataillon de pontonniers.

Le 30 octobre, à 5 heures du matin, le colonel Vaudrey fait sonner l'assemblée au quartier d'Austerlitz, occupé par le 4ᵉ d'artillerie. Les soldats se lèvent, prennent les armes et se forment en carré. Au bruit des clairons, le Prince, qui se tenait prêt dans une maison voisine, accourt avec ses amis, en disant : « allons, mes« sieurs, allons voir si la France se souvient encore de vingt années « de gloire. »

Le colonel Vaudrey, le sabre à la main, fait porter les armes, et présente le Prince au régiment, en lui adressant ces paroles :

« Soldats du 4ᵉ régiment d'artillerie, une grande révolution « commence en ce moment sous les auspices du neveu et du fils « adoptif de l'Empereur Napoléon. Ce prince est devant vous et « vient se mettre à votre tête. Il arrive sur le sol de la patrie, pour « rendre au peuple ses droits usurpés, à l'armée sa gloire que son « nom rappelle, à la France des libertés qu'on méconnaît. Il compte « sur votre courage, sur votre dévouement et sur votre patriotisme, « pour accomplir cette grande et glorieuse mission.

« Soldats, votre colonel a répondu de vous ! répétez donc avec « lui : *Vive Napoléon ! vive l'Empereur !* »

Un hourra d'enthousiasme accueillit ces paroles.

Alors le Prince, s'adressant aux soldats de ce 4ᵉ régiment, qui était l'ancien régiment de La Fère, dans lequel Napoléon Bonaparte avait servi comme capitaine, en 1792, et qui, au retour de l'île d'Elbe, avait accueilli l'Empereur à Grenoble, lui présenta l'aigle porté à ses côtés par l'un de ses officiers (1), et lui dit :

---

(1) C'était l'aigle du régiment de Labédoyère, le 7ᵉ d'infanterie légère.

« Soldats, voici le symbole de la gloire française. Pendant
« quinze ans, il a conduit nos pères à la victoire ; il a brillé sur tous
« les champs de bataille ; il a traversé toutes les capitales de l'Eu-
« rope. Soldats, ralliez-vous à ce noble étendard ; je le confie à
« votre honneur, à votre courage ; marchons ensemble contre les
« oppresseurs de notre patrie, au cri de *Vive la France !* »

Cette courte et patriotique harangue exalta et enleva les artilleurs du 4e régiment ; les sabres s'agitaient et les cris de *vive l'Empereur* remplissaient le quartier. Jusqu'ici la cause était gagnée.

Ce succès obtenu, il s'agissait de le généraliser et de l'étendre aux troupes de la ville entière. Les rôles furent immédiatement distribués. Accompagnés de petits détachements, les amis du Prince allèrent remplir diverses missions. M. de Persigny fut chargé de mettre en état d'arrestation le préfet du département, M. Chopin d'Arnouville ; M. Lombard, aide-major, alla faire imprimer les proclamations ; le lieutenant Pétry s'empara du télégraphe ; le lieutenant de Schaller alla s'assurer du colonel du 3e d'artillerie et du général de brigade ; enfin le 4e d'artillerie, ayant à sa tête le Prince, le colonel Vaudrey et le commandant Parquin, se dirigea vers le quartier général, où était le général Voirol, commandant la division militaire.

Malgré l'heure matinale, un grand nombre d'habitants, attirés par le bruit et la nouveauté du spectacle, se réunirent aux soldats, avec des démonstrations sympathiques. L'aigle, porté par M. de Quérelles, attirait les regards et frappait les esprits. Le quartier de la gendarmerie, devant lequel passa le cortége, prit spontanément les armes, et cria *vive l'Empereur !* L'énivrement gagna le quartier général lui-même ; la garde présenta les armes, et les propres domestiques du général Voirol, fascinés comme les autres, ouvrirent les portes avec empressement et crièrent plus fort que personne.

Suivi du colonel Vaudrey et du commandant Parquin, le prince monta chez le général, sur le concours duquel il avait cru pouvoir fonder quelques espérances. Quoique très dévoué à la mémoire de Napoléon 1er, le général Voirol, après avoir hésité un instant, refusa son concours, et, s'adressant au colonel Vaudrey, il lui dit qu'il allait envoyer des ordres à la garnison.

STRASBOURG

— « La garnison n'est plus sous vos ordres, reprit vivement le colonel; vous êtes mon prisonnier. »

Immédiatement, un détachement aux ordres du commandant Parquin ayant été chargé de la garde du général Voirol, on se mit en marche vers la caserne de la Finckmatt, occupée par le 46ᵐᵉ de ligne.

Cependant le succès semblait s'affirmer de plus en plus, la population devenait plus ardente, le 3ᵐᵉ d'artillerie et le bataillon des pontonniers étaient déjà en marche pour se rendre au quartier du 4ᵐᵉ, et les amis du prince crurent à un triomphe définitif. Dès le début de l'entreprise, l'un d'eux avait reçu en dépôt deux lettres pour la reine Hortense, l'une annonçant le succès, l'autre le revers; la première fut envoyée.

L'ordre avait été donné de prendre, pour se rendre de la ville à la Finckmatt, le chemin du rempart, voie large, aisée, aboutissant à une grille fermant l'extrémité de la cour. Par suite d'un malentendu fatal, la tête du régiment s'engagea dans une ruelle étroite partant du faubourg de Pierre et aboutissant à la grille principale de la caserne. Le premier chemin eût permis au prince de se présenter à la tête d'un régiment tout entier, marchant déployé sous ses ordres. Le second l'obligea de ne prendre avec lui que quatre cents hommes environ, et de laisser plus de la moitié des troupes dans la grande rue du Faubourg, comme pour assurer la retraite.

A l'arrivée des artilleurs, les soldats du 46ᵐᵉ était dans leurs chambres, occupés des travaux du matin. L'arrivée des artilleurs les attire aux fenêtres, le prince leur adresse quelques paroles, les artilleurs crient : *vive Napoléon!* Aussitôt, l'enthousiasme gagne les fantassins, ils descendent dans la cour, se joignent à leurs camarades, entourent le prince avec une curiosité empressée et respectueuse, et le saluent de leurs cris enthousiastes.

Ici et tout à coup, la scène change. Un officier du 46ᵐᵉ, le lieutenant Pleignier, logé dans la caserne, descend de sa chambre, se mêle aux soldats, essaie de les ramener, et, pour y réussir, a recours à une imposture. Il dit aux soldats qu'au lieu d'un héritier de l'Empereur, ils n'ont devant eux qu'un aventurier, usurpateur d'un nom et d'un titre qui ne sont pas les siens. A ces mots, les soldats deviennent hésitants.

Au moment même arrive le colonel Taillandier, avec un capitaine d'état major ; il reprennent l'affirmation mensongère du lieutenant Pleignier, et disent aux soldats : « ce n'est pas le neveu de l'empereur, c'est le neveu du colonel Vaudrey. » Le capitaine d'état major ajoute : « je le reconnais. »

Ces affirmations, sincères ou imaginées pour la circonstance, changent les dispositions du 46me de ligne, qui se croit joué. Le colonel Taillandier saisit avec rapidité cette minute de mécontentement, ordonne de fermer les portes, range les soldats, fait prendre les armes et ordonne de charger les artilleurs. De son côté, le Prince fait battre la générale, les artilleurs agitent leurs sabres, chargent leurs mousquetons et la mêlée est au moment de commencer.

Mais le Prince, qui voulait agir par l'ascendant moral, et non par la force, se jette au milieu des soldats du 46me, essayant de les désabuser. On ne l'écoute plus. Voyant le danger qu'il court, les artilleurs l'enlèvent et le placent au milieu d'eux. Pendant cette scène, le peuple amoncelé, hors des grilles, sur le rempart, ne cesse de crier: *Vive l'empereur!* Il lance des pierres au 46me, et encourage de ses vivats le 4me d'artillerie.

Placés entre la nécessité de verser du sang ou de se rendre, le Prince et le colonel Vaudrey n'hésitèrent pas. Le colonel fut placé dans la chambre du lieutenant Pleignier, et le Prince et ses amis furent conduits à la Prison Neuve. En y entrant le prince dit à ceux qui l'entouraient : « Au moins, je ne mourrai pas dans l'exil. »

Il écrivit aussitôt au général Voirol pour se déclarer seul coupable de l'entreprise ; et puis, il adressa à la reine Hortense la lettre suivante :

« Ma chère mère,

« Vous avez dû être bien inquiète de ne pas recevoir de mes
« nouvelles, vous qui me croyez chez ma cousine ; mais votre
« inquiétude redoublera lorsque vous apprendrez que j'ai tenté à
« Strasbourg un mouvement qui a échoué. Je suis en prison, ainsi
« que d'autres officiers ; c'est pour eux seuls que je suis en peine,
« car moi, en commençant une telle entreprise, j'étais préparé à
« tout.

« Ne pleurez pas, ma mère, je suis victime d'une belle cause,
« d'une cause toute française : plus tard on me rendra justice et on
« me plaindra.

« Hier, dimanche, à cinq heures, je me suis présenté devant le
« 4me d'artillerie, qui m'a reçu aux cris de *vive l'empereur!* Nous
« avions détaché du monde. Le 46me a résisté; nous nous sommes
« trouvés pris dans la cour de la caserne. *Heureusement il n'y a*
« *pas eu de sang français répandu;* c'est ma consolation dans mon
« malheur! Courage, ma mère, je saurai soutenir jusqu'au bout
« l'honneur du nom que je porte...

« Adieu, ne vous attendrissez pas inutilement sur mon sort. La
« vie est peu de chose; *l'honneur et la France sont tout pour moi.*

« Je vous embrasse de tout mon cœur,

« Votre tendre et respectueux fils,

« L.-N. B. »

Le prince resta neuf jours en prison et au secret, attendant sa mise en jugement.

Dans l'instruction qu'il subit, le juge eut avec le prince le dialogue suivant : — D. Vous vouliez établir un gouvernement militaire ? — R. Je voulais établir un gouvernement fondé sur l'élection populaire. — D. Qu'auriez-vous fait, vainqueur ? — J'aurais assemblé un congrès national. »

Le 9 novembre, à sept heures du soir, il fut extrait de la prison et conduit à la Préfecture, où l'attendaient le préfet, M. Chopin d'Arnouville, et M. le général Voirol, commandant la division militaire. Une chaise de poste attelée était à la porte de l'hôtel. Le préfet lui signifia l'ordre qu'il avait de l'envoyer immédiatement à Paris. Le Prince protesta avec la dernière énergie contre un acte qui le séparait de ses amis, laissés à Strasbourg pour y subir les chances d'un jugement et les suites d'une condamnation, qui devait paraître inévitable. Sa protestation fut vaine; il monta dans la chaise de poste, accompagné du colonel Cuynat, commandant de la gendarmerie de la Seine, et du lieutenant Thiboutot, mort, sous la Présidence, commandant du palais de l'Elysée.

Deux jours après, le 11 novembre, la chaise de poste entrait, à deux heures du matin, dans la cour de la préfecture de police, à Paris, et le prince était introduit dans le cabinet de M. Gabriel Delessert. Là, il apprit que la reine Hortense était venue en France, pour implorer la clémence du roi ; et le préfet ajouta que, par ordre du gouvernement, le prince devait, après deux heures de repos, partir pour Lorient, où il serait embarqué pour les Etats-Unis, à bord de la frégate l'*Andromède*.

Cette décision frappait deux fois le prince, d'abord dans ses affections, en le séparant de ses amis, ensuite dans ses espérances, en faisant évanouir la perspective d'un débat public, où il exposerait ses doctrines.

Il remontra vivement à M. Delessert que sa présence était nécessaire à la défense de ses amis, puisqu'il était le principal et le vrai coupable, et que lui seul pouvait donner au jury les explications nécessaires pour éclairer ses délibérations. Ces observations étaient justes ; mais le préfet de police avait des ordres formels et précis, derrière lesquels il ne manqua pas de s'abriter. Il ajouta que le gouvernement obéissait à un précédent, et qu'on lui appliquait le traitement dont on avait usé envers la duchesse de Berry.

Le prince n'eut garde d'accueillir ces raisons ; il demanda justice, la justice faite à tous, repoussant surtout avec une douloureuse indignation une fausse indulgence, qui ne semblait l'épargner que pour mieux frapper les amis attachés à sa doctrine, à sa personne et à sa destinée.

Comme il est naturel de le penser, le parti du gouvernement était pris, et la résistance fut inutile. Après avoir écrit au roi, pour réclamer des juges, et à M. Odilon Barrot, pour lui recommander la défense du colonel Vaudrey et de ses autres amis, le Prince partit pour Lorient dans la nuit même, et il fut déposé, le 14 novembre, dans la citadelle de Port-Louis, où il passa quelques jours, en attendant le départ de la frégate, retardée par des vents contraires.

Vingt-deux ans plus tard, le Prince, devenu l'empereur Napoléon III, visitait la Bretagne avec l'Impératrice ; après avoir reçu à Brest la visite de la reine d'Angleterre et du prince Albert, il se rendit à Lorient, le 13 août 1858, pour assister au lancement de la frégate le *Calvados*. Si près de Port-Louis, il ne résista pas au plaisir de visiter la chambrette où il avait été prisonnier, au mois de novembre 1836 ; il fut récompensé de sa peine en retrouvant les souvenirs de bonté qu'il y avait laissés.

Une bonne vieille, madame Perreaux, veuve d'un ancien garde du génie, qui avait eu pour le Prince les soins d'une mère pendant son séjour dans la citadelle, l'accueillit avec des yeux pleins de larmes. « Ah ! je vous reconnais bien, » disait l'excellente femme, « vous n'avez pas changé, vous avez l'air aussi bon qu'autrefois, car vous étiez un bien bon jeune homme. Vous souvenez-vous qu'un jour j'étais à chercher des draps dans le haut de cette armoire, et vous m'avez donné la main pour descendre ?... — « Je vous la donnerai encore aujourd'hui, ma bonne mère, » — répondit l'Empereur, en tendant la main à madame Perreaux. Ainsi était-il, plein de bienveillance pour tous : appelant près de lui à l'Élysée, en 1850, le lieutenant Thiboutot, qui l'avait conduit de Strasbourg à Paris, et de Paris à Lorient, et nommant, en 1852, commissaire central à Toulouse, M. Chopin d'Arnouville, le fils du préfet qui l'avait, avec le général Voirol, gardé neuf jours au secret.

Embarqué le 25 novembre, à bord de l'*Andromède*, le prince prit la mer pour une destination inconnue, car le commandant, M. Henri de Villeneuve, capitaine de vaisseau, avait des ordres cachetés, qu'il ne devait ouvrir qu'au large. Les ordres ouverts prescrivaient au commandant de se rendre à Rio-Janeiro, d'y renouveler ses vivres et d'aller de là à New-York, où il mettrait à terre son prisonnier.

A quoi bon ce détour de trois mille lieues, imposé à une frégate destinée aux mers du Sud, et qui par conséquent devait faire deux fois la traversée du Brésil aux Etats-Unis ? L'explication s'offre d'elle-même. Le Gouvernement redoutait le bruit qui devait se faire autour du procès de Strasbourg, et il voulait tenir le prince éloigné, au moins jusqu'après le verdict du jury. Il réussit à cet égard, car les assises chargées de juger les complices du Prince s'ouvrirent le 6 janvier 1837, et le prince ne débarqua à New-York que le 30 mars; mais au point de vue politique, qui dominait la question, le Gouvernement échoua misérablement, car le jury de Strasbourg acquitta tous les prévenus, à l'unanimité.

Que s'était-il passé après l'échec de Strasbourg et l'arrivée du prince à Paris, dans le cabinet du préfet de police ?

Au reçu de la seconde lettre du prince qui lui annonçait l'insuccès de sa tentative et son arrestation, la reine Hortense, bravant les lois d'exil du 12 janvier 1816 et du 10 avril 1832, était accourue pour sauver la vie de son fils. Là, pendant les quelques heures de son séjour, elle apprend qu'il ne sera pas jugé, mais seulement envoyé en Amérique. Rassurée, elle revint en Suisse, et se résigna, sur une nouvelle lettre du prince, à ne pas le suivre dans un exil dont le lieu restait d'ailleurs encore inconnu.

Pendant les deux heures qu'il lui fut donné de passer à Paris, avant son départ pour Lorient, la pensée du prince fut principalement remplie du souvenir de ses amis, qu'il laissait prisonniers à Strasbourg. Il employa, comme nous l'avons dit, ces deux heures à écrire une lettre à M. Odilon Barrot, qu'il priait d'accepter leur défense ; lettre célèbre, dont les principaux passages doivent trouver leur place ici ; ils offrent en effet une expression fidèle des sentiments du prince et des doctrines qui n'ont jamais cessé de le guider.

« De la part de mes co-accusés, dit-il, il n'y a pas eu complot ; il n'y a eu que l'entraînement du moment ; moi seul ai tout combiné ; moi seul ai fait les préparatifs nécessaires. J'avais déjà vu le colonel Vaudrey avant le 30 octobre, mais il n'avait pas conspiré avec moi. Le 29, à huit heures du soir, personne, excepté moi, ne savait que le mouvement aurait lieu le lendemain ; je ne vis le colonel Vaudrey que plus tard. M. Parquin était venu à Strasbourg pour ses affaires ; le 29 au soir, seulement, je le fis appeler ; les autres personnes connaissaient ma présence en France, mais en ignoraient le motif. Je ne réunis que le 29 au soir les personnes actuellement accusées. et ne leur fis part de mes intentions que dans ce moment. Le colonel Vaudrey n'y était pas ; les officiers de pontonniers sont venus se joindre à nous, ignorant d'abord de quoi il s'agissait.

Je tins au colonel Vaudrey, lorsque je le vis, et aux autres personnes, le 29 au soir, le langage suivant : « Messieurs, vous
« connaissez tous les griefs de la nation envers le gouvernement du
« 9 août, mais vous savez aussi qu'aucun parti existant aujourd'hui
« n'est assez fort pour le renverser, aucun assez puissant pour
« réunir tous les Français, si l'un d'eux parvenait à s'emparer du

« pouvoir. Cette faiblesse du gouvernement, comme cette faiblesse
« des partis, vient de ce que chacun ne représente que les intérêts
« d'une seule classe de la société. Les uns s'appuient sur le clergé
« et la noblesse, les autres sur l'aristocratie bourgeoise, d'autres
« enfin sur les prolétaires seuls. Dans cet état des choses, il n'y a
« qu'un seul drapeau qui puisse rallier tous les partis, parce qu'il
« est le drapeau de la France et non celui d'une faction : c'est
« l'aigle de l'Empire.

« Sous cette bannière, qui rappelle tant de souvenirs glorieux,
« il n'y a aucune classe expulsée : elle représente les intérêts et les
« droits de tous.

« L'empereur Napoléon tenait son pouvoir du peuple français ;
« quatre fois son autorité reçut la sanction populaire ! En 1804,
« l'hérédité dans la famille de l'Empereur fut reconnue par quatre
« millions de votes; depuis, le peuple n'a plus été consulté... Comme
« l'aîné des neveux de Napoléon, je puis donc me considérer
« comme le représentant de l'élection populaire, je ne dirai pas de
« l'Empire, parce que, depuis vingt ans, les idées et les besoins de
« la France ont dû changer. Mais un principe ne peut être annulé
« par des faits ; il ne peut l'être que par un autre principe ; or, ce
« ne sont pas les douze cent mille étrangers de 1815, ce n'est pas
« la Chambre des 221 de 1830 qui peuvent rendre nul le principe
« de l'élection de 1804.

« Le système napoléonien consiste à faire marcher la civilisation
« sans discorde et sans excès, à donner l'élan aux idées, tout en
« développant les intérêts matériels, à raffermir le pouvoir en le
« rendant respectable, à discipliner les masses d'après leurs facultés
« intellectuelles, enfin à réunir autour de l'autel de la patrie les
« Français de tous les partis, en leur donnant pour mobile l'hon-
« neur et la gloire.

« Remettons, leur dis-je, le peuple dans ses droits, l'aigle sur
« nos drapeaux et la stabilité dans nos institutions. Eh quoi !
« m'écriai-je enfin, les princes du droit divin trouvent bien des
« hommes qui meurent pour eux dans le but de rétablir les abus et
« les priviléges ; et moi, dont le nom représente la gloire, l'honneur
« et les droits du peuple, mourrai-je donc seul dans l'exil ! Non !
« m'ont répondu mes braves compagnons d'infortune, vous ne

SAINTE-HÉLÈNE (TOMBEAU DE L'EMPEREUR)

« mourrez pas seul, nous mourrons avec vous ou nous vaincrons « ensemble pour la cause du peuple français. »

L'intérêt manifeste du gouvernement était de faire en sorte que l'opinion glissât sur la grave affaire de Strasbourg. Bien que dévouée à l'ordre, l'armée tout entière, officiers et soldats, était frémissante aux souvenirs de l'Empire. On n'avait pas pu donner des gardes au Prince, sans lui donner en même temps des amis. Embarqué à bord de l'*Andromède*, ce fut à qui, de l'équipage au commandant, lui témoignerait le plus d'égards. Le commandant de Villeneuve céda au Prince sa propre chambre, à l'arrière de la frégate. Le 1ᵉʳ janvier, le Prince l'écrivait ainsi à la reine Hortense :

« Le 1ᵉʳ janvier 1837. '

« Ma chère maman, c'est aujourd'hui le premier jour de l'an ; je suis à quinze cents lieues de vous, dans une autre hémisphère ; heureusement la pensée parcourt tout cet espace en moins d'une seconde. Je suis près de vous, je vous exprime tous mes regrets de tous les tourments que je vous ai occasionnés, je vous renouvelle l'expression de ma tendresse et de ma reconnaissance.

« *Ce matin, les officiers sont venus en corps me souhaiter la bonne année* ; j'ai été sensible à cette attention de leur part. A quatre heures et demie, nous étions à table ; comme nous sommes à 17 degrés de longitude plus ouest que Constance, il était en même temps sept heures à Arenenberg ; vous étiez probablement à dîner ; j'ai bu en pensant à votre santé ; vous en avez peut-être autant fait pour moi, du moins je me suis plu à le croire dans ce moment-là. J'ai songé aussi à mes compagnons d'infortune ; hélas ! *je songe toujours à eux !* J'ai pensé qu'ils étaient plus malheureux que moi, et cette idée m'a rendu bien plus malheureux qu'eux.

» A propos de frégate, le commandant m'a dit que celle qui portait votre nom est actuellement dans la mer du sud, et s'appelle la *Flore*. »

Les assises du Bas-Rhin s'ouvrirent, avons-nous dit, le 6 janvier 1837. Les accusés étaient au nombre de treize.

Sept étaient présents : MM. Claude-Nicolas Vaudrey ; — Armand Laity ; — Denis-Charles Parquin ; — Henri-Richard Sigefroi de Quérelles; — Charles Emmanuel-Raphaël de Gricourt; — Frédéric, comte de Bruc; — Mme Éléonore Brault, veuve Gordon.

Six étaient contumaces : MM. Louis Dupenhouat; — Charles-Philippe-François Pétry; — Michel-Jean-François Regis Gros; — André-Nicolas de Shaller; — Fialin, vicomte de Persigny; — Jules-Barthelemy Lombard.

Les accusés eussent été bien plus nombreux, si le gouvernement l'avait voulu; mais, pour atténuer la part très sérieuse que la garnison de Strasbourg avait prise à l'affaire du 30 octobre, on n'avait traduit devant la Cour d'assises que ceux dont la participation à cette affaire avait été tellement manifeste, qu'il eût été scandaleux de les laisser impunis.

Au milieu de ces officiers se trouvait Éléonore Brault, fille d'un capitaine de la garde impériale, veuve depuis 1835 de M. Gordon, commissaire de guerres en Espagne dans la légion Evans, qu'elle avait épousé à Londres, en 1831. Éléonore Brault, née en 1808, était entrée au Conservatoire malgré les instances de sa famille; et, après avoir débuté à l'Odéon, elle avait chanté avec succès à Milan, à Venise et à Londres. Venue à Strasbourg au mois d'août 1836, elle eut connaissance de la tentative du 30 octobre, y prit une part active; et ce fut elle, dit-on, qui favorisa l'évasion de M. de Persigny.

Le lecteur connaît déjà la plupart des accusés. M. de Bruc était un ancien chef d'escadron, en non activité; M. de Quérelles avait été lieutenant au 61° de ligne; et M. de Gricourt était allié à la famille de Beauharnais.

Ce fut M. Rossée, procureur général à Colmar, qui dressa l'acte d'accusation, pièce médiocre où l'on insinuait que le prince Louis-Napoléon pouvait bien n'avoir pas été étranger à l'attentat de Fieschi. M. Rossée était assisté de M. Devaux, avocat général, et de M. Gérard, procureur du roi. La Cour était présidée par M. le conseiller Gloxin.

M. Ferdinand Barrot plaida avec talent pour le colonel Vaudrey; M. Thiériet, professeur de droit à la Faculté de droit de Strasbourg, pour M. Laity; M. Parquin, pour le commandant, son frère; M. Chauvin-Beillard, pour M. de Gricourt; M. Martin, pour M. de Quérelles; M. Liechtenberger, pour M. de Bruc et madame Gordon. Les interrogatoires durèrent sept jours; et M. le procureur général Rossée ne prononça son réquisitoire que le 13. Après quatre jours de plaidoiries, M. le procureur du roi Devaux répondit aux avocats, le 17. Ce fut M. Parquin qui répliqua. Sa péroraison parut si belle, que les poëtes de Strasbourg crurent qu'elle méritait d'être mise en vers.

Le 18 janvier, M. le président Gloxin résuma les débats. Au moment où le jury se retirait pour délibérer, un tumulte immense éclata dans la salle. La foule s'écriait : « Acquittez-les! acquittez-les !» Le président donna ordre aux gendarmes de faire évacuer l'enceinte.

La délibération du jury dura vingt minutes. Entré dans la salle à onze heures et demie, il en sortit à midi moins dix minutes. M. Weis de Truchtersheim, chef du jury, lut la déclaration, qui était négative sur tous les points.

Le président de la Cour prononça l'acquittement, qui fut salué par des acclamations enthousiastes. M. Armand Laity affirme, dans sa brochure de 1838, que des mesures avaient été prises par un grand nombre d'officiers de la garnison pour enlever les accusés, en cas de condamnation.

Mis immédiatement en liberté, les accusés furent, à leur sortie, acclamés par la foule; et le rédacteur de l'*Observateur des Tribunaux*, présent aux débats, caractérise ainsi l'effet du verdict du jury : « Pendant l'après-midi, Strasbourg a eu un air de fête, et la garnison elle-même a partagé cette satisfaction générale. »

Il est inutile d'insister sur l'impression que cet acquittement produisit dans toute la France. La tentative du 30 octobre 1836 était amnistiée par l'opinion.

Pendant ces débats, le Prince naviguait vers sa destination lointaine. Arrivé à Rio-Janeiro, le 10 janvier, il remonta vers le nord; et, après quelques jours d'escale, fut débarqué à New-York le 30 mars 1837. Il resta tout d'abord flottant entre les diverses résolutions qui s'offraient à son esprit. L'exemple d'Achille Murat, fils aîné de l'ancien roi de Naples et son cousin, qui s'était créé par son énergie une situation dans le sud, flattait son activité. Il avait placé chez un banquier de New-York les fonds dont il avait pu disposer, et, en attendant l'heure de sa résolution définitive, il pensait à ses amis de Strasbourg, dont il venait d'apprendre l'acquittement.

Voici en quels termes il exprimait ses sentiments au colonel Vaudrey, à la date du 15 avril :

« Mon cher colonel,

« Vous ne sauriez vous imaginer combien j'ai été heureux en apprenant votre acquittement en débarquant aux Etats-Unis ; pendant quatre mois et demi, je n'ai cessé un moment d'être péniblement préoccupé de votre sort. Dès le moment où j'ai été mis en prison jusqu'à mon départ de France, je n'ai cessé de faire tout ce qui dépendait de moi pour alléger la position de mes compagnons d'infortune, et, tout en intercédant en leur faveur, je n'ai rien fait, comme vous pouvez le croire, qui soit contraire à la dignité du nom que je porte. Deux fois seulement mes larmes ont trahi ma douleur ; c'est lorsque entraîné loin de vous, je sus que je ne serais pas jugé, et lorsqu'en quittant la frégate, j'allais recouvrer ma liberté.

« La lettre que vous m'avez écrite m'a fait grand plaisir ; je suis heureux de penser que tout ce que vous avez souffert n'a pas altéré l'amitié que vous me portiez et à laquelle j'attache un si haut prix.

« Pendant deux mois j'ai navigué entre les tropiques sous le vent de Sainte-Hélène. Hélas ! je n'ai pas pu apercevoir le rocher historique ; mais il me semblait toujours que les airs me rapportaient ces dernières paroles que l'Empereur mourant adressait à ses compagnons d'infortune.... « J'ai sanctionné tous les principes de la
« Révolution, je les ai infusés dans mes lois, dans mes actes ; il n'y
« en a pas un seul que je n'aie consacré ; malheureusement les
« circonstances étaient graves.... La France me juge avec indul-
« gence, elle me tient compte de mes intentions, elle chérit mon
« nom, mes victoires ; imitez-la, *soyez fidèles aux opinions que nous*
« *avons défendues*, à la gloire que nous avons acquise ; il n'y a
« hors de là que honte et confusion !

« Ces belles paroles, colonel, vous les aviez bien comprises ! »

Cette lettre peint fidèlement l'âme du prince, qui, dans l'exil où sur le trône, resta toujours fidèle à ces deux choses, ses principes et ses amitiés.

L'indécision du prince au sujet de son séjour aux États-Unis ne fut pas de longue durée. Une lettre de la reine Hortense, datée du 3 avril, et reçue dans les premiers jours du mois de mai, détermina sa rentrée en Europe. La santé de la reine traversait une crise dangereuse, et, en prévision de sa mort qui pouvait être prochaine, elle envoyait à son fils des conseils et sa bénédiction.

« Mon cher fils, écrivait la reine Hortense, on doit me faire
« prochainement une opération absolument nécessaire. Si elle ne
« réussissait pas, je t'envoie par cette lettre ma bénédiction. Nous
« nous retrouverons, n'est-ce pas? dans un meilleur monde, où tu
« ne viendras me rejoindre que le plus tard possible ; et tu penseras
« qu'en quittant celui-ci je ne regrette que toi, que ta bonne ten-
« dresse qui seule m'y a fait trouver quelque charme. Cela sera une
« consolation pour toi, mon cher ami, de penser que par tes soins
« tu as rendu ta mère heureuse autant qu'elle pouvait l'être ; tu pen-
« seras à toute mon affection pour toi, et tu auras du courage.

« Pense qu'on a toujours un œil bienveillant et clairvoyant sur
« ce qu'on laisse ici-bas, mais bien sûr on se retrouve. Crois à cette
« douce idée, elle est trop nécessaire pour ne pas être vraie. Je te
« presse sur mon cœur, mon cher ami ; je suis bien calme, bien
« résignée, et j'espère encore que nous nous reverrons dans ce
« monde-ci. Que la volonté de Dieu soit faite.

« Ta tendre mère.

« HORTENSE. »

Le prince ne pouvait résister et ne résista pas à cet appel suprême ; il partit pour l'Europe, traversa l'Angleterre et la Belgique, et arriva à Arenenberg au mois d'août. Les pressentiments de la Reine Hortense se réalisaient ; sa santé dévastée annonçait une fin prochaine ; et, le 5 octobre 1837, le Prince lui ferma les yeux.

Quoique toujours cher par les souvenirs de l'enfance, Arenenberg, depuis la mort de la Reine, devenait douloureux à habiter. Le prince acheta, à une petite distance, mais plus près de Constance, sur le territoire hospitalier de la Suisse, dans le canton de Thurgovie, le petit château de Gottlieben. Ses goûts laborieux, son caractère élevé, sa vie honorable, les bienfaits de la reine Hortense, avaient depuis longtemps gagné l'affection publique ; et le canton de Thurgovie lui avait décerné le titre honorifique de citoyen, par une patente dont les termes méritent d'être reproduits :

« La commune de Saltenstein ayant accordé à Son Altesse le prince Napoléon le droit de bourgeoisie, en reconnaissance des nombreux bienfaits dont elle n'a cessé d'être l'objet de la part de la duchesse de Saint-Leu et de sa famille pendant leur séjour à Arenenberg, le Grand Conseil a non-seulement ratifié cet acte par un décret en date du 14 avril de cette année, mais il a, en outre, et à l'unanimité octroyé au prince Louis-Napoléon les droits de citoyen honoraire, pour prouver combien il a en haute et singulière estime la magnanimité de cette famille, et combien lui est cher l'attachement qu'elle professe pour le canton.

« Ainsi fait à Frauenfeld, le 30 avril 1832.

« Signé : ANDERWERT.

« Le secrétaire d'État, MÖRIKOFER. »

Dans cette retraite de Gottlieben, le Prince vivait isolé, partagé entre sa douleur et ses travaux, recevant un petit nombre d'amis, et préoccupé de la place qu'il devait avoir dans l'opinion publique. Cette place, il la voulait surtout correcte. Il voulait passer pour un semeur d'idées, non pour un ouvrier d'agitation. M. Armand Laity vint passer quelques jours près de lui, après la mort de la Reine Hortense ; et il lui soumit une brochure destinée à mettre dans leur vrai jour les événements de Strasbourg. Le Prince en approuva l'esprit et le but. Elle parut à Strasbourg, au commencement de l'année 1838. Ce travail disait ce que le Prince eût dit lui-même à ses juges, si on lui en avait donné ; et il annonçait à la France qu'elle trouverait, lors de son prochain et inévitable bouleversement, la doctrine nationale de l'Empire pour la relever, et son héritier pour la conduire.

La presse favorable à la monarchie de Juillet avait affecté beaucoup de dédain pour l'affaire de Strasbourg; mais le gouvernement, qui avait éprouvé le contre-coup de l'ébranlement qu'en avait reçu l'opinion publique, l'avait jugée fort grave. La brochure de M. Laity lui parut un nouvel assaut livré au trône. Elle fut déférée au jugement de la Cour des Pairs.

Cette brochure, écrite avec gravité et avec modération, mettait à nu d'une manière habile et dangereuse la fragilité du régime de Juillet. Elle ne se bornait pas à raconter la tentative du 30 octobre; elle la rendait plausible dans son principe, et faisait toucher du doigt les petits incidents qui en avaient arrêté le succès, déjà acquis dès la première heure. On crut nécessaire d'en arrêter l'effet, qui ne pouvait être que désastreux.

Déposée le 16 juin 1838 à la direction de la librairie, et vendue librement pendant cinq jours, la brochure *le Prince Napoléon à Strasbourg* fut saisie le 21, et son auteur mis en état d'arrestation. Le même jour, M. Martin du Nord, garde des sceaux, portait à la chambre des Pairs une ordonnance royale aux termes de laquelle M. Laity, accusé du crime d'attentat contre la sûreté de l'État, devait être traduit devant la Cour. Immédiatement après cette lecture, les tribunes étaient évacuées, la séance devenait secrète, et la Chambre se constituait en Cour de justice.

M. Franck-Carré, procureur général, assisté de M. Boucly, son substitut, lut immédiatement son réquisitoire, à la suite duquel la Cour des Pairs rendit un arrêt par lequel elle ordonnait que l'instruction fût commencée sans retard. Le 28, M. Laplagne Barris, l'un des quatre commissaires instructeurs, présenta le rapport de l'affaire, à la suite duquel un nouvel arrêt fixa l'ouverture des débats au lundi 9 juillet.

M. Laity, assisté de M. Michel de Bourges, prit la parole; le débat clos, la délibération fut renvoyée au lendemain; et, le 10 juillet, M. Pasquier lut l'arrêt qui condamnait M. Armand Laity à 5 ans de détention et à 10 mille francs d'amende.

Le gouvernement du roi Louis-Philippe ne s'en tint pas à cet acte de rigueur. Feignant de considérer le Prince comme le véritable auteur de la publication de M. Laity, et voyant un danger pour l'ordre intérieur dans sa présence sur le territoire de Thur-

BOULOGNE

govie, il s'adressa au Président du Consistoire fédéral de la Suisse, pour demander son expulsion. Chose triste à rappeler, ce fut M. le duc de Montebello, fils aîné de l'illustre maréchal Lannes, alors ambassadeur en Suisse, qui accepta d'être l'instrument de cette persécution.

Au grand étonnement de M. Molé, ministre des affaires étrangères, le Président du Directoire fédéral répondit qu'il ne voyait aucune raison plausible d'obliger le Prince Louis-Napoléon à quitter le territoire suisse.

Alors commença entre la France et la Suisse, à l'occasion du droit d'asile, une lutte qui passionna vivement l'attention publique, en France et en Europe. Par ordre de son gouvernement, M. de Montebello remit au gouvernement fédéral, le 1er août 1838, une dépêche comminatoire, dans laquelle se lisait ce passage :

« La France aurait préféré ne devoir qu'à la volonté spon« tanée et au sentiment de bonne amitié de sa fidèle alliée, une « mesure qu'elle se doit à elle-même de réclamer enfin, et que la « Suisse ne fera sûrement pas attendre! »

Cette dépêche était accompagnée d'une lettre du comte Molé à M. de Montebello qui se terminait ainsi :

« Vous déclarerez au Vorort que si, contre toute attente, la « Suisse, prenant fait et cause pour celui qui compromet si grave« ment son repos, refusait l'éloignement de Louis Bonaparte, vous « avez ordre de demander vos passeports. »

Malgré ces menaces, la Suisse résista avec raison. Le droit d'asile, accordé, non aux conspirateurs de profession, encore moins aux vulgaires émeutiers, mais aux simples réfugiés politiques, chassés de leur pays par les révolutions, honore les peuples qui savent le faire respecter. La Diète, convoquée pour répondre à la demande de M. de Montebello, renvoya la décision au Grand-Conseil de Thurgovie. Celui-ci refusa d'obtempérer.

Obligé de soutenir les menaces qu'il avait faites, le gouvernement du roi fit annoncer qu'il allait établir sur la frontière suisse un blocus hermétique. Des troupes s'avancèrent, et le général Aymar, commandant à Lyon, donna ordre à l'artillerie de sa division de se préparer à marcher. Sollicitée par la France, la diplomatie européenne était intervenue dans la question, et conseillait officieusement à la Suisse de sacrifier ses droits à sa sécurité. De son côté, la Suisse, au nom de sa dignité, résistait et préparait des levées. Des volontaires s'offraient de toutes parts. Les contingents de Vaud et de Genève étaient déjà à la frontière ; les hommes de la partie allemande de Fribourg se rendirent à la ville, demandant à marcher immédiatement ; Thurgovie était debout et prêt. Le moment était donc solennel ; et le problème de la paix ne pouvait être résolu que par le sacrifice volontaire de l'homme auquel un sacrifice ne coûta jamais rien.

Le 22 septembre, le prince adressa au Landamann Anderwert, Président du Petit Conseil du Turgovie, la lettre suivante, datée d'Arenenberg, le 22 septembre 1838 :

« Monsieur le Landamann,

« Lorsque la note du duc de Montebello fut adressée à la diète,
« je ne voulus pas subir les exigences du Gouvernement français :
« car il m'importait de prouver, par mon refus de m'éloigner,
« que j'étais revenu en Suisse sans manquer à aucun engagement,
« que j'avais le droit d'y résider, et que j'y trouverais aide et
« protection.

« La Suisse a montré depuis deux mois, par ses ptotestations
« énergiques, et maintenant par les décisions des grands conseils
« qui se sont assemblés jusqu'ici, qu'elle était prête à faire les plus
« grands sacrifices pour maintenir sa dignité et son droit. Elle a su
« faire son devoir comme nation indépendante ; je saurai faire
« le mien, et demeurer fidèle à la voix de l'honneur. On peut me
« persécuter, mais jamais m'avilir.

« Le Gouvernement français ayant déclaré que le refus de la
« diète d'obtempérer à sa demande serait le signal d'une conflagration
« dont la Suisse pourrait être la victime, il ne me reste
« plus qu'à quitter un pays où ma présence est le sujet d'aussi
« injustes prétentions, où elle serait le sujet d'aussi grands malheurs.

« Je vous prie donc, Monsieur le Landamann, d'annoncer au
« directoire fédéral que je partirai dès qu'il aura obtenu des am-
« bassadeurs des diverses puissances les passeports qui me sont

« nécessaires pour me rendre dans un lieu où je trouverai un
« asile assuré.

« En quittant aujourd'hui volontairement le seul pays où j'avais
« trouvé en Europe appui et protection, en m'éloignant des lieux
« qui m'étaient devenus chers à tant de titres, j'espère prouver au
« peuple suisse que j'étais digne des marques d'estime et d'affec-
« tion qu'il m'a prodiguées. Je n'oublierai jamais la noble conduite
« des cantons qui se sont prononcés si courageusement en ma
« faveur, et surtout le souvenir de la généreuse protection que m'a
« accordée le canton de Turgovie restera profondément gravé dans
« mon cœur.

« J'espère que cette séparation ne sera pas éternelle et qu'un
« jour viendra où je pourrai, sans compromettre les intérêts de
« deux nations qui doivent rester amies, retrouver l'asile où vingt
« ans de séjour et des droits acquis m'avaient créé une seconde
« patrie.

« Soyez, Monsieur le Landamann, l'interprète de mes senti-
« ments de reconnaissance envers les Conseils, et croyez que la
« pensée d'éviter des troubles à la Suisse peut seule adoucir les
« regrets que j'éprouve à la quitter. »

Peu de jours après cette lettre, le prince Louis Napoléon quittait la Suisse et se retirait à Londres, où il se réunit à son oncle, le roi Joseph, qui revenait des États-Unis.

Au milieu de cette immense ville, sans rechercher ou fuir les salons de cette aristocratie fière et libérale, où son nom et son caractère lui valurent tant d'accueil, le Prince, établi à Carlton-Terrace, reprit ces travaux élevés qui avaient toujours captivé et qui ornèrent tant son esprit. C'est-là qu'il composa son beau livre *Des Idées napoléoniennes*, qui parut en juillet 1839, et qui sera analysé plus loin.

Quoique retiré à l'étranger, ni ses amis, ni ses ennemis ne l'oublièrent.

Deux journaux, le *Capitole* et le *Journal du Commerce*, soutinrent sa cause. Le premier, fondé par un publiciste longtemps mêlé à la presse allemande, nommé Durand, passait pour être inspiré par le gouvernement russe, alors fort hostile au roi Louis-Philippe.

Le second, organe de la politique libérale du temps, était dirigé par le député Mauguin, qui le livra d'abord et le vendit ensuite au prince Louis Napoléon. C'est après cette évolution complète, que M. Mocquart en prit la direction.

D'ailleurs, la ligue de démarcation entre les opinions libérales et les idées impérialistes était vers 1840 fort peu tranchée. Le poète Béranger les avait confondues et résumées dans ses chants, connus et applaudis de la génération toute entière. Le théâtre, le dessin avaient popularisé les souvenirs de l'Empereur, et vulgarisé la légende du petit chapeau et de la rédingote grise. La publication du *Mémorial de Saint-Hélène* constitua, vers cette époque, l'une des plus grandes et des plus fructueuses opérations de librairie ; et l'on vit le fécond romancier Alexandre Dumas entamer une négociation avec le général de Montholon, ayant pour objet la publication de ses mémoires et la glorification du martyr de la coalition.

Le gouvernement lui-même ne résista pas au courant général, qui portait les esprits vers la grande mémoire de Napoléon. M. Thiers, arrivé au pouvoir le 13 avril 1840, à la suite de la coalition qui avait renversé M. Molé, mûrissait déjà dans son esprit l'histoire du consulat et de l'Empire, dont il traita bientôt moyennant 500,000 fr., avec la Société financière réprésentée par le libraire Paulin ; et, dominé par ces idées, alors générales, il détermina le roi Louis-Philippe à entamer avec le gouvernement anglais une négociation ayant pour objet la restitution des restes de l'Empereur, et à leur rendre, au nom de la France, des honneurs funèbres renouvelant et dépassant de beaucoup l'enthousiasme que les funérailles de Germanicus soulevèrent dans l'Italie désolée. Ce fut M. Guizot, ambassadeur à Londres, qui négocia et obtint la restitution des précieux restes ; et ce fut M. de Rémusat, ministre de l'intérieur, qui, le 12 mai 1840, demanda un crédit d'un million, pour opérer leur translation à Paris et élever le tombeau des Invalides.

Ceux qui assistèrent à cette séance de la Chambre n'ont jamais pu oublier l'émotion indescriptible qui s'empara de l'assemblée. Le projet avait été tenu secret ; et ce fut au milieu d'une émotion patriotique et religieuse que M. de Rémusat lut son rapport, dont voici la fin, d'après le *Moniteur officiel :*

« ..... La frégate chargée des restes mortels de Napoléon se présentera au retour à l'embouchure de la Seine. Un autre bâtiment les rapportera jusqu'à Paris. Ils seront déposés aux Invalides. Une cérémonie solennelle, une grande pompe religieuse et militaire inaugurera le tombeau qui doit les garder à jamais.

« Il importe en effet, Messieurs, à la Majesté d'un tel souvenir que cette sépulture auguste ne demeure pas exposée sur une place publique, au milieu d'une foule bruyante et distraite. Il convient qu'elle soit placée dans un lieu silencieux et sacré, où puissent la visiter avec recueillement tous ceux qui respectent la gloire et le génie, la grandeur et l'infortune. (*Vive et religieuse émotion.*)

« Il fut empereur et roi ; il fut le souverain légitime de notre pays. (*Marques éclatantes d'assentiment.*) A ce titre, il pourrait être inhumé à Saint-Denis ; mais il ne faut pas à Napoléon la sépulture ordinaire des rois. Il faut qu'il règne et commande encore dans l'enceinte où vont se reposer les soldats de la patrie, et où iront toujours s'inspirer ceux qui seront appelés à la défendre. Son épée sera déposée sur sa tombe.

« L'art élèvera sous le Dôme, au milieu du temple élevé par la religion au Dieu des armées, un tombeau digne, s'il se peut, du nom qui doit y être gravé. Ce monument doit avoir une beauté simple, des formes grandes, et cet aspect de solidité inébranlable qui semble braver l'action du temps. Il faudrait à Napoléon un monument durable comme sa mémoire. (*Très-bien, très-bien.*) »

A la suite de ces paroles nobles et émues, M. de Rémusat lut le projet de loi, ainsi conçu :

« Il est ouvert au ministre de l'intérieur, sur l'exercice de 1840, un crédit spécial d'un million, pour la translation des res-

« tes mortels de l'empereur Napoléon à l'église des Invalides, et
« la construction de son tombeau. »

« Au Palais des Tuileries, le 12 mai 1840.

« Louis-Philippe.

« Par le Roi.

« *Le ministre secrétaire d'État de l'Intérieur.*

« Ch. Rémusat. »

« Des acclamations et des applaudissements éclatent, dit le *Moniteur*, avec une nouvelle vivacité ; et l'émotion est telle, que la séance est suspendue pendant plus d'un quart d'heure (1). »

Cet enthousiasme qui passionna la Chambre des députés fut partagé par la France ; et, pour lui donner une forme aussi durable que le bronze, M. Thiers sollicita et obtint de Victor Hugo l'ode admirable qui célébra le retour des cendres de l'Empereur.

La famille de Napoléon devait naturellement prendre part, dans la mesure que permettait l'exil, à cette grande réparation.

Le général Bertrand avait reçu de l'empereur mourant, à Sainte-Hélène, d'illustres et de précieuses reliques, avec mission de les remettre au roi de Rome. La mort du jeune prince ne permit pas au général d'accomplir sa mission, et il resta dépositaire des armes de l'Empereur, qui étaient : l'épée que Napoléon portait habituellement depuis la bataille d'Austerlitz ; l'épée en forme de glaive antique, qu'il avait au champ de mai, et un sabre qui avait appartenu à Jean Sobiesky. Le roi Joseph et le prince Louis-Napoléon autorisèrent le général Bertrand à faire hommage de ces armes à la France, et à les remettre au gouverneur des Invalides. Mais le général Bertrand, faute sans doute d'avoir exactement interprété leur pensée, remit les armes au roi Louis-Philippe, qui néanmoins fit déposer l'épée d'Austerlitz sur le cercueil de l'Empereur, le jour des funérailles.

---

(1) *Moniteur universel*, 13 mai 1840, séance du 12.

Entraîné par le souffle qui, en France, poussait les esprits vers des événements nouveaux, exagérant sans doute l'appui qu'on lui avait promis dans l'armée, le Prince prépara pendant l'été de 1840 la tentative de Boulogne. Il fréta, à Londres, le bateau à vapeur le *Château-d'Edimbourg*, capitaine James Crow, y embarqua des chevaux, des armes, des uniformes, et invita ses amis à aller l'y joindre. Aucun d'eux n'hésita ; et quoique les préparatifs matériels et visibles annonçassent une expédition, pas un ne songea à provoquer des explications qu'ils attendaient tous de son initiative. Aux amis de Strasbourg s'étaient joints le général de Montholon, le colonel Voisin, le commandant de Mésonan, le lieutenant-colonel Laborde, le docteur Conneau, MM. Bataille, Bouffet de Montauban, Forestier, Napoléon Ornano, et plusieurs autres, en tout cinquante-cinq personnes d'un dévouement absolu, suivant le Prince et sa fortune.

Le *Château-d'Edimbourg* partit de Londres, le 4 août, à neuf heures du matin, et, une fois au large, se dirigea vers Dieppe.

La tentative de Boulogne est restée et restera probablement un mystère. A qui étaient destinés les uniformes embarqués? Pourquoi, après avoir mis le cap sur Dieppe, ville assez rapprochée, comme on sait, du Tréport et du château d'Eu, où se trouvait alors le roi, le bâtiment remonta-t-il vers le nord, jusqu'à Boulogne, où il n'aborda que le 6, à trois heures du matin, sur la plage de Wimereux? Le Prince déclina toujours des explications précises à ce sujet, même avec ses amis.

Cependant, l'entreprise avait été mûrie et paraissait solidement nouée. Le 5 août au matin, le Prince réunit ses amis autour de lui, et s'ouvrit à eux dans les termes suivants :

« Mes amis, j'ai conçu un projet que je ne pouvais vous confier
« à tous, car, dans les grandes entreprises, le secret peut seul assu-
« rer le succès. Compagnons de ma destinée, c'est en France que
« nous allons ! Là, nous trouverons des amis puissants et dévoués.
« Le seul obstacle à vaincre est à Boulogne. Une fois ce point
« enlevé, notre succès est certain, de nombreux auxiliaires nous
« secondent; et si je suis en effet secondé comme on me l'a fait
« espérer, aussi vrai que le soleil nous éclaire, dans quelque jours
« nous serons à Paris. L'histoire dira que c'est avec une poignée

GÉNÉRAL BERTRAND.

GÉNÉRAL DE MONTHOLON.

« de braves tels que vous que j'ai accompli cette grande et glo-
« rieuse entreprise. »

Ces paroles font connaître que le projet n'avait pu être *confié à
tous*, ce qui implique naturellement qu'il l'avait été à *quelques-uns*.
Indépendamment de MM. Conneau et de Persigny, qui étaient dans
le secret, trois personnes au moins en avaient été les confidents et
les coopérateurs; le commandant Le Duff de Mésonan, le chef
d'escadron Parquin et le chirurgien-major Lombard.

On connaît déjà le brave commandant Parquin et le chirurgien-
major Lombard. M. de Mésonan, ancien officier de l'Empire, prisonnier pendant cinq ans en Angleterre, ancien aide de camp du
général de Bourke, chef d'escadron d'état-major en 1831, avait
été l'un des agents les plus actifs de l'entreprise.

Quels étaient ces amis *puissants et dévoués*, ces *nombreux auxiliaires* qui avaient *fait espérer* leur concours? Deux officiers seuls
sont connus avec certitude, comme ayant été l'objet d'ouvertures
directes : M. le général Magnan, commandant la division militaire
du Nord; et M. Aladenise, lieutenant au 42me de ligne, en garnison
à Saint-Omer, dont deux compagnies étaient alors détachées à
Boulogne.

Il est certain que les garnisons du Nord avaient été travaillées
activement par les trois personnes que nous avons nommées,
MM. de Mésonan, Parquin et Lombard, et qu'un grand nombre
d'officiers des régiments en garnison à Lille, à Saint-Omer et à
Dunkerque, s'étaient plus ou moins engagés dans l'entreprise. Cette
certitude résulte pleine et entière de la déposition du général Magnan, et du lieutenant Aladenise devant la cour des Pairs.

C'est au mois de février 1840 que M. de Mésonan avait été mis
en rapport avec M. le général Magnan. « Il se présenta, dit le
général, chez un ancien ami à lui, le chef d'escadron Cabour-
Duhay, attaché à l'état-major de la division. Il alla aussi chez le
colonel du 60me, en garnison à Lille, qui lui dit : « Je ne puis pas te
donner à dîner, parce que je dîne chez le général Magnan. Le con-
nais-tu? va le voir; il t'invitera sans doute à dîner, et nous nous
trouverons ensemble. » Le commandant de Mésonan se présenta en
effet chez le général Magnan, qui l'avait connu à Brest, en 1829,
aide de camp du général comte de Bourke. « Je l'invitai à dîner,

ajoute M. le général Magnan ; il accepta, et il se trouva avec le lieutenant-général comte Corbineau, le vicomte de Saint-Aignan, préfet du Nord, le colonel du 60me et plusieurs autres officiers supérieurs de la garnison. »

Pendant le mois de mars suivant, M. Lombard vint à Lille et se mit en rapport avec plusieurs officiers appartenant aux divers régiments de la garnison. Ces officiers entrèrent dans le projet, si bien que M. le général Magnan, instruit du complot, les en dissuada avec bonté, « s'estimant heureux, dit-il, d'avoir pu prévenir, et n'ayant pas voulu se réserver le droit de punir ce qu'il appelle une étourderie. »

Enfin, le 4 du mois d'avril, le général Magnan est encore informé de la présence, à Lille, du commandant Parquin, bien connu pour la part qu'il avait prise à la tentative de Strasbourg ; et qui venait poursuivre l'œuvre de M. de Mésonan et de M. Parquin.

Il résulte donc des faits révélés au procès de la cour des Pairs que les officiers de la garnison de Lille en général, et M. Magnan, en particulier, avaient été l'objet d'ouvertures directes et précises. Jusqu'à quel point les officiers s'étaient-ils engagés ? Nul ne saurait le dire aujourd'hui avec certitude. En ce qui le concernait comme commandant la division du Nord, M. le général Magnan fit son devoir, et prévint le Ministre de la guerre. En ce qui le concernait personnellement, il imita la délicatesse du colonel Vaudrey. Avant de l'engager dans l'entreprise de Strasbourg, le Prince aborda le colonel, tenant un pli cacheté à la main, et lui dit : « Colonel, nous allons tous deux jouer notre vie, je sais que vous n'êtes pas riche, et qu'en vous perdant, vos deux enfants perdraient la garantie de leur avenir. Voici deux contrats de dix mille francs de rente chacun ; je demande à votre amitié de les accepter. » Le colonel Vaudrey prit les deux contrats, les déchira et répondit : « Prince, je vous donne ma vie, mais je ne la vends pas. » Ainsi fit M. le général Magnan, au sujet de certaines propositions, dont il fut parlé devant la cour des Pairs.

Quant à ses dispositions au sujet de l'entreprise, dont le commandant de Mésonan l'avait entretenu, l'histoire a le droit de supposer qu'elles n'étaient pas très-hostiles ; et que si la tentative sur

Boulogne avait réussi, le général aurait peut être accepté, le 6 août 1840, le rôle qu'il ne déclina pas le 2 décembre 1851.

Sous la réserve du blâme qu'une tentative faite sur la fidélité de l'armée mérite toujours, et que le Prince, visitant plus tard la prison de Ham, n'hésita pas à s'infliger lui-même, on est donc autorisé à supposer que l'affaire de Boulogne, quoique pleine de mystères, avait été sérieusement organisée ; et que, conformément au mot du Prince, Boulogne enlevée donnait des amis puissants et dévoués, et ouvrait la route de Paris. Dans sa défense devant la cour des Pairs, le langage tenu par le Prince ne laissa aucun doute sur le caractère sérieux de l'entreprise. « Que mes amis, dit-il, ne m'accusent pas d'avoir abusé légèrement de courages et de dévouements comme les leurs. Ils comprendront les motifs d'honneur et de prudence qui ne me permettent pas de révéler à eux-mêmes combien étaient étendues et puissantes mes raisons d'espérer un succès. »

C'est à 3 heures du matin, le 6 août, que le *Château-d'Edimbourg* aborda sur la plage de Wimereux, à une demie lieue environ de la ville de Boulogne. A 5 heures, le Prince, escorté des cinquante-cinq amis qui l'accompagnaient, se présenta aux portes de la caserne, où se trouvaient deux compagnies du 42me d'infanterie de ligne, et où l'attendait un homme dévoué à sa cause, le lieutenant Aladenise, arrivé le matin même de Saint-Omer.

Aussitôt, le rappel est battu, les soldats descendent de leurs chambrées, et le Prince, dans un discours bref et énergique, leur dit qui il est et ce qu'il veut. Des cris de *Vive Napoléon*, vigoureusement poussés par les sous-officiers et les soldats, lui répondent ; et une partie considérable de la population civile de Boulogne, attirée par ce mouvement inaccoutumé, fait écho, comme à Strasbourg, à l'accueil chaleureux de la garnison.

Tout semblait terminé, lorsque survint du logement qu'il occupait en ville, le capitaine Col-Puygellier, commandant les deux compagnies du 42e, et qui n'avait pas été mis dans la confidence. Il fait des efforts énergiques pour entrer dans la caserne, dont la porte est occupée par les amis du Prince, et rappelle les soldats à leur devoir, en leur disant qu'on les trompe. Dans ce tumulte, le Prince, pressé, heurté, et tenant à sa main un pistolet, uniquement destiné à sa défense, en presse involontairement et machinalement la détente, et la balle va frapper au visage le grenadier Geoffroy.

Cet incident, dénué de toute préméditation, jette l'indécision parmi les soldats, et permet au capitaine Col-Puygellier de reprendre une partie de son ascendant. De son côté, le Prince ne veut, comme à Strasbourg, engager aucune lutte armée; et, suivi des siens, il se dirige vers la Haute ville, dont les portes précipitamment fermées, ne peuvent être enfoncées.

Cependant, toutes les forces de Boulogne, la gendarmerie, la garde nationale, les deux compagnies du 42° se réunissaient. Les amis du Prince le pressent de se rembarquer; il refuse, et veut mourir sur le sol français. Alors, on l'enlève de force et on le jette dans un canot à sec, que l'on traîne à la mer avec les plus grands efforts. Sur ces entrefaites, et pendant que ces hommes luttent contre les vagues, la garde nationale arrive la première et fait feu. Elle était pourtant commandée par un vieux et brave soldat de l'Empire, le colonel Sansot; mais ses gardes firent du zèle, et s'acharnèrent sur des hommes désarmés. Le colonel Voisin reçut trois balles, le sous-intendant Galvani quatre. Le sous-intendant Faure fut tué, le comte d'Hunin, noyé.

Quoique atteint d'une balle au bras et en ayant reçu deux autres dans ses habits, le Prince regagnait en nageant le *Château-d'Édimbourg*, resté au large, lorsqu'il fut dépassé, arrêté et enlevé par une embarcation, mise à sa poursuite et dirigée par le capitaine du port Pollet, et ramené à terre.

La calomnie l'épargna encore moins après la défaite qu'avant la lutte, et il a été longtemps raconté qu'il avait tué volontairement un soldat qui lui résistait. Les débats du procès devant la Cour des Pairs réduisent l'incident fortuit du pistolet aux proportions que nous avons indiquées. Le grenadier Geoffroy ayant été entendu, le Prince ajouta : « Je regrette d'avoir par hasard blessé un soldat français; je suis heureux que cet incident n'ait pas eu des suites plus graves. »

Déposé d'abord au château de Boulogne, le Prince fut ensuite transféré au château de Ham. Plus tard, lorsque la fougue de la jeunesse fut calmée, lorsque le Prince, entré dans les voies régulières, fut de Prétendant devenu Président de la république, et qu'au lieu de n'avoir que la responsabilité de sa personne, il eut encore la responsabilité de la France, il blâma ces tentatives de sa jeunesse, et vint à Ham faire spontanément amende honorable au respect des lois et à l'ordre public.

« Si je suis venu à Ham, dit-il au maire de la ville, le 22 juillet 1849, ce n'est pas par orgueil, c'est par reconnaissance. J'avais à remercier les habitants de cette ville de toutes les marques de sympathie qu'ils n'ont cessé de me donner pendant mes malheurs.

« Aujourd'hui, qu'élu par la France entière, je suis devenu le chef légitime de cette grande nation, je ne saurais me glorifier d'une captivité qui avait pour cause l'attaque contre un gouvernement régulier. Quand on a vu combien les révolutions les plus justes entraînent de maux avec elles, on comprend à peine l'audace d'avoir voulu assumer sur soi la terrible responsabilité d'un changement. Je ne me plains donc pas d'avoir expié, par un emprisonnement de six années, ma témérité contre les lois de ma patrie. »

De Ham, le Prince fut conduit à Paris, où il arriva dans la nuit du 11 au 12 août; et là, l'insulte politique s'ajoutant à la sévérité légale, il fut enfermé à la Conciergerie, dans la cellule où, cinq ans auparavant, avait été déposé l'assassin Fieschi. Ce procédé odieux n'altéra ni la sérénité de son âme, ni la liberté de son esprit; et, purifiant le cabanon du meurtrier par la méditation et le travail du lettré, il traduisit la belle méditation de Schiller sur l'*Idéal* :

I

« O temps heureux de ma jeunesse, veux-tu donc me quitter
« sans retour? veux-tu t'enfuir sans pitié avec tes joies et tes dou-
« leurs, avec tes sublimes illusions? rien ne peut-il donc t'arrêter
« dans ta fuite perfide? tes flots vont-ils inévitablement se perdre
« dans l'éternité?

II

« Ces astres brillants qui éclairèrent mon matin dans la vie ont
« perdu leur éclat; l'idéal qui gonflait mon cœur, ivre d'espé-
« rance, s'est enfui. Elle est anéantie cette douce croyance en des

« êtres créés par mon imagination ; ces rêves si beaux, si divers,
« ils sont tombées en proie à la triste réalité ?

III

« De même qu'un jour Pygmalion étreignit la pierre de ses brû-
« lants transports, jusqu'à ce que le sentiment eut coulé brûlant
« dans la fibre glacée du marbre, de même j'enlaçais la nature de
« mes bras amoureux, avec une ardeur juvénile, jusqu'à ce qu'elle
« eut commencé à respirer et à se réchauffer sur mon cœur de
« poète. »

Ainsi, et comme dans toutes les natures d'élite, l'esprit du Prince restait indépendant et son caractère inaltérable, au milieu des plus redoutables épreuves.

Une ordonnance royale, en date du 9 août, convoqua la Cour des Pairs pour le 18, avec injonction aux membres de la chambre Haute, absents de Paris, d'avoir à se rendre à leur poste, à moins de justifier d'excuses légitimes. Nonobstant cette injonction, 134 pairs seulement siégèrent à la chambre du Conseil, le 18 août ; et, le 28 septembre, jour de l'ouverture des débats, l'appel constata qu'il qu'il y avait cent soixante-neuf pairs présents, et cent vingt-deux absents.

C'est le 15 septembre qu'eut lieu la lecture du rapport fait par M. Persil, au nom de la chambre du Conseil ; et, sur l'arrêt conforme rendu le 18, trente-deux accusés furent mis en liberté, faute de charges suffisantes. Vingt-un furent retenus pour passer en jugement. Voici leurs noms :

1° Louis-Napoléon Bonaparte, 32 ans ;

2° Charles-Tristan, comte de Montholon, maréchal de camp en disponibilité, 58 ans ;

3° Jean-Baptiste Voisin, colonel de cavalerie en retraite, 60 ans ;

4° Denis-Charles Parquin, chef d'escadron en retraite, 53 ans ;

5° Hippolyte-François Bouffet de Montauban, ancien colonel au service de la Colombie, 46 ans ;

6° Étienne Laborde, lieutenant-colonel en retraite, 58 ans ;

7° Séverin-Louis Le Duff de Mésonan, chef d'escadron d'état-major, en retraite, 57 ans;

8° Jules-Barthélemy Lombard, ancien chirurgien-major, 31 ans;

9° Henri Conneau, médecin du Prince, 37 ans;

10° Jean-Gilbert Fialin de Persigny, 32 ans;

11° Alfred d'Almbert, secrétaire du Prince;

12° Joseph Orsi, négociant;

13° Prosper Alexandre, dit Desjardins, capitaine en retraite;

14° Mathieu Galvani, sous-intendant en retraite;

15° Napoléon Ornano, sous-lieutenant de dragons démissionnaire, 33 ans;

16° Jean-Baptiste-Théodore Forestier, négociant, 25 ans:

17° Martial-Eugène Bataille, ingénieur civil 25 ans;

18° Jean-Baptiste-Charles Aladenise, lieutenant au 42° de ligne, 27 ans;

19° Pierre-Jean-François Bure, négociant, frère de lait du Prince;

Ces dix-neuf accusés étaient présents; deux étaient absents:

20° Henri-Richard-Sigefroi de Querelles;

21° Flandin Vourlat.

Le 28 septembre eut lieu l'ouverture des débats. A la demande de M. le chancelier Pasquier: « Quelle est votre profession ? » Louis-Napoléon Bonaparte répondit: « Prince français en exil. »

Invité à s'expliquer sur l'inculpation dont il était l'objet, et qui consistait à « avoir débarqué, dans la nuit du 5 au 6 août, sur la plage de Wimereux, près de Boulogne, avec un nombre considérable de personnes, dans l'intention de changer et de détruire la forme du gouvernement, » le Prince demanda à soumettre quelques observations à la Cour.

M. le chancelier Pasquier lui dit: « Parlez, la Cour vous écoute. »

Alors, le Prince Louis-Napoléon prit la parole, et, au lieu de se défendre, il saisit enfin l'occasion, si longuement poursuivie et si chèrement obtenue, d'expliquer à la France, attentive à sa voix, l'ordre d'idées dont il était le dépositaire et le représentant.

« Pour la première fois de ma vie, dit-il, il m'est enfin permis

LE FORT DE HAM.

« d'élever la voix en France et de parler librement à des Français.

« Malgré les gardes qui m'entourent, malgré les accusations que
« je viens d'entendre, plein des souvenirs de ma première enfance,
« en me trouvant dans les murs du Sénat, *au milieu de vous que je*
« *connais*, Messieurs, je ne peux croire que vous ayez ici l'espoir
« d'entendre une justification, ni que vous puissiez être mes
« juges.

« Une occasion m'est offerte d'expliquer à mes concitoyens
« ma conduite, mes intentions, mes projets, ce que je pense, ce
« que je veux.

« Sans orgueil comme sans faiblesse, si je rappelle les droits
« déposés par la nation dans les mains de ma famille, c'est unique-
« ment pour expliquer les devoirs que ces droits nous ont imposés
« à tous.

« Depuis cinquante ans que le principe de la souveraineté du
« peuple a été consacré en France par la plus puissante révolution
« qui se soit faite dans le monde, jamais la volonté nationale n'a
« été proclamée aussi solennellement, n'a été constatée par des
« suffrages aussi nombreux et aussi libres, que pour l'adoption des
« constitutions de l'Empire.

« La nation n'a jamais révoqué ce grand acte de sa souveraineté,
« et l'Empereur l'a dit : *Tout ce qui a été fait sans elle est illégitime.*
« Aussi, gardez-vous de croire que, me laissant aller au mouve-
« ment d'une ambition personnelle, j'aie voulu tenter en France,
« malgré le pays, une restauration impériale. J'ai été formé par
« de plus hautes leçons, et j'ai vécu sous de plus nobles exemples.

« Je suis né d'un père qui descendit du trône, sans regret, le
« jour où il ne jugea plus possible de concilier avec les intérêts
« de la France les intérêts du peuple qu'il avait été appelé à gou-
« verner.

« L'Empereur, mon oncle, aima mieux abdiquer l'Empire que,
« d'accepter par des traités les frontières restreintes qui devaient
« exposer la France à subir les dédains et les menaces que l'étranger
« se permet aujourd'hui. Je n'ai pas respiré un jour dans l'oubli de
« tels enseignements. La proscription imméritée et cruelle qui,
« pendant vingt-cinq ans, a traîné ma vie des marches du trône sur
« lesquelles je suis né, jusqu'à la prison d'où je sors en ce moment,

« a été impuissante à irriter comme à fatiguer mon cœur ; elle n'a
« pu me rendre étranger un seul jour à la gloire, aux droits, aux
« intérêts de la France. Ma conduite, mes convictions l'expliquent.

   « Lorsque, en 1830, le peuple a reconquis sa souveraineté,
« j'avais cru que le lendemain de la conquête serait loyal comme
« la conquête elle-même, et que les destinées de la France étaient
« à jamais fixées; mais le pays a fait la triste expérience des dix
« dernières années. J'ai pensé que le vote de quatre millions de
« citoyens qui avait élevé ma famille, nous imposait au moins le
« devoir de faire appel à la nation et d'interroger sa volonté; j'ai
« cru même que si, au sein du congrès national que je voulais con-
« voquer, quelques prétentions pouvaient se faire entendre, j'aurais
« le droit d'y réveiller les souvenirs éclatants de l'Empire, d'y
« parler du frère aîné de l'Empereur, de cet homme vertueux qui,
« avant moi, en est le digne héritier, et de placer en face de la
« France aujourd'hui affaiblie, passée sous silence dans le congrès
« des rois, la France d'alors, si forte au dedans, au dehors si puis-
« sante et si respectée. La nation eût répondu : « République ou
« Monarchie, Empire ou Royauté. » De sa libre décision dépend
« la fin de nos maux, le terme de nos dissensions.

   « Quant à mon entreprise, je le répète, je n'ai point eu de
« complice. Seul, j'ai tout résolu; personne n'a connu à l'avance ni
« mes projets, ni mes ressources, ni mes espérances. Si je suis
« coupable envers quelqu'un, c'est envers mes amis seuls. Toute-
« fois qu'ils ne m'accusent pas d'avoir abusé légèrement de courages
« et de dévouements comme les leurs. Ils comprendront les motifs
« d'honneur et de prudence qui ne me permettent pas de révéler
« à eux-mêmes combien étaient étendues et puissantes mes raisons
« d'espérer un succès.

   « Un dernier mot, Messieurs. Je représente devant vous un
« principe, une cause, une défaite. Le principe, c'est la souve-
« raineté du peuple ; la cause, celle de l'Empire ; la défaite,
« Waterloo. Le principe, vous l'avez reconnu; la cause, vous l'avez
« servie ; la défaite, vous voulez la venger. Non, il n'y a pas de
« désaccord entre vous et moi, et je ne veux pas croire que je
« puisse être dévoué à porter la peine des défections d'autrui.

   « Représentant d'une cause politique, je ne puis accepter

« comme juge de mes volontés et de mes actes une juridiction
« politique. Vos formes n'abusent personne. Dans la lutte qui
« s'ouvre, il n'y a qu'un vainqueur et un vaincu. Si vous êtes les
« hommes du vainqueur, je n'ai pas de justice à attendre de vous,
« et je ne veux pas de générosité. »

Une longue et profonde émotion suivit ce discours, si rempli de faits avérés, d'idées vraies, de principes impérissables, et ouvrant sur l'avenir des perspectives irrésistibles, à la contemplation desquelles aucun regard ne pouvait se refuser. Mais si, au nom des principes de la révolution, au nom des lois présidant au développement graduel et inévitable de ses principes, le Prince pouvait promettre à sa cause un triomphe définitif, et même édicter en quelque sorte par avance les conditions dans lesquelles s'exercerait son pouvoir futur, il est bien évident que la réalité vivante, régnante, légale était plus forte que lui, et qu'il devait nécessairement succomber dans la lutte.

Sans doute la Cour des Pairs, chargée de le juger, était, au point de vue moral, dans une situation fort délicate. Près de la moitié de ses membres devaient à la dynastie dont il était le représentant les titres dont ils se paraient ou les dotations dont ils avaient vécu. Beaucoup avaient été à la cour de Napoléon Ier, pages, écuyers ou chambellans; tous, par affection, par respect d'eux-mêmes ou par simple convenance, avaient gardé pour la mémoire de l'Empereur un respectueux souvenir ; mais ils étaient les dépositaires et les interprètes de la législation nouvelle sous laquelle ils se trouvaient placés, comme la France, et leurs sentiments, quels qu'ils fussent, ne pouvaient pas les dispenser de leurs devoirs. Le Prince, n'avait donc pu se faire et ne s'était fait aucune illusion sur l'issue du procès ; et la sentence, si elle restait discutable dans les régions de la politique, serait indubitablement obéie dans la région de la légalité.

Il n'y avait pas moins intérêt pour le Prince à rendre éclatante la fausse situation des juges ; l'effet moral de leur verdict en serait nécessairement affaibli ; et l'opinion, encore imprégnée de la légende impériale, aurait d'autant moins de peine à changer le condamné en martyr de sa cause.

C'est à ce point de vue que se placèrent M. Berryer, avocat du

Prince, et M. Marie, son conseil. Judiciairement, la cause était perdue ; il ne s'agissait que de la sauver politiquement.

Ce grand tournoi de parole restera toujours digne d'être mis sous les yeux du public, parce qu'il représente au plus éminent degré l'alliance de l'éloquence et de l'histoire.

M. Berryer s'exprima ainsi :

« Tout à l'heure, M. le procureur général s'est écrié : « Voilà un triste et déplorable procès ! » Et moi aussi je n'ai pu assister à ce grave débat sans qu'il s'élevât de douloureuses réflexions dans mon cœur. Quel n'est pas le malheur d'un pays où, dans un si petit nombre d'années, tant de révolutions successives, violentes, renversant tour à tour les droits proclamés, établis, jurés, ont jeté une si profonde et si affligeante incertitude dans les esprits et dans les cœurs, sur le sentiment des devoirs ! Hé quoi ! dans une seule vie d'homme, nous avons été soumis à la République, à l'Empire, à la Restauration, à la Royauté du 9 août ! Cette acceptation de gouvernements si opposés dans leurs principes, si rapidement brisés les uns sur les autres, ne s'est-elle pas faite au grand détriment de l'énergie des consciences, de la dignité de l'homme, et je dirai même de la majesté des lois ?

« Pardonnez-moi une réflexion qui me saisit, chez un peuple où de tels événements se sont succédé : serait-il donc vrai que les hommes qui ont le plus d'énergie, un sentiment plus élevé des devoirs, un respect plus profond pour la foi jurée, un sentiment plus religieux des engagements pris, une fidélité plus invincible aux obligations contractées, soient précisément les hommes les plus exposés à être considérés comme des factieux et de mauvais citoyens; et que l'on compte au nombre des citoyens les plus purs et les plus vertueux ceux qui, dans ces révolutions diverses, se sentent assez de faiblesse dans l'esprit et dans le cœur pour ne pouvoir porter ni une foi, ni un devoir ? Et pour la dignité de la justice, quelle atteinte, Messieurs, quand elle se trouve appelée à condamner comme un crime ce que naguère il lui était enjoint d'imposer et de protéger comme un devoir !

« Dans une telle situation sociale, les hommes d'État et les moralistes se peuvent affliger, ils se doivent alarmer ; mais les hommes de justice, juges et avocats, quand ils se trouvent jetés dans l'un de ces procès politiques, de ces accusations criminelles où la vie des hommes est en jeu, ils doivent s'armer de vérité et de courage, protester énergiquement, et, avant d'accorder à la société ou au pouvoir les satisfactions, les vengeances qu'ils réclament, leur demander quelle part ils ont eue dans les actions, les entreprises, les résolutions dont ils viennent requérir le châtiment.

« Le devoir qui m'est imposé aujourd'hui, je l'ai rempli loyalement il y a vingt ans au début de ma carrière. En 1815, des ministres, méconnaissant la véritable force de la royauté légitime, infidèles à son caractère auguste, poursuivirent devant les tribunaux les hommes débarqués en France avec Napoléon et échappés au désastre de Waterloo. J'avais adopté les principes politiques que j'ai gardés et défendus toute ma vie. J'étais ardent et sincère dans les convictions que le spectacle offert à mes yeux fortifie de jour en jour. Royaliste, j'ai défendu les hommes restés fidèles à l'Empereur. Pour sauver leur vie, j'ai fait la part des événements, des lois, des traités, des actes, des fautes mêmes du gouvernement, et les juges du roi ont acquitté Cambronne. Aujourd'hui, l'accusé qui a accordé cet honneur à mon indépendance et à ma bonne foi, de me venir chercher pour sa défense dans un parti si différent du sien, ah ! il ne me verra pas faillir à sa confiance. Aussi, quoique les questions que soulève ce procès touchent profondément aux points fondamentaux de nos luttes politiques, veuillez croire, Messieurs, que je ne les aborderai que sous le seul point de vue du seul pouvoir que vous soyez appelés à exercer ici, sous le point de vue judiciaire.

« Le 6 août dernier, le prince Louis Bonaparte est parti de Londres, sans communiquer ses projets, ses résolutions. Accompagné de quelques hommes sur le dévouement desquels il pouvait compter, il s'est embarqué, et, à l'approche des côtes de France, il les a fait armer. Il est descendu en France ; il a jeté sur le territoire ses proclamations, et un décret proclamant que la maison d'Orléans a cessé de régner, que les Chambres sont dissoutes, qu'un congrès national sera convoqué, que le président actuel du ministère sera chef du Gouvernement provisoire. Tous ces faits sont avoués ; vous êtes appelés à les juger. Mais, je vous le demande, dans la position personnelle du Prince Napoléon, après les événements qui se sont accomplis en France, et qui sont votre propre ouvrage ; en présence des principes que vous avez proclamés, et dont vous avez fait la loi du pays, les actes, l'entreprise du prince Napoléon, sa résolution présentent-ils un caractère de criminalité qu'il vous soit impossible de déclarer et de punir judiciairement? S'agit-il donc, en effet, d'appliquer à un sujet rebelle et convaincu de rébellion, des dispositions du Code pénal? Le Prince a fait autre chose, il a fait plus que de venir attaquer le territoire, que de se rendre coupable d'une violation du sol français; il est venu contester la souveraineté à la maison d'Orléans ; il est venu en France réclamer pour sa propre famille des droits à la souveraineté ; il l'a fait au même titre et en vertu du même principe politique que celui sur lequel vous avez posé la royauté d'aujourd'hui. Dans cet état, il ne s'agit pas pour vous de vous prononcer entre les deux principes dont la lutte a si profondément agité et troublé notre pays depuis cinquante années; il ne saurait être question, pour la défense du principe qui domine aujourd'hui tous les pouvoirs en France, d'appliquer les lois existantes contre un principe contraire ; c'est votre principe même qui est invoqué. Deux mots d'explication.

« Tant que les princes de la branche aînée de Bourbon ont été assis sur le trône, la souveraineté en France résidait dans la personne royale ; sa transmission était réglée dans un ordre certain, invariable, connu de tous, maintenu au-dessus de toutes prétentions rivales par les lois fondamentales, contre lesquelles rien ne pouvait se faire qui ne fût nul de soi. Ainsi consacré par le temps, par les lois, par la religion, le droit souverain était le type et la garantie de tous les droits des citoyens dans l'Etat ; c'était le patrimoine du passé promis en héritage à l'avenir. La légitimité ! elle n'est point en cause dans ce débat. Mais en 1830, le peuple a proclamé sa souveraineté, il a déclaré qu'elle résidait dans les droits et dans la volonté de la majorité des citoyens : vous l'avez reconnu ainsi, et c'est ainsi que vous l'avez consacré en tête de la nouvelle loi fondamentale.

« On nous disait tout-à-l'heure : Depuis vingt-cinq ans, la France poursuit sa carrière ; elle veut le règne des lois, la défense et le maintien de ses institutions. Messieurs, n'est-ce rien que ce qui s'est passé en 1830, ou ne veut-on plus le savoir? N'est-ce rien que de renverser le principe des lois fondamentales et d'en substituer un autre ? N'est-ce rien que de proclamer à la face d'un peuple intelligent et hardi des principes qui l'appellent à l'exercice des droits de sa souveraineté ? N'est-ce rien, Messieurs ? Qu'a dit le prince Napoléon ? « La souveraineté nationale est déclarée en France ; et cette souveraineté de la nation, comment se peut-elle transmettre ? Comment cette délégation peut-elle être constatée, si ce n'est par une manifestation certaine, incontestable, de la volonté nationale ? » En votre présence, il dit : « Cette manifestation solennelle, cette manifestation incontestable de la volonté des citoyens, je ne la vois pas dans la résolution de 219 députés et d'une partie de la Chambre des Pairs en 1830.

« Le principe qui vous gouverne aujourd'hui, que vous avez placé au-dessus de tous les pouvoirs de l'Etat, c'est le principe de 91, c'est le principe qui régnait en l'an VIII, c'est le principe en vertu duquel il fut fait appel à la nation pour qu'elle se prononçât et sur le Consulat à vie et sur l'Empire. Par les votes constatés sur l'adoption des constitutions de l'Empire, quatre millions de votes, en 1804, ont déclaré que la France voulait l'hérédité dans la descendance de Napoléon, ou dans la descendance de son frère Joseph, ou, à défaut, dans la descendance de son frère Louis. Voilà mon titre. »

« Le Sénat, en 1814, a aboli cette hérédité. Mais que s'est-il passé en 1815 ? Qu'a fait la Chambre des Représentants ? Qu'a-t-on fait au Champ-de-Mai ? Combien de votes recueillis sur l'acceptation de l'acte additionnel tendaient à renouveler encore la manifestation de la volonté du pays ? Et depuis, Messieurs, soyez de bonne foi, quand un système contraire, quand une souveraineté autrement basée a régné pendant quinze ans sur le pays, parmi ceux qui vont siéger, combien y en a-t-il qui, pendant ces quinze années, ont travaillé et se sont efforcés de rétablir le principe que le retour de la maison de Bourbon avait effacé de nos lois ! Combien, qui sont descendus jusque dans les engagements et la fièvre des partis, dans les ardeurs individuelles les plus passionnées, pour rétablir ce dogme de la souveraineté du peuple, pour remettre en vigueur cette protestation de la Chambre des Représentants, dont, je n'hésite pas à le dire, j'ai entendu beaucoup de ceux qui m'écoutent réclamer la

HAM (LE JARDIN DU PRISONNIER. — LA CHAMBRE DU PRISONNIER).

consécration, comme le testament en quelque sorte de la nation française, comme l'acte auquel il fallait rendre la vie !

« Vous l'avez fait en 1830. Et pour un moment, Messieurs, détournons la pensée du caractère des circonstances et des préparatifs de l'entreprise ; nous verrons plus tard à quel moment et dans quels sentiments le prince Napoléon s'est élancé témérairement des côtes d'Angleterre sur les côtes de France. Ne pensons ici qu'au droit de juger, qu'au droit de régler par un arrêt des contestations de la nature de celle qui est portée devant vous, qu'à la possibilité qu'en présence de vos principes de droit national, au nom du pouvoir établi, vous jugiez le débat entre ce pouvoir et celui qui se prétend un droit qui, après tout, n'est pas un rêve.

« Est-ce donc un fantôme, Messieurs, est-ce donc une illusion que l'établissement de la dynastie impériale ? Ce qu'elle a fait retentit assez dans le monde et se fit sentir assez loin, non-seulement en France, mais chez tous les peuples de l'Europe. Non, ce ne fut pas un rêve que l'établissement de l'Empire.

« L'Empereur est mort, et tout a fini avec lui ! Qu'est-ce à dire ? Ces dynasties fondées, établies, jurées au nom de la souveraineté nationale, veut-on avouer qu'elles ne promettent de durée au pays que celle de la vie d'un homme ? C'est ainsi qu'il faut attaquer les garanties mêmes du pouvoir que vous venez de défendre, pour repousser le droit qui avait été fondé par la consécration de la volonté nationale, consécration unanime, plus éclatante que celle de 1830, par la nation appelée tout entière à émettre son vote.

« L'Empire est tombé ! mais alors a succombé le dogme politique sur lequel l'Empire était fondé. Qu'avez-vous fait depuis ? Vous avez relevé ce dogme, vous avez restitué cette souveraineté populaire qui a fait l'hérédité de la famille impériale. Et vous allez le juger, dans un pays où tous les pouvoirs de l'État sont sous le principe de la souveraineté nationale ; vous allez le juger sans interroger le pays ? Ce n'est pas une de ces questions qu'on vide par un arrêt. Un arrêt, des condamnations, la mort, les têtes qui tombent ! Mais dans des questions d'hérédité, vous n'avez rien fait. Tant qu'un reste de sang se transmettra dans cette famille, la prétention d'hérédité, appuyée sur le principe politique de la France, se transmettra également. Vous aurez des supplices affreux, injustes ; vous serez usurpateurs dans l'exercice de la qualité de juges, et tout cela aura été complétement inutile.

« Voyons, Messieurs, le véritable état de la question. Est-ce ici la matière d'un jugement? N'est-ce pas là une de ces situations uniques dans le monde, et où il ne peut y avoir qu'un acte de gouvernement, un acte politique? Il faut défendre les pouvoirs, il faut maintenir l'ordre public, il faut préserver l'État de commotions nouvelles, de désordres nouveaux, je le reconnais, c'est gouverner. Mais juger dans des questions de cet ordre, prononcer un arrêt, on aura beau dire que ce sont là des phrases qui viennent au secours de tous les factieux. Non, Messieurs, dans le débat actuel, le droit actuel a été établi, consacré par vous, dans un principe que vous avez posé. Ce droit d'hérédité est réclamé par un héritier incontestable, vous ne pouvez pas le juger. Il y a entre vous et lui une cause victorieuse et une cause vaincue ; il y a le possesseur de la couronne et la famille dépossédée. Mais, encore une fois, je le répéterai toujours, il n'y a pas de juges, il n'y a pas de justiciable.

« Juger, Messieurs ! mais il faut maintenir l'idée de la justice, sa majesté. Au milieu des révolutions qui ont tant fatigué notre pays, laissons quelque chose d'inaltéré, qui conserve sa sainteté dans la pensée des peuples. Le vrai caractère de la justice, Messieurs, c'est l'impartialité. Vous venez ici pour juger. Mais y a-t-il un de vous qui se soit dit, en entrant dans cette enceinte : « Je serai impartial, je pèserai les droits de chacun, je mettrai dans la balance la royauté de Juillet et la souveraineté transmise par les constitutions de l'Empire ; je serai impartial ? » Mais vous n'avez pas le droit de l'être ; vous êtes aujourd'hui une partie du gouvernement ; une révolution ne peut s'opérer qu'en vous brisant. Par ce fait, la Chambre des Pairs et la Chambre des Députés seront dissoutes.

« Vous venez donc défendre le gouvernement dans la latitude et pour la garde de vos pouvoirs. Si vous ne pouvez être impartiaux, et si cependant vous voulez être juges, que restera-t-il de l'idée sainte de la justice? Si vous couvrez les besoins du Gouvernement du manteau de la justice, songez-y! Quand tant de choses saintes et précieuses ont péri, laissez au moins la justice au peuple, et qu'il ne confonde pas un arrêt avec un acte du Gouvernement.

« Vous venez juger, et pourquoi ? Pour protéger le Gouvernement, pour le défendre, pour venger un affront, une attaque, une menace qu'il a reçue. Les actes récents qui se sont exercés sur le premier des accusés, sur le Prince lui-même, ne manifestent-ils pas quelle inconséquence il y a de la part du Gouvernement à vous appeler aujourd'hui à juger ? On a parlé de reconnaissance ; j'y répondrai. Mais, en attendant, je vous dis : En 1836, on a appliqué au prince Napoléon les maximes professées par nos ministres : « En « pareille matière, il n'y a que de la politique, et pas de jugement. » Et, dans un autre instant, un ministre disait encore : « Les formes « judiciaires ne sont qu'une comédie solennelle. » N'y a-t-il pas aujourd'hui une flagrante inconséquence à venir poser des principes contraires ?

« Vous parlez de reconnaissance ! N'a-t-il pas été interdit au Prince de mettre le pied sur le territoire français ? N'y a-t-il pas une loi qui le lui défend ? Et pourquoi cela ? Parce qu'il est en dehors du droit commun ; parce qu'il ne peut être traité comme les autres. En 1830, à deux reprises différentes, j'ai demandé que cette loi fût abolie pour être conséquent avec ce grand dogme politique de la souveraineté nationale ; vous avez fait une loi tout opposée à ce principe pour mettre le Prince hors du droit commun. Et ailleurs encore, n'était-il pas mis hors de ce droit, quand vous exigiez d'un État voisin qu'il chassât le Prince alors auprès de sa mère mourante ?

« Vous diriez donc : Oui, nous n'avons pas de lois pour lui en France ; point de lois pour qu'il vive, pour qu'il ait une patrie, une liberté, des droits ; mais nous avons des lois pour lui donner la mort. Voilà ce qui révolte la raison, le bon sens, la logique, la justice, en un mot toutes les idées de droit. Que si, malgré les principes que vous avez consacrés ; que si, malgré les actes les plus solennels de votre Gouvernement, qui mettent en dehors de la juridiction de la Chambre des Pairs le prince Louis-Napoléon, vous voulez être juges, au moins jugez humainement les choses humaines. Rendons-nous compte des circonstances au milieu desquelles a éclaté l'entreprise de Boulogne. Je ne fais ici ni de la politique, ni de l'hostilité, je rappelle des faits incontestés.

« Le pouvoir en France est aujourd'hui confié à un Ministère dont l'origine est récente. Ce Ministère a lutté, avant de se constituer pendant plusieurs années dans une ardente et vive polémique.

« Il a gémi profondément sur la politique qui avait été suivie au nom du Gouvernement de la France à l'égard de l'étranger ; il a vu de la timidité, je ne veux pas me servir d'un autre mot, dans toutes nos relations avec les Etats de l'Europe ; il a gémi de ce délaissement de la Belgique jusque dans la question du Luxembourg ; il a gémi, le Ministère qui gouverne aujourd'hui, de l'abandon d'Ancône sans condition ; il a accusé ces exigences funestes qui nous ont aliéné la Suisse et le sentiment d'attachement qu'elle avait depuis tant de siècles pour la France ; il a accusé cette politique désolante qui, renfermant toute la pensée de la France dans les intérêts matériels, dans les calculs des besoins privés, frémissait à l'idée de guerre, et laissait tomber la grande influence de la France sur les Espagnols pour les livrer à l'influence ennemie de l'Angleterre.

« Qu'est-il arrivé ? A peine ce Ministère a-t-il touché le pouvoir, qu'il a senti l'état politique de l'Europe, qu'il a vu se préparer et s'ourdir contre la France des plans injurieux pour sa dignité, menaçant peut-être pour ses intérêts ; qu'il a vu se préparer quelque chose comme la réunion de presque tous les Etats de l'Europe contre la France isolée et rejetée du congrès et des transactions des rois. Il s'est alarmé d'une pareille situation. Il a senti qu'il fallait faire sortir de ce joug matériel qui éloignait toute pensée de sacrifice, qu'il fallait réveiller d'autres sentiments dans cette fière et glorieuse patrie ; et ne pouvant espérer le faire au nom du Gouvernement actuel, il a voulu réveiller des souvenirs, et il est allé invoquer la mémoire de celui qui avait promené la grande épée de la France depuis l'extrémité du Portugal jusqu'à l'extrémité de la Baltique. Il a voulu qu'elle fût montrée à la France, cette grande épée qui avait presque courbé les Pyramides, et qui avait presque entièrement séparé l'Angleterre du continent européen. Toutes les sympathies impériales, tous les sentiments bonapartistes ont été profondément remués, pour réveiller en France cet esprit guerrier. La tombe du héros ! on est allé remuer ses cendres pour les transporter dans Paris et déposer glorieusement ses armes sur un cercueil.

« Vous voulez juger et condamner les tentatives de Louis-Napoléon ? Messieurs, est-ce que vous ne comprenez pas ce que de telles manifestations ont dû produire sur le jeune Prince? Est-ce dans cette enceinte, où je vois si bon nombre d'hommes qui doivent tant aux noms qu'ils ont reçus avec la vie, qu'il me sera difficile de faire comprendre ce que cette grande provocation au souvenir de l'Empereur a dû remuer dans le cœur de l'héritier d'un nom héroïque?

« Ce besoin de ranimer dans les cœurs, en France, les souvenirs de l'Empire, les sympathies napoléoniennes, a été si grand, que sous le règne d'un prince qui, dans d'autres temps, avait demandé à porter les armes contre les armées impériales, et à combattre celui qu'il appelait l'*usurpateur corse*, le Ministère a dit : « Il fut le légi-
« time souverain de notre pays. »

« C'est alors que le jeune Prince a vu se réaliser ce qui n'était encore que dans les pressentiments des hommes qui gouvernent. Il s'est trouvé au milieu des hommes qui ourdissaient ce plan combiné contre la France ; et vous ne voulez pas que ce jeune homme, téméraire, aveugle, présomptueux, tant que vous voudrez, mais avec un cœur dans lequel il y a du sang, et à qui une âme a été transmise, sans consulter ses ressources, se soit dit : « Ce nom qu'on fait reten-
« tir, c'est à moi qu'il appartient, c'est à moi de le porter vivant sur
« ces frontières ! il réveillera en deçà la foi dans la victoire, au delà
« la terreur des défaites. Ces armes sont à moi, pouvez-vous les dis-
« puter à l'héritier du soldat? » Sans préméditation, sans calcul, sans combinaison, mais jeune et ardent, sentant son nom, il s'est dit :
« J'irai, je mènerai le deuil et je poserai les armes sur sa tombe ;
« et je dirai à la France : Me voici... voulez-vous de moi ? » *(Sensation prolongée.)*

« Disons tout avant de juger. S'il y a eu un crime, c'est vous qui l'avez provoqué par ces principes que vous avez posés, par vos exemples, par les actes solennels du Gouvernement ; c'est vous qui l'avez inspiré par ces sentiments dont vous avez animé les Français, et, entre tout ce qui est français, l'héritier de Napoléon lui-même.

« Vous voulez le juger, et pour déterminer vos résolutions, pour que plus aisément vous puissiez vous constituer juges, on vous parle de projets insensés, de folles présomptions... Eh ! Messieurs, le succès serait-il donc devenu la base des lois morales, la base du droit? Quelle que soit la faiblesse, l'illusion, la témérité de l'entreprise, ce n'est pas le nombre des armes et des soldats qu'il faut compter, c'est le droit, ce sont les principes au nom desquels on agit. Ce droit, ces principes, vous ne pouvez pas en être juges ; ils ne peuvent provoquer qu'une résolution politique dans l'intérêt du Gouvernement établi ; ils ne peuvent pas provoquer un jugement. Ce droit, ces principes, ils ne sont pas diminués par le ridicule jeté sur ces faits et le caractère de l'entreprise.

« Et ici je ne crois pas que le droit au nom duquel était tenté le projet puisse tomber devant le dédain des paroles de M. le procureur général. Vous faites allusion à la faiblesse des moyens, à la pauvreté de l'entreprise, au ridicule de l'espérance du succès ; eh bien ! si le succès fait tout, vous qui êtes des hommes, qui êtes même les premiers de l'État, qui êtes les membres d'un grand corps politique, je vous dirai : Il y a un arbitre inévitable, éternel, entre tout juge et tout accusé : avant de juger, devant cet arbitre et à la face du pays qui entendra vos arrêts, dites-vous, sans avoir égard à la faiblesse des moyens, le droit, les lois, la constitution devant les yeux ; la main sur la conscience, devant Dieu et devant nous qui vous connaissons, dites : « S'il eût réussi, s'il eût triomphé, ce » droit, je l'aurais nié, j'aurais refusé toute participation à ce pou- » voir ; je l'aurais méconnu, je l'aurais repoussé. » Moi, j'accepte cet arbitrage suprême ; et quiconque d'entre vous, devant Dieu, devant le pays, me dira : « S'il eût réussi, j'aurais nié ce droit ! » celui-là, je l'accepte pour juge ! (*Mouvement dans l'auditoire.*)

« Parlerai-je de la peine que vous pourriez prononcer ? Il n'y en a qu'une, si vous vous constituez tribunal, si vous appliquez le Code pénal : c'est la mort ! Eh bien ! malgré vous, en vous disant et en vous constituant juges, vous voudrez faire un acte politique ; vous ne voudrez pas froisser, blesser dans le pays toutes les passions, toutes les sympathies, tous les sentiments que vous vous efforcez d'exalter ; vous ne voudrez pas le même jour attacher le même nom, celui de Napoléon, sur un tombeau de gloire et sur un échafaud ! Non, vous ne prononcerez pas la mort !

« Vous ferez donc un acte politique, vous entrerez dans les considérations politiques, vous mettrez la foi de côté. Ce n'est plus ici une simple question d'indulgence, c'est une raison politique qui déterminera le corps politique..... Pourrez-vous prononcer selon vos lois la détention perpétuelle ? une peine infamante ? Messieurs, j'abandonne tout ce que j'ait dit. Je laisse de côté l'autorité du principe politique ; je ne parle plus de l'impossibilité de prononcer, sans que le peuple soit convoqué, entre le droit constitué par vous et le droit consacré par les constitutions de l'Empire, et renouvelé dans les Cent-Jours ; je laisse de côté les considérations prises de ce qu'a fait votre Gouvernement ; je ne parle plus des sentiments si naturels, si vrais, qui repoussent la condamnation, et je me borne à dire que vous ne jetterez pas une peine infamante sur ce nom ; vous ne donnerez pas cette joie à l'étranger, ou ce serait le premier gage que vous lui offririez de vos sacrifices à la paix. Cela n'est pas possible à la face du pays, cela n'est pas possible en ces jours et en ces temps. Sortez des considérations de devoir, de législateurs et de juges dont je vous ai parlé, et croyez que la société française attache encore un prix immense, un honneur immense aux sentiments naturels à l'homme..... On veut vous faire juges : mais qui êtes-vous donc ?

« En remontant à l'origine de vos existences, vous marquis, comtes, barons, vous ministres, maréchaux, à qui devez-vous vos grandeurs ? A votre capacité reconnue, sans doute ; mais ce n'est pas moins aux munificences mêmes de l'Empire que vous devez de siéger aujourd'hui et d'être juges.... Croyez-moi, il y a quelque chose de grave ici.... Une condamnation pour vous à une peine infamante n'est pas possible.

« En présence des engagements qui vous sont imposés par les souvenirs de votre vie, des causes que vous avez servies, de vos serments, des bienfaits que vous avez reçus, je dis qu'une condamnation serait immorale ! et j'ajoute qu'il vous y faut penser sérieusement ; il y a une logique inévitable et terrible dans l'intelligence et les instincts des peuples, et quiconque, dans le gouvernement des choses humaines, a violé une seule loi morale, doit attendre le jour où on les brisera toutes sur lui-même ! »

Après ces paroles, le procès était fini ; car, au cours des débats, lorsque Mᵉ Berryer se leva pour aborder, contre le ministère public, la discussion des faits constituant la tentative de Boulogne, le Prince le pria de ne pas continuer. Il avait défendu ses principes ; il ne voulut pas laisser défendre sa personne. Certain que ses amis seraient con-

LA COLONNE.

damnés, il ne consentit pas à séparer son sort du leur et pas même à tenter d'être absous.

M. Ferdinand Barrot, qui avait défendu le colonel Vaudrey devant le jury de Strasbourg, défendit avec talent devant la Cour des pairs le colonel Voisin, le commandant Parquin et M. Bataille; M. Nogent Saint-Laurent parla pour le lieutenant-colonel Laborde, et M. Jules Favre pour le lieutenant Aladenise.

L'arrêt fut rendu le 6 octobre.

MM. Dejardins, Galvani, d'Almbert et Bure furent acquittés et mis en liberté.

Furent condamnés, savoir :

Le Prince Louis-Napoléon Bonaparte à l'emprisonnement perpétuel dans une forteresse située sur le territoire continental du royaume;

MM. le comte de Montholon, Parquin, Lombard, de Persigny, à vingt années de détention ;

M. Le Duff de Mésonan à quinze années de détention;

MM. le colonel Voisin, Forestier et Napoléon Ornano, à dix années de détention.

MM. Bouffet de Montauban, Bataille et Orsi à cinq années de détention ;

M. Conneau à cinq années d'emprisonnement ;

M. Le lieutenant-colonel Laborde à deux années d'emprisonnement;

Cent cinquante-deux pairs signèrent cette sentence. Plusieurs avaient appartenu au sénat du premier Empire, et quelques-uns ont appartenu depuis au sénat du second.

A trois heures de l'après-midi, l'audience fut levée ; et le greffier en chef de la Cour se rendit immédiatement à la prison du Luxembourg, où il donna lecture de l'arrêt aux condamnés.

En exécution de l'arrêt de la Cour des Pairs, le Prince Louis-Napoléon fut conduit, le 7 octobre, au château de Ham, où le comte de Montholon, le docteur Conneau et le fidèle Thélin eurent la permission d'être enfermés avec lui.

Le château de Ham, tenant à la ville de ce nom, située à six lieues de Péronne, dans le département de la Somme, fut bâti, en 1470, par Louis de Luxembourg, comte de Saint-Pol, qui fut condamné à mort, en 1475, par le parlement de Paris, et décapité à la suite des preuves de trahison qu'Edouard IV livra à Louis XI, aux Conférences de Picquigny.

La forteresse, bâtie en briques avec encadrement de pierres, est un grand rectangle, flanqué à ses quatre angles d'énormes tours rondes. Celle du nord-ouest possède encore et seule ses créneaux et ses machicoulis. Les grandes baies du xv° siècle ont été murées en partie et donnent au château le caractère exact de ce qu'il est devenu, c'est-à-dire d'une prison d'Etat. On sait qu'en 1830, les ministres de Charles X y furent enfermés. Au milieu du rempart qui forme le front de l'ouest s'élève la masse carrée du donjon, sous lequel est percée l'étroite porte servant d'entrée au château. Les deux grosses tours du front de l'est sont réunies par une courtine qui fut affectée aux promenades du Prince.

Au fond de la cour intérieure, à droite, s'étend un bâtiment long, plat, froid et humide d'aspect. Des quatre pièces du rez-de-chaussée, deux servaient au logement du comte de Montholon, et les deux autres à la chapelle.

Au premier étage se trouvent quatre pièces, séparées en deux groupes par un couloir. L'une, de trois mètres en tout sens, était la chambre à coucher du Prince, chauffée par un petit poêle en faïence enchâssé dans une niche. La seconde lui servait de salon et de cabinet de travail. Les deux autres pièces formaient le logement du docteur Conneau. Toutes les fenêtres étaient soigneusement et solidement grillées de fortes barres de fer.

A certaines heures, le Prince avait la permission de se promener sur le parapet du rempart de l'est, d'où il avait vue sur le canal de Saint-Quentin et sur une lunette soigneusement gardée. Il avait pu planter quelques rosiers et des fleurs qu'il cultivait avec soin. Enfin, il avait obtenu de planter aussi, près de la tour dite du *Connétable*, un pied de chèvrefeuille, dont les rameaux luxuriants finirent par lui dérober les murs de sa geôle.

Tel était le réduit où il devait, selon l'arrêt de la Cour, passer sa vie entière. Il y fut installé le 8 octobre 1840, juste le jour où la frégate *la Belle-Poule* jetait l'ancre sur la rade de James-Town, à Sainte-Hélène, où elle allait prendre, pour les ramener en France, les restes mortels de Napoléon Ier.

La prison perpétuelle à laquelle le Prince avait été condamné n'était pas une peine légale, elle n'existe pas dans nos codes. La Cour des Pairs l'avait imaginée pour en frapper un attentat à l'ordre public commis par un homme placé dans une situation exceptionnelle. Selon le pressentiment exprimé par M⁰ Berryer, la Cour n'avait pas osé prononcer la mort; et le respect de sa propre origine et de ses propres souvenirs lui avait interdit la détention, peine afflictive, incompatible avec la dignité souveraine qui vivait toujours, quoique suspendue dans ses effets, dans le téméraire de Strasbourg et de Boulogne.

Il était manifeste, quoi qu'on pût faire pour se le dissimuler, que si la personne de Louis-Napoléon Bonaparte était vaincue, sa cause ne l'était pas. Elle n'avait cessé de vivre dans les âmes imprégnées des principes de la révolution, et elle était perpétuée par les lois civiles et administratives de l'Empire, cadre admirable dans lequel s'est enchâssée la société moderne.

Ce nom, l'Empereur! était comme un airain qu'il suffisait de frapper pour en tirer un son qui ébranlait les esprits. La vieille prédiction de Béranger s'était réalisée :

> On parlera de sa gloire
> Sous le chaume bien longtemps;
> L'humble toit, dans cinquante ans,
> Ne connaîtra pas d'autre histoire.

Et cela était vrai. On parlait de lui, en songeant à la féodalité vaincue, aux églises rendues au culte, aux écoles ouvertes, à la patrie gorgée de gloire; on en parlait aux veillées d'hiver, où les récits du vieux soldat et de la grand'mère retenaient les enfants attentifs près du foyer.

> Mes enfants, dans ce village
> Suivi de rois il passa;
> Voilà bien longtemps de ça;
> Je venais d'entrer en ménage.
> A pied grimpant le coteau
> Où pour voir je m'étais mise,

> Il avait petit chapeau
> Avec redingote grise.
> Près de lui, je me troublai;
> Il me dit : bonjour, ma chère,
> Bonjour, ma chère.
> « Il vous a parlé, grand'mère!
> Il vous a parlé » (1).

Et toutes les âmes avaient écouté et entendu, comme la grand'mère du poète. Le bourgeois, qui se croyait libéral, était au fond bonapartiste ; et la plupart des républicains qui faisaient des émeutes l'étaient comme le bourgeois. Le gouvernement du roi Louis-Philippe le voyait bien, et il voulut attirer à lui un pan du manteau impérial, pour couvrir sa nudité. Victor Hugo était, de tous nos poètes, celui qu'avait pénétré le plus profondément la gloire impériale, et qui en avait célébré les grandeurs avec la plus noble poésie. Lorsque, le 7 octobre 1830, la Chambre repoussa par un dédaigneux ordre du jour une pétition demandant que les cendres de Napoléon fussent rapportées en France et placées sous la colonne, le poète national s'indigna et flétrit avec énergie ces *chicaneurs* de tombeau.

> Oh! quand, par un beau jour, sur la place Vendôme,
> Homme dont tout un peuple adorait le fantôme,
> Tu vins grave et serein,
> Et que tu découvris ton œuvre magnifique,
> Tranquille, et contenant d'un geste pacifique
> Tes quatre aigles d'airain;
>
> A cette heure où les tiens t'entouraient par cent mille,
> Où, comme se pressaient autour de Paul-Émile
> Tous les petits Romains,
> Nous, enfants de six ans, rangés sur ton passage,
> Cherchant dans son cortège un père au fier visage,
> Nous te battions des mains;
>
> Oh! qui t'eût dit alors, à ce faîte sublime,
> Tandis que tu rêvais sur le trophée opime,
> Un avenir si beau,

---

(1) Béranger, *les Souvenirs du peuple*.

Qu'un jour à cet affront il te faudrait descendre,
Que trois cents avocats oseraient à ta cendre
Chicaner ce tombeau !

Eh bien, le gouvernement du roi Louis-Philippe finit par comprendre que l'affront blessait la conscience publique et exigeait une réparation. Déjà, en 1833, il avait replacé sur la colonne Vendôme la statue de l'Empereur, abattue par la Restauration ; mais, par une petitesse naturelle à son esprit, au lieu de relever la statue épique primitive, représentant Napoléon avec les attributs de la souveraineté, et en rapport avec le caractère du monument, il l'avait représenté avec son costume des champs de bataille, comme si, dans l'imagination du peuple, ce général d'armée avait dû être un concurrent moins redoutable qu'un empereur. Ce n'était donc pas assez pour la dignité nationale, blessée de l'oubli où était laissé son plus grand souverain ; et M. Thiers, qui méditait alors d'aller à la postérité avec Napoléon, en écrivant son histoire, obtint du roi qu'il enverrait l'un de ses fils à Sainte-Hélène, pour en rapporter les restes du héros.

En même temps, et pour préparer les esprits aux plus grandes funérailles qui aient jamais été faites, il demanda à Victor Hugo de se faire l'interprète du sentiment national. Jamais le poëte n'avait trouvé des inspirations plus élevées et plus dignes de l'Empereur et de lui-même. Elles ont leur place naturelle ici, comme l'écho du cri d'amour et de respect qu'une seule voix fit retentir au nom de toute la France :

Sire, vous rentrerez dans votre capitole,
Sans tocsin, sans combat, sans lutte et sans fureur,
Traîné par huit chevaux sous l'arche triomphale,
En habit d'Empereur !

Par cette même porte, où Dieu vous accompagne,
Sire, vous rentrerez sur un sublime char,
Glorieux, couronné, saint comme Charlemagne,
Et grand comme César.

Sur votre sceptre d'or, qu'aucun vainqueur ne foule,
On verra resplendir votre aigle au bec vermeil,
Et sur votre manteau, vos joyeuses abeilles
Frissonner au soleil.

Paris sur ses cent tours allumera des phares,
Paris fera parler toutes ses grandes voix ;
Les cloches, les tambours, les clairons, les fanfares
   Chanteront à la fois !

Joyeux comme l'enfant quand l'aube recommence,
Ému comme le prêtre au seuil du lieu sacré,
Sire, on verra vers vous venir un peuple immense,
   Tremblant, pâle, effaré ;

Peuple qui sous vos pieds mettrait les lois de Sparte,
Qu'embrase votre esprit, qu'enivre votre nom,
Et qui flotte, ébloui, du jeune Bonaparte
   Au vieux Napoléon !

Une nouvelle armée, ardente d'espérance,
Dont les exploits déjà sèmeront la terreur,
Autour de votre char criera : Vive la France !
   Et vive l'Empereur !

En vous voyant passer, ô chef du grand Empire,
Le peuple et les soldats tomberont à genoux ;
Mais vous ne pourrez pas vous pencher pour leur dire :
   Je suis content de vous !

Une acclamation douce, tendre et hautaine,
Chant des cœurs, cri d'amour où l'extase se joint,
Remplira la cité ; mais, ô mon capitaine,
   Vous ne l'entendrez point !

De sombres grenadiers, vétérans qu'on admire,
Muets, de vos chevaux viendront baiser les pas ;
Ce spectacle sera touchant et beau ; mais, Sire,
   Vous ne le verrez pas !

Car, ô géant ! couché dans une ombre profonde,
Pendant qu'autour de vous, comme autour d'un aïeul,
S'éveilleront Paris, et la France, et le monde,
   Vous serez endormi !

Vous serez endormi, figure auguste et fière,
De ce morne sommeil, plein de rêves pesants,
Dont Barberousse, assis sur sa chaise de pierre,
   Dort depuis six cents ans.

L'épée au flanc, l'œil clos, la main encore émue
Par le dernier baiser de Bertrand éperdu,
Dans un lit où jamais le dormeur ne remue,
    Vous serez étendu.

Pareil à ces soldats qui, devant cent murailles,
Avaient suivi vos pas, vainqueurs, toujours debout;
Et qui, touchés un soir par le vent des batailles,
    Se couchaient tout à coup.

Leur attitude grave, altière, armée encore,
Ressemblait au sommeil et non pas au trépas;
Mais la diane, hélas ! cette voix de l'aurore,
    Ne les réveillait pas !

Si bien qu'en vous voyant glacé, dans son délire,
Et tel qu'un dieu muet qui se laisse adorer,
Ce peuple, ivre d'amour, venu pour vous sourire,
    Ne pourra que pleurer.

Sire, en ce moment-là vous aurez pour royaume
Tous les fronts, tous les cœurs qui battront sous le ciel;
Les nations feront asseoir votre fantôme
    Au trône universel.

Les poëtes divins, élite agenouillée,
Vous proclameront grand, vénérable, immortel,
Et de votre mémoire injustement souillée
    Redoreront l'autel.

Les nuages auront passé dans votre gloire;
Rien ne troublera plus son rayonnement pur;
Elle se posera sur toute notre histoire
    Comme un dôme d'azur.

La frégate la *Belle-Poule*, commandée par le prince de Joinville, ayant pour capitaine de pavillon le commandant Hernoux, partit de Toulon le 7 juillet pour se rendre à Sainte-Hélène. A son bord était, indépendamment de M. le comte de Rohan-Chabot, commissaire du Roi, une commission chargée de recevoir les restes mortels de l'Empereur des mains du gouvernement anglais. Elle était composée du général Bertrand, du général Gourgaud, du comte

LA TRANSLATION DES CENDRES.

Marchand et du comte Emmanuel de Las Cases. Les trois premiers étaient les derniers survivants des fidèles compagnons du héros; le quatrième, fils de l'auteur du *Mémorial de Sainte-Hélène*, avait eu l'honneur insigne de servir à seize ans de secrétaire au martyr sur son rocher. L'abbé Coquereau, devenu depuis aumônier en chef de la flotte, fut attaché à l'expédition qui comprenait encore MM. Denis, Pierret, Noverraz et Archambaud, anciens serviteurs de l'Empereur. La frégate avait pour conserve la corvette la *Favorite*, commandée par M. le capitaine de vaisseau Guyet.

La *Belle-Poule* arriva devant Sainte-Hélène, le 8 octobre ; et, après avoir jeté l'ancre dans la rade de James-Town, M. le Prince de Joinville se mit en rapport avec le gouverneur de l'île, et présida, ainsi qu'il résulte du rapport suivant, adressé au ministre de la marine, à l'accomplissement de sa mission :

« En rade de Cherbourg, 30 novembre 1840.

« ... Parti le 14 septembre de la baie de Tous-les-Saints, je mouillais le 8 octobre sur la rade de James-Town.

« Mon premier soin a été de mettre M. Chabot, commissaire du du roi, en rapport avec M. le général Midlemore, gouverneur de l'île. Ces messieurs avaient à régler, selon leurs instructions respectives, la manière dont il devait être procédé à l'exhumation des restes de l'Empereur et à leur translation à bord de *la Belle-Poule*. L'exécution des projets arrêtés fut fixée au 15 octobre. Le gouverneur voulut se charger de l'exhumation et de tout ce qui devait avoir lieu sur le territoire anglais; pour moi, je réglai, par un ordre du 13 octobre, les honneurs à rendre par la division placée sous mes ordres.

« Le 15, à minuit, l'opération commença en présence des commissaires français et anglais, M. Chabot et le capitaine Alexander. A dix heures du matin, le cercueil était à découvert dans la fosse. Après l'en avoir retiré intact, on procéda à son ouverture, et le corps fut trouvé dans un état de conservation inespéré. En ce moment solennel, à la vue des restes si reconnaissables de celui qui fit tant pour la gloire de la France, l'émotion fut profonde et unanime.

« A trois heures et demie, le canon des forts annonça à la rade que le cortége funèbre se mettait en marche vers la ville de James-Town. Les troupes de la milice et de la garnison précédaient le char recouvert du drap mortuaire, dont les coins étaient tenus par les généraux Bertrand et Gourgaud et par MM. de Las-Cases et Marchand; les autorités et les habitants suivaient en foule. Sur la rade, le canon de la frégate avait répondu à celui des forts, et tirait de minute en minute. Depuis le matin, les vergues étaient en panteune, les pavillons à mi-mât, et tous les navires français et étrangers s'étaient associés à ce signe de deuil. Quand le cortége parut sur le quai, les troupes anglaises formèrent la haie, et le char s'avança lentement vers la plage.

« Au bord de la mer, là où s'arrêtaient les lignes anglaises, j'avais réuni autour de moi les officiers de la division française. Tous, en grand deuil et la tête découverte, nous attendions l'approche du cercueil ; à vingt pas de nous il s'est arrêté, et le général gouverneur, s'avançant vers moi, m'a remis au nom de son gouvernement les restes de l'empereur Napoléon.

« Aussitôt le cercueil a été descendu dans la chaloupe de la frégate, disposée pour le recevoir, et là encore l'émotion a été grave et profonde : le vœu de l'Empereur mourant commençait à s'accomplir ; ses cendres reposaient sous le pavillon national.

« Tout signal de deuil a été dès lors abandonné. Les mêmes honneurs que l'Empereur aurait reçus de son vivant ont été rendus à sa dépouille mortelle, et c'est au milieu des salves des navires pavoisés, avec leurs équipages rangés sur les vergues, que la chaloupe, escortée par les canots de tous les navires, a pris lentement le chemin de la frégate.

« Arrivé à bord, le cercueil a été reçu entre deux rangs d'officiers sous les armes, et porté sur le gaillard-d'arrière disposé en chapelle ardente. Une garde de soixante hommes, commandée par le plus ancien lieutenant de la frégate, rendait les honneurs. Quoiqu'il fût déjà tard, l'absoute fut dite, et le corps resta ainsi exposé toute la nuit. L'aumônier et un officier veillèrent près de lui.

« Le 16, à dix heures du matin, les officiers et équipages des navires de guerre et de commerce français étant réunis à bord de la frégate, un service funèbre solennel fut célébré. On descendit ensuite le corps dans l'entre-pont, où une chapelle ardente avait été préparée pour le recevoir.

« A midi, tout était terminé et la frégate en appareillage.

« François D'ORLÉANS. »

Le 18 octobre, après quatre jours de mouillage sur la rade de James-Town, *la Belle-Poule* appareilla, et mit le cap au nord, sur la France. Le 30 octobre, elle arrivait en rade de Cherbourg, où, après une attente d'environ un mois, le cercueil de l'Empereur fut transbordé de la frégate sur le bateau à vapeur *la Normandie*, disposé en chapelle ardente, et qui, escorté par le *Courrier* et le *Véloce*, devait le transporter jusqu'à Courbevoie. Immédiatement après le transbordement, le convoi se mit en marche pour le Havre, en tirant un coup de canon de quart d'heure en quart d'heure.

Ici, la parole revient aux contemporains; et voici, fidèlement tracée par un témoin oculaire, la marche du convoi funèbre, du Havre jusqu'aux Invalides, ainsi que le récit des funérailles accomplies en présence du Roi, des pouvoirs publics et des députations de tous les départements :

« Du Hâvre à Courbevoie, les populations de vingt lieues à la ronde vinrent se presser en foule sur les pas du triste cortége, avides de rendre un pieux hommage aux restes du héros, puissant génie qui avait changé la face de l'Europe, et que la vengeance haineuse des souverains avait enchaîné sur le rocher de Sainte-Hélène. Du haut des collines, du fond des vallées, de partout d'où l'on pouvait distinguer la flotte, partaient des signaux de toute espèce indiquant des groupes de citoyens; les deux rives de la Seine en étaient bordées: on en voyait jusque sur les arbres qui çà et là se miraient dans l'eau, et parfois, lorsque le soleil resplendissant perçant la nue brumeuse, illuminait d'un vif éclat le lit de la rivière et enclavait le cercueil dans les reflets d'une lumineuse atmosphère, des cris d'enthousiasme partis de tous les points, répétés de distance en distance, étaient portés sur l'aile du vent jusqu'à plus d'une journée de marche. Aussi les coteaux, les collines, les berges du fleuve, les arbres eux-mêmes, littéralement peuplés de monde, mobiles comme une mer houleuse, bruyants comme une forêt agitée, semblaient s'être animés pour saluer le retour du héros populaire.

« A l'homme seul qui vivant était entré triomphant dans toutes les capitales du continent de l'Europe, il était donné de triompher encore dans la mort.

« A Rouen, le cercueil fut une seconde fois transbordé du pont de *la Normandie* sur celui de *la Dorade*, qui, précédée de *la Parisienne* et de huit autres bateaux à vapeur servant d'escorte, arriva le 14 décembre au pont de Neuilly.

« Le lendemain, 15, eurent lieu les funérailles, une de ces grandes cérémonies nationales qui font époque dans l'histoire. En voici l'historique, dont, pour plus d'exactitude, nous prenons les détails dans l'*Annuaire* de Villeroi. Mais avant de suivre le cortége dans le trajet de Courbevoie à l'Hôtel-des-Invalides, il n'est pas sans intérêt de donner une idée des lieux qu'il avait à parcourir.

« A Courbevoie, s'élevait au débarcadère un temple grec à jour, de quatorze mètres d'élévation, sous lequel était placé un char funèbre, digne par ses proportions colossales et la richesse de ses ornements, de recevoir le corps de Napoléon.

« Au pont de Neuilly, la décoration avait pris un caractère tout maritime, comme pour rappeler la part honorable de la marine dans ce grand acte de reconnaissance nationale.

« En tête du pont s'élevait une immense colonne rostrale, haute de 47 mètres, dédiée à Notre-Dame-de-Grâce, patrone des marins. Cette colonne, de forme octogone, était assise sur trois soubassements superposés, dont le premier était orné d'un grand bas-relief représentant le voyage de *la Belle-Poule* et le trajet de Cherbourg à Paris. Trois trophées maritimes, entourés de drapeaux aux insignes impériaux, plantés au milieu d'un amas de bombes et d'obusiers, décoraient le second. Enfin, sur le troisième soubassement, se tenait assise la statue de la patrone des marins. Autour de cette figure, de grande proportion, étaient disposés trois énormes trépieds qui jetaient des flammes de couleur. Les angles supérieurs du dernier socle étaient surmontés de quatre aigles aux ailes déployées et qui tenaient la foudre dans leurs serres. Enfin, le chapiteau était couronné par un globe colossal sur lequel était placé, en lettres d'or, un seul mot : France, que dominait un aigle de cinq mètres d'envergure.

« A l'Arc de triomphe de l'Étoile, ce gigantesque monument

dont l'Empereur avait posé la première pierre en 1810, les décorations rappelaient les grandes actions des guerres de Napoléon. Sur le sommet de l'Arc se déployait une vaste composition représentant l'apothéose du héros. L'Empereur, revêtu du grand costume impérial, comme au jour de son sacre, se tenait debout devant le trône. A ses deux côtés étaient deux figures représentant les génies de la guerre et de la paix. A chacun des angles étaient d'énormes trépieds d'où jaillissaient des flammes de couleur. Au milieu étaient groupés des trophées d'armes.

« Depuis l'Arc de triomphe de l'Étoile jusqu'à la place de la Concorde, régnaient deux longues files de piédestaux supportant alternativement des colonnes, des statues, des candélabres antiques et de grands vases en forme de lampe funèbre.

« Quatorze statues, de proportions colossales, représentant des victoires ailées, tenaient d'une main la palme consacrée, et de l'autre présentaient des couronnes au cercueil triomphateur.

« Huit statues allégoriques, au-dessus desquelles s'élevait, devant le palais Bourbon, une statue gigantesque de l'Immortalité, ornaient le pont de la Concorde. Le front ceint du diadème, la statue de l'Immortalité tenait de la main droite une couronne d'étoiles d'or qu'elle semblait prête à déposer sur le cercueil du mort illustre.

« Sur le quai des Invalides s'élevait la statue colossale de l'Empereur. Napoléon tenait dans sa main droite un large cordon auquel était attachée la croix de la Légion-d'Honneur; la main gauche était appuyée sur le sceptre. De là, cette grande figure de l'Empereur semblait dominer sur deux longues rangées de statues représentant les grands rois, les grands capitaines de la France, et qui décoraient l'avenue principale de l'esplanade jusqu'à la grille des Invalides.

« En avant de la grille d'entrée de l'Hôtel s'élevait un dais magnifique sous lequel devait s'arrêter le char impérial. Sur la façade de cette cour, en avant du portail de l'église, était une vaste chapelle ardente, de 54 pieds de haut, pour recevoir le corps de l'Empereur. Elle était de forme carrée, ornée de frontons aux armes impériales, et d'architraves contenant les portraits des généraux célèbres et les noms des grandes batailles de la République et de l'Empire. A la hauteur des combles, tout autour de la frise, apparaissaient en lettres d'or tous les noms des grands hommes de guerre depuis 1792.

« La chapelle était pavoisée dans tout son pourtour, et des bas-reliefs imitant le bronze y rappelaient de tous côtés les souvenirs de notre grande épopée militaire.

« Dans la nef de l'église, d'immenses tentures noires, à bordures argentées et relevées en rideaux, étaient garnies de trois magnifiques cordons, composés, le premier de guirlandes de laurier placées au-dessous des drapeaux des nations conquises; le deuxième d'écussons aux insignes impériaux, placés sur le milieu de chaque pilier; enfin, le troisième, d'une draperie représentant la couronne impériale, sur laquelle étaient croisés deux bâtons, le sceptre et l'aigle.

« Depuis le sol jusqu'au premier ordre d'architecture, tout le dôme était tendu d'une draperie en velours violet et or et parsemée de toutes les insignes impériaux.

« Au milieu s'élevait un immense catafalque entouré de trophées et de drapeaux, orné de plumes d'aigle et des armes de l'Empereur, rehaussé de quatre rideaux de velours brodé d'hermine, se relevant et soutenus par une couronne octogone. Aux quatre angles du catafalque s'élevaient quatres figures de victoires dorées et adossées à des trophées d'armes. Au sommet du monument, l'aigle impériale déployait fièrement ses ailes.

« Au fond de l'église, on avait construit un autel au-dessus duquel, à droite et à gauche, étaient deux tribunes pour les personnes de la suite du roi. Là étaient d'imenses estrades construites pour la Chambre des Pairs, la Chambre des Députés et les grands corps de la magistrature. L'église, dont les bas-côtés étaient garnis d'estrades, était transformée dans toute sa longueur en chapelle ardente. Plusieurs miliers de bougies supendues à des lustres étincelants, ou régnant en cordons lumineux le long des frises, répandaient une clarté éblouissante dans toutes les parties de l'église.

« Sur le devant des tribunes supérieures descendait une tenture noire et argentée. Sur la tenture, des couronnes vertes encadraient les inscriptions suivantes :

« Campo formio. — Code Napoléon. — Création de la Légion d'Honneur. — Concordat. — Rétablissement du culte. — Création de la cour des comptes. — Lunéville et Amiens. — Industrie, Commerce, Agriculture. — Lettres, Sciences et Arts. — Création de la Banque de France. — Création du conseil d'Etat. — Organisation de l'administration publique. — Travaux d'utilité publique.

« Au delà de la nef, des degrés tapissés de noir conduisaient au rond-point qui précédait le tombeau.

Du haut de la voûte pendaient de longues et majestueuses tentures de drap violet, portant pour armoiries l'aigle impériale, sur le manteau héraldique de pourpre et d'hermine, avec des N parmi des abeilles d'or.

« Tout le dôme était drapé de tentures de drap violet, parsemé d'abeilles d'or et portant des écussons au chiffre de l'Empereur.

« L'autel avait été transporté à l'abside. C'était là que l'archevêque de Paris, assisté de ses évêques, devait dire le service funèbre.

« Telle était la voie triomphale qu'avait à parcourir le cercueil de l'Empereur, avant de prendre possession du tombeau que lui avait assigné la munificence nationale.

« Maintenant, suivons le cortége.

« Le froid était instense. Cependant, malgré la rigueur de la température, la population de Paris et de vingt lieues à la ronde s'était, dès le matin, dirigée vers les lieux que devait parcourir le convoi de l'Empereur.

« Le cortége marcha dans l'ordre suivant:

« La gendarmerie de la Seine ; la garde municipale à cheval; deux escadrons du 7e lanciers; le général Darriule, commandant de la place, avec son état-major; un bataillon d'infanterie de ligne; la garde municipale à pied; les sapeurs-pompiers; deux escadrons du 7e lanciers; deux escadrons du 5e cuirassiers; le lieutenant-général Pajol, commandant la division, et son état-major; les officiers de toutes armes sans troupes, employés à Paris; l'école spéciale et militaire de Saint-Cyr; l'école polytechnique; l'école d'application d'état-major; un bataillon d'infanterie légère; deux batteries d'artillerie: un détachement du 1er bataillon de chasseurs à pied; sept

TOMBEAU DE NAPOLÉON Ier AUX INVALIDES.

compagnies du génie; les quatre compagnies de sous-officiers vétérans; deux escadrons du 5ᵉ cuirassiers; quatre escadrons de la garde nationale à cheval; le maréchal Gérard, commandant supérieur de la garde nationale de la Seine, et son état-major; la 2ᵉ légion de la garde nationale de la banlieue; la 1ʳᵉ légion de la garde nationale de Paris; deux escadrons de la garde nationale à cheval de Paris;

« Un carrosse, dans lequel était M. l'abbé Coquereau, aumônier venant de Sainte-Hélène;

« Les officiers généraux de l'armée de terre et de mer du cadre de réserve ou en retraite;

« Les officiers généraux de la marine royale;

« Le corps de musique funèbre;

« Le cheval de bataille;

« Un peloton de vingt-quatre sous-officiers décorés, pris dans les différents corps, sous les ordres d'un capitaine de la garde nationale;

« Un carrosse attelé de quatre chevaux, dans lequel étaient les membres de la commission de Sainte-Hélène, le lieutenant-général Gourgaud, le baron de Las-Cases, le comte de Rohan-Chabot;

« Un peloton de trente-quatre sous-officiers décorés, de toutes armes;

« Les maréchaux de France;

« Les quatre-vingt-six sous-officiers, portant les drapeaux des départements, sous les ordres d'un chef d'escadron;

« Le prince de Joinville et son état major;

« Les cinq cents marins arrivés avec le corps de l'Empereur.

« Venait ensuite le char funèbre, traîné par seize chevaux blancs, couverts de riches housses de deuil : les cordons d'honneur, fixés au poêle impérial, étaient tenus par MM. le maréchal duc de Reggio, grand-chancelier de la Légion-d'Honneur, le maréchal Molitor, l'amiral Roussin et le général Bertrand;

« Les anciens aides-de-camp et officiers civils et militaires de la maison de l'Empereur;

« Les préfets de la Seine et de police; les membres du conseil général, les maires, adjoints et conseils municipaux de Paris et des communes rurales; les anciens militaires de la garde impériale, en uniforme; la députation d'Ajaccio; les militaires en retraite.

« Tel était le nombreux et brillant cortége, presque exclusivement militaire, qui célébrait les funérailles de l'Empereur au milieu du deuil immense de tout un monde, dont le respect profond changeait le char funèbre en char de triomphe, et ajoutait la majesté de la sympathie nationale à l'ineffable majesté de la gloire, du malheur et de la mort : dernier et beau fleuron à la couronne d'immortalité du vaincu de Waterloo.

« A deux heures, au bruit du canon de l'hôtel des Invalides, le cercueil était arrivé devant la grille principale, où l'attendait l'archevêque de Paris, assisté de tout son clergé, pour dire les prières de l'eau bénite. Dans l'église, sous un magnifique dais de velours, surmonté de drapeaux et de panaches flottants, et à droite de l'autel, étaient le roi, portant l'uniforme de garde national, les ducs d'Orléans et de Nemours en habits de lieutenants-généraux, la reine et les princesses en grand deuil. Le clergé était à gauche de l'autel, en face du roi. Sur les estrades de la croix siégeaient la Chambre des Pairs et la Chambre des Députés; au dessous, le conseil d'État, la cour de cassation et la cour des comptes. Venaient ensuite, à droite, la cour royale, le conseil général et le conseil municipal, les états-majors de la garde nationale et de l'armée, et le conseil d'amirauté; à gauche étaient les membres de l'Université, de l'Institut, les corps savants, les tribunaux de première instance et de commerce. Les aides-de-camp, les officiers d'ordonnance, les écuyers du roi et des princes, les dames de la reine et des princesses, étaient dans une tribune, à gauche du roi, au-dessus des bancs des ministres. Dans la nef, sur les gradins, étaient des détachements d'honneur, l'état-major de l'hôtel des Invalides, les préfets et les maires des départements, les écoles, les marins de *la Belle-Poule*, une foule de militaires décorés. Au-dessous de l'orgue, un nombreux orchestre, et, dans les tribunes élevées, les personnes munies de billets. Auprès du catafalque, on remarquait les membres de la commission de Sainte-Hélène, et sur un fauteuil, à la suite du banc du clergé, le maréchal-gouverneur de l'hôtel des Invalides.

« A deux heures et demie, les prières de l'eau bénite dites, le clergé, vêtu de violet comme pour l'office des martyrs, fut recevoir le corps sous le porche drapé. En ce moment, du haut de l'estrade placée en avant des orgues, les trombones et les contrebases firent entendre une marche d'un double caractère, funèbre et triomphal à la fois : le canon retentit au dehors ; la garde nationale présenta les armes, les invalides serrèrent le sabre à leurs épaules, et le cercueil entra porté par des soldats et des marins. Ce fut un instant d'une admirable solennité. Tous les assistants étaient debout, la tête découverte, les yeux et les bras tendus vers ce cercueil, dans lequel reposait tant de gloire et de grandeur. Des invalides, qui faisaient la haie sur le passage du corps, s'étaient agenouillés malgré la consigne ; d'autres essuyaient les larmes roulant sur leurs paupières.

« En ce moment, le roi quitta la place qu'il occupait dans le dôme. Il était suivi des princes et des généraux Bertrand et Gourgaud, portant sur un coussin de velours, l'un l'épée, l'autre le chapeau de l'Empereur. Il s'avança au devant du convoi que conduisait le prince de Joinville, l'épée à la main, et qui, la baissant jusqu'à terre, dit :

— « Sire, je vous présente le corps de l'Empereur Napoléon.

« Le roi répondit :

— « Je le reçois au nom de la France.

« Et il ajouta :

— « Général Bertrand, je vous charge de placer l'épée de l'Empereur sur son cercueil.

« Le général Bertrand obéit. Le roi reprit :

— « Général Gourgaud, placez sur le cercueil le chapeau de l'Empereur.

« Le général Gourgaud s'avança, et plaça le chapeau à côté de l'épée.

« Le service funèbre commença ; et, à cinq heures, le dernier vœu de l'Empereur était rempli. »

Le spectacle de ces funérailles grandioses et véritablement nationales émut profondément les esprits.

« Il y avait là six cent mille personnes, dit madame de Girardin
« qui y était. Paris est encore tout occupé de la grande cérémonie,
« chacun s'aborde en se demandant : Eh bien, comment l'avez-
« vous supportée ?

« Moi, dit un jeune peintre, ce qui m'a le plus frappé, c'est ce
« beau rayon du soleil qui tout à coup a illuminé le pont de la Con-
« corde, à l'instant même où le char venait de s'y arrêter. Les baïon-
« nettes, les lances, les casques, les housses de drap d'or qui cou-
« vraient les chevaux étincelaient; le char était éblouissant de
« clarté : c'était une véritable apothéose.

— « Moi, ce qui m'a fait battre le cœur, dit une jeune femme,
« c'est le moment où l'on a apporté à l'église le corps de
« l'Empereur. On a tiré le canon, et quand j'ai pensé que c'était
« le canon des Invalides, et qu'il ne l'entendait pas, je n'ai pu m'em-
« pêcher de pleurer.

« Et ces braves soldats de la vieille garde, s'écrie un écolier,
« ils étaient bien contents, allez, de revoir leur Empereur. Ils pleu-
« raient joliment (1). »

Oui, Paris tout entier assista à ces funérailles, la France y était
par ses représentants, par ses délégués, par ses soldats. Un seul
y manquait, qui avait plus qu'aucun autre le droit de s'y trouver;
c'était l'héritier légitime de l'Empereur, celui que la destinée tenait
en réserve, pour continuer sa dynastie.

Enfermé dans la sombre forteresse de Ham, le prince Louis
Napoléon sentait la France frémir autour de lui, et son âme, fran-
chissant les murs de sa prison, prenait sa part de l'émotion publique. Dans cette journée mémorable du 15 décembre 1840, il ne
voulut pas que le grand Empereur revînt dans sa capitale sans y être
reçu par l'amour, le respect et les larmes des siens ; et, s'élançant
au devant du char funèbre, par la pensée, il lui adressa cette pieuse
et touchante bienvenue.

« Citadelle de Ham, le 15 décembre 1840.

« Sire, vous revenez dans votre capitale, et le peuple en foule
« salue votre retour ; mais moi, du fond de mon cachot, je ne puis
« apercevoir qu'un rayon du soleil qui éclaire vos funérailles.

« N'en veuillez pas à votre famille de ce qu'elle n'est pas là
« pour vous recevoir : votre exil et vos malheurs ont cessé avec
« votre vie ; mais les nôtres durent toujours !

---

(1) Vicomte de Launay, *Lettres parisiennes*, 20 décembre 1840.

« Vous êtes mort sur un rocher, loin de la patrie et des vôtres :
« la main d'un fils n'a point fermé vos yeux. Aujourd'hui encore,
« aucun parent ne portera votre deuil.

« Montholon, lui que vous aimiez le plus parmi vos dévoués
« compagnons, vous a rendu les soins d'un fils ; il est resté fidèle
« à votre pensée, à vos dernières volontés ; il m'a rapporté vos
« dernières paroles : il est en prison avec moi.

« Un vaisseau français, conduit par un noble jeune homme,
« est allé réclamer vos cendres ; mais c'est en vain que vous cher-
« chiez sur le pont quelqu'un des vôtres : votre Famille n'y était
« pas !

« En abordant le sol français, un choc électrique s'est fait
« sentir ; vous vous êtes soulevé dans votre cercueil ; vos yeux, un
« moment, se sont rouverts ; le drapeau tricolore flottait sur le
« rivage ; mais votre aigle n'y était pas.

« Vous avez revu ces Français, que vous aimiez tant ; vous êtes
« revenu dans cette France que vous aviez rendue si grande ; mais
« l'étranger y a laissé des traces que toutes les pompes de votre
« retour n'effaceront pas.

« Sire, le peuple, c'est la bonne étoffe qui couvre notre beau
« pays ; mais ces hommes que vous avez faits si grands, et qui
« étaient si petits, ah ! Sire, ne les regrettez pas !

« Ils ont renié votre évangile, vos idées, votre gloire, votre
« sang ; quand je leur ai parlé de votre cause, ils nous ont dit :
« Nous ne la comprenons pas !

« Sire, le 15 décembre est un grand jour pour la France et
« pour moi. Du milieu de votre somptueux cortége, dédaignant
« certains hommages, vous avez un instant jeté vos regards sur
« ma sombre demeure, et, vous souvenant des caresses que vous
« prodiguiez à mon enfance, vous m'avez dit : Tu souffres pour
« moi, ami ; je suis content de toi (*Œuvres de Louis-Napoléon*
« *Bonaparte*, t. III, p. 1). »

LIVRE TROISIÈME

Le Prince prisonnier à Ham. — Calme de son esprit. — Ses travaux. — Analyse de ses ouvrages. — Sa résignation. — Sa popularité. — Il apprend la dernière maladie du roi Louis, et demande l'autorisation de se rendre près de lui. — Refus du Roi. — Il prépare une évasion. — Concours que lui donnent le docteur Conneau et Charles Thélin. — Évasion du 26 mai 1846. — Son arrivée à Londres. — Refus du chargé d'affaires de Toscane de lui permettre de se rendre à Florence. Révolution de 1848. — Le Prince se rend à Paris. — Il en est repoussé par le gouvernement Provisoire. — Affaiblissement de la République par ses excès. — L'attention publique se porte sur le Prince. — Il est élu député à l'Assemblée Constituante. — Incidents divers. — Il vient prendre sa place à l'Assemblée. — Élaboration de la Constitution. — Il accepte la candidature à la Présidence de la république. — Élection du 10 décembre 1848. — Le Prince à l'Élysée.

Voilà donc désormais le Prisonnier de Ham seul, entre ses grands murs, avec deux amis et un serviteur fidèle. Une chose le console, c'est la pensée que sa prison est sur le sol français; une autre le soutient, c'est le travail, qui avait toujours été et qui restera l'élément dominant de sa vie.

Et ce labeur patient, incessant, infatigable, ne parut jamais avoir besoin de se reposer et de reprendre haleine dans cette variété de sujets qui sont comme les délassements de l'intelligence : depuis les *Rêveries politiques*, qui parurent en 1832, jusqu'à la *Vie de César*, qui parut en 1866, Louis-Napoléon Bonaparte n'eut qu'un but, gouverner la France, et qu'une occupation pour se rendre digne du gouvernement, l'étude de l'histoire, de l'art militaire, de l'administration et de l'économie politique.

Chose remarquable et qui marque d'un signe distinctif les prédestinés, entre ces quatre murs de Ham, il gardait au fond de son âme la certitude de régner un jour; et, qui plus est, il osait le faire entendre. Dans la préface de sa belle étude sur la révolution d'Angleterre, écrite à Ham, le 10 mai 1841, il disait : « Soutenu par une foi ardente et une conscience pure, je m'enveloppe dans mon malheur avec résignation, et je me console du présent en voyant l'*avenir de mes ennemis* écrit en caractères ineffaçables dans l'histoire de tous les peuples. »

Cinq ans plus tard, il apercevait le but avec une demi-certitude, et il trouvait assez de fermeté dans ses espérances pour oser railler ceux qui doutaient, et « donner à penser aux moins bienveillants que, dans sa lutte avec la Fortune, celle-ci pourrait bien n'avoir pas le dernier mot (1). »

Parmi les lettrés de notre temps, nul n'a manié plus d'idées que Napoléon III ; et ceux qui ont étudié ses œuvres savent que nul n'a possédé à un plus haut degré que lui les qualités du grand écrivain. Il avait vingt-quatre ans lorsqu'il publia le premier de ses ouvrages, les *Rêveries politiques,* et il en avait cinquante-huit lorsqu'il publia le dernier, la *Vie de César* ; ils se rattachent l'un à l'autre, non-seulement par l'unité de sujet, qui est le développement de la démocratie sous l'égide d'un pouvoir populaire, mais encore par un perfectionnement de la même qualité du style, qui est la clarté, la force et la concision.

Les ouvrages de Louis-Napoléon Bonaparte peuvent être divisés en trois groupes distincts, mais rattachés l'un à l'autre par le lien d'une pensée commune.

Le premier groupe comprend les travaux consacrés à l'étude de la politique ou aux études historiques qui s'y rapportent; il contient:

1° *Rêveries politiques ;*
2° *Considérations politiques et militaires sur la Suisse;*
3° *Des Idées napoléoniennes ;*
4° *Fragments historiques,* ou comparaison des révolutions de 1688 et de 1830 ;
5° *Réponse à M. de Lamartine.*

Le deuxième groupe comprend les travaux relatifs à l'administration ou à l'économie politique; il contient :

1° *Extinction du Paupérisme ;*
2° *Analyse de la question des Sucres ;*
3° *Projet de loi sur le recrutement de l'armée ;*

---

(1) Louis-Napoléon Bonaparte, *Œuvres,* t. III. p. 290.

4° *Canal du Nicaragua*, ou Projet de jonction de l'Atlantique et du Pacifique, à l'aide d'un canal.

Le troisième groupe comprend les travaux relatifs à l'art ou à l'histoire militaires ; il contient :

1° *Manuel d'artillerie*, à l'usage des officiers d'artillerie de la République helvétique ;

2° *Etudes sur le passé et sur l'avenir de l'artillerie*.

Quoiqu'une partie seulement de ces ouvrages ait été composée à Ham, il nous a paru convenable et logique d'en concentrer l'examen dans la période correspondante à la captivité de l'auteur. Ham fut son principal cabinet d'études, ou, comme il le dit plus tard lui-même à des souverains surpris de son vaste savoir, Ham fut son *Université*. Nous réservons la *Vie de César* pour le groupe des travaux accomplis sous l'Empire.

Les *Rêveries politiques* parurent en 1832. C'est un coup d'œil jeté sur la société européenne en général et sur la société française en particulier. L'ébranlement produit par la révolution y est étudié avec soin, et l'auteur n'y voit un apaisement possible que dans l'alliance de la démocratie et d'une monarchie populaire. Comme conséquence de ses principes, nettement et sobrement développés, l'auteur jette les bases d'une constitution qui les résume ; et dans cette institution se trouvent des parties communes aux institutions de l'an VIII et à celles de 1852. Cet ouvrage n'est pas, malgré son titre, une conception utopique, comme celle de Rousseau ou de Mably, mais une étude sensée et pratique des vues et des moyens de Gouvernement, applicables à la société moderne. Le style en est ferme, sobre, clair et au-dessus de ce qu'on est en droit d'attendre d'un écrivain de vingt-quatre ans; c'est à l'occasion de ce livre que Châteaubriand adressa au Prince Louis-Napoléon la lettre dont nous avons parlé.

Les *Considérations politiques et militaires sur la Suisse* furent publiées en 1833. Ce livre, plus spécial que le précédent par son sujet, décèle des connaissances historiques développées et témoigne d'un jugement déjà mûri et sûr de lui-même. C'est une étude très-bien faite des modifications profondes que la Révolution française avait apportées dans l'organisation politique et civile de l'Helvétie, et une appréciation juste et saine des effets de la médiation de l'Empereur. Les changements survenus en Suisse à la suite des événements de 1815, l'état présent de l'organisation et des forces de ce pays, le rôle que sa situation de neutralité lui donne naturellement en Europe, sont l'objet d'observations précises et exactes, et témoignent d'un esprit droit, cultivé et sagace. Le style a encore gagné en fermeté, sans rien perdre de son coloris.

Les *Idées napoléoniennes*, publiées à Londres en 1839, sont, avec la *Vie de César*, en politique, et les *Études sur le passé et l'avenir de l'artillerie*, en histoire, les trois œuvres capitales de Louis Napoléon Bonaparte. Au fond, tout y est grand, presque tout y est vrai; et, dans la forme, le style a acquis des formes magistrales. Beaucoup de lettrés vont à la postérité avec des ouvrages moins importants et moins beaux; et l'on peut affirmer que, de notre temps, personne autre que leur auteur n'eût été en état de les concevoir et de les écrire.

Le livre des *Idées napoléoniennes* pourrait, au point de vue de la conception, être comparé au *Prince*, de Machiavel, avec cette réserve nécessaire et préalable, qu'au lieu de peindre un gouvernement idéal, fondé sur l'astuce et sur l'égoïsme, comme le *Prince*, l'auteur des *Idées* a peint un gouvernement réel, fondé sur le génie et sur le patriotisme; si bien que le livre français domine autant le livre italien, que l'Empereur Napoléon domine César Borgia.

Les *Idées napoléoniennes* sont divisées en cinq livres. Le premier est consacré aux principes généraux de la civilisation; le deuxième, à la mission politique et sociale de l'Empereur; le troisième, à l'organisation administrative, civile, financière, commerciale, judiciaire, universitaire, qu'il avait établie; le quatrième, à la politique étrangère de son gouvernement; le cinquième, au but définitif vers lequel tendait l'Empereur et à l'examen des causes de sa chute. Le plan ne saurait être, comme on voit, ni plus grand, ni plus net, ni plus beau.

Dans le premier livre, l'auteur met en lumière ces deux vérités : à savoir, d'abord que la civilisation progresse toujours, par la force intrinsèque de ses principes; ensuite, que ses grandes étapes sont déterminées par des esprits initiateurs, qui entraînent la société avec eux, tels qu'Alexandre, César, Charlemagne et Napoléon.

Dans le second livre, l'auteur caractérise le rôle de l'Empereur

Napoléon d'une manière aussi exacte qu'heureuse, en disant qu'il fut « l'exécuteur testamentaire de la Révolution. » Il fit accepter la liberté, en faisant disparaître, par une forte discipline, les excès qui l'avaient rendue redoutable; il fit accepter le pouvoir, en gouvernant avec les honnêtes gens de tous les partis, avec des modérés ou Feuillants, comme Rœderer et Regnier; avec des Jacobins, comme Brune et Réal; avec des royalistes, comme Devaisnes et Defresne; enfin, il fit respecter et aimer la religion proscrite, en ne faisant pas du clergé un moyen de gouvernement.

Honorant tous les héroïsmes, il fait placer aux Invalides, à côté des statues de Hoche, de Joubert, de Marceau, de Dugommier, de Dampierre, la statue de Condé, les cendres de Turenne et le cœur de Vauban. A Orléans, il fait revivre la mémoire de Jeanne d'Arc; à Beauvais, celle de Jeanne Hachette. En 1807, il fait de la reddition de Lafayette, enfermé à Olmutz depuis 1792, l'objet d'un article spécial du traité de Campo-Formio; et, toujours fidèle à ses principes de conciliation, il soulage par des pensions l'infortune de la sœur de Robespierre, de la veuve de Bailly, de la mère du duc d'Orléans, et soutient dans sa vieillesse la duchesse de Gesvres, dernière descendante du connétable Duguesclin.

Le troisième livre est un magnifique exposé de l'œuvre immortelle de l'Empereur, qui est l'organisation civile de la France, Préfets, sous-préfets, maires, conseils de préfectures, conseil d'État, Code civil, receveurs généraux et particuliers, Banque de France, Université, cours et tribunaux, Légion d'honneur, manufactures, industrie, agriculture, commerce, dépôts de mendicité, conscription, écoles militaires; ce sont là les organes mêmes par lesquels la France vit, respire, agit, se meut; ce sont les assises immuables sur lesquelles reposent l'ordre, la sécurité, l'action de l'Etat, la paix des familles; c'est le monument impérissable que Napoléon Ier a élevé, qu'aucune révolution n'a pu détruire, et dans lequel tous les gouvernements viennent l'un après l'autre s'établir, sans se souvenir, pour la plupart, du nom de l'architecte.

Le quatrième chapitre explique les principes qui dirigèrent la politique étrangère de l'Empereur, raconte la série des coalitions qui lui imposèrent des guerres incessantes, aussi ruineuses que glorieuses, et trace la curieuse histoire des rénovations que ces guerres opérèrent successivement en Italie, en Suisse et en Allemagne.

Le chapitre cinquième et dernier montre le but final de la politique de l'Empereur, qui était la paix, résultant d'une Europe équilibrée, et les causes de sa chute, dont la principale fut la précipitation trop grande avec laquelle il fut condamné à opérer, et la coalition de l'Europe féodale contre la France démocratique.

Les *Fragments historiques* sont, comme nous l'avons dit, un parallèle entre la révolution de 1688, opérée par Guillaume d'Orange, et la révolution de 1830, opérée par Louis-Philippe d'Orléans; et ils ont pour objet de montrer que ces deux révolutions n'ont pas eu les mêmes causes, et ne pouvaient avoir ni les mêmes résultats, ni la même durée. Ce beau travail, entièrement écrit dans la citadelle de Ham, et terminé le 10 mai 1841, affirme par avance la chute inévitable de la monarchie de 1830. Il contient une préface, quatre chapitres et une conclusion.

Le premier chapitre expose les tendances générales de la nation anglaise, depuis le xvie siècle, tendances qui consistèrent à poursuivre invariablement trois choses : l'affermissement de la réforme religieuse, la liberté absolue du Parlement; la prépondérance de la marine. La Politique de Guillaume d'Orange eut constamment pour but de servir ces trois tendances; celle des Stuarts fut employée à les contre-carrer.

Le chapitre second est employé à établir la différence des deux systèmes politiques, par un parallèle de Jacques II et de Guillaume III.

Le chapitre quatrième est un exposé du gouvernement des Stuarts.

La conclusion résume le livre. Guillaume fut l'homme de la nation, les Stuarts ne furent que les champions courageux et malheureux des vieilles prérogatives royales ; ils se montrèrent surtout préoccupés de leurs droits ; Guillaume se voua aux droits et aux intérêts de l'Angleterre. Il favorisa et développa ses tendances naturelles et légitimes, et fonda un ordre régulier de choses que rien de sérieux n'a ébranlé depuis près de deux cents ans.

Il résulte manifestement de cet exposé que la révolution de 1830 n'avait, en effet, aucun rapport avec celle de 1688. Guillaume ne consentit à devenir roi qu'après avoir été choisi par une assemblée spécialement investie du droit de l'élire, tandis que Louis-Philippe accepta le trône d'une assemblée bâtarde, n'ayant reçu du pays aucune mission de changer la dynastie et de choisir un nouveau roi. Guillaume fut le représentant de la réforme contre les Stuarts catholiques, tandis que Louis-Philippe ne fut qu'un proscripteur à l'égard de sa famille et un intrus à l'égard du pays.

La *Réponse à M. de Lamartine* est une belle page de l'histoire de la Révolution, dans laquelle sont comparés, au point de vue politique et moral, le gouvernement du Directoire et celui du Consulat. L'auteur des *Méditations* poétiques, dans une lettre à M. Chappuis-Montlaville, avait apprécié, ou déprécié, avec sa partialité et son hostilité bien connues, l'admirable époque du Consulat, qui vit renaître et se constituer la nation française, et lui avait préféré de beaucoup l'administration aussi féroce qu'imbécile du Directoire. Le prisonnier de Ham, ayant lu en août 1843 cette étrange diatribe, adressa à M. de Lamartine une lettre dans laquelle les hallucinations du poëte sont rectifiées à l'aide d'une science historique qui met les faits dans leur jour et d'une critique éclairée qui les juge.

Tels sont, à l'exception de la *Vie de César*, les ouvrages politiques ou historiques de Napoléon III. La plus haute raison y revêt les formes d'un style sobre, nerveux et concis.

La série des travaux consacrés à l'administration ou à l'économie politique s'ouvre par un travail sur l'*Extinction du Paupérisme*, mais ce travail, s'écartant un peu de la lettre de son titre, a réellement pour but le bien-être de la classe ouvrière.

C'est par l'agriculture et par l'occupation des portions incultes du sol facilitée à la classe ouvrière, que l'auteur propose de les amener à l'aisance. On voit qu'il a conservé le souvenir du projet de Napoléon Ier de faire des landes de Gascogne le domaine et le jardin des vétérans de sa garde, et l'on a l'explication des tentatives faites plus tard, à ses frais et à grands frais, pour améliorer ces Landes et la Sologne, les deux pays les plus déshérités de la France. Le désir d'améliorer le sort de ceux qui souffrent fut sa passion constante, car son regard souffrait aussi au spectacle du dénûment et des haillons. « La classe ouvrière ne possède rien, il faut la rendre propriétaire. Elle n'a de richesse que ses bras, il faut donner à ses bras un emploi utile pour tous. » Tels sont les sentiments qui ont inspiré le travail sur l'*Extinction du Paupérisme*, œuvre généreuse, pleine d'aperçus vrais et d'utiles enseignements.

L'*Analyse de la question des sucres* serait plus exactement intitulée : Etude sur l'agriculture, l'industrie et le commerce de la France. C'est un sérieux et beau travail, utile même aujourd'hui que la grande question des sucres a reçu du temps, de la science et de l'expérience sa véritable solution.

Comment le neveu de l'Empereur fut-il amené à étudier la fabrication et le commerce du sucre ? Indépendamment de l'activité de son esprit, qui le jetait dans toutes les investigations utiles, il avait pour ainsi dire un intérêt de dynastie à pénétrer dans cette question. La production du sucre de betteraves, qui est devenue, avec la production des vins, la principale source de la richesse agricole de la France, est due au génie de Napoléon Ier.

Pendant la durée du blocus continental, les denrées coloniales manquaient totalement, ne pouvant parvenir jusqu'à nous par des bâtiments français à travers les flottes anglaises, et l'Empereur ayant interdit les ports de l'Océan et de la Méditerranée à la navigation britannique. La volonté de Napoléon osa lutter contre la nature, et il résolut de donner au sol de l'Empire le sucre, le coton, l'indigo et la cochenille.

Une chimiste prussien, nommé Achard, avait extrait de la betterave du sucre comestible, et fixé à cinq pour cent du poids de la racine la matière saccharine produite. Un décret du 25 mars 1811 ordonna que 32,000 hectares de bonnes terres seraient consacrés à la culture de la betterave, et mit un million de francs à la disposition du ministre de l'intérieur pour encourager cette culture.

D'autres chimistes étaient également parvenus à extraire la fécule d'indigo, en tout semblable à celui de l'Inde, de la décoction du pastel; et deux habiles industriels de Lyon, les frères Gouin, avaient réussi à produire avec la garance la couleur écarlate due jusqu'alors à la cochenille.

Enfin, la culture du coton fut essayée dans la campagne de Rome et dans le royaume de Naples. Rome donnait, en 1812, cent mille livres de coton, et Naples trois millions.

La fabrication du sucre de betteraves s'opérait déjà, en 1812, dans trois cent trente-quatre manufactures; et, indépendamment de la subvention du trésor, les producteurs furent stimulés par une monnaie toute française, la croix de la Légion d'honneur. M. Benjamin Delessert fut décoré pour son sucre par décret du 2 janvier 1812.

Comment donc la production du sucre de betteraves arriva-t-elle à être une *Question?* Le voici. Après la Restauration, les colonies envoyèrent leurs produits en France. Dès ce moment, deux sucres se partagèrent le marché. Plus tard, sous l'influence des idées de liberté commerciale, les sucres étrangers y pénétrèrent. Dès lors, les concurrents furent au nombre de trois. Il y en avait trop, eu égard au vide insuffisant que faisaient l'exportation, après raffinage, et la consommation intérieure. De là naquit la difficile question de savoir comment l'existence des trois sucres sur le même marché pouvait être conciliée et maintenue ; question immense, intéressant à la fois les colonies et la France, la navigation et le trésor.

C'est à ce quadruple point de vue que le problème est traité dans l'ouvrage du prince Louis-Napoléon. Tout y abonde, le bon sens, la sagacité, les faits, le patriotisme ; et l'on peut affirmer que pendant les vingt-cinq années qu'a duré le débat, aucun écrivain ne l'a abordé avec une plus haute raison et une instruction plus solide.

Le *Projet de loi sur le recrutement de l'armée* est un travail de la plus haute portée, et il eût plus tard sauvé la France, si ses principes avaient prévalu.

« Notre rôle politique, notre position comme peuple, dit le Prince, nous font un devoir d'organiser nos forces, non *pour aller de nouveau conquérir le monde,* mais pour nous mettre à jamais à *l'abri de toute invasion.* »

Il rappelle l'exemple de la Prusse qui, fière de la gloire militaire acquise sous le grand Frédéric, demeura stationnaire, mettant toute sa *sécurité dans ses souvenirs,* et qui, faute d'avoir progressé, fut arrêtée par Dumouriez dans l'Argonne et écrasée à Iéna par Napoléon. Alors seulement, instruite par ses désastres, et voulant empêcher qu'une nouvelle catastrophe vînt anéantir en un jour la patrie, « elle établit chez elle la plus belle organisation militaire qui ait jamais existé parmi les nations civilisées. »

Le Prince ajoute alors ces paroles profondes : « Eh, bien nous

LE PRINCE LOUIS-NAPOLÉON EN 1840, D'APRÈS UN PORTRAIT DU TEMPS.

aussi, *nous vivons sur notre gloire passée ;* mais le terrible exemple de Waterloo ne nous a pas profité : NOUS SOMMES SANS DÉFENSE ! » Cette prophétie a été écrite dans la prison de Ham, le 29 avril 1843.

Aux yeux de Louis-Napoléon, une loi sur le recrutement et sur l'organisation de l'armée est donc une question d'existence... une question beaucoup plus politique que militaire. » Selon lui, le problème a résoudre se pose en ces termes :

« Pour résister à une coalition, il faut à la France une armée immense, composée d'hommes exercés; de plus, il faut que cette armée puisse encore se reformer avec des hommes exercés, dans le cas d'un premier revers. »

Après avoir exposé l'organisation militaire de la Prusse, le Prince propose de l'appliquer à la France. « L'organisation prussienne, dit-il, est la seule qui convienne à notre nature démocratique, à nos mœurs égalitaires, à notre situation politique, car elle se base sur la justice, l'égalité, l'économie, et a pour but, non la conquête, mais l'indépendance. »

Le système prussien, appliqué à la France, produirait une armée d'UN MILLION ET DEMI de soldats, divisés en : armée permanente, réserve du premier ban, réserve du deuxième ban. D'après les principes appliqués au chiffre des contingents annuels et à la durée du service, l'armée permanente n'aurait que 227,000 hommes; mais la réserve du premier ban en aurait 521,000 ; et la réserve du deuxième ban, 677,000. A l'étude de cette organisation est jointe une étude de la dépense, avec des détails. De cette étude il résulte que ce *million et demi* de soldats exercés ne coûterait à la France qu'une somme de 239 millions de francs, n'atteignant pas la somme que coûte une armée bien inférieure.

Ce système d'organisation militaire se complétait par la création de grandes divisions territoriales, ayant chacune ses arsenaux, ses dépôts d'armes, ses approvisionnements ; et l'ensemble des troupes, divisé en brigades et en corps d'armées, pouvait passer rapidement et sans encombre du pied de paix au pied de guerre.

Ainsi, vingt-cinq ans avant la fatale guerre de 1870, le prince Louis-Napoléon avait dénoncé l'insuffisance de notre organisation militaire, exposé le danger de vivre sur nos souvenirs, comme la Prusse l'avait fait depuis le grand Frédéric ; il avait expliqué l'admirable système de la Prusse, démontré comment il s'alliait à nos principes démocratiques, et formulé, en personnel, matériel et dépenses, la création d'une armée de QUINZE CENT MILLE HOMMES, considérée comme indispensable pour garantir à tout jamais l'indépendance du pays.

L'histoire s'est chargée de démontrer s'il avait raison ; et, tout en regrettant que lorsque, devenu empereur, il soumit de nouveau ses idées au Conseil d'Etat, aux maréchaux et au Corps législatif, en 1868, il n'ait pas assez énergiquement pesé sur l'opinion publique pour entraîner son adhésion, on est bien forcé d'exonérer sa mémoire de la responsabilité qui revient aussi à tant d'autres de l'échec de son patriotique dessein.

Le projet du *canal de Nicaragua*, qui aurait mis en communication l'Océan atlantique et l'Océan pacifique, était le fruit des méditations du Prince, pendant sa navigation dans les mers du Sud et son séjour à New-York. L'idée de couper l'isthme étroit qui sépare les deux mers, entre l'Etat de Nicaragua et celui de Bogota, était si pratique, qu'elle fit éclore deux projets parallèles.

Le premier, celui du Prince, consistait à remonter le rio San Juan, jusqu'au lac de Nicaragua, et à percer ensuite le contre-fort qui sépare le lac du Pacifique.

Le second consistait à remonter le Chagres jusqu'à son point le plus élevé, à Cruces, et à établir là le bief de partage.

Ce dernier projet semblait en lui-même si praticable, que le gouvernement français le fit étudier, en 1843, par l'ingénieur Garella. Mais cet ingénieur étant resté malade à Panama, ce fut M. Courtines, placé sous ses ordres, qui fit le nivellement, à travers les forêts vierges de l'isthme. Ce travail de neuf mois démontra l'impraticabilité réelle du canal, faute d'eau d'alimentation au point de partage, et établit la nécessité de lui substituer le chemin de fer actuel, de Chagres à Panama, qui a été exécuté par une compagnie américaine, mais dont l'initiative est due à un ingénieur français.

En ce qui touche le canal de Nicaragua, par le rio San Juan et le lac, M. Casteillon et M. Marcoletta, chargés des intérêts de l'Etat de Nicaragua, entrèrent en pourparlers avec le Prince, au château de Ham, en 1845 et en 1846, pour l'exécution de son projet, dont les événements ultérieurs amenèrent l'abandon.

Le troisième et dernier groupe des travaux du prince Louis-Napoléon comprend, avons-nous dit, ses études militaires. Elles produisirent deux ouvrages diversement remarquables : le *Manuel d'artillerie*, à l'usage des officiers d'artillerie de l'armée helvétique ; et le traité sur *le Passé et l'Avenir de l'artillerie*.

Le *Manuel* est ce que sont d'ordinaire les compositions de ce genre, c'est-à-dire un traité succinct, technique, comprenant la théorie et la pratique du maniement du canon. Les journaux du temps accueillirent très-favorablement cet ouvrage, qui annonçait des grandes connaissances déjà acquises par un officier de vingt-cinq ans.

Le traité sur *le Passé et l'Avenir de l'artillerie* est, à propos des armes à feu, un travail historique du premier ordre, fondé sur une idée entièrement neuve, mettant en lumière des faits aussi curieux que généralement ignorés, et constituant l'œuvre de ce genre la plus intéressante qui ait été écrite en notre langue.

L'idée neuve mise en lumière, c'est que les transformations de la société ont été la conséquence de la transformation des armes. « Au xive siècle, tout cède devant l'homme d'armes à cheval, et tout change pour lui résister. Au xve siècle, tout se transforme pour résister à l'archer ; au xvie siècle, tout se modifie pour résister au gros bataillons de piquiers ; puis, enfin, vient le règne du canon, qui domine tous les ordres de bataille, et force infanterie et cavalerie à obéir à ses lois. »

L'artillerie *à feu*, en prenant la place de l'artillerie *à machines*, et en faisant renaître la tactique et la stratégie, a fait prévaloir l'autorité royale, réduit les grands vassaux et créé l'unité française. C'est à partir de Charles VII qu'elle joue son grand rôle politique, car il fut le premier roi qui n'eut pas besoin d'emprunter des canons à ses bonnes villes.

Les aperçus les plus ingénieux et à la fois les plus vrais, une multitude de faits inconnus et mis en lumière, une foule d'erreurs accréditées, détruites à l'aide d'une critique habile et savante, font du traité sur *le Passé et l'Avenir de l'artillerie* un livre du plus haut intérêt. Quoique resté inachevé, l'ouvrage traite néanmoins à fond la série des progrès dus à l'emploi de la poudre, et l'influence que ces progrès ont exercée sur l'art de la guerre et sur la société. Des dessins habilement exécutés placent sous les yeux du lecteur les machines de guerre les plus importantes ; et quelques lignes, dictées par une équité affectueuse, font connaître que les copies de ces dessins, dus à une bienveillante communication de M. de Saulcy, alors directeur du musée d'artillerie, sont l'œuvre du fidèle docteur Conneau, compagnon de captivité du Prince.

Si l'on considère les sujets divers, élevés, difficiles, traités dans ces ouvrages, on reconnaîtra que jamais ni la France, ni aucun autre pays ne possédèrent un souverain aussi instruit. Surtout, on n'en citerait pas un seul qui se fût préparé au gouvernement d'un pays par d'aussi fortes études sur la politique, l'administration, l'agriculture, le commerce, l'industrie, les finances, les voies de communications, les améliorations matérielles et morales de toute sorte. Aussi a-t-on, sous son règne, beaucoup plus agi que parlé, et construit plus de kilomètres de chemins de fer que de phrases. Ce n'est pas d'ailleurs que la parole lui manquât. Ecrivain d'un grand style, il avait l'art du discours qui émeut et qui frappe ; et nous le verrons bientôt, lorsque la roue de la fortune aura tourné, passionner la Bourgogne, l'Alsace, la Normandie, la Bretagne, Paris même, par une éloquence qu'aucun orateur politique n'a surpassée.

Cinq années se passèrent ainsi dans cette prison, avec le travail et les deux amis volontairement voués à la captivité. Le voyage du roi Louis-Philippe en Angleterre avait amené une amnistie, dont profitèrent quelques-uns des compagnons du Prince, MM. Bouffet Montauban, Orsi, Bataille, Ornano et Forestier. Le docteur Conneau fut ajouté à l'ordonnance, au mois d'octobre 1844, mais il demanda et obtint de rester à Ham. Quatre vieux et braves officiers de l'Empire n'avaient pu toucher la clémence royale ; Montholon, Voisin, Mésonan et Parquin.

Quant au Prince, il aimait mieux la captivité en France que la liberté dans l'exil.

Les consolations extérieures n'avaient pas manqué au prisonnier. Quelques amis avaient obtenu la permission de le visiter ; et un jour il répondait aux consolations du fidèle Belmontet : « Ne me plaignez pas tant ; on ne s'intéresse en France qu'à ceux qui souffrent. » C'est au même qu'il avait dit, à la Conciergerie, dans la cellule de Fieschi : « Ici, je suis encore plus près des Tuileries qu'en Angleterre. »

L'arrivée en France des cendres de l'Empereur avait exalté les sentiments de l'armée ; et telle était l'affection des soldats pour le noble captif, qu'on était obligé de changer souvent la garnison. Un jour de l'année 1845, le général Changarnier se rendit à la forteresse de Ham, pour inspecter la garnison. Il n'alla pas faire visite au prisonnier, mais il fit sortir la petite garnison du château, où il ne laissa qu'un sous-officier, avec environ trente hommes. Le sous-officier cherche un prétexte pour s'approcher de la prison du Prince, et, passant près de lui, il lui dit : « Nous ne sommes ici que quelques hommes, et nous n'avons tous qu'une même pensée : si le prisonnier veut s'échapper, nous serons tous aveugles et muets. » Le Prince, touché de cette ouverture, répond : « Merci au brave qui me parle ; mais je ne veux faire courir de danger à personne. » Le sous-officier insista vivement ; le prince resta inébranlable. Ce sous-officier se nommait Trillard. Il était de l'Ariége ; il est mort, en 1859, commandant de place à Péronne.

Un autre jour, on voulut caserner momentanément au fort de Ham un régiment destiné à une autre garnison. Réflexion faite, on fit sortir la troupe, qui bivouaqua au dehors ; mais avant la sortie, un sous-officier était entré pour affaire de service et avait laissé tomber une pierre enveloppée d'un papier. Le billet contenait ces mots : « Le régiment désire être passé en revue par vous demain matin. » En effet, le lendemain, le Prince se rendit au lieu de sa promenade habituelle, et il put voir défiler le régiment.

Il était donc, non-seulement résigné, mais résolu à sa prison ; et il écrivait à un ami : « Je ne partirai d'ici que pour me rendre au cimetière ou *aux Tuileries.* »

Cependant, une lettre qu'il reçut au mois de décembre 1845 changea le cours de ses sentiments. Le roi Louis, son père, était malade à Florence, et voulait le voir avant de mourir. Il écrivit au gouvernement français en vue d'obtenir cette autorisation pour son fils ; la lettre du roi resta sans résultat. Informé du refus, le Prince adressa la lettre suivant à M. Duchâtel, ministre l'intérieur:

« Monsieur, mon père, dont l'âge et les infirmités réclament

« mes soins, a demandé au Gouvernement de m'autoriser à aller
« les lui rendre. Sa démarche n'a pas été suivie de résultat : d'après
« ce que j'entends dire, on exige de moi des garanties formelles.
« En pareille circonstance, ma détermination ne saurait être dou-
« teuse, et je suis prêt à faire tout ce qui sera compatible avec
« mon honneur pour parvenir à offrir à mon père les consolations
« auxquelles il a droit de ma part.

« Je vous déclare donc, Monsieur, que, si le Gouvernement
« français consent à me permettre le voyage de Florence pour y
« remplir ce devoir sacré, je promets, sur l'honneur, de revenir et
« de me remettre à sa disposition aussitôt qu'il m'en exprimera le
« désir.

Le ministère s'étant déclaré incompétent et ayant renvoyé la demande du Prince au Roi, le prisonnier lui écrivit, le 14 janvier 1846, la lettre suivante, qui lui fut remise par le prince de la Moskowa :

« Sire,

« Ce n'est pas sans une vive émotion que je viens m'adresser
« à Votre Majesté pour lui demander la permission de quitter la France
« pour un temps très-court. Depuis cinq ans le bonheur de respirer
« l'air de ma patrie a compensé pour moi les tourments de la capti-
« vité. Mais l'âge et les infirmités de mon père réclament impérieu-
« sement mes soins. Il a fait appel au concours de personnes bien
« connues par leur attachement à Votre Majesté, et il est de mon
« devoir de joindre mes efforts aux siens.

« Le conseil des ministres n'a pas pensé que la question fût de
« sa compétence. Je m'adresse donc à vous, plein de confiance
« dans l'humanité de vos sentiments, et je soumets ma requête à
« votre haute appréciation.

« Votre Majesté, j'en suis convaincu, comprendra une démar-
« che qui, d'avance, engage ma gratitude, et, touchée de l'isole-
« ment d'un proscrit qui a su gagner sur le trône l'estime de toute
« l'Europe, elle exaucera les vœux de mon père et les miens.

« Je vous prie, etc., etc.

« L.-N. Bonaparte. »

Le Roi hésita comme ses ministres, n'osant lâcher son prisonnier malgré les garanties qu'il offrait, et auxquelles il ne se serait certainement pas soustrait. On voulait qu'il demandât sa grâce, en termes exprès et formels. Le prince refusa d'abaisser la dignité de son caractère et de son nom ; il avait offert tout ce qu'un homme comme lui pouvait donner, sa parole ! « plutôt mourir mille fois en prison, s'écria-t-il, que d'avilir mon caractère. Mon père me pardonnera, et il comprendra les motifs qui m'empêchent d'aller lui fermer les yeux. »

Le refus cruel du gouvernement leva ses scrupules ; et ne pouvant sortir momentanément d'une prison où il s'engageait à rentrer, il résolut d'en sortir définitivement, libre de sa parole comme de sa personne. Dès la fin de janvier 1846, ses pensées se portèrent sur les moyens d'opérer une évasion.

Vers le 15 mai, le projet était mûri et arrêté d'une manière générale ; et deux anglais étant venus, le 23, lui faire visite, ils lui laissèrent, sur sa demande, leurs passeports ; dès lors, l'exécution fut fixée au 26 mai.

Deux confidents avaient arrêté les détails du projet avec le Prince, s'y réservant chacun une part différente.

Le premier était le docteur Conneau, noble et affectueuse nature, qui trouve dans la douceur l'énergie que d'autres puisent dans la violence. Né en Lombardie de parents français, il embrassa la carrière médicale, et devint, pendant quelque temps, secrétaire du roi Louis. Ayant, pendant l'insurrection italienne de 1831, donné ses soins à un blessé patriote, crime puni alors des galères, il se réfugia à Arenenberg, auprès de la Reine Hortense, à laquelle il resta attaché, et qui, dans son testament, recommanda au Prince de le garder près de lui.

Le second était Charles Thélin, le dévouement même, appartenant à cet ordre de serviteurs qui s'élèvent par leurs sentiments à la dignité d'amis.

Donc, l'évasion avait été fixée au 26 mai, à sept heures du matin. La veille au soir, Charles Thélin, qui sortait régulièrement pour les commissions du Prince, avait retenu un cabriolet pour le lendemain, sous prétexte d'un voyage à faire à Saint-Quentin. La nature et la disposition des lieux ne permettaient d'autre évasion

qu'une échappée furtive, consistant à franchir les guichets sous un déguisement. Par un hasard heureux, de nombreux ouvriers travaillaient au logement des prisonniers, pour des réparations.

Le Prince coupa ses moustaches, se couvrit d'une blouse commune, se coiffa d'une casquette, chaussa de gros sabots, chargea de champ sur son épaule une planche arrachée de sa bibliothèque, et s'en couvrit le visage. Ainsi préparé, il descendit l'escalier de sa prison. Charles Thélin, qui avait, comme d'ordinaire, obtenu l'autorisation d'aller en ville, le précédait de quelques pas, conduisant son chien en laisse, ce qui détournait toujours un peu l'attention.

Abrité par sa planche, le faux menuisier traversa les deux cours sans être reconnu. Cependant, en arrivant au deuxième guichet, le Prince et Thélin rencontrèrent un groupe d'ouvriers qui entraient au château. L'un d'eux, considérant l'homme à la planche, dit tout haut à l'un de ses camarades : « Quel est donc celui-là ? Je ne le connais pas. — Ne vois-tu pas, répondent les camarades, que c'est Badinguet ? » Satisfait de cette réponse, l'ouvrier curieux suivit son groupe, et le Prince, pris pour Badinguet, continua sa route. Un peu plus loin, il passe près d'un officier qui lisait une lettre, et traverse un groupe d'environ trente soldats. Il arrive ainsi au point le plus critique ; il se trouve devant le portier-consigne, l'homme en possession de la clef des champs. Thélin engage avec lui un échange de civilités, le planton ouvre la grille à l'homme à la planche ; et, après six années de prison, commence enfin la première heure de la liberté !

Cependant, tout n'était pas fini encore. Pendant que le Prince, en sabots, portant toujours sa planche, marchait aussi vite que possible sur la route de Saint-Quentin, Charles Thélin entrait dans la ville de Ham, et allait chercher le cabriolet. Le prince arriva assez rapidement, malgré son fardeau et sa chaussure, en face du cimetière de Saint-Sulpice, au milieu duquel s'élève une grande croix. Il était à un kilomètre de la ville. Il se mit à genoux, et remercia Dieu d'une délivrance qui lui permettait d'aller fermer les yeux de son père. L'âme pleine, ainsi qu'elle le fut toute sa vie, d'idées religieuses, il avait emporté sur lui, comme talisman, malgré le danger d'un tel témoignage, deux lettres, une de la reine Hortense, sa mère, l'autre de l'Empereur. Dans celle-ci, l'Empereur disait

« J'espère que Louis-Napoléon grandira pour se rendre digne des
« destinées qui l'attendent. »

Enfin, Charles Thélin arriva avec sa voiture ; mais une autre la suivait de près ; la planche fit encore son office, et le fugitif ne la quitta qu'après que la seconde voiture eut dépassé la sienne. Alors, jetant ses sabots, il s'élança dans le cabriolet, prit les rênes, et se dirigea rapidement vers Saint-Quentin. En ce moment, deux gendarmes à cheval sortaient du village ; mais heureusement, ils prirent la direction de Péronne.

Un peu avant l'entrée de Saint-Quentin, le Prince descendit de voiture, contourna la ville, et alla attendre Thélin, chargé de prendre une voiture nouvelle, sur la route de Cambrai. Il marcha longtemps et attendit encore davantage. Son compagnon n'arrivait pas. Il s'assit, un peu inquiet. Il était là, rêvant sur son existence si remplie de luttes, lorsqu'une forte secousse vint l'ébranler. C'était son chien fidèle, qui avait pris les devants, et qui annonçait l'arrivée de Charles Thélin. Celui-ci arrivait avec la voiture du maître de poste, attelée de deux chevaux vigoureux, qui le portèrent rapidement à Valenciennes. Une heure après, il passait la frontière à Quiévrain. De là, il se rendit à Bruxelles, et puis en Angleterre, par Ostende.

Arrivé à Londres le 28 mai, il adressa, le jour même, à M. de Saint-Aulaire, ambassadeur de France, la lettre suivante :

« Monsieur le Comte,

« Je viens déclarer avec franchise à l'homme qui a été l'ami de
« ma mère, qu'en m'échappant de ma prison je n'ai eu nullement
« le projet de recommencer contre le Gouvernement français des
« tentatives qui m'ont été si désastreuses ; mon seul but a été
« d'aller voir mon vieux père.

« Avant de prendre cette détermination, j'ai épuisé tous les
« moyens de sollicitation pour obtenir la permission d'aller en
« France, et j'ai offert toutes les garanties compatibles avec mon
« honneur. Mais mes démarches ayant été repoussées, j'ai fait ce
« que firent sous le règne de Henri IV, dans des circonstances
« semblables, les ducs de Guise et de Nemours.

« Je vous prie d'informer le Gouvernement français de mes
« intentions pacifiques, et j'espère que cette déclaration toute spon-
« tanée de ma part hâtera la délivrance des amis que j'ai laissés en
« prison.

« L.-N. BONAPARTE.

« Londres, ce 28 mai 1846. »

Si sa première pensée avait été pour rassurer le gouvernement français, dans l'intérêt de ses amis restés en prison, la seconde fut pour se rendre auprès de son père mourant. Le représentant de la cour de Toscane à Londres refusa tout d'abord de donner les passeports nécessaires. Prié de consentir au moins au voyage du prince en Italie, il demanda des instructions à sa cour, laquelle consulta le cabinet des Tuileries. Pressé enfin de faire une réponse catégorique, le chargé d'affaires de Toscane répondit que l'*influence française* ne lui permettait pas d'autoriser, même pendant *vingt-quatre heures,* la présence du Prince à Florence. Ces négociations avaient pris un mois et demi; et le Prince apprenait que le roi Louis, son père, venait de mourir le 25 juillet.

Son fils n'avait pu lui fermer les yeux, et il ne put pas davantage assister aux funérailles qui lui furent faites, le 29 septembre 1847, à Saint-Leu, où, conformément au vœu exprimé dans son testament, son corps et celui de ses deux fils morts, l'aîné en Hollande, en 1807, l'autre en Italie, en 1831, furent réunis aux cendres de son père, Charles Bonaparte.

Un grand nombre de vieux militaires, débris des armées impériales, se réunirent au capitaine Lecomte, pour rendre les derniers devoirs au frère de leur Empereur; et le prince Louis-Napoléon adressa au capitaine Lecomte la lettre suivante :

« Londres, 4 octobre 1847.

« Monsieur, les témoignages de respect offerts à la mémoire de
« mon père, le 29 septembre dernier, m'ont vivement ému, et j'ai
« surtout été touché d'apprendre qu'un grand nombre d'anciens
« militaires de l'Empire assistaient à cette pieuse cérémonie.
« Je viens aujourd'hui remercier ces glorieux vétérans de nos

« armées, par l'entremise de leur digne chef, du tribut d'hommage
« rendu par eux à un ancien compagnon d'armes. »

Le prince rentra donc dans la retraite, reprit le travail et attendit.

Cependant, son évasion n'avait pu être longtemps cachée aux geôliers de Ham. Pendant la première moitié du jour du départ le docteur Conneau annonça que le Prince était malade. Il avait placé dans son lit, à l'aide de linges divers, une façon d'homme couché. A six heures du soir, le commandant du château vint demander des nouvelles, se disant porteur d'une dépêche qui lui ordonnait d'avoir une conversation avec le prisonnier. Le docteur répondit que le malade venait de s'assoupir, et s'opposa à ce qu'on le réveillât. Quelques instants après, le commandant revient. Même réponse du docteur, qui s'approche du malade avec précaution, tâte doucement son pouls, écoute sa respiration, et déclare que le sommeil est profond et nécessaire.

Cette comédie se renouvela trois fois. A la fin, le commandant, exaspéré, prend une chaise, s'assied à l'entrée de la chambre et attend. Bientôt, n'y tenant plus, il va lui aussi écouter la respiration, n'entend rien, découvre doucement la tête du dormeur et reconnaît la supercherie.

Le commandant était très violent. Le docteur Conneau, redoutant une explosion, se tenait hors de la porte, résolu à enfermer le commandant, si la prudence rendait cette précaution nécessaire. Le malheureux fut atterré, et ne trouva que ces mots : « Vous ne me direz pas depuis quand il est parti? — Si, répond le docteur, il est parti depuis ce matin, à sept heures. »

Le geôlier de service pour le soir, fut appelé et reçut ordre de garder le docteur Conneau à vue. L'infortuné n'avait qu'un cri : « Ma place est perdue ! » Le geôlier du matin, appelé à son tour, fut chargé de garder son camarade et le docteur. Ne comprenant rien à la fureur du commandant, il demanda des explications. Dès qu'il les eut reçues, il s'écria en éclatant de rire : « Il est parti? oh ! la bonne farce! ma place est perdue aussi, c'est vrai; mais c'est égal, c'est une bien bonne farce ! »

L'administration usa envers le docteur Conneau des procédés les plus odieusement inutiles ; on le traîna prisonnier à Péronne, avec les menottes. Des chaînes pour l'homme qui est la douceur et l'aménité mêmes ! L'affront public à l'affection et au dévouement sans bornes, c'était un acte de lèse-bon sens et de lèse-dignité ! la justice en fut honteuse, et le docteur reçut à Péronne les témoignages de la sympathie et de l'estime universelles. Le tribunal le condamna à trois mois de prison. Charles Thélin, contumace, eut six mois de la même peine. M⁰ Nogent Saint-Laurent les avait défendus avec talent.

Le prince passa à Londres, dans la retraite, les deux années qui suivirent. Il n'en sortit que dans une occasion qu'il n'est pas inutile d'expliquer. La révolution de Février eut à Londres un retentissement violent, et l'on crut à une prise d'armes du parti socialiste, connu en Angleterre sous le nom de *chartistes*. Dans un péril de ce genre, c'est l'usage en Angleterre d'inviter les citoyens les plus honorables à se faire inscrire dans leurs quartiers comme *constables spéciaux et volontaires*, pour maintenir, le cas échéant, l'ordre public. Le Prince se fit inscrire. En déférant ainsi aux usages anglais, le Prince reconnaissait autant qu'il était en lui ce qu'il devait à l'hospitalité de la Grande-Bretagne ; et comme à ce moment, la république était proclamée à Paris, offrir de combattre les chartistes à Londres n'était pas un acte de nature à lui concilier la démagogie.

Nous touchons donc à la Révolution de 1848 ; nous n'avons pas à la raconter en détail ; mais nous sommes obligés de mettre en lumière les points par lesquels elle justifia la politique Napoléonienne et en rendit le retour nécessaire.

La Révolution de 1848 est dominée toute entière par cette considération importante, que la monarchie parlementaire s'écroula subitement, au moment où elle semblait avoir plus de vitalité que jamais. Les élections générales du 1ᵉʳ août 1846 avaient donné au ministère conservateur, présidé par M. Guizot, une majorité d'environ *cent* voix. Le roi était encore plein de verdeur, l'armée était disciplinée, les parties battus au scrutin ; M. le duc de Nemours se préparait activement à l'exercice de la Régence. Tout semblait donc aplani et consolidé, juste quelques mois avant la catastrophe.

Eh bien, cet édifice politique va périr tout à coup par les éléments même qui le constituaient; et les deux hommes qui avaient le plus efficacement contribué à l'élever, M. Thiers et M. Odilon Barrot, vont être les principaux instruments de sa chute.

Ne pouvant vaincre dans le parlement un gouvernement appuyé par une majorité de cent voix, l'opposition parlementaire imagina de transporter le champ de bataille dans toutes les villes. Un homme au corps maladif, à l'esprit inquiet, au caractère violent et mobile, M. Duvergier de Hauranne imagina d'agiter la France par des banquets tumultueux. M. Odilon Barrot accepta un rôle actif dans ce plan; M. Thiers s'y rallia, sans s'y mêler d'une manière ostensible; et ces trois chefs de ce qu'on appelait alors l'opposition dynastique, formèrent un pacte avec M. Ledru-Rollin et les autres meneurs de la démagogie. Le premier banquet eut lieu, après la clôture de la cession de 1847, dans un lieu consacré à des bals grivois, qu'on appelle le Château-Rouge.

En ce moment, il n'était encore question que de renverser le ministère et de prendre sa place; mais peu à peu, l'horizon s'étendit et se rembrunit. Le 15 octobre, le mouvement tumultueux avait gagné la province; il y avait déjà eu quinze banquets, et les journaux en annonçaient encore dix-neuf. On entrait en pleine révolution; à Orléans, on étala le programme de la république; à Limoges, on démasqua le socialisme; à Autun, on prêcha le communisme; à Dijon, on déploya le drapeau rouge.

Le gouvernement, qui ne savait faire que des discours, n'osait agir et livrait la société. Pendant six mois, le désordre fut ainsi publiquement prêché. Lorsque la session législative fut ouverte, le 28 décembre 1847, la garde nationale de Paris, soutien de la monarchie de juillet, était gagnée; et, le 28 février, la 4ᵉ légion, après avoir rédigé une déclaration de *blâme* contre le ministère, l'envoya par un peloton à la chambre, où M. Crémieux en fit le dépôt sur la tribune. M. Dupin, autre coryphée du régime parlementaire, déclara que la garde nationale *n'avait jamais manqué à son devoir*.

La défense matérielle de ce régime, tentée à la dernière heure, se trouva donc impossible, la garde nationale s'étant partout érigée en protectrice des factieux; et M. Thiers et M. Barrot, les deux derniers ministres de cette monarchie, ne purent garder leurs portefeuilles qu'une demi-journée, tous deux emportés par la tempête qu'ils avaient soulevée.

Ainsi périt, en pleine paix, en pleine sécurité, en pleine majorité, le régime parlementaire de Juillet, n'ayant en face de lui d'autres adversaires que les forces même sur lesquelles son existence était fondée. Le roi vit derrière les barricades les idées et les hommes qui l'avaient porté au trône ; et ce fils de l'émeute recula épouvanté, n'ayant pas osé frapper sa mère.

Un pareil régime, expérimenté deux fois, sous deux dynasties différentes, était donc jugé par ses fruits; et il ne pouvait désormais conserver de crédit que dans l'esprit des ambitieux et des intrigants qui l'exploitent.

Deux heures après l'abdication et la fuite du roi, les poursuivants de pouvoir et de ministères, auxquels on avait cédé la place, eurent à fonder un gouvernement nouveau. La Chambre des députés avait été envahie ; les légitimistes jubilaient de voir chasser ceux qui les avaient chassés. Le seul républicain de l'Assemblée, M. Ledru-Rollin, gardait le silence, n'osant pas proposer la république. Enfin, après beaucoup de temps perdu, un ambitieux se décida. C'était Lamartine, grand talent, plus grande vanité, stérilité et impuissance absolues. Il monta à la tribune et commença de proclamer lui-même un gouvernement. Voici, pour que l'opinon publique le juge dans sa loyauté, ce gouvernement du 24 février 1848; nous tirons du *Moniteur*, journal alors officiel, les détails qui suivent :

« M. DE LAMARTINE. Je demande un gouvernement provisoire,
« qui ne préjuge rien sur celui qu'il plaira au pays de se donner
« quand il aura été consulté. — Attendant une éclaircie, au milieu
« du tapage, il continue ainsi : Je vais lire les noms: MM. Arago,
« Carnot.... Un bruit effroyable couvre sa voix. M. Dupont de
« l'Eure, président, continue et dit : Voici les noms : Arago,
« Lamartine, Dupont de l'Eure, Crémieux... Nouveau tumulte. »

« Reprenant, après le rétablissement d'un peu de calme,
« M. Dupont, un papier à la main, lit une troisième combinaison :
  « Lamartine, (Oui, oui !)
  « Ledru-Rollin, (Oui, oui !)
  « Arago, (Oui, oui !)

« Dupont de l'Eure, (Oui, oui!)
« Marie, (Oui, oui! Non!) »

Voilà le gouvernement nommé! Lamartine déclare lui-même que, resté à la tribune, *il souffla aux scrutateurs les noms qui se présentèrent le plus naturellement à son esprit.* Après quoi, il partit pour l'Hôtel-de-Ville, avec Bocage, acteur de la Porte-Saint-Martin.

Cependant, M. Ledru-Rollin, réveillé de sa stupeur, trouve que ce gouvernement, *soufflé* par Lamartine, n'était pas le bon; il monte à la tribune pour en fabriquer un autre, et s'exprime ainsi :

« Citoyens, vous faites ici un acte grave, en nommant un gou-
« vernement provisoire. Il y a eu des réclamations tout à l'heure.
« Un gouvernement ne peut pas se nommer d'une façon légère.
« Permettez-moi de vous dire les noms *qui semblent proclamés* par
« la majorité. A mesure que je lirai, suivant qu'ils *vous convien-*
« *dront* ou qu'ils ne vous conviendront pas, vous crierez *oui*, ou
non. (Très bien. Écoutons!)

« Dupont de l'Eure, (Oui, oui!)
« Arago, (Oui, oui!)
« Lamartine, (Oui, oui!)
« Ledru-Rollin, (Oui, oui!)
« Garnier-Pagès, (Oui, oui! Non!)
« Marie, (Oui, oui! Non!)
« Crémieux, (Oui, oui! Non!)

« *Une voix dans la foule :* Crémieux, mais pas Garnier-Pagès.
— Si! si! Non! — Il est mort, le bon. »

M. Ledru-Rollin continue : « Messieurs, le gouvernement pro-
« visoire *qui vient d'être nommé* a de grands devoirs à remplir. On va
« être obligé de lever la séance, pour se rendre au sein du gouver-
« nement. » — Là dessus, le gouvernement de M. Ledru-Rollin
« alla rejoindre le gouvernement de M. de Lamartine à l'Hôtel-
de-Ville, où il s'en trouvait déjà deux autres, celui qu'avaient nommé les rédacteurs du *National* et celui qui sortait des bureaux de la *Tribune*. Le journal le *National* avait fourni M. Armand Marrast, et le journal la *Tribune*, MM. Louis Blanc, Flocon et Albert, ouvrier en boutons.

L'instant où ces quatre gouvernements, arrivés de quatre côtés différents, se rencontrèrent à l'Hôtel-de-Ville, fut à la fois comique et lugubre. M. Crémieux, devant la Commission d'enquête, le décrivit ainsi : « Lorsque nous nous rendîmes à l'Hôtel-de-Ville pour notre installation, nous trouvâmes MM. Marrast, Flocon, Louis Blanc et Albert. Nous demandâmes : « Qui êtes-vous? » ils répondirent : « Nous avons été nommés membres du gouvernement « provisoire. — Par qui? » — Je crois qu'ils ont répondu : « Par la « Société démocratique. Si l'on nous avait demandé à nous-mêmes « par qui nous avions été nommés, nous aurions bien pu dire : « A « la Chambre; » mais non point : « Par la Chambre. »

Ainsi s'établit la république, le 24 février 1848. Les ambitieux y étaient; mais la France n'y était pas.

Ce gouvernement, qu'on déclarait *provisoire* vers quatre heures, devint *définitif* à huit. Lamartine, en rédigeant la première proclamation officielle, avait dit : « Le gouvernement provisoire déclare que le gouvernement *provisoire* de la France est le gouvernement républicain. » Les démagogues de la *Réforme* exigèrent que le mot *provisoire* fût biffé, et remplacé par le mot *actuel*. Lamartine se soumit, et c'est ainsi que nous eûmes la République.

Les ambitieux qui s'emparaient du pouvoir eurent l'impudence de dire à la France et à l'Europe, dans leur première proclamation : « Un gouvernement provisoire, sorti d'acclamation de la « voix du peuple et des députés des départements, est chargé « d'organiser la victoire. » On voit qu'il n'y avait pas eu d'acclamation, puisque les membres du gouvernement s'étaient nommés eux-mêmes.

Quant à la victoire, sur qui donc aurait-elle été remportée, puisqu'on n'avait pas combattu? A l'exception du poste du Château-d'Eau, en face du Palais-Royal, où une bande de forcenés eut l'infamie de brûler vivants une vingtaine de gardes municipaux, la garde nationale intervint partout, et empêcha tout conflit armé entre l'émeute et la troupe. Néanmoins, le langage du gouvernement eut pour premier effet de tromper la France et l'Europe, en donnant à croire qu'un peuple immense, vainqueur dans une lutte acharnée, l'avait chargé d'inaugurer un régime nouveau.

La nouvelle de la révolution retentit à Londres le 25 février. Le Prince Louis-Napoléon, estimant que les trois lois d'exil édictées contre sa famille, le 12 janvier 1816, le 24 août 1830 et le

10 avril 1832, étaient abrogées par l'établissement de la république, se hâta d'arriver à Paris. Il y était le 28 février, et il adressa au gouvernement provisoire la lettre suivante :

« Paris, ce 28 février 1848.

« Messieurs,

« Le peuple de Paris ayant détruit, par son héroïsme, les
« derniers vestiges de l'invasion étrangère, j'accours de l'exil
« pour me ranger sous le drapeau de la République qu'on vient de
« proclamer.

« Sans autre ambition que celle de servir mon pays, je viens
« annoncer mon arrivée aux membres du Gouvernement provisoire,
« et les assurer de mon dévouement à la cause qu'ils représentent,
« comme de ma sympathie pour leurs personnes.

« Agréez, Messieurs, l'assurance de ces sentiments.

« Louis-Napoléon Bonaparte. »

Pour toute réponse, le Prince fut immédiatement invité à sortir de France, ce qu'il fit le lendemain, en écrivant au Gouvernement que ne voulant pas être un sujet d'embarras, il s'éloignait provisoirement ; montrant ainsi la pureté de ses intentions et de son patriotisme. Il était d'ailleurs sage d'attendre l'effet produit par la proclamation de la République.

A Paris, ville de bourgeoisie, fière de ses richesses et de ses fêtes, l'effet fut désastreux. Le crédit fut anéanti, l'industrie et le commerce ruinés, la fortune publique et privée diminuée de moitié. Les ateliers se fermèrent, et cent mille ouvriers, successivement jetés sur le pavé, durent être nourris par le trésor. La garde nationale composée de bourgeois, de marchands, de chefs de maison, et pour laquelle un service de parade était un prétexte à décorations et à faveurs, comprit immédiatement qu'en renversant un roi qui ne régnait que par elle, c'était sa propre influence qu'elle venait de détruire à jamais, puisque le suffrage universel prenait sa place. Saisie de remords, stimulée par l'évidence de sa folie, elle voulut reprendre le pouvoir ; et, le 17 mars, les compagnies d'élite, dites des *Bonnets à poil*, se rendirent à l'Hôtel-de-Ville, avec le dessein bien arrêté de renverser le gouvernement provisoire. Celui-ci, prévenu et sur ses gardes, avait convoqué et réuni autour de lui, avec tous les repris de justice de Paris, les cent mille ouvriers qu'il nourrissait; et les *Bonnets à poil* reçurent un énergique accueil de coups de bâton et de coups de pied, digne récompense de leur extravagante conduite.

En province, la bourgeoisie fut également aterrée, puisqu'elle perdait l'influence politique dont elle était en possession depuis 1830; mais la petite propriété, la petite industrie, les populations rurales et urbaines furent ravies. Elles allaient désormais être comptées pour quelque chose, et, après n'avoir eu longtemps que des devoirs, elles allaient enfin avoir des droits. Les campagnes étaient couvertes de mats aux banderoles tricolores, et la démocratie, trente ans étouffée, se sentait renaître.

Si la république avait été capable de gouverner, elle était fondée !

Trois actes généraux la tuèrent en province ; l'envoi des commissaires, l'établissement des clubs et la création des ateliers nationaux.

Lorsque les départements virent arriver dans les préfectures et les sous-préfectures des individus inconnus ou trop connus, beaucoup perdus de dettes, dépenaillés, poursuivis par leurs bottiers ou leurs tailleurs, leur dignité se trouva blessée du contact de pareils administrateurs, dont les salons devinrent immédiatement des buvettes et des tabagies.

Lorsque les villages, livrés à la démogagie locale, excitée par des agents extérieurs, eurent presque tous leur club, ces déclamations, ce tapage, ces prédications insensées, où réapparaissaient Robespierre, Saint-Just et Danton, ne tardèrent pas à fatiguer et à inquiéter les populations paisibles, habituées à donner le jour au travail, la nuit au repos, et qui ne comprenaient pas comment, après qu'ils avaient accepté le régime nouveau sans répugnance, on venait ainsi troubler leur sécurité.

Mais lorsque les populations rurales eurent appris la formation des ateliers nationaux, lorsqu'on se dit parmi les travailleurs des champs que le gouvernement entretenait à Paris, aux frais du trésor, cent mille fainéants qui recevaient deux francs par jour pour jouer au bouchon, alors la république fut jugée et condamnée dans les provinces, comme un régime de rêveurs, d'ambitieux et d'incapables, qui avaient détruit un gouvernement, sans être en état de le remplacer.

Elle était ainsi perdue dans l'opinion générale, lorsque les 45 centimes par franc ajoutés à l'impôt direct, par décret du 16 mars, l'achevèrent sans retour.

A Paris, la république fut tuée par deux soulèvements socialistes et communistes qui mirent la société elle-même en péril; le soulèvement du 16 avril et celui du 15 mai.

La tentative avortée du 16 avril avait un double but; remplacer les éléments modérés du gouvernement provisoire par des communistes et des terroristes, et faire ajourner les élections indiquées pour le 22. M. Ledru-Rollin avait accepté de faire partie du gouvernement nouveau, et c'est au ministère de l'intérieur que la liste de ses membres fut discutée; mais lorsqu'il lui fut clairement démontré qu'il serait lui-même débordé et entraîné, il se résolut, dans la matinée du 16, à tout avouer à M. de Lamartine. Il fallait ou se défendre par la force ou périr. On fit battre le rappel pour réunir la garde nationale, on appela les bataillons des gardes mobiles, et l'on concentra à l'Hôtel-de-Ville toutes les troupes présentes à Paris, environ quinze cents hommes, dont le général Changarnier prit le commandement. Par un concours de circonstances heureuses, les défenseurs arrivèrent devant l'Hôtel-de-Ville un quart d'heure avant les assaillants, et Paris fut sauvé du communisme.

Les élections générales eurent lieu le 22 avril, et l'ouverture de la session eut lieu le 4 mai. Trois chefs de clubs importants, Cabet, Raspail et Blanqui n'avaient pas réussi à se faire élire. Le parti de la guerre générale, grossi par la masse des réfugiés italiens, allemands, polonais, et pour lequel une conflagration générale était une chance de reconquérir une patrie perdue, se réunit aux clubistes. Tous ensemble résolurent d'attaquer et de disperser, si c'était possible, une assemblée qui représentait un pouvoir régulier, normal et le besoin que la France avait de l'ordre.

L'attentat fut fixé au 15 mai. On prit pour prétexte une pétition à remettre à l'assemblée en faveur de la Pologne. Le gouvernement, quoique informé de la manifestation et de ses desseins, eut l'imprévoyance de ne pas faire garder l'enceinte législative. Elle fut envahie, et les chefs de la manifestation, perdus et noyés dans le tumulte, ne purent plus la diriger. Dès ce moment, le hasard fit tout. Barbès, quoique député, fut emporté par ses instincts et son tempérament de conspirateur ; il envahit la tribune et demanda qu'on votât la guerre immédiate et un impôt d'un milliard sur les riches.

Le désordre était horrible, lorsque, vers trois heures et demie, un clubiste de second ordre, Huber, prononça la dissolution de l'Assemblée. Le Président fut enlevé et chassé de son siége ; l'émeute resta la maîtresse, et l'on commença à fabriquer des gouvernements provisoires. Vers quatre heures, on en avait déjà proclamé deux, lorsque le son du tambour se fit entendre ; le 2me bataillon des gardes mobiles, commandé par M. Justinien Clary, fit son apparition ; et soudain, saisis de terreur, les envahisseurs s'enfuirent pêle-mêle par toutes les issues.

La journée du 15 mai fit éclater l'incurie du gouvernement, et retomba sur l'Assemblée qui avait donné la confiance à des hommes comme M. Ledru-Rollin et Caussidière. Dès ce jour, l'opinion publique, ne se sentant pas rassurée par ceux qui étaient à la tête de la France, chercha vaguement un sauveur. La nomination faite par trois colléges de trois membres de la famille impériale, Napoléon Bonaparte, fils de Jérôme, Pierre Bonaparte, fils de Lucien, et Lucien Murat, fut une première révélation. L'attaque dirigée, au sein de l'Assemblée, le 26 mai, par le citoyen Vignerte, contre l'élection des Princes, et si énergiquement repoussée par Napoléon Bonaparte, montra quelles étaient déjà les préoccupations des républicains ; mais les élections complémentaires du 6 juin élevèrent sur la situation un phare que les yeux de la France ne quitteront plus : quatre départements, dans le nombre desquels était celui de la Seine, envoyèrent spontanément à l'Assemblée Louis-Napoléon Bonaparte, l'héritier légitime de Napoléon Ier.

Dès le lendemain de cette mémorable élection, des rassemblements considérables se formèrent tous les soirs sur les boulevards, entre les portes Saint-Denis et Saint-Martin ; et, à la suite de colloques animés qui s'engageaient dans les groupes, on entendait éclater sur divers points des cris de *Vive Napoléon!* mêlés de *Vive Blanqui! Vive Barbès!*

Absolument étrangers à ces manifestations, qui n'étaient que l'expression des préoccupations publiques, les amis du Prince eurent hâte de décliner l'attache compromettante des clubistes; et, dès le 11 juin, le général Piat faisait couvrir les murs de Paris d'une déclaration dans laquelle était les lignes suivantes :

« Des meneurs perfides sèment l'agitation autour de nous; ils
« couvrent leurs projets du nom de notre concitoyen Napoléon-Louis
« Bonaparte, de ce nom qui repousse le désordre et l'anarchie.
« Evitez les piéges qu'on voudrait vous tendre; attendez avec calme
« la décision souveraine de l'Assemblée nationale : des ennemis
« peuvent seuls vous pousser à de blâmables démonstrations; elles
« seraient, croyez-moi, énergiquement désapprouvées par notre
« nouveau représentant, auquel la République vient de rendre une
« patrie, et qui m'écrivait de l'exil, le 16 mars dernier : — *Je n'ai
« pas d'autre ambition que d'être utile à mon pays, et je crois en
« avoir donné une grande preuve en m'éloignant; car je préférerai
« toujours sacrifier même le bonheur d'être en France, à l'idée de
« nuire en quoi que ce soit à l'affermissement d'un gouvernement qui
« doit tirer sa force de la libre élection de toute la nation.* »

Le gouvernement provisoire de l'Hôtel de Ville avait été renversé par l'Assemblée Nationale qui lui avait substitué une commission exécutive de cinq membres. Cette commission, siégeant au Luxembourg, était composée de MM. de Lamartine, Arago, Marie, Garnier-Pagès et Ledru-Rollin. Tous ces hommes politiques avaient le sentiment secret de leur faiblesse et de leur insuffisance, et le souffle populaire qui leur apportait le nom de Louis-Napoléon Bonaparte, le téméraire de Strasbourg et de Boulogne, les inquiétait sérieusement. Parmi eux, M. de Lamartine se distinguait par un préjugé aussi invétéré que haineux et absurde contre les Bonaparte, et le lecteur connaît déjà le singulier jugement que ce lettré rêveur avait porté tant sur le Directoire que sur le premier Consul. Pour lui, la faveur de l'opinion pour le Prince Louis-Napoléon lui faisait pressentir un rival de popularité, rival d'autant plus désagréable, qu'il arrivait sur la scène juste au moment où lui-même allait en sortir. Objet

LE 15 MAI A L'ASSEMBLÉE NATIONALE.

d'une faveur publique jusqu'alors sans exemples, il avait été envoyé à l'Assemblée constituante par dix départements, si bien qu'en apprenant ce triomphe, la tête lui tourna, et que, « debout, les yeux au ciel, les bras étendus, il s'écria, en présence de M. Marrast, qui lui apportait la nouvelle du triomphe : — Me voilà donc plus grand de la tête qu'Alexandre et César (1) ! »

Trois mois après, le 12 juin, la décadence de ce vainqueur des vainqueurs avait déjà commencé ; et, après avoir été élu par dix départements, en 1848, il ne fut élu par aucun en 1849.

Donc, l'hostilité de M. de Lamartine contre le prince Louis-Napoléon alla, comme on va voir, jusqu'à la déloyauté et au mensonge.

Le 12 juin, de grands attroupements se forment sur la place de la Concorde et aux abords du palais législatif ; des cris de Vive Louis-Napoléon ! éclatent avec énergie, comme une protestation contre les projets de proscription attribués à la commission exécutive. Le rappel avait été battu pour prévenir des troubles menaçants ; l'assemblée tumultueuse et inquiète s'enquérait avec animation des événements, lorsque M. de Lamartine, déjà à la tribune, s'exprime ainsi :

« Citoyens, s'écrie-t-il, une circonstance fatale vient d'interve-
« nir dans cette discussion ; pendant que je parlais, un coup de
« feu a été tiré sur un garde national, un autre sur M. Clément
« Thomas, commandant de la garde nationale, un autre sur un
« officier de l'armée, et ces coups de fusil ont été tirés aux cris de
« *Vive l'Empereur Napoléon !* — Ces malheurs, il n'a pas dépendu
« du Gouvernement de les prévenir. Ce matin nous avons tous
« signé d'une main unanime le présent décret, que les circonstan-
« ces m'obligent à vous communiquer à l'instant même :

« Vu l'article 4 de la loi du 12 janvier 1816, et les articles 12
« et 6 de la loi du 16 avril 1832 ;

« Considérant que Charles-Louis-Napoléon Bonaparte est com-

---

(1) Cette anecdote est racontée par M. Elias Regnault, secrétaire du ministre de l'intérieur en 1848. Il la tenait de M. A. Marrast (*Histoire du Gouvernement provisoire*, ch. xiv).

« pris dans la loi du 16 avril 1832, qui exile du territoire français
« les membres de la famille Bonaparte ;

« Considérant que, s'il a été dérogé de fait à cette loi par un
« vote de l'Assemblée nationale, qui a admis trois membres de la
« famille Napoléon à faire partie de l'Assemblée, cette dérogation
« tout individuelle ne s'étend ni de droit ni de fait aux autres
« membres de la famille ;

« Considérant que la France veut fonder en paix et avec ordre
« le gouvernement républicain et populaire, sans être traversée
« dans cette œuvre par des prétentions dynastiques de nature à
« susciter des factions et à fomenter, même involontairement, la
« guerre civile ;

« Considérant que Charles-Louis-Napoléon a fait deux fois acte
« de prétendant, en rêvant une République avec un Empereur,
« c'est-à-dire une République dérisoire, dans les termes du séna-
« tus-consulte de l'an XIII;

« Considérant que des agitations attentatoires à la République
« populaire que nous voulons fonder, compromettantes pour la
« sûreté des institutions et pour la paix publique, se sont déjà ré-
« vélées au nom de Charles-Louis-Napoléon Bonaparte ;

« Considérant que ces agitations, symptôme de menées coupa-
« bles, pourraient acquérir de la gravité si, par négligence, im-
« prudence ou faiblesse, le Gouvernement abandonnait ses droits ;

« Considérant que le Gouvernement ne peut accepter la res-
« ponsabilité des dangers que courraient la tranquillité publique et
« la forme républicaine de nos institutions s'il manquait au premier
« de ses devoirs et n'exécutait pas une loi existante, justifiée plus
« que jamais pendant un temps indéterminé par la raison d'État et
« *par le salut public ;*

« La Commission du Pouvoir exécutif déclare qu'elle fera exé-
« cuter, en ce qui concerne Charles-Louis-Napoléon, la loi de
« 1832, jusqu'au jour où l'Assemblée nationale aura prononcé
« l'abrogation de cette loi. »

Eh bien, les motifs invoqués par M. de Lamartine, au nom
du *salut public*, pour proscrire le Prince ; ces coups de feu tirés sur
M. Clément Thomas, sur des gardes nationaux, sur des officiers
de l'armée, aux cris de *Vive l'Empereur Napoléon !* tout cela était

une fantasmagorie mensongère. Le lendemain, 13 juin, M. Clément Thomas monta à la tribune, et affirma, toutes informations prises, qu'il n'y avait eu de tiré la veille qu'un coup de pistolet, *parti peut-être par accident.*

Nul, dans le parti républicain, ne se dissimulait le danger que la popularité du Prince et le crédit des idées impérialistes faisaient courir à la République déjà très-mal famée, quoique encore au berceau ; et M. Buchez avoua franchement ses craintes, en disant à la tribune :

« Louis-Napoléon ne s'est-il pas posé en prétendant par deux
« fois à Boulogne et à Strasbourg ? Eh bien ! si vous l'admettez,
« il entrera ici accompagné de l'acclamation populaire qui le gran-
« dira tous les jours. »

Cependant, l'admission du Prince, combattue par les républicains, ces hypocrites partisans de la souveraineté populaire, fut soutenue par M. Vieillard et par M. Bonjean. Ce dernier lut à l'Assemblée nationale une lettre du Prince, reçue le matin même, et qui détermina l'assentiment de la majorité.

« Citoyens Représentants,

« J'apprends par les journaux, qu'on a proposé dans les bu-
« reaux de l'Assemblée de maintenir contre moi seul la loi d'exil
« qui frappe ma famille depuis 1816 : je viens demander aux Re-
« présentants du peuple pourquoi je mériterais une semblable
« peine :

« Serait-ce pour avoir toujours publiquement déclaré que, dans
« mes opinions, la France n'était l'apanage ni d'un homme, ni
« d'une famille, ni d'un parti ?

« Serait-ce parce que, désirant faire triompher sans anarchie
« ni licence le principe de la souveraineté nationale, qui seul pou-
« vait mettre un terme à nos dissensions, j'ai deux fois été victime
« de mon hostilité contre le Gouvernement que vous avez ren-
« versé ?

« Serait-ce pour avoir consenti, par déférence pour le Gou-
« vernement provisoire, à retourner à l'étranger après être accouru
« à Paris au premier bruit de la révolution ?

« Serait-ce pour avoir refusé, par désintéressement, les candi-

« datures à l'Assemblée qui m'étaient proposées, résolu de ne
« retourner en France que lorsque la nouvelle Constitution serait
« établie et la *République affermie ?*

« Les mêmes raisons qui m'ont fait prendre les armes contre
« le Gouvernement de Louis-Philippe, me porteraient, si on ré-
« clamait mes services, à me dévouer à l'Assemblée, résultat du
« suffrage universel.

« En présence d'un roi élu par deux cents députés, je pouvais
« me souvenir que j'étais l'héritier d'un empire fondé par quatre
« millions de Français.

« En présence de la souveraineté nationale, je ne peux et ne
« veux revendiquer que mes droits de citoyen français ; mais ceux-
« là, je les réclamerai sans cesse, avec l'énergie que donne à un
« cœur honnête le sentiment de n'avoir jamais démérité de la
« patrie.

« Recevez, messieurs, l'assurance de mes sentiments de haute
« estime.

« Votre concitoyen,

« L.-N. BONAPARTE. »

Voilà le Prince admis comme député à l'Assemblée nationale, le 13 juin ; mais tout n'était pas fini, comme on va voir. Le lendemain, le Président de l'Assemblée, M. Marrast, recevait encore la lettre suivante :

« MONSIEUR LE PRÉSIDENT,

« Je partais pour me rendre à mon poste, quand j'apprends
« que mon élection sert de prétexte à des troubles déplorables et à
« des erreurs funestes. *Je n'ai pas cherché l'honneur d'être Repré-*
« *sentant du peuple,* parce que je savais les soupçons injurieux dont
« j'étais l'objet ; je rechercherais encore moins le pouvoir. *Si le*
« *peuple m'imposait des devoirs, je saurais les remplir.*

« Mais je désavoue tous ceux qui me prêtent des intentions

« ambitieuses que je n'ai pas. Mon nom est un symbole d'ordre, de
« nationalité, de gloire, et ce serait avec la plus vive douleur que
« je le verrais servir à augmenter les troubles et les déchirements
« de la patrie. Pour éviter un tel malheur, je resterais plutôt en
« exil. Je suis prêt à tous les sacrifices pour le bonheur de la
« France.

« Ayez la bonté, Monsieur le Président, de donner communica-
« tion de ma lettre à l'Assemblée. Je vous envoie une copie de
« mes remerciements aux électeurs.

« Recevez, etc.

« L.-N. Bonaparte. »

Cette lettre souleva le plus violent orage au sein de l'Assemblée, le 15 juin. M. le général Cavaignac ouvrit la voie aux récriminations; et MM. Baune, Antony Thouret, Jules Favre s'y précipitèrent à l'envi. On proposait de revenir, séance tenante, sur la décision du 13, et de rétablir les lois de proscription. Le citoyen Clément Thomas, alors ardent néophyte des idées révolutionnaires qui l'ont dévoré plus tard, renouvelant la manœuvre de M. de Lamartine, annonça une prise d'armes pour le lendemain, si l'admission n'était pas rapportée. Néanmoins, la décision de l'Assemblée fut ajournée au lendemain 16.

Qu'aurait décidé l'Assemblée ? elle aurait probablement maintenu sa résolution précédente ; mais le Prince, opposant le calme à l'emportement, résolut lui-même la question débattue en donnant sa démission par la lettre suivante, remise par M. Briffaut au Président de l'Assemblée :

« Londres, le 15 juin 1848.

« Monsieur le Président,

« J'étais fier d'avoir été élu Représentant à Paris et dans trois
« autres départements : c'était, à mes yeux, une ample réparation
« pour trente années d'exil, et six ans de captivité ; mais les soup-
« çons injurieux qu'a fait naître mon élection, mais les troubles

« dont elle a été le prétexte, mais l'hostilité du pouvoir exécutif
« m'imposent le devoir de refuser un honneur qu'on croit avoir été
« obtenu par l'intrigue.

« Je désire l'ordre et le maintien d'une République sage,
« grande, intelligente ; et, puisque involontairement je favorise le
« désordre, je dépose, non sans de vifs regrets, ma démission
« entre vos mains.

« Bientôt, je l'espère, le calme renaîtra et me permettra de
« rentrer en France, comme le plus simple des citoyens, et aussi
« comme un des plus dévoués au repos et à la prospérité de son
« pays.

« Recevez, etc.

« L.-N. BONAPARTE. »

C'est avec cette habileté et avec ce patriotisme que le Prince commençait sa lutte avec les vieux partis. Le sentiment public l'approuvait ; et si, par sa démission, il perdait le fruit des quatre élections du 6 juin, il s'assurait les six élections du 20 septembre.

On touchait alors à la plus redoutable crise de la République, c'est-à-dire aux terribles journées de juin. En fomentant l'émeute, on avait appelé les ouvriers dans la rue ; en créant l'instabilité et l'épouvante, on avait arrêté le travail et supprimé les salaires. Les chefs de la révolution s'étaient jetés sur les places ; les instruments employés à l'accomplir étaient restés sans pain. Ils étaient cent mille hommes, complétement inoccupés ; il fallait les nourrir ; et ils coûtaient au budget de la France cinq millions par mois.

Une pareille question n'avait qu'une solution possible ; les ateliers nationaux, ne pouvant pas être organisés, ne pouvaient être que dissous ; mais comme à l'imprudence de les créer on avait ajouté l'imprudence de les armer, c'était une bataille acharnée qui s'imposait au gouvernement. Le socialisme et les clubs ne voulurent pas perdre une telle armée sans combattre, et ils préparèrent l'insurrection. Elle commença le 23 juin.

Pour aborder une pareille lutte, il fallait de l'unité de vues dans le pouvoir. On remplaça la commission exécutive par la dictature du général Cavaignac, proposée à l'Assemblée le 24 juin et régularisée le 28, après la victoire.

La lutte, commencée le 23 au soir, éclata le 24, et dura jusqu'au 27. Le général avait 40,000 hommes sous la main ; et l'on calcula qu'en ouvriers égarés, en clubistes, en repris de justice, l'émeute disposait de 26,000 hommes.

Trois mille morts, quinze mille prisonniers, onze journaux suspendus, M. Emile de Girardin tenu neuf jours au secret, tels furent le résultat de la lutte, et le réveil des illusions de février. Ceux qui versèrent le sang des émeutiers étaient les mêmes qui avaient fomenté l'émeute.

Le 25 juin, le général Cavaignac avait établi comme une trève, offrant aux insurgés de recevoir à bras ouverts tous ceux d'entre eux qui se soumettraient. Les femmes d'ouvriers de la rue Saint-Antoine, en vue de détourner leurs maris ou leurs enfants de cette lutte horrible, s'étaient hâtées de répondre aux vœux du général, en démolissant les barricades. Dans la journée du 26, un groupe de ces femmes vit arriver par la barrière et descendre le faubourg un homme paraissant fort calme et s'appuyant au bras d'un ami. Il marchait lentement à cause des obstacles accumulés sur la voie, et qui n'avaient encore qu'à moitié disparu. Choquées de cette sérénité et de cette tenue régulière et aristocratique, l'une des commères l'apostropha ainsi : « Dis donc, mirliflore, au lieu de te promener avec cette nonchalance, tu ferais bien mieux d'ôter tes gants beurre frais et de nous aider à remettre les pavés en place. » — « Vous avez raison, la petite mère, reprit le promeneur, et comme je viens précisément pour essayer de rétablir l'ordre, il est juste que je commence aujourd'hui. » — Là-dessus, le passant ôta ses gants, remit sa canne à son ami; et ayant soulevé un pavé, le plaça dans son alvéole, en ayant soin de le niveler et de le consolider avec plusieurs poignées de sable. Puis, remettant ses gants et reprenant sa canne, il continua son chemin, en saluant les femmes, qui l'applaudirent en riant aux éclats.

Ce promeneur était le prince Louis-Napoléon, venu secrètement à Paris pendant la bataille de juin pour examiner l'état des choses et des esprits. Sa démission de député lui ôtait l'inviolabilité; les sentiments du général Cavaignac, appuyés par sa dictature, lui conseillait une grande prudence; et d'ailleurs les lois de proscription contre sa famille ne furent abrogées que le 10 octobre suivant.

ÉMEUTES DE JUIN. UNE BARRICADE.

Il était descendu du chemin de fer à la dernière station, et avait pris, pour arriver à l'entrée du faubourg Saint-Antoine, une voiture que l'impraticabilité de la voie l'avait contraint de quitter à la barrière. Il retourna à Londres, après un très-court séjour ; laissant les événements suivre leur cours naturel ; et c'est lui-même qui, plus tard, racontait à ses amis cette anecdote.

L'ordre matériel une fois assuré par la victoire de juin, on s'occupa de la constitution. M. Armand Marrast, rapporteur de la commission chargée de l'élaborer, avait lu son travail le 13 juin. Elle fut votée le 23 octobre ; mais elle n'était pas encore finie, que la confiance publique s'était retirée d'elle.

Un vice immense dominait cette constitution ; elle organisait un pouvoir impuissant, au lieu du pouvoir énergique nécessaire à la société. A côté d'une assemblée unique, maîtresse de tout, était placé un pouvoir exécutif subordonné, humilié, représenté par un président qui ne pouvait ni la proroger, ni la dissoudre en cas de conflit ; nulle solution légale possible ; l'Assemblée ne pouvait pas révoquer le président, celui-ci ne pouvait pas en appeler au peuple des résistances de l'Assemblée. Heureusement la question de l'élection du Président offrit à l'opinion publique le moyen d'intervenir et de faire connaître ses tendances. Le 10 octobre, un vote de l'Assemblée, pris à la majorité de 627 voix contre 130, décida que le Président de la république serait nommé directement par le suffrage universel.

Dès ce moment, un pas immense était fait ; le peuple pouvait avoir son candidat, et il l'eut !

Pendant la discussion de la constitution, des élections partielles de représentants furent fixées au 17 septembre. Dans le nombre était une élection de Paris. Le prince Louis-Napoléon se porta candidat. Il eut six nominations. Lorsque le dépouillement de l'élection de Paris fut proclamé, le 21 septembre, sur la place de l'Hôtel-de-Ville, le choix des électeurs fut salué par les cris cent fois répétés de *Vive Napoléon ! Vive l'Empereur !*

Le prince, instruit de sa nomination, quitta Londres le 24 septembre, arriva à Paris le 25, et se présenta à l'assemblée le 26. Son élection ayant été validée sans opposition, il monta à la tribune, et s'exprima ainsi, au milieu d'un silence profond et d'une curiosité générale :

« Citoyens Représentants,

« Il ne m'est pas permis de garder le silence après les calom-
« nies dont j'ai été l'objet. J'ai besoin d'exprimer hautement, et dès
« le premier jour où il m'est permis de siéger dans cette enceinte,
« les vrais sentiments qui m'animent, qui m'ont toujours animé.

« Après trente-trois ans de proscription et d'exil, je retrouve
« enfin ma patrie et mes droits de citoyen. La République m'a fait
« ce bonheur; qu'elle reçoive mon serment de reconnaissance et
« de dévouement, et que les généreux compatriotes qui m'ont
« porté dans cette enceinte soient bien certains qu'ils me verront
« toujours dévoué à cette noble tâche, qui est la nôtre à tous :
« assurer l'ordre et la tranquillité, premier besoin du pays, déve-
« lopper les institutions démocratiques que le peuple a le droit de
« réclamer.

« Longtemps, Messieurs, je n'ai pu consacrer à mon pays que
« les méditations de l'exil et de la captivité. Aujourd'hui la car-
« rière où vous marchez m'est ouverte. Recevez-moi dans vos
« rangs, chers collègues, avec le sentiment d'affectueuse sympathie
« qui m'anime moi-même. Ma conduite, vous ne devez pas en dou-
« ter, sera toujours inspirée par un dévouement respectueux à
« la loi, elle prouvera à tous ceux qui ont tenté de me noircir que
« nul plus que moi n'est dévoué à la défense de l'ordre et à l'affer-
« missement de la République. »

Il semble que ces six élections, ajoutées aux quatre précédentes, auraient dû sanctionner la situation du Prince. Il n'en fut rien; ou du moins, plus son autorité croissait dans l'opinion, plus elle était attaquée dans l'Assemblée, jalouse de ce pouvoir nouveau et menaçant. Le jour même où le principe de la nomination du Président de la République fut voté, un député, M. Antonin Thouret proposa la résolution suivante : « Aucun membre des familles qui ont régné sur la France ne pourra être élu Président ou Vice-Président de la République. » L'attaque était directe, car les familles de Bourbon et d'Orléans étant maintenues en exil, l'exclusion proposée par

M. Antony Thouret ne pouvait s'appliquer qu'à la famille des Bonaparte.

Mis ainsi directement en cause, le prince Louis-Napoléon monta à la tribune, et se défendit avec convenance et avec succès contre les accusations dont il était l'objet. L'amendement de M. Thouret et plusieurs autres tendant au même but furent repoussés.

Néanmoins, plus le Prince se défendait d'être un prétendant, plus l'opinion publique, n'espérant rien de l'Assemblée, voulait qu'il le fût. Chaque jour il se produisait des incidents, au sujet des groupes nombreux qui, dans les rues, appelaient de leurs cris le rétablissement de l'Empire. Il y en eut un grave, à l'Assemblée, le 25 octobre, au sujet d'une émeute dénoncée d'avance comme devant proclamer le Prince. Celui-ci n'assistait pas à la séance. Le Prince Jérôme-Napoléon protesta avec énergie contre toute connivence entre la famille Bonaparte et les émeutiers. Alors, ce pauvre et malheureux révolutionnaire, qui avait nom Clément Thomas, s'empara de la tribune, accumulant contre le Prince les accusations les plus grossières et les plus insensées, parmi lesquelles le reproche de n'assister point à toutes les séances et de n'y point prononcer de longs discours, tenait le plus de place; car du silence et de l'absence du Prince il concluait à une conspiration de sa part, en vue de s'élever à la présidence de la République.

Ce discours absurde eut l'effet qu'assurément son auteur n'en avait pas attendu ; il décida le Prince à s'expliquer ; et, le lendemain 26, il porta à la tribune la déclaration suivante, qui posait résolument sa candidature, attendue de toute la France, et à laquelle les esprits se rallièrent immédiatement :

« Citoyens Représentants,

« L'incident regrettable qui s'est élevé hier à mon sujet ne me
« permet pas de me taire. Je déplore profondément l'obligation
« où je suis de parler encore de moi, car il me répugne de vous
« entretenir sans cesse de questions personnelles, alors que nous
« n'avons pas un moment à perdre pour nous occuper des graves
« intérêts de la patrie.

« Je ne parle pas ici de mes sentiments et de mes opinions ; je
« les ai déjà manifestés, et jamais personne n'a pu encore douter
« de ma parole.

« Quant à ma conduite parlementaire, de même que je ne
« me permettrai jamais de demander compte à aucun de mes
« collègues de celle qu'il aura choisie, de même je ne reconnais
« à personne le droit de m'interpeller sur la mienne. Ce compte, je
« ne le dois qu'à mes commettants.

« De quoi m'accuse-t-on ? d'accepter du sentiment populaire
« une candidature que je n'ai pas recherchée. Eh bien ! oui,
« je l'accepte, cette candidature qui m'honore. Je l'accepte, parce
« que des élections successives et le décret unanime de l'As-
« semblée contre la proscription de ma famille, m'autorisent à
« croire que la France regarde mon nom comme pouvant servir
« à la consolidation de la société. (*Nombreuses exclamations.*
« *Interruption bruyante et prolongée.*)

« Ceux qui m'accusent d'ambition connaissent peu mon cœur.
« Si un devoir impérieux ne me retenait pas ici, si les sympathies
« de mes concitoyens ne me consolaient de l'animosité de quel-
« ques attaques et de l'impétuosité même de quelques défenses,
« il y a longtemps que j'aurais regretté l'exil. (*Interruption.*)

« On voudrait que j'eusse montré de grands talents, et occupé
« brillamment cette tribune. Mais il n'est donné qu'à peu de per-
« sonnes d'apporter une parole éloquente au service d'idées justes
« et saines. N'y a-t-il qu'un seul moyen de servir le pays ? Ce qu'il
« lui faut surtout, c'est un gouvernement stable, intelligent, ferme,
« sage, qui pense plus à guérir les maux de la société qu'à les ven-
« ger. Quelquefois on triomphe mieux par une conduite habile et pru-
« dente que par les baïonnettes de théories non fondées sur l'expé-
« rience et sur la raison.

« Citoyens représentants, on veut, je le sais, semer mon
« chemin d'écueils et d'embûches. Je n'y tomberai pas ; je suivrai
« la voie que je me suis tracée, sans m'inquiéter, sans m'irriter. Je
« saurai montrer toujours le calme d'un homme résolu à faire son
« devoir. Je veux mériter l'estime de l'Assemblée nationale et
« de tous les hommes de bien, et la confiance de ce peuple

« magnanime, qu'on a si légèrement traité hier (1). (*Mouvements
« divers.*)

« Je déclare donc à ceux qui voudraient organiser contre moi
« un système de provocation que, dorénavant, je ne répondrai à
« aucune interpellation, à aucune espèce d'attaque, je ne répon-
« drai pas à ceux qui voudraient me faire parler, alors que je veux
« me taire. Je resterai inébranlable contre toutes les attaques,
« contre toutes les calomnies. »

Dès ce jour, le Prince Louis-Napoléon était candidat déclaré à la présidence de la République ; on peut ajouter que, dès ce jour, il était élu.

Les avocats qui venaient d'élaborer péniblement la constitution et qui se proposaient de l'exploiter au profit de leur ambition, ne savaient pas que dans l'esprit de la France, la République était condamnée ; et l'opinion publique n'était en quête que d'un homme pour l'exécuter. Pour tout le monde, le Prince Louis-Napoléon était cet homme, et c'était ce qui faisait sa popularité.

Il s'appelait Napoléon, nom qui rappelait la plus grande gloire ; et il était l'héritier de l'Empire, régime qui représentait la plus grande somme d'autorité. Or, à cette époque de débauche démagogique, d'effarement de doctrines et d'abaissement de caractères, l'autorité était la chose dont la société avait le plus besoin. En outre, il avait donné deux fois, à Strasbourg et à Boulogne, la mesure de sa résolution et de son esprit d'entreprise ; et, avant d'avoir appris à connaître sa sagesse, les populations rurales l'estimaient pour sa témérité.

En outre, et à l'insu de ceux qui l'attaquaient et qui le raillaient, il était, le temps l'a bien prouvé depuis, l'homme politique le plus capable de l'Assemblée. Parmi tous ces avocats, si fiers de leurs bruyants discours, il n'en était pas un seul qui eût étudié les questions de son temps avec autant de soin et de maturité. Le plus éminent des membres de l'Assemblée, M. Thiers, a eu depuis la France et une Chambre toute-puissante dans ses mains ; il est tombé tristement du pouvoir, après neuf mois d'agitation stérile : tandis que Louis-Napoléon a reçu,

---

(1) On avait traité les habitants des campagnes d'imbéciles.

même après sa mort, de l'affection et de la reconnaissance publiques le sceau qui marque les grands règnes et les nobles souverains.

Tous les partis, on le sait, se préparèrent à la lutte. La bourgeoisie, qui aime les pouvoirs à sa taille, se groupa autour du général Cavaignac, militaire médiocre, homme honnête, sectaire violent, sans vues politiques, ne voyant dans toute la France que ses coreligionnaires politiques. Les clubistes adoptèrent M. Ledru-Rollin ; les socialistes, M. Raspail. Ceux qui voulaient l'autorité, l'ordre, la force des lois, l'abaissement des factions, choisirent l'héritier de l'Empereur.

Dix jours avant l'élection, le Prince exposa ses sentiments à la France dans le manifeste suivant, sur lequel il avait consulté deux coryphées de l'époque, M. Odilon Barrot et M. Thiers ; mais ces deux hommes politiques, placés au point de vue des partis, ne comprenaient pas le langage qui devait être adressé à la France.

« Pour me rappeler de l'exil, vous m'avez nommé représentant du peuple. A la veille d'élire le premier magistrat de la République, mon nom se présente à vous comme symbole d'ordre et de sécurité. Ces témoignages d'une confiance si honorable s'adressent, je le sais, bien plus à mon nom qu'à moi-même, qui n'ai rien fait encore pour mon pays ; mais plus la mémoire de l'Empereur me protége et inspire vos suffrages, plus je me sens obligé de vous faire connaître mes sentiments et mes principes. Il ne faut pas qu'il y ait d'équivoque entre vous et moi.

« Je ne suis pas un ambitieux qui rêve tantôt l'Empire et la guerre, tantôt l'application de théories subversives. Élevé dans les pays libres, à l'école du malheur, je resterai toujours fidèle aux devoirs que m'imposeront vos suffrages et les volontés de l'Assemblée.

« Si j'étais nommé président, je ne reculerais devant aucun danger, devant aucun sacrifice pour défendre la société si audacieusement attaquée ; je me dévouerais tout entier, sans arrière-pensée, à l'affermissement d'une République sage par ses lois, honnête par ses intentions, grande et forte par ses actes.

« Je mettrais mon honneur à laisser, au bout de quatre ans, à mon successeur, le pouvoir affermi, la liberté intacte, un progrès réel accompli.

« Quel que soit le résultat de l'élection, je m'inclinerai devant la volonté du peuple, et mon concours est acquis d'avance à tout gouvernement juste et ferme qui rétablisse l'ordre dans les esprits comme dans les choses; qui protége efficacement la religion, la famille, la propriété, bases éternelles de tout état social; qui provoque les réformes possibles, calme les haines, réconcilie les partis, et permette ainsi à la patrie inquiète de compter sur un lendemain.

« Rétablir l'ordre, c'est ramener la confiance ; pourvoir par le crédit à l'insuffisance passagère des ressources, c'est restaurer les finances.

« Protéger la religion et la famille, c'est assurer la liberté des cultes et la liberté de l'enseignement.

« Protéger la propriété, c'est maintenir l'inviolabilité des produits de tous les travaux, c'est garantir l'indépendance et la sécurité de la possession, fondements indispensables de la liberté civile.

« Quant aux réformes possibles, voici celles qui me paraissent les plus urgentes :

« Admettre toutes les économies qui, sans désorganiser les services publics, permettent la diminution des impôts les plus onéreux au peuple; encourager des entreprises qui, en développant les richesses de l'agriculture, peuvent en France et en Algérie donner du travail aux bras inoccupés; pourvoir à la vieillesse des travailleurs par des institutions de prévoyance ; introduire dans nos lois industrielles les améliorations qui tendent non à ruiner le riche au profit du pauvre, mais à fonder le bien-être de chacun sur la prospérité de tous.

« Restreindre dans de justes limites le nombre des emplois qui dépendent du pouvoir et qui souvent font d'un peuple libre un peuple de solliciteurs.

« Éviter cette tendance funeste qui entraîne l'État à exécuter lui-même ce que les particuliers peuvent faire aussi bien et mieux que lui; la centralisation des intérêts et des entreprises est dans la nature du despotisme. La nature de la République repousse le monopole.

LOUIS-NAPOLÉON, PRÉSIDENT DE LA RÉPUBLIQUE, A LA TRIBUNE DE L'ASSEMBLÉE. — 20 DÉCEMBRE

« Enfin, préserver la liberté de la presse des deux excès qui la compromettent toujours : l'arbitraire et sa propre licence.

« Avec la guerre, point de soulagement à nos maux. La paix serait donc le plus cher de mes désirs. La France, lors de sa première révolution, a été guerrière, parce qu'on l'avait forcée de l'être. A l'invasion elle répondit par la conquête. Aujourd'hui qu'elle n'est pas provoquée, elle peut consacrer ses ressources aux améliorations pacifiques, sans renoncer à une politique loyale et résolue. Une grande nation doit se taire, ou ne jamais parler en vain.

« Songer à la dignité nationale, c'est songer à l'armée, dont le patriotisme si noble et si désintéressé a été souvent méconnu. Il faut, tout en maintenant les lois fondamentales qui font la force de notre organisation militaire, alléger et non aggraver le fardeau de la conscription. Il faut veiller au présent et à l'avenir non-seulement des officiers, mais aussi des sous-officiers et des soldats, et préparer aux hommes qui ont servi longtemps sous les drapeaux une existence assurée.

« La République doit être généreuse et avoir foi dans son avenir : aussi, moi qui ai connu l'exil et la captivité, j'appelle de tous mes vœux le jour où la patrie pourra, sans danger, faire cesser toutes les proscriptions et effacer les dernières traces de nos discordes civiles.

« Telles sont, mes chers concitoyens, les idées que j'apporterais dans l'exercice du pouvoir, si vous m'appeliez à la Présidence de la République.

« La tâche est difficile, la mission immense, je le sais ; mais je ne désespérerais pas de l'accomplir en conviant à l'œuvre, sans distinction de parti, les hommes que recommandent à l'opinion publique leur haute intelligence et leur probité.

« D'ailleurs, quand on a l'honneur d'être à la tête du peuple français, il y a un moyen infaillible de faire le bien ; c'est de le vouloir.

« Louis-Napoléon Bonaparte. »

Nous l'avons déjà dit ; dans l'élection pour la présidence de la

République, la lutte était établie entre ceux qui voulaient perpétuer le désordre en maintenant les intrigues et les rivalités politiques, et ceux qui voulaient rentrer en possession de leur pleine sécurité, en faisant disparaître un régime qui la mettait perpétuellement en question. Par conséquent, dans cette lutte, tous ceux qui se présentaient comme franchement républicains, étaient battus par avance.

Sans doute, dans le manifeste qu'on vient de lire, le Prince s'engageait à pratiquer loyalement les institutions républicaines, nouvellement établies, et il l'eût fait comme il le disait, si elles avaient été compatibles avec l'ordre et si elles ne s'étaient pas détruites elles-mêmes par leurs œuvres ; mais l'opinion publique, ennemie prononcée de ces institutions, pardonnait au Prince son langage à leur égard, en considération des circonstances qui lui avaient imposé l'obligation de le tenir. Dans le candidat à la présidence de la République, les populations choisissaient surtout le Prince du sang impérial, dont le nom et le courage faisaient espérer le rétablissement prochain de la monarchie propre aux temps modernes, qui tempère la mobilité de la démocratie par la stabilité inhérente au principe de l'hérédité.

La génération actuellement vivante est encore pleine de témoins qui assistèrent à la lutte du 10 décembre 1848. Le gouvernement du général Cavaignac y apporta une violence qui ne recula ni devant la calomnie, ni devant la déloyauté. Dire la masse de pamphlets odieux répandus contre le Prince serait impossible ; peindre la pression exercée par le gouvernement sur les fonctionnaires serait difficile. Un seul trait en donnera une idée. Trois jours avant l'élection, le départ de tous les courriers fut retardé de plusieurs heures, pour leur donner le temps d'emporter un discours du général Cavaignac, prononcé dans une séance de l'Assemblée qui avait duré plus qu'à l'ordinaire. Lorsque ces moyens de favoriser la candidature du chef de l'Etat se pratiquaient, M. Dufaure était ministre de l'intérieur.

La journée du 10 décembre fut splendide dans toute la France. On dit partout du soleil qui l'éclaira que c'était le soleil d'Austerlitz. On votait alors au canton. Toutes les communes se vidèrent. Les habitants, réunis en longues files, leurs curés et leurs maires en tête, se rendirent joyeux au scrutin. Le plus grand ordre y régna. Jamais une manifestation aussi importante ne s'était vue ; les suffrages se partagèrent ainsi :

Pour le prince Louis-Napoléon.	5.562.834 voix.
Pour le général Cavaignac	1.469.166
Pour M. Ledru-Rollin	377.236
Pour M. Raspail	37.106

Le régime établi le 24 février était vaincu dans tous ses représentants de toutes nuances, et ses auteurs étaient réprouvés et condamnés. En écartant le général Cavaignac, la France disait qu'elle ne voulait pas de la république modérée ; en repoussant M. Ledru-Rollin, elle déclarait son aversion pour la république violente ; en accordant seulement 37,000 voix à M. Raspail, elle faisait connaître en quel mépris étaient tombés le socialisme et les clubs.

Il fallut dix jours pour centraliser les suffrages et les dépouiller. Le résultat du vote ne fut proclamé que le 20 décembre. Pendant ces dix jours, les départements étaient calmes ; Paris bouillait. La presse parisienne, fort ignorante de l'état moral des provinces, avait cru au succès du Général. Le résultat l'atterra.

Pendant les deux premiers jours du dépouillement, un groupe important de meneurs républicains, comptant que le Prince ne l'emporterait sur le Général que de quelques centaines de milliers de voix, avait projeté de contester la validité de l'élection, sous le prétexte que le Prince, ayant autrefois accepté, sans autorisation, le grade de capitaine d'artillerie dans l'Etat de Berne, avait perdu sa qualité de Français ; mais, quand la majorité s'accusa par millions répétés, la chicane parut ridicule à ses propres auteurs, et ils y renoncèrent.

Le 20 décembre, le résultat du scrutin du 10 fut solennellement annoncé, et le prince Louis-Napoléon fut proclamé, en pleine Assemblée nationale, comme Président de la République, et dans les termes suivants :

« Attendu que le citoyen Charles-Louis-Napoléon Bonaparte, né à Paris, remplit toutes les conditions d'éligibilité fixées par l'art. 44 de la Constitution ;

« Attendu que, par suite du scrutin ouvert dans toute l'étendue de la République, le citoyen Charles-Louis-Napoléon Bonaparte a réuni la majorité des suffrages ;

« Vu les art. 47 et 48 de la Constitution :

« L'Assemblée le proclame président de la République française, depuis le présent jour jusqu'au deuxième dimanche de mai 1852. »

Sur l'invitation du Président, M. Marrast, le Prince prêta serment de fidélité à la République ; et, après avoir monté avec une dignité calme les degrés de la tribune, il lut d'une voix ferme le programme suivant, qui devait présider aux actes de son gouvernement :

« Citoyens Représentants,

« Les suffrages de la nation et le serment que je viens de prê-
« ter commandent ma conduite future : mon devoir est tracé, je le
« remplirai en homme d'honneur.

« Je verrai des ennemis de la patrie dans tous ceux qui tente-
« raient de changer, par des voies illégales, ce que la France
« entière a établi.

« Entre vous et moi, citoyens Représentants, il ne saurait y
« avoir de véritables dissentiments. Nos volontés, nos désirs sont
« les mêmes.

« Je veux, comme vous, rasseoir la société sur ses bases, affer-
« mir les institutions démocratiques, et rechercher tous les moyens
« propres à soulager les maux de ce peuple généreux et intelligent
« qui vient de me donner un témoignage si éclatant de sa con-
« fiance.

« La majorité que j'ai obtenue non-seulement me pénètre de
« reconnaissance, mais elle donnera au gouvernement nouveau
« la force morale sans laquelle il n'y a pas d'autorité.

« Avec la paix et l'ordre, notre pays peut se relever, guérir ses
« plaies, ramener les hommes égarés et calmer les passions.

« Animé de cet esprit de conciliation, j'ai appelé près de moi
« des hommes honnêtes, capables et dévoués au pays, assuré que,
« malgré les diversités d'origine politique, ils sont d'accord pour
« concourir avec vous à l'application de la Constitution, au perfec-
« tionnement des lois, à la gloire de la République.

« La nouvelle administration, en entrant aux affaires doit re-
« mercier celle qui la précède des efforts qu'elle a faits pour trans-
« mettre le pouvoir intact, pour maintenir la tranquillité publique.

« La conduite de l'honorable général Cavaignac a été digne de
« la loyauté de son caractère et de ce sentiment du devoir qui est
« la première qualité du chef d'un Etat.

« Nous avons, citoyens représentants, une grande mission à
« remplir : c'est de fonder une République dans l'intérêt de tous,
« et un gouvernement juste, ferme, qui soit animé d'un sincère
« amour du progrès, sans être réactionnaire ou utopiste.

« Soyons les hommes du pays, non les hommes d'un parti, et,
« Dieu aidant, nous ferons du moins le bien, si nous ne pouvons
« faire de grandes choses. »

En descendant de la tribune, le prince Louis-Napoléon se rendit au banc du général Cavaignac, auquel il serra cordialement la main ; puis, accompagné de trois questeurs, MM. le général Lebreton, Degousée et Bureaux de Puzy, il se rendit à l'Elysée.

Le soir de cette mémorable journée, dans les salons de la Présidence de la chambre, les familiers de M. Armand Marrast raillaient les talents politiques du nouveau chef de l'Etat, et disaient : « Eh bien ! va-t-il nous donner l'Empire ? »

« Ne riez pas, messieurs, répondit M. Marrast. J'ai causé aujourd'hui une heure avec lui, nous sommes perdus (1) ! Il connaît toute la puissance de son nom ; il sait ce qu'il peut, et, tout ce qu'il peut, il le fera ! »

---

(1) L'histoire, plus sévère dans son langage que M. Marrast, le journaliste, n'a pas le droit de répéter le mot plus énergique qu'il employa.

LIVRE QUATRIÈME

Idée générale qui dirige le Président de la république. — Il se subordonne absolument à la volonté du pays. — Responsable, il veut être libre. — Lettre à M. Léon de Malleville.—Représentant de l'autorité il veut être conservateur.—Lettre au Prince Napoléon. — Proposition Rateau. — Dissolution de la Constituante. Elections générales du 13 mai 1849. — Affaires d'Italie, siége et prise de Rome. — Emeute du 13 juin. — M. Ledru-Rollin et son vasistas. — Luttes de l'Assemblée contre le Président — Message et Ministère du 31 octobre. — Rapprochement temporaire. — Les Burgraves à l'Elysée. — Luttes nouvelles. — Le Président se met en rapport avec les populations. — Voyages à Lyon, à Strasbourg, à Caen, à Cherbourg. — Accroissement de la popularité du Président. — Hostilité et rivalité du général Changarnier. — Revue de Satory. — Destitution du général Changarnier. — Rupture ouverte de l'Assemblée avec le Président de la république.

En commençant le récit du pouvoir exercé, pendant trois années, par le Prince Louis-Napoléon, comme Président de la République, notre devoir d'historien est de préparer l'esprit des lecteurs à l'impression générale qui résultera des événements sincèrement exposés. Les faits, les circonstances, le langage du Prince, ses actes publics et privés, tout concourra à prouver qu'il prit ce pouvoir, dans la forme qu'il avait alors, avec la loyauté la plus complète. Si la France avait voulu la constitution de 1848, et si les deux assemblées avec lesquelles il dut l'appliquer avaient secondé ce vœu, le Prince l'eût fermement maintenue. Arrivé par l'opinion publique, il lui restera toujours fidèle ; et lorsque, à bout de luttes, combattu, menacé dans son autorité légitime par une assemblée sans écho dans le pays, il sortira de la constitution, on ne le verra pas instituer à son profit, comme Louis XVIII, comme Louis-Philippe, comme les dictateurs de 1848, le gouvernement de ses intérêts, de ses passions ou de ses fantaisies. Dans son dissentiment avec l'assemblée, il prendra le peuple français pour juge ; et, au lieu de lui imposer une constitution, il recevra de ses mains celle que la France avait marquée du sceau de sa volonté souveraine.

Nommé le 10 décembre 1848 Président de la République, Louis-Napoléon forma, le 20, son premier ministère. Quoique représentant d'une politique bien différente de celle que professaient les chefs des anciens partis, il voulut néanmoins utiliser leur expérience au profit de l'ordre public. N'espérant pas obtenir leurs concours dès son début, il fit appel à des hommes qui pouvaient être considérés comme leurs lieutenants. M. Léon de Malleville, nommé au ministère de l'intérieur; M. Drouyn de Lhuys, appelé aux affaires étrangères; M. Passy, aux finances; M. Léon Faucher, aux travaux publics; M. de Falloux, à l'instruction publique; M. le général Rulhière, à la guerre; M. de Tracy, à la marine, étaient comme autant de traits d'union avec les partis monarchiques. M. Bixio, nommé au commerce et à l'agriculture, représentait les républicains modérés. Quant à M. Odilon Barrot, garde des sceaux et président du Conseil, il était la plus haute expression des idées parlementaires.

Les choix extérieurs et complémentaires représentaient le même ordre d'idées. M. le général Changarnier recevait le double commandement des gardes nationales de la Seine et des troupes formant la 1ʳᵉ division militaire, et M. le maréchal Bugeaud était nommé au commandement de l'armée des Alpes. M. Baroche, alors à la tête du barreau, devenait procureur général à la Cour de Paris.

Voilà le nouveau gouvernement debout. Il ne s'agissait plus pour lui que de marcher.

Dès les premiers pas, il y eut un cahot. Le ministre de l'intérieur, M. Léon de Malleville, s'imagina qu'il avait pour chef un président de carton, destiné seulement aux parades. Il fut désabusé le 27 décembre, par la lettre suivante :

« Monsieur le ministre,

« J'ai demandé à M. le préfet de police s'il ne recevait pas quelquefois des rapports sur la diplomatie. Il m'a répondu affirmativement, et il a ajouté qu'il vous avait remis hier les copies d'une dépêche sur l'Italie. Ces dépêches, vous le comprendrez, doivent m'être remises directement; et je dois vous exprimer tout mon mécontentement du retard que vous apportez à me les communiquer.

LE PALAIS DE L'ÉLYSÉE

« Je vous prie également de m'envoyer les seize cartons que je vous ai demandés ; je veux les avoir jeudi. Je n'entends pas non plus que le ministre de l'intérieur veuille rédiger les articles qui me sont personnels : cela ne se faisait pas sous Louis-Philippe et cela ne doit pas être.

« Depuis *quelques jours* aussi je n'ai point de dépêches télégraphiques ; en résumé, je m'aperçois que les ministres que j'ai nommés veulent me traiter comme si la fameuse constitution de Siéyès était en vigueur, mais je ne le souffrirai pas.

« Recevez, Monsieur le ministre, l'assurance de mes sentiments de haute distinction.

« Louis-Napoléon Bonaparte. »

« *P. S.* J'oubliais de vous dire qu'il y a à Saint-Lazare quatre-vingts femmes encore arrêtées, dont une seule est traduite devant le conseil de guerre : dites-moi si j'ai le droit de les faire mettre en liberté, car, dans ce cas, j'en donnerai l'ordre à l'instant même... »

Arrêté par cet énergique coup de caveçon dans la voie de ses usurpations parlementaires, le ministre se retira, et il fit bien. Responsable en vertu de la constitution, le Président de la République devait être libre. Le portefeuille de l'intérieur fut donné à M. Léon Faucher.

Ainsi, dès le début de son pouvoir, Louis-Napoléon montrait qu'il entendait gouverner, et non être gouverné. Le peuple lui ayant donné sa confiance, il fallait bien qu'il y répondît. Mais il ne tarda pas à montrer également, qu'engagé dans une politique d'ordre, équitable envers tous les partis honnêtes, il ne se laisserait dominer par aucun, fussent-ils patronnés par des membres de sa propre famille. Cette résolution éclata dans la lettre qu'il adressa, le 10 avril, à son cousin, le Prince Napoléon, fils du roi Jérôme, qui avait été nommé ambassadeur à Madrid :

« Mon cher cousin,

« On prétend qu'à ton passage à Bordeaux tu as tenu un langage propre à jeter la division parmi les personnes les mieux intentionnées. Tu aurais dit que, « dominé par les chefs du mouvement réactionnaire, je ne suivais pas librement mes inspirations ; qu'impatient du joug, j'étais prêt à le secouer, et que, pour me venir en aide, *il fallait aux élections prochaines envoyer à la Chambre des hommes hostiles à mon gouvernement, plutôt que des hommes du parti modéré.* »

« Une semblable imputation de ta part a le droit de m'étonner. Tu me connais assez pour savoir que je ne subirai jamais l'ascendant de qui que ce soit et que je m'efforcerai sans cesse de gouverner dans l'intérêt des masses et non dans l'intérêt d'un parti. J'honore les hommes qui, par leur capacité et leur expérience, peuvent me donner de bons conseils ; *je reçois journellement les avis les plus opposés, mais j'obéis aux seules impulsions de ma raison et de mon cœur.*

« *C'était à toi moins qu'à tout autre de blâmer en moi une politique modérée, toi qui désapprouvais mon manifeste, parce qu'il n'avait pas l'entière sanction des chefs du parti modéré.* Or, ce manifeste, dont je ne me suis pas écarté, demeure l'expression consciencieuse de mes opinions. Le premier devoir était de rassurer le pays. Eh bien ! depuis quatre mois il continue à se rassurer de plus en plus. *A chaque jour sa tâche, la sécurité d'abord, ensuite les améliorations.*

« Les élections prochaines avanceront, je n'en doute pas, l'époque des réformes possibles, en affermissant la République *par l'ordre et la modération.* Rappeler tous les anciens partis, les réunir, les réconcilier, tel doit être le but de nos efforts. *C'est la mission attachée au grand nom que nous portons ;* elle échouerait, s'il servait à diviser et non à rallier les soutiens du gouvernement.

« *Par tous ces motifs, je ne saurais approuver ta candidature dans une vingtaine de départements ; car, songes-y bien, à l'abri de ton nom on veut faire arriver à l'Assemblée des candidats hostiles au pouvoir,* et décourager ses partisans dévoués, en fatiguant le peuple par des élections multiples qu'il faudra recommencer.

« Désormais donc, je l'espère, tu mettras tous tes soins, mon cher cousin, a éclairer sur mes intentions véritables les personnes en relation avec toi, et tu te garderas d'accréditer par des paroles inconsidérées les calomnies absurdes qui vont jusqu'à prétendre que de sordides intérêts dominent ma politique. Rien, répète-le très-haut, rien ne troublera la sérénité de mon jugement et n'ébranlera mes résolutions. Libre de toute contrainte morale, je marcherai dans le sentier de l'honneur avec ma conscience pour guide : et lorsque je quitterai le pouvoir, si l'on peut me reprocher des fautes inévitables, j'aurai fait du moins ce que je crois sincèrement mon devoir. »

Il était important de rappeler quelles étaient les idées au nom desquelles le prince Louis-Napoléon prit possession du pouvoir ; afin qu'on puisse bien voir dans la suite qu'il ne s'en départit jamais.

Toutefois, les difficultés du gouvernement vont naître, nombreuses, incessantes, de la disparate qui existait entre l'esprit régnant dans l'Assemblée et l'esprit régnant dans le pays. En nommant le prince Louis-Napoléon, et contre le général Cavaignac, et contre M. Ledru-Rollin, la France avait nettement déclaré qu'elle ne voulait pas la République ; mais cela n'empêchait pas l'Assemblée d'être en grande partie républicaine ; et, si, moralement, elle avait perdu son prestige, légalement elle conservait son pouvoir.

Cependant, ce pouvoir ne tarda pas à être vigoureusement battu en brèche. Un avocat de Bordeaux, M. Rateau, député de la Charente, déposa, le 1ᵉʳ janvier 1849, une proposition ayant pour objet la dissolution de l'Assemblée constituante ; il demandait que l'Assemblée votât seulement la loi électorale, la loi sur le Conseil d'État, au lieu des onze lois organiques qu'elle s'était réservées, pour s'éterniser à son poste ; qu'elle se séparât le 19 avril, et que les élections générales de la nouvelle Assemblée eussent lieu le 4 mai.

Renvoyée aux commissions compétentes, la proposition de M. Rateau revint devant l'Assemblée, le 9 janvier. M. Grévy, le rapporteur, concluait au rejet. Néanmoins, elle fut prise en considération, après débat public, le 12, par 400 voix contre 396. L'esprit de l'Assemblée était évidemment ébranlé. Le 6 février. M. Lanjuinais proposa, comme accommodement, de joindre aux deux lois à discuter, une troisième loi sur la responsabilité des agents de la force publique et le budget. Ainsi amendée, la proposition gagna du terrain. Déjà passée en première lecture, le 29 janvier, elle passa en seconde le 7 février, et finalement elle fut votée le 14, par 424 suffrages contre 387.

La constituante était blessée à mort ; mais elle fera encore beaucoup de mal avant d'expirer.

Dès ce moment, l'attention des esprits se porta sur la préparation des élections générales, la loi électorale ayant été votée le 15 février.

Les chefs des diverses nuances du parti conservateur formèrent une grande association politique, connue sous le nom de réunion de la rue de Poitiers, du nom de la rue où elle siégeait, dans l'amphithéâtre de l'Académie de Médecine. Elle comprenait environ deux cents membres, représentés par un comité de soixante-douze, parmi lesquels se trouvaient des Orléanistes, comme MM. Baze, de Broglie, d'Haussonville, de Lasteyrie, de Rémusat ; des Légitimistes, comme MM. Berryer, de Kerdrel, de Larcy, Dahirel, de Vogüé ; des Bonapartistes, comme MM. Clary, Conti, Dariste, de Heckeren, de Morny, Lucien Murat, de Padoue, de Persigny. Ce comité publia son manifeste électoral le 17 février.

Frappée du mal que faisaient les publications socialistes, la réunion ouvrit une souscription pour encourager des publications contraires. Un comité de quinze membres fut nommé pour les diriger. On y voyait MM. Thiers, de Montalembert, Berryer, de Broglie, Ferdinand Barrot, de Persigny et Achille Fould.

Enfin, quatorze journaux formèrent une ligue, et instituèrent un centre commun d'action, sous le titre de Comité de la Presse modérée.

Que produisirent tous ces efforts ? Bien peu de chose. Le comité de la rue de Poitiers fit composer par M. Thiers et répandre à profusion une défense de la propriété, qu'aucun homme sensé ne lut, parce qu'elle était inutile, et qui n'eut d'autre résultat que d'occasionner cette spirituelle définition du livre, faite par M. Malitourne : « C'est M. de la Palisse, ayant le courage de ses opinions. »

Et pourquoi les efforts tentés en vue d'obtenir de bonnes élections furent-ils si peu efficaces ? parce que l'influence alors la plus puissante sur l'esprit des populations, celle du prince Louis-Napoléon, si récemment élu, fut écartée. Le cabinet, présidé par M. Odilon Barrot, fit la faute de se désintéresser publiquement des élections, et d'abandonner à eux-mêmes les esprits, dont les révolutionnaires ne manquèrent pas de s'emparer, et qui amena les choix les plus bigarrés, et, en grande partie, les plus déplorables.

C'est au milieu de ces préoccupations électorales qu'éclata, comme un coup de foudre, la nouvelle de la bataille de Novare, gagnée, le 23 mars 1849, par le feld-maréchal Radetzky sur Charles-Albert, roi de Sardaigne. Cette victoire mettait Turin à la merci de l'armée autrichienne, et posait impérieusement la question de l'autonomie italienne. Elle fut portée à la tribune le 30 mars.

On en connaît les origines.

Monté sur le trône pontifical le 16 juin 1846, Pie IX entreprit spontanément la réalisation des réformes suggérées à son prédécesseur, Grégoire XVI, par le célèbre *Memorandum* des grandes puissances, rédigé en 1831. Après une large amnistie proclamée le 16 juillet, il remplit l'année 1847 par les plus sages institutions. Devenu l'idole des populations, et entraîné par son cœur, il accorda deux choses que les factions tournèrent contre lui avec ingratitude, la liberté de la presse et la garde nationale ; mais de concession en refus, et de refus en concession, il touchait déjà à l'abîme, lorsque la révolution de février 1848 entraîna Rome et l'Italie dans son orbite. Le 15 novembre suivant, Rossi, premier ministre de Pie IX, était assassiné d'un coup de stylet sur les degrés de la chambre des députés ; et menacé dans sa liberté, le pape se retirait à Gaëte, sous la protection du roi de Naples. Le 6 février 1849, une assemblée constituante, réunie à Rome, prononçait la déchéance du pape.

Cependant l'Autriche, sérieusement menacée dans sa domination en Italie, à la suite de l'insurrection de Milan et de Venise, qui éclatèrent en mars 1848, venait de faire un effort énergique et décisif pour la rétablir. Le feld-maréchal Radetzky, d'abord replié dans le quadrilatère, battit les Toscans à Curtatone, les Sardes à Custozza, et, après un armistice rompu par Charles-Albert, envahit le Piémont, et ruina la cause italienne à Novare, le 23 mars 1849. Charles-Albert dut subir la paix, et abdiqua après l'avoir signée. L'Autriche était donc la maîtresse, en Piémont et dans la Lombardie : Venise, qui tenait encore, défendue par Manin, ne pouvait résister longtemps encore, et en effet elle se rendit le 24 août. Une réaction était imminente, si l'Autriche restait chargée de réduire

Rome, envahie par les débris des forces insurrectionnelles ; et la question était de savoir comment on parviendrait à concilier en Italie l'ordre, l'indépendance nationale et la papauté.

Le pape, retiré à Gaëte, y attendait toujours la réponse des quatre puissances catholiques, la France, l'Autriche, l'Espagne et le royaume de Naples, qu'elle avait invoquées.

Qu'y avait-il à faire ? — Deux choses étaient possibles, si la France intervenait.

Il fallait négocier à Vienne, pour obtenir les meilleures conditions possibles à la Sardaigne vaincue, et occuper Rome, pour ramener et rétablir le Pape, au prix de garanties administratives raisonnables et pratiques.

Un ordre du jour de l'assemblée approuva ces vues, le 31 mars, et un crédit de 1,200,000 fr. fut accordé, le 16 avril, pour faire face aux premiers frais du corps expéditionnaire. Malheureusement, le ministère présidé par M. Odilon Barrot montra l'indécision qui lui était naturelle ; on n'envoya que trois brigades, aux ordres du général Oudinot de Reggio, et l'on s'exposa à l'avanie du 30 avril.

Le corps expéditionnaire débarqua à Civita-Vecchia le 25 avril, et y reçut un bon accueil. Le général Oudinot publia une proclamation aux habitants des États romains qu'il avait emportée, et dans laquelle le but raisonnable de l'expédition était exposé.

« Il ne venait pas s'attribuer, au nom de la France, le droit
« de régler des intérêts qui étaient, avant tout, celui des popula-
« tions romaines, et qui, dans ce qu'ils avaient de plus général,
« s'étendaient à l'Europe entière et à tout l'univers chrétien. La
« France croyait seulement que, par sa position, elle était parti-
« culièrement appelée à intervenir, pour faciliter l'établissement
« d'un régime également éloigné des abus à jamais détruits par la
« générosité de l'illustre Pie IX, et de l'anarchie de ces derniers
« temps. »

Mais, en tenant ce langage, c'était s'illusionner étrangement de supposer que les condottieri qui tenaient Rome sous leur dictature, et qui étaient eux-mêmes encore plus dominés que secondés par les bandes insurrectionnelles, voudraient ou pourraient accepter des plans dictés par la modération ; et il était d'autant plus impossible de s'abuser à ce sujet, que la Constituante romaine avait rendu, le 26 avril, sur la proposition des triumvirs Mazzini, Armellini et Saffi, un décret portant que l'entrée des Français dans Rome serait repoussée par tous les moyens possibles. En effet, lorsque, par une imprudence inconcevable, le général Oudinot se présenta, le 30 avril, devant Rome, avec une très-faible partie de ses forces, deux cents soldats, entrés sans défiance, et sur de fausses démonstrations d'amitié, par la porte Cavallegieri, tombèrent dans un piége, et furent retenus prisonniers.

L'honneur du drapeau était compromis, et l'épée se trouvait tirée.

La nouvelle de cet affront, arrivée à Paris le 7 mai, y émut profondément les esprits, et imposa au gouvernement l'obligation de venger la dignité de nos armes. Mais les démagogues de l'Assemblée, redoutant les suites pourtant inévitables de la déloyauté dont nos soldats avaient été victimes, pesèrent violemment sur les esprits timorés, et enlevèrent le jour même, à la majorité de 328 voix contre 241, un ordre du jour portant que « le Gouvernement prendrait, sans délai, les mesures nécessaires pour que l'expédition d'Italie ne fût pas plus longtemps détournée de son but. »

Dans cette phraséologie vague et banale, il n'y avait qu'une seule chose qui fût claire : c'est que l'honneur de l'armée n'était pas défendu.

Louis-Napoléon, président de la République, ne pouvait pas et ne voulut pas tolérer cet abandon du drapeau. Par un mouvement personnel et spontané, il écrivit au général Oudinot, et fit rendre publique, le 8 mai, une lettre où il s'exprimait ainsi :

« Nos soldats ont été reçus en ennemis ; notre honneur mili-
« taire est engagé, je ne souffrirai pas qu'il reçoive une atteinte.
« Les renforts ne vous manqueront pas. Dites à vos soldats que
« j'apprécie leur bravoure, que je partage leurs peines, et qu'ils
« pourront toujours compter sur mon appui et sur ma reconnais-
« sance. »

Sans braver expressément l'ordre du jour voté la veille par l'Assemblée, la lettre de Louis-Napoléon en contenait un désaveu implicite. Le cabinet, mis en demeure par M. Grévy d'en déterminer le sens, n'osa ni accepter franchement la lettre du Président, ni la décliner tout à fait. M. Odilon Barrot la réduisit à un *épan-*

PRISE DE ROME.

chement privé. Il dit que « le *Gouvernement*, en déclarant qu'il ne désavouait rien de cette lettre, ajoutait néanmoins qu'elle n'était pas un acte du cabinet»; paroles étranges, desquelles il résultait que le Président de la République ne faisait pas partie du *Gouvernement*.

La portion de l'Assemblée qui s'était révolutionnairement affublée du titre grotesque de la Montagne voulut une nouvelle discussion. Elle commença le 10 mai et dura deux jours. M. Ledru-Rollin demanda, en son nom, la reconnaissance du gouvernement romain, et déposa une proposition de mise en accusation du Président de la République et de ses ministres. Tout cela fut dédaigneusement repoussé par plus de cent voix de majorité.

Ces scènes tumultueuses et stériles nous conduisent au 13 mai, jour où s'accomplirent les élections générales de l'Assemblée Législative.

Ces élections générales de 1849, qui auraient pu rassurer la France, l'épouvantèrent. Elles furent un mélange surprenant et sans exemple de bon et de mauvais, dominés par le détestable.

A l'exception de M. Ledru-Rollin, tout l'ancien gouvernement de 1848 resta sur le carreau. Les trois anciens présidents de l'Assemblée, MM. Buchez, Marrast et Sénard n'étaient pas élus. M. Dupont de l'Eure, président du gouvernement de l'Hôtel-de-Ville; M. de Lamartine, son tribun, M. Garnier-Pagès, M. Flocon, M. Bastide, M. Marie, M. Jules Favre, ses ministres, n'étaient pas élus.

Ce n'est donc pas la pensée de 1848 qui avait dirigé les esprits; c'est l'incurie du ministère qui les avait laissés s'égarer. Au lieu de faire appel aux six millions d'électeurs qui avaient proclamé le prince Louis-Napoléon, et qui se seraient retrouvés pour lui envoyer des candidats dévoués, le cabinet, dans lequel M. Odilon Barrot et Léon Faucher représentaient l'élément dissolvant, c'est-à-dire l'élément parlementaire, ordonnèrent aux préfets de s'abstenir, et abandonnèrent ainsi à lui-même le suffrage universel, encore si novice, et qui, alors surtout, avait besoin d'être conseillé et guidé. La plus effroyable confusion présida donc aux choix; Paris envoya les sergents Boichot et Rattier à côté du général Lamoricière; l'insurgé

Lagrange à côté de M. Odilon Barrot, et le pasteur Coquerel à côté du fourriériste Considérant.

Paris fut effrayé de son œuvre, et la Bourse baissa de 7 fr. (1)

Le 28 mai, l'Assemblée nouvelle se constitua ; les clubistes de Paris essayèrent en vain de réchauffer l'enthousiasme éteint de 1848, et, au cri de *Vive la République!* poussé par la Montagne, les conservateurs répondirent par le silence. M. Dupin aîné, député de la Nièvre, fut nommé président, et l'ordre lui dut beaucoup, pendant les trois années qu'il passa au fauteuil.

Cependant, le drame de Rome continuait son cours. Après des négociations inutilement essayées par M. Ferdinand de Lesseps, et qui prirent la fin du mois de mai, les renforts annoncés par le Prince Louis-Napoléon arrivèrent devant Rome le 19 mai. Le général de division Vaillant, le colonel d'état-major du génie Niel, le général de brigade Thiry, de l'artillerie, accompagnaient les nouvelles troupes, en vue d'un siége considéré comme inévitable.

Rome était bien défendue. L'armée qui l'occupait comprenait 12,000 hommes de gardes civiques, et 21,000 hommes de bonnes troupes, composées de Suisses, de Lombards, de Piémontais, de Polonais, de volontaires romains, et de la légion de Garibaldi. Cette armée disposait de 114 bouches à feu, dont 50 avaient accès sur le terrain des attaques. Elles étaient servies par des artilleurs suisses, instruits et disciplinés, ayant appartenu aux anciennes troupes papales. Malgré l'infériorité des forces assaillantes, un effort énergique, fait, le 3 juin, sur la Villa-Pamphili et le Ponte-Molle, rejeta l'ennemi dans la place ; dans la nuit du 4 au 5, la tranchée fut ouverte ; et, le 13 juin, le feu des batteries fut ouvert.

Ce même jour, 13 juin, de graves événements s'accomplissaient à Paris. Une démonstration, dite pacifique, à l'image de celle du 15 mai 1848, était dispersée par le général Changarnier, sur les boulevards ; et M. Ledru-Rollin, à la tête de la Montagne insurgée, résolvait un problème difficile de pénétration, en se sauvant par un vasitas de l'École des Arts et Métiers.

C'est le 11 juin que M. Ledru-Rollin, au nom de la Montagne,

---

(1) Le 5 p. 0/0 fermé le 19 à 83 fr. 20 c., ouvrit le 21 à 76 fr.

avait déclaré que l'expédition de Rome violait la constitution, et que ses amis et lui la défendraient les armes à la main. Cette parole une fois lâchée, c'était l'épée hors du fourreau. Il fallut marcher, sous l'injonction impitoyable des clubs. Deux centres insurrectionnels furent choisis, les Arts et Métiers, où M. Ledru-Rollin et les montagnards se rendirent; le Château-d'Eau, sur le boulevard du Temple, où M. Etienne Arago, chef de bataillon de la 3me légion, réunit environ six mille émeutiers, parmi lesquels les gardes nationaux ne dépassaient pas un dixième.

Le général Changarnier, ayant sous son commandement le 2me et le 3me dragons, un bataillon de gendarmerie mobile, le 6me, le 7me et le 10me bataillon de chasseurs à pied, n'eut même pas besoin de brûler une amorce. Une charge au pas de course, faite par la rue de la Paix, coupa l'émeute en deux et dispersa tous ces braillards, qui prirent la fuite de tous côtés, au milieu des huées des soldats et de la foule.

Quant à la réunion des Arts et Métiers, elle fut encore plus ridicule. Les carreaux des fenêtres, brisés avec effort, livrèrent passage aux héros qui s'y étaient réunis; le fameux sergent Boichot y laissa son pantalon, le non moins célèbre sergent Rattier y laissa son képi, et les montagnards semèrent les parquets de leurs rosettes et de leurs écharpes. Après être passé par le vasistas resté légendaire, M. Ledru-Rollin sortit par la grille du jardin, la rue de la Croix, la rue des Fontaines et la rue Borda, où il disparut.

Ainsi finit la dernière tentative armée du parti terroriste, vaincu au scrutin du 10 décembre.

Cependant, l'armée de Rome se trouva prête à donner l'assaut dans la nuit du 29 au 30 juin. Le lieutenant-colonel Espinasse, du 22me léger, tué depuis à Magenta, eut l'honneur de commander les colonnes d'attaque. A deux heures et demie du matin, le colonel Niel donna le signal; et les premières lueurs de l'aurore éclairèrent la prise du célèbre bastion n° 8, qui entraîna la prise de la ville.

Garibaldi, qui avait bravement dirigé la défense, fit connaître au triumvirat que toute défense était désormais impossible. Dans l'après-midi du 30, la place demanda à capituler; mais le désordre était tel dans la ville, qu'après quarante heures de pourparlers, il ne se trouva aucune autorité pour signer la capitulation. Le 3 juillet, à trois heures du soir, le général Oudinot fit son entrée par la rue du Corso, à la tête de la 2me division et de la cavalerie.

Le siége de Rome avait coûté à l'armée française 1,024 tués ou blessés; à l'armée assiégée 3,063 blessés et 1,800 morts.

A l'heure même où le général Oudinot entrait dans Rome, le colonel Niel partait pour Gaëte, où il allait annoncer au Pape la délivrance de la ville éternelle. Pie IX ne rentra de sa personne à Rome que le 13 avril 1850; mais il reprit possession de son autorité par une commission de trois membres du Sacré-Collége, qui étaient les cardinaux Della Genga, Vannicelli et Altiéri.

Cependant le temps marchait sans ramener notablement la confiance dans les esprits. Les espérances enthousiastes qu'avait fait éclater l'élection présidentielle du 10 décembre se refroidissaient. On cherchait dans la marche du gouvernement la pensée du Prince Louis-Napoléon, et l'on n'apercevait que celle de ses ministres. l'Assemblée législative, inaugurée le 1er juin, n'avait rien changé à l'état des choses, pas plus que l'entrée de M. Dufaure au ministère de l'intérieur où il fut appelé, le 2 juin, en remplacement de M. Léon Faucher; suivi de M. de Tocqueville, qui recevait les affaires étrangères, et de M. Lanjuinais, qui prenait le commerce.

Le Prince-Président, dont la longanimité n'était pas encore épuisée, avait inutilement adressé à la nouvelle Assemblée le Message du 6 juin, où il rappelait les engagements pris par lui en arrivant au pouvoir, et où il renouvelait l'appel fait au concours de tous les bons citoyens. Sa ligne de conduite, toujours droite et loyale, n'était pas changée; car il disait :

« Mon élection à la première magistrature de la République avait fait naître des espérances qui n'ont point encore pu toutes se réaliser.

« Jusqu'au jour où vous vous êtes réunis dans cette enceinte, le Pouvoir exécutif ne jouissait pas de la plénitude de ses prérogatives constitutionnelles. Dans une telle position, il lui était difficile d'avoir une marche bien assurée.

« Néanmoins, je suis resté fidèle à mon manifeste.

« A quoi, en effet, me suis-je engagé en acceptant les suffrages de la nation ?

« A défendre la société audacieusement attaquée ;

« A affermir une République sage, grande, honnête ;

« A protéger la famille, la religion, la propriété ;

« A provoquer toutes les améliorations et toutes les économies possibles ;

« A protéger la presse contre l'arbitraire et la licence ;

« A diminuer les abus de la centralisation ;

« A effacer les traces de nos discordes civiles ;

« Enfin, à adopter à l'extérieur une politique sans arrogance, comme sans faiblesse.

« Le temps et les circonstances ne m'ont pas encore permis d'accomplir tous ces engagements, cependant de grands pas ont été faits dans cette voie.

« Le premier devoir du gouvernement était de consacrer tous ses efforts au rétablissement de la confiance, qui ne pouvait être complète que sous un pouvoir définitif. Le défaut de sécurité dans le présent, de foi dans l'avenir, détruit le crédit, arrête le travail, diminue les revenus publics et privés, rend les emprunts impossibles et tarit les sources de la richesse.

« Avant d'avoir ramené la confiance, on aurait beau recourir à tous les systèmes de crédit, comme aux expédients les plus révolutionnaires, on ne ferait pas renaître l'abondance là où la crainte et la défiance du lendemain ont produit la stérilité.

« Ce n'est pas pour l'explication de théories inapplicables ou d'avantages imaginaires que la révolution s'est accomplie, mais pour avoir un gouvernement qui, résultat de la volonté de tous, soit plus intelligent des besoins du peuple et puisse conduire, sans préoccupations dynastiques, les destinées du pays.

« Notre devoir est donc de faire la part entre les idées fausses et les idées vraies qui jaillissent d'une révolution ; puis, cette séparation faite, il faut se mettre à la tête des unes et combattre courageusement les autres. La vérité se trouvera en faisant appel à toutes les intelligences, en ne repoussant rien avant de l'avoir approfondi, en adoptant tout ce qui aura été soumis à l'examen des hommes compétents et aura subi l'épreuve de la discussion.

« Deux sortes de lois seront présentées à votre approbation :

les unes pour rassurer la société et réprimer les excès, les autres pour introduire partout des améliorations réelles ; parmi celles-ci j'indiquerai les suivantes :

« Loi sur les institutions de secours et de prévoyance, afin d'assurer aux classes laborieuses un refuge contre les conséquences de la suspension des travaux, des infirmités et de la vieillesse ;

« Loi sur la réforme du régime hypothécaire : il faut qu'une institution nouvelle vienne féconder l'agriculture, en lui apportant d'utiles ressources, en facilitant ses emprunts ; elle préludera à la formation d'établissements de crédit à l'instar de ceux qui existent dans les divers États de l'Europe ;

« Loi sur la subvention en faveur des associations ouvrières et des comices agricoles ;

« Loi sur la défense gratuite des indigents, qui n'est pas suffisamment assurée dans notre législation.

« Enfin, une loi est préparée ayant pour but d'améliorer la pension de retraite des sous-officiers et soldats, et d'introduire dans la loi sur le recrutement de l'armée les modifications dont l'expérience a démontré l'utilité.

« Vous voulez, comme moi, travailler au bien-être de ce peuple qui nous a élus, à la gloire, à la prospérité de la patrie ; comme moi, vous pensez que les meilleurs moyens d'y parvenir ne sont pas la violence et la ruse, mais la fermeté et la justice. La France se confie au patriotisme des membres de l'Assemblée ; elle espère que la vérité, dévoilée au grand jour de la tribune, confondra le mensonge et désarmera l'erreur ; De son côté, le pouvoir exécutif fera son devoir.

« J'appelle sous le drapeau de la République et sur le terrain de la Constitution tous les hommes dévoués au salut du pays ; je compte sur leur concours et sur leurs lumières pour m'éclairer, sur ma conscience pour me conduire, sur la protection de Dieu pour accomplir ma mission. »

« Louis-Napoléon Bonaparte. »

On sait déjà que cet appel à la concorde et au concours des

gens de bien n'avait pas été entendu. Il avait fallu, le 13 juin, combattre dans la rue le soulèvement provoqué et dirigé par la Montagne, et auquel avaient participé trente et un insurgés.

D'un autre côté, les hommes associés au gouvernement par le Prince-Président ne comprenaient ni ne secondaient sa politique. C'étaient des hommes formés, sous la monarchie de 1830, au régime des Assemblées, ayant l'habitude de les manier avec des coalitions et des discours. Ils ne se rendaient pas compte du discrédit où était tombée, presque en naissant, celle dont ils faisaient partie ; et l'idée ne serait venue à aucun d'eux de prendre pour pivôt du Gouvernement le Prince-Président, qui était néanmoins la plus grande force morale qu'il y eût alors, et la seule capable de s'imposer à la confiance du pays.

Le Prince, éclairé par les faits et guidé par des principes, avait démêlé le point faible de son administration. Il ne dirigeait pas assez, et l'Assemblée, représentée dans les ministres, dirigeait trop ; au lieu de se subordonner à leur politique, il se résolut à les subordonner à la sienne.

La discussion sur les affaires de Rome, qui eut lieu le 20 août, fit déborder le vase déjà plein. La commission des trois cardinaux qui avait pris possession du Pouvoir, au nom du Saint-Père, avait cédé à des idées de réaction indignes de Pie IX, et inconciliables avec l'intervention de la France dans les affaires du Saint-Siége et la présence de nos troupes à Rome. Nous y étions en libérateurs conciliants et justes, non en geôliers passionnés. Le Prince avait adressé le 18 août 1849, au chef d'escadron Edgard Ney, en mission à Rome, une lettre dans laquelle étaient consignées, avec de justes plaintes contre la politique de la commission des cardinaux, les vues du Gouvernement français sur les améliorations à introduire dans l'Etat Pontifical.

Voici cette lettre célèbre :

Élysée National, le 18 août 1849.

« Mon cher Ney,

« La République française n'a pas envoyé une armée à Rome pour y étouffer la liberté italienne, mais au contraire pour la

LE GÉNÉRAL NIEL.

régler en la préservant de ses propres excès, et pour lui donner une base solide, en remettant sur le trône pontifical le prince qui s'était placé hardiment à la tête de toutes les réformes utiles.

« J'apprends avec peine que les intentions bienveillantes du Saint-Père, comme notre propre action, restent stériles en présence de passions et d'influences hostiles. On voudrait donner comme base à la rentrée du Pape, la proscription et la tyrannie. Dites de ma part au général Rostolan qu'il ne doit pas permettre qu'à l'ombre du drapeau tricolore on commette aucun acte qui puisse dénaturer le caractère de notre intervention.

« Je résume ainsi le rétablissement du pouvoir temporel du pape : amnistie générale, sécularisation de l'administration, Code Napoléon, et gouvernement libéral.

« J'ai été personnellement blessé, en lisant la proclamation des trois cardinaux, de voir qu'il n'était pas même fait mention du nom de la France, ni des souffrances de nos braves soldats.

« Toute insulte faite à notre drapeau ou à notre uniforme me va droit au cœur, et je vous prie de bien faire savoir que si la France ne vend pas ses services, elle exige au moins qu'on lui sache gré de ses sacrifices et de son abnégation. Lorsque nos armées firent le tour de l'Europe, elles laissèrent partout, comme trace de leur passage, la destruction des abus de la féodalité, et des germes de liberté : il ne sera pas dit qu'en 1849 une armée française ait pu agir dans un autre sens ni amener d'autres résultats.

« Dites au général de remercier en mon nom l'armée de sa noble conduite. J'ai appris avec peine que, physiquement même, elle n'était pas traitée comme elle devait l'être. Rien ne doit être négligé pour établir convenablement nos troupes.

« Recevez, mon cher Ney, l'assurance de ma sincère amitié.

« Louis-Napoléon Bonaparte. »

Le cœur de Pie IX ne resta pas fermé aux vues de Louis-Napoléon. Les rigueurs de la réaction s'adoucirent, et un *motu proprio* du 19 septembre promit avec une amnistie, des institutions municipales et des réformes judiciaires qui furent réalisées plus tard. Mais c'est dans la politique intérieure de la France que la lettre à M. Edgard Ney eut le plus grand contre-coup, car elle amena la chute du ministère dirigé par M. Odilon Barrot et M. Dufaure, et la substitution de la direction du Prince-Président à celle de l'Assemblée.

Une ouverture de crédits nécessités par l'occupation de Rome amena, le 20 octobre, une discussion. M. Thiers, rapporteur de la commission, affecta de ne point parler de la lettre à M. Edgard Ney, répondant ainsi à la pensée des vieux parlementaires, qui était de faire obstacle à l'action personnelle du Président, quoique la Constitution le rendît responsable. Le Cabinet, dans lequel les principaux ministres personnifiaient la politique de M. Thiers, imita servilement son exemple. Sous le prétexte que la majorité n'approuvait pas la lettre à M. Edgard Ney; M. Odilon Barrot, qui était, lui, le ministre choisi et nommé par le Président, n'osa ni l'avouer, ni la défendre. C'était trop; être attaqué par l'Assemblée, le Président pouvait le comprendre; mais ne pas être soutenu par son propre cabinet, il ne devait pas le souffrir.

Son parti fut immédiatement pris; il composa un ministère, non plus avec des hommes inféodés aux idées de l'Assemblée, mais associés à ses idées, à lui. C'étaient MM. de Rayneval, aux affaires étrangères; Ferdinand Barrot, à l'intérieur; Rouher, à la justice; Fould, aux finances; de Parieu, à l'instruction publique; Bineau, aux travaux publics; Dumas, à l'agriculture et au commerce; l'amiral Romain-Desfossés, à la marine; le général d'Hautpoul, à la guerre.

Le 31 octobre, ce ministère était installé, et le Président de la République adressait à l'Assemblée le Message suivant, dans lequel il exposait ses vues :

« Dans les circonstances graves où nous nous trouvons, l'accord qui doit régner entre les différents pouvoirs de l'Etat ne peut se maintenir que si, animés d'une confiance mutuelle, ils s'expliquent franchement l'un vis-à-vis de l'autre. Afin de donner l'exemple de cette sincérité, je viens faire connaître à l'Assemblée quelles sont les raisons qui m'ont déterminé à changer le Ministère, et à me séparer d'hommes dont je me plais à proclamer les services éminents, et auxquels j'ai voué amitié et reconnaissance.

« Pour raffermir la République menacée de tous côtés par l'anarchie, pour assurer l'ordre plus efficacement qu'il ne l'a été jusqu'à ce jour, pour maintenir à l'extérieur le nom de la France à sa hauteur, il faut des hommes qui, animés d'un dévouement patriotique, comprennent la nécessité d'une direction unique et ferme et d'une politique nettement formulée, qui ne compromettent le pouvoir par aucune irrésolution, qui soient aussi préoccupés de ma propre responsabilité que de la leur, et de l'action que de la parole.

« Depuis bientôt un an j'ai donné assez de preuves d'abnégation pour qu'on ne se méprenne pas sur mes intentions véritables. Sans rancune contre aucune individualité, contre aucun parti, j'ai laissé arriver aux affaires les hommes d'opinions les plus diverses, mais sans obtenir les heureux résultats que j'attendais de ce rapprochement. *Au lieu d'opérer une fusion de nuances, je n'ai obtenu qu'une neutralisation de forces.* L'unité de vues et d'intentions a été entravée, l'esprit de conciliation pris pour de la faiblesse. A peine les dangers de la rue étaient-ils passés, qu'on a vu les partis relever leur drapeau, réveiller leurs rivalités, et alarmer le pays en semant l'inquiétude. Au milieu de cette confusion, la France, inquiète parce qu'elle ne voit pas de direction, cherche la main, la volonté du 10 décembre. Or, cette volonté ne peut être sentie que s'il y a communauté entière d'idées, de vues, de convictions entre le président et ses ministres, et si l'Assemblée elle-même s'associe à la pensée nationale dont l'élection du pouvoir exécutif a été l'expression.

« Tout un système a triomphé au 10 décembre.

« Car le nom de Napoléon est à lui seul tout un programme. Il veut dire : à l'intérieur, ordre, autorité, religion, bien-être du peuple; à l'extérieur, dignité nationale. C'est cette politique, inaugurée par mon élection, que je veux faire triompher avec l'appui de l'Assemblée et celui du peuple. Je veux être digne de la confiance de la nation en maintenant la Constitution que j'ai jurée. Je veux inspirer au pays, par ma loyauté, ma persévérance et ma fermeté, une confiance telle, que les affaires reprennent et qu'on ait foi dans l'avenir. La lettre d'une constitution a, sans doute, une grande influence sur les destinées d'un pays; mais la manière dont elle est exécutée en exerce peut-être une plus grande encore. Le plus ou moins de durée du pouvoir contribue puissamment à la stabilité des choses, mais c'est aussi par les idées et les principes que le gouvernement sait faire prévaloir, que la société se rassure.

« Relevons donc l'autorité sans inquiéter la vraie liberté. Calmons les craintes en domptant hardiment les mauvaises passions et en donnant à tous les nobles instincts une direction utile. Affermissons le principe religieux sans rien abandonner des conquêtes de la révolution, et nous sauverons le pays malgré les partis, les ambitions et même les imperfections que nos institutions pourraient renfermer.

« Louis-Napoléon Bonaparte. »

L'explosion des colères que la publication de ce Message fit éclater au sein de l'Assemblée ne saurait être fidèlement rendue. Les influences parlementaires, qui régnaient en souveraines depuis tant d'années, se voyaient tout à coup écartées, presque bravées. L'idée qu'on pouvait gouverner, et même bien gouverner, sans orateurs en renom, sans harangues, sans apparat, en étudiant et en pratiquant simplement les affaires, n'était encore venue à aucun député; et prétendre former un cabinet où l'on se passerait de M. Thiers, de M. Odilon Barrot, de M. Dufaure et de leurs lieutenants, paraissait une tentative peu pratique.

Le nouveau ministère était composé d'hommes honorables; mais aucun parmi eux n'avait conquis encore une situation politique importante. M. Achille Fould, nom financier, fortune considérable, habitué aux assemblées, était de tous le plus connu. M. Rouher, destiné à un si grand rôle, n'était encore qu'un jeune avocat du barreau de Riom, âgé de 36 ans, envoyé à l'assemblée par le département du Puy-de-Dôme, et dont les éminentes facultés n'avaient pas eu le temps de s'affirmer. Affronter, avec des forces qui n'avaient pas encore été éprouvées, une lutte certaine avec ceux qui, maîtres de la parole, étaient devenus maîtres des affaires, semblait donc hasardeux à tous ceux qui ne se rendaient pas compte de la situation du prince.

Le Président de la République élu d'acclamation par six millions d'hommes, représentait une force gouvernementale immense, à la condition que cette force s'affirmât. On l'avait nommé pour diriger les affaires publiques, et non pour qu'il laissât languir dans l'inertie le pouvoir qu'on lui avait livré. L'opinion publique, surtout en province, où les préjugés parlementaires avaient peu de crédit, comptait sur un chef hardi, résolu, entreprenant. La timidité ou l'irrésolution l'auraient perdu. D'un autre côté, la constitution, et dès lors le bon sens et la justice voulaient qu'il fût libre. Contrairement à l'opinion des salons de Paris, où les chefs des partis avaient une grande autorité, la politique du Prince Louis-Napoléon devait donc devenir d'autant plus populaire qu'elle se montrerait plus personnelle, et une lutte avec l'Assemblée n'avait pour lui aucun danger, parce qu'il était certain d'être soutenu par le pays.

C'est ainsi que l'attitude nouvelle prise par le Président de la République fut jugée en province, où le Message du 31 octobre reçut de la presse départementale l'appui le plus énergique.

D'ailleurs, autant le Prince Louis-Napoléon était ferme, autant il se montrait modéré, ne manquant jamais de faire appel au concours de l'Assemblée, et sacrifiant toute ambition personnelle au bien général du pays. C'est ainsi que, le 10 décembre, le Préfet de la Seine ayant donné un banquet à l'Hôtel-de-Ville, pour célébrer l'anniversaire de l'élection du Prince, celui-ci, répondant au toast qui lui avait été porté, formula en ces termes ses vues générales sur la meilleure politique à suivre :

« Je remercie le corps municipal de m'avoir invité à l'Hôtel-de-Ville et d'avoir fait distribuer aujourd'hui même de nombreux secours aux indigents. Soulager l'infortune était à nos yeux la meilleure manière de célébrer le 10 décembre.

« Je ne viens pas récapituler ici ce que nous avons fait depuis un an. Mais la seule chose dont je m'enorgueillisse, c'est d'avoir, grâce aux hommes qui m'ont entouré et qui m'entourent encore, maintenu la légalité intacte et la tranquillité sans collision.

« L'année qui commencera bientôt sera, je l'espère, plus fertile encore en heureux résultats, surtout si, comme l'a dit M. le Préfet de la Seine, tous les grands pouvoirs restent intimement unis. J'appelle grands pouvoirs ceux élus par le peuple : l'Assemblée et le Président. Oui, j'ai foi dans leur union féconde ; nous marcherons au lieu de rester immobiles ; car ce qui donne une force irrésistible, même au mortel le plus humble, c'est d'avoir devant lui un grand but à atteindre et derrière une grande cause à défendre.

« Pour nous, cette cause, *c'est celle de la civilisation tout entière.*

« C'est la cause de cette sage et sainte liberté qui, tous les jours, se trouve de plus en plus menacée par les excès qui la profanent.

« C'est la cause des classes laborieuses, dont le bien-être est sans cesse compromis par *ces théories insensées* qui, soulevant les passions les plus brutales et les craintes les plus légitimes, feraient haïr jusqu'à la pensée même des améliorations.

« C'est la cause du gouvernement représentatif, qui perd son prestige salutaire par l'acrimonie du langage et les lenteurs apportées à l'adoption des mesures les plus utiles.

« C'est la cause de la grandeur et de l'indépendance de la France, car si *les idées qui nous combattent* pouvaient triompher, elles détruiraient nos finances, notre armée, notre crédit, notre prépondérance, tout en nous forçant à déclarer la guerre à l'Europe entière.

« Aussi jamais cause n'a été plus juste, plus patriotique, plus sacrée que la nôtre.

« Quant au but que nous avons à atteindre, il est tout aussi noble que la cause. Ce n'est pas la copie mesquine d'un passé quelconque qu'il s'agit de refaire, mais il s'agit de convier tous les hommes de cœur et d'intelligence à consolider quelque chose de plus grand qu'une charte, de plus durable qu'une dynastie : les principes éternels de religion et de morale en même temps que les règles nouvelles d'une saine politique.

« La ville de Paris, si intelligente et qui ne veut se souvenir des agitations révolutionnaires que pour les conjurer, comprendra une marche qui, en suivant le sentier étroit tracé par la Constitution, permette d'envisager un vaste horizon d'espérance et de sécurité.

« On a dit souvent que lorsqu'on parle honneur il y avait écho en France. Espérons que lorsqu'on y parle raison on trouvera un retentissement égal dans les esprits comme dans les cœurs des hommes dévoués avant tout à leur pays. »

Les *théories insensées* et les *idées ruineuses* dont parlait le Président de la République, c'étaient les doctrines socialistes qui, bien qu'inaugurées en 1848, au Luxembourg, par M. Louis Blanc, ne s'associèrent étroitement au jacobinisme qu'en 1850, à l'occasion des élections partielles du 10 mars.

Les insurgés du 13 juin 1849 avaient été déférés devant la haute cour, séante à Versailles, par arrêt du 13 novembre; et, le 8 février 1850, l'Assemblée prononça la déchéance des députés qui avaient pris part à l'insurrection. Trois sièges se trouvèrent ainsi vacants à Paris, et vingt-huit en province. Les trois sièges à Paris étaient ceux des sergents Boichot et Rattier et du fouriériste Considérant. Les élections furent fixées au 10 mars.

Ces élections furent l'occasion d'un étrange revirement dans l'attitude et le langage des démagogues qui, par une réminiscence des appellations de 93, s'étaient donné le nom de Montagnards. Ils quittèrent désormais ce nom et se dirent Socialistes.

Le socialisme inauguré par Louis Blanc n'avait été que ridicule. Il avait, en propres termes, dit aux ouvriers réunis au Luxembourg : « Tout ce qui est entre le ciel et la terre est à vous; vous serez non-seulement puissants ; vous serez non-seulement riches; mais vous SEREZ ROIS (1); » et Proudhon l'avait flagellé de cette apostrophe : « Rhéteur le plus vain, le plus vide, le plus impudent, le plus nauséabond qu'aient produit le plus bavard des siècles et la plus lâche des littératures (2). » Le socialisme prêché par M. Considérant n'avait été qu'obscène, et Proudhon l'avait justement qualifié en disant qu'il était : « Le rêve de la crapule en délire (3). » Enfin le socialisme de Proudhon lui-même n'était qu'une sorte d'érétisme irréligieux et une fièvre chaude d'athéisme. Il s'écriait : « A moi, Lucifer, Satan, qui que tu sois, démon que la foi de nos pères opposa à Dieu et à l'Église ! je porterai la parole et je ne te demande rien (4) ! » Plus tard, il

---

(1) *Conférences du Luxembourg*, discours de Louis Blanc, 29 avril 1848.
(2) *Le Peuple*, 27 décembre 1849.
(3) *Ibid*.
(4) *Idées générales de la Révolution au* XIXe *siècle*, étud. génér., § 2.

HAUTE COUR DE VERSAILLES

parut avoir peur et honte du mal qu'il avait fait; il avoua que « les prostituées et les forçats lui avaient adressé des félicitations dont l'ironie obscène témoignait des égarements de l'opinion (1). » Un tel réformateur appartenait moins à la politique qu'à la gendarmerie ; et, en effet, au moment où il se croyait le plus rapproché du pouvoir, une condamnation en cour d'assises de Paris lui infligea, le 28 mars 1849, trois ans de prison et trois mille francs d'amende. Réfugié en Suisse, après l'arrêt, il revint se constituer prisonnier à Sainte-Pélagie, le 4 juin, s'y maria en 1850, et fut mis en liberté, le 4 juin 1852. Il n'occupait donc plus la scène politique lors des élections du 10 mars 1850, mais les idées qu'il avait semées dans le public y jouèrent un grand rôle.

Ce qui fit, à cette époque, le succès du socialisme, c'était le discrédit ou étaient tombés les Montagnards ; l'attentat du 15 mai contre l'Assemblée avait rendu les émeutiers impopulaires et la prise d'armes du 13 juin les avait rendus odieux. Par besoin d'être neufs et d'avoir un drapeau, les démagogues se firent donc socialistes, et la folie gagna tout le monde.

M. Armand Marrast, qui, résumant les travaux de la constituante, le 26 mai 1849, avait raillé le socialisme, écrivait dans la *République*, le 16 et le 21 décembre 1850 : « Je suis socialiste, parce que je suis républicain. »

M. Crémieux, qui, dans la séance du 15 septembre 1848, s'était déclaré contre le socialisme, disait, le 9 mars 1850, dans une réunion tenue à la Villette, rue de Flandres : « Je voudrais n'avoir pas à parler à des convertis, tant il me plairait d'avoir à convertir moi-même au socialisme ceux à qui il n'a pas été donné de le comprendre jusqu'à ce jour. »

M. Michel de Bourges, dans la salle de la Redoute, à Montmartre, s'écriait le 2 mars 1850 : « Vous portez tous sur votre front le diadème de la royauté. Le peuple examinera l'origine des fortunes et du capital, à moins que la bourgeoisiee n'en fasse volontairement le sacrifice. »

Enfin, M. Emile de Girardin écrivait, le 3 mars, dans la *Presse:*

---

(1) *Confessions d'un révolutionnaire*, chap. xii.

« A cette définition:
« Le socialisme, c'est la barbarie,
« Nous opposons celle-ci :
« Le socialisme, c'est la civilisation. »

Paris sanctionna ces doctrines, le 10 mars, en nommant M. de Flotte, insurgé de juin, condamné à la déportation, sous le général Cavaignac, amnistié par le Président de la République, et qui avait proposé de brûler le grand livre de la dette publique ; M. Vidal, le principal collaborateur de M. Louis Blanc ; enfin M. Carnot, ministre de l'instruction publique après le 24 février, devenu célèbre par sa circulaire aux instituteurs, du 23 avril 1848, dans laquelle il leur recommandait, comme candidats à l'Assemblée, les hommes qui n'avaient pas reçu d'éducation. La bourgeoisie parisienne, frondeuse de sa nature, avait été entraînée ; tous les grands et riches magasins des boulevards, gagnés par le journal le *Siècle*, qui s'était fait le patron de la liste socialiste, avaient aidé au résultat, qui semblait une victoire de l'insurrection.

Néanmoins, Paris fut épouvanté de son œuvre, la bourse baissa de 2 francs 20 centimes, et les étrangers qu'avait ramenés un commencement de sécurité, partirent aussitôt. Dix élections conservatrices faites en province ne pouvaient balancer cette défaite de l'ordre.

Frappés de la dissolution visible de la société, les chefs parlementaires firent demander une entrevue au Président de la République ; ils désiraient conférer avec lui sur les moyens les plus propres à conjurer des périls imminents.

La réunion eut lieu à l'Elysée, le 14 mars. M. Molé, M. Thiers, M. de Montalembert, M. de Broglie, M. Berryer et M. le général de Saint-Priest y assistaient. Le Prince, avec une franchise et un abandon qui gagnèrent tous les esprits, s'exprima ainsi : « Je vous ai réunis, Messieurs, pour m'aider des conseils de votre patriotisme et de vos lumières. Que pensez-vous qu'il y ait à faire, pour conjurer les dangers révélés par les progrès du socialisme ? »

Après un assez long silence, qui commençait à devenir embarrassant, M. de Montalembert prit la parole.

« Dans les anciennes assemblées du clergé, dit-il, le plus jeune donnait son avis le premier, je vais donner le mien. Je mettrai dans la réponse autant de franchise que le Prince en a mis dans la question. A mon avis, il faut, pour sortir de la situation périlleuse où nous sommes, que le Président nomme pour ministres, les chefs de la majorité. Ce sera la réponse la plus énergique et la plus significative à la provocation des ennemis de la société. »

Après ces paroles, le Prince répondit avec un calme parfait qu'il était prêt à suivre l'avis de M. de Montalembert. Se tournant alors vers les autres membres de la réunion, il leur dit : « Qu'en pensez-vous, Messieurs ? »

M. Molé prit le premier la parole.

Sur la proposition de M. de Montalembert, devenue le fond du débat, il ne dit précisément ni oui, ni non. Il discuta, sans les déclarer insurmontables, les difficultés naturelles que soulevait la fondation de ce qu'il appela un *grand ministère,* réunissant autour du Président de la République les chefs des anciens partis monarchiques, et il resta à la fois assez vague et assez clair pour persuader à tout le monde qu'il accepterait un portefeuille dans ce ministère, s'il était convenablement prié de le prendre.

M. Thiers, qui parlait après M. Molé, fut vif et pittoresque dans son langage. « Devenir le ministre d'un Gouvernement, dit-il, c'est, à mes yeux, contracter mariage avec lui. La République est une fille, et il m'en coûte beaucoup de l'épouser. Cependant, comme c'est peut-être le seul moyen de sauver le pays, je suis prêt à donner mon consentement. »

Ainsi, le *grand ministère* avait déjà trois de ses membres trouvés, lorsque M. de Broglie s'expliqua à son tour.

M. de Broglie repoussa très nettement la proposition de M. de Montalembert. Il dit que la réunion dans le même cabinet des chefs du parti légitimiste et des anciens ministres du roi Louis-Philippe ne lui paraissait offrir aucune condition d'accord, de force et de durée. Il trouvait dans une telle association une cause incessante de divisions et de luttes. M. de Broglie termina en donnant l'assurance de son concours personnel ; mais il déclina pour son compte toute participation personnelle à la formation d'un tel cabinet, dans le cas où ses collègues auraient la pensée de lui réserver une place au milieu d'eux.

Cette opinion, fermement exprimée, était trop frappante de

vérité pour permettre d'espérer un accord final. Les chefs des anciens partis monarchiques pouvaient se réunir pour résister au socialisme, qui était l'ennemi commun, mais ils étaient trop foncièrement divisés pour diriger les esprits et gouverner la France. Ce que voulait M. Thiers n'était pas ce que voulait M. Berryer ; et il arriverait toujours un moment où ils seraient séparés par leurs doctrines et par leurs destinées.

Le Prince, après avoir remercié les chefs de la majorité de leur concours, exprima le regret que les divergences qui venaient de se faire jour missent obstacle aux mesures de conciliation qui avaient été proposées.

Ainsi finit la conférence du 14 mars. Seulement, le Président fit au défi du socialisme une réponse directe et significative. M. Baroche, qui avait soutenu, comme procureur général, devant la Haute-Cour de Bourges, l'accusation contre les insurgés du 15 mai, fut appelé au ministère de l'intérieur, en remplacement de M. Ferdinand Barrot, nommé ministre à Turin.

Toutefois les chefs de la majorité, qui n'avaient pu former un ministère, cherchèrent une autre voie pour assurer leur domination. Au lieu d'attribuer le trouble de la société au manque d'une direction générale nettement accentuée, et à l'anarchie dont leurs propres divisions donnaient l'exemple, ils en faisaient remonter la cause au suffrage universel. Ils songèrent donc à le mutiler, et ils proposèrent au Président de la République de s'associer à leur dessein.

Le Prince Louis-Napoléon, dont la politique avait toujours été fondée sur le suffrage universel, et qui devait à sa libre expression le pouvoir dont il était investi, repoussa sans hésiter la proposition des chefs des anciens partis monarchiques. Loin de se défier des masses populaires, il attendait de leur bon sens et de leurs instincts conservateurs le moyen de réduire la turbulence des minorités. Cependant ces chefs insistèrent, en promettant leur concours pour constituer dans l'Assemblée une majorité compacte, constante, base nécessaire d'un gouvernement régulier. Le caractère modéré et conciliant du Prince lui fit prêter l'oreille à ces propositions ; mais, il exigea que les hommes politiques qui étaient les véritables promoteurs de la loi en prissent la responsabilité, et qu'elle fût portée à l'Assemblée par eux-mêmes, et par eux seuls.

La loi électorale du 15 mars 1849 pouvait certes être améliorée, au point de vue de la moralité des votants et de la sincérité des votes. On pouvait étendre les indignités, et, en attribuant l'élection à l'arrondissement et le vote à la commune, on pouvait rapprocher l'élu des électeurs, et supprimer ou affaiblir les influences étrangères qui pervertissent le scrutin. Ce n'est pas cette voie que l'on prit. On maintint le scrutin de liste par département et le vote au canton, et l'on imposa aux électeurs un domicile de trois ans dans la même commune. Le vote universel n'était ni moralisé, ni régularisé ; il était mutilé, même fort au delà de ce qu'on s'était promis, car il résulta de l'application de la loi que trois millions d'électeurs étaient supprimés.

Une vaste association se forma pour défendre le suffrage universel les armes à la main. L'insurrection devait avoir lieu le 18 mai ; une société dite de la *Jeune Montagne* dirigeait le mouvement ; mais la saisie des papiers de la société, pour le groupe du Sud-Est, opérée à Béziers, le 26 mai, ouvrit les yeux au gouvernement et lui permit de prendre des précautions et d'arrêter les moyens de défense.

Le mouvement insurrectionnel avorta, grâce à la publicité des précautions prises ; et la nouvelle loi électorale fut votée le 31 mai, par 433 voix contre 241.

Aux yeux du Président de la République, la loi du 31 mai était le prix de l'union de toutes les fractions conservatrices, et elle constituerait une entrée en campagne pour l'entier rétablissement de la sécurité et de la confiance publiques. Il n'en était pas de même pour les chefs de la majorité, et leur pensée secrète ne tarda pas à se faire jour.

Les petits journaux satiriques, faisant allusion à une tragédie de M. Victor Hugo remplie de vieillards, avaient donné le nom de *Burgraves* aux chefs des anciens partis, tous plus ou moins murs et vénérables par l'âge. Les Burgraves, c'est-à-dire M. Molé, M. de Broglie, M. Thiers, M. Berryer, M. le général de Saint-Priest, ne pouvaient se consoler de la perte du pouvoir ou de l'influence, et il leur était insupportable de voir la confiance des masses se retirer d'eux et se porter avec passion vers le Président de la République. C'est en vue de retirer les affaires des mains de la foule qu'ils avaient fait la loi du 31 mai, grâce à laquelle ils se croyaient maîtres de l'avenir ; et ils éprouvèrent tant de confiance et d'orgueil à l'idée d'avoir fait peur à l'émeute, qu'ils résolurent de se séparer du Président de la République, ou du moins de le tenir sous leur tutelle.

L'occasion se présenta le 5 juin de l'essayer.

La constitution avait fixé à 600,000 fr. le *traitement personnel* du Président de la République, réservant les *frais de représentation*, qui avaient été estimés devoir se porter à un chiffre plus élevé. Le ministère proposa, le 5 juin, de porter à 2,400,000 fr. les frais de représentation.

Accueillie avec tumulte dans l'Assemblée, cette demande tomba dans une commission hostile. Le rapporteur, M. de Tocqueville, proposa l'adoption, avec des considérations blessantes pour le chef de l'État. Finalement, le crédit fut voté, le 24 juin, par une majorité dérisoire de quatre voix, sous le patronage de M. le général Changarnier, qui parla pour, après avoir, disait-on, travaillé contre.

L'accord était bien compromis. Il fut rompu tout à fait le 29 du même mois, par la coalition des légitimistes et des montagnards, au sujet de la loi relative à la nomination des maires.

Le désordre laissé dans l'administration par le régime de février avait été immense. Il avait fallu, en 1850, révoquer 421 maires et 83 adjoints, et dissoudre la garde nationale dans 153 villes ou communes. Le gouvernement demandait le droit de nommer les maires, en les prenant dans les conseils municipaux, ce qui conciliait le suffrage universel avec l'unité politique. Dominés par certains rêves de décentralisation, inapplicables dans la France moderne, les légitimistes s'unirent aux démagogues et firent repousser la loi.

L'hostilité de l'Assemblée envers le Président était donc publique ; et elle s'accusa hautement le 17 juillet. L'Assemblée s'étant prorogée ce jour-là du 11 août au 4 novembre, elle nomma une commission de permanence formée en majorité des membres les plus hostiles au Président de la République.

Il était temps que l'élu du peuple avisât. L'opinion publique ne trouvait pas dans la marche des affaires la direction qu'elle avait entendu lui donner. Il prit le parti de se rapprocher de la nation, par des voyages successifs en Bourgogne, en Alsace et en Normandie, afin que les masses qui l'avaient porté au pouvoir fussent mises en demeure de manifester leurs sentiments.

Ces voyages étaient une épreuve décisive. A Paris, dans ses salons, dans ses réunions politiques étaient les partisans des anciens partis et les adversaires du Président de la République. En province étaient les populations qui l'avaient élu. Il était donc important de se mettre en rapport avec elles, de les interroger, de leur parler, de leur fournir enfin une occasion de juger les hostilités de l'Assemblée.

Le voyage de Lyon leva le voile qui pouvait dissimuler encore à certains yeux le fond de la pensée publique. Arrivé le 15 août, il accepta le banquet que la ville lui offrit le soir même, et répondit en ces termes au toast du maire de Lyon.

« Que la ville de Lyon, dont vous êtes le digne interprête, « disait Louis-Napoléon au maire, reçoive l'expression sincère de ma reconnaissance pour l'accueil sympathique qu'elle m'a fait ; Mais, croyez-le, je ne suis pas venu dans ces contrées, où l'Empereur, mon oncle, a laissé de si profondes traces, afin de recueillir seulement des ovations et passer des revues.

« Le but de mon voyage est, par ma présence, d'encourager les bons, de rassurer les esprits égarés, de juger par moi-même des sentiments et des besoins du pays. Cette tâche exige votre concours, et, pour que votre concours me soit complétement acquis, je dois vous dire avec franchise ce que je suis, ce que je veux.

« Je suis, non pas le représentant d'un parti, mais le représentant de deux grandes manifestations nationales, qui, en 1804, comme en 1848, ont voulu sauver par l'ordre les grands principes de la révolution française. Fier donc de mon origine et de mon drapeau, je leur demeurerai fidèle : *je serai tout entier au pays, quelque chose qu'il exige de moi*, ABNÉGATION OU PERSÉVÉRANCE.

« Les bruits de coup d'État sont peut-être venus jusqu'à vous.

LE PRÉSIDENT A LYON.

Messieurs; mais vous n'y avez pas cru, je vous en remercie. Les surprises et les usurpations peuvent être le fait de partis sans appui dans la nation; *mais l'élu de 6 millions de suffrages exécute les volontés du peuple, il ne les trahit pas.*

« Le patriotisme, je le répète, peut consister dans l'abnégation comme dans la persévérance. Devant un danger général, toute ambition personnelle doit disparaître.

« Dans ce cas, le patriotisme se reconnaît comme on reconnut la maternité dans un procès célèbre. Vous vous souvenez de ces deux femmes réclamant le même enfant : à quel signe reconnut-on les entrailles de la véritable mère? au renoncement de ses droits que lui arracha le péril d'une tête chérie. QUE LES PARTIS QUI AIMENT LA FRANCE N'OUBLIENT PAS CETTE SUBLIME LEÇON !

« Moi-même, s'il le faut, je m'en souviendrai. Mais, d'un autre côté, *si des prétentions coupables se ranimaient et menaçaient de compromettre le repos de la France*, je saurais les réduire à l'impuissance, EN INVOQUANT ENCORE LA SOUVERAINETÉ DU PEUPLE, car je ne reconnais à personne le droit *de se dire son représentant plus que moi.*

« Ces sentiments, vous devez les comprendre, car tout ce qui est noble, généreux, sincère, trouve de l'écho parmi les Lyonnais ; votre histoire en offre d'immortels exemples. Considérez donc mes paroles comme une preuve de ma confiance et de mon estime. »

Les applaudissements les plus enthousiastes avaient couvert les passages les plus significatifs de ce beau discours. Le passage où le Prince annonçait que la France pouvait attendre de lui *abnégation* ou *persévérance* ; celui où, faisant allusion aux prétentions des divers partis, il se disait prêt à *invoquer encore la souveraineté du peuple*, pour faire prévaloir la volonté générale, reçurent la plus énergique adhésion.

Le 16 août, ces épanchements continuent. Le commerce Lyonnais se réunit au jardin d'hiver ; le Président accepte l'invitation qui lui est faite, et répond ainsi à M. Vachon, président de la commission :

« Vous saviez que je ne pouvais rester longtemps dans vos murs, et vous avez eu la pensée de réunir ce matin, autour de moi, le plus de représentants possible des divers éléments qui contribuent à la prospérité lyonnaise. Je vous en remercie ; car *je suis heureux de toutes les occasions de me mettre en contact avec le peuple qui m'a élu.*

« En nous rencontrant souvent, *nous pourrons réciproquement connaître nos sentiments, nos idées, et apprendre ainsi à compter les uns sur les autres.* Quand on se voit, en effet, *bien des voiles tombent, bien des préventions se dissipent.*

« *De loin*, je pouvais croire la population lyonnaise animée *de cet esprit de vertige qui enfante tant de troubles*, et presque en hostilité avec le pouvoir. Ici, je l'ai trouvée calme, laborieuse, sympathique à l'autorité que je représente. De votre côté, vous vous attendiez peut-être à rencontrer en moi un homme avide d'honneurs et de puissance, et vous voyez au milieu de *vous un ami, un homme uniquement dévoué à son devoir et aux grands intérêts de la patrie.* »

Le même jour eut lieu l'inauguration de la caisse de secours mutuels et de retraite pour les ouvriers en soie. Le prince y assista ; et après quelques paroles bienveillantes et élevées, dans lesquelles ses intentions à l'égard des classes laborieuses et pauvres perçaient déjà, il signa le procès-verbal de la séance et ajouta : *plus de pauvreté pour l'ouvrier malade, ni pour celui que l'âge a condamné au repos.* — Louis-Napoléon Bonaparte. C'était une promesse. On verra plus loin qu'elle fut tenue.

La chambre de commerce de Lyon ne voulut pas témoigner moins d'empressement et de respect que le commerce lui-même, réuni le matin au jardin d'hiver. A huit heures du soir, un troisième et dernier banquet eut lieu à l'Hôtel de Ville ; et le Prince répondit en ces termes au discours du président de la Chambre :

« Je remercie le commerce et l'industrie de Lyon des félicitations qu'ils m'expriment, et je donne mon entière sympathie aux vœux qu'ils m'adressent. Rétablir l'ordre et la confiance, maintenir la paix, terminer le plus promptement possible nos grandes lignes de chemin de fer, protéger notre industrie et développer l'échange de nos produits par un système commercial progressivement libéral : tel a été et tel sera le but des mes efforts.

« *Si des résultats plus décisifs n'ont pas été obtenus, la faute, vous le savez, n'en est pas à mon gouvernement ;* mais, espérons-le, Messieurs, plus vite notre pays rentrera dans les voies régulières, plus sûrement sa prospérité renaîtra ; car, il est bon de le répéter, les intérêts matériels ne grandissent que par la bonne direction des intérêts moraux. C'est l'âme qui conduit le corps. Aussi se tromperait-il d'une étrange manière, le gouvernement qui baserait sa politique sur l'avarice, l'égoïsme et la peur !

« C'est en protégeant libéralement les diverses branches de la richesse publique ; c'est à l'étranger, en défendant hardiment nos alliés ; c'est, en portant haut le drapeau de la France qu'on procurera au pays agricole, commercial, industriel, le plus de bénéfices ; car ce système aura l'honneur pour base, et l'honneur est toujours le meilleur guide.

« A la veille de vous faire mes adieux, laissez-moi vous rappeler des paroles célèbres. Non..., je m'arrête...; il y aurait de ma part trop d'orgueil à vous dire, comme l'Empereur : « Lyonnais, je vous aime ! » Mais permettez-moi de vous dire du fond de mon cœur : « Lyonnais, aimez-moi ! »

Pour bien comprendre l'importance capitale de cet échange de sentiments entre la ville de Lyon et le Prince Président, il faut se rappeler que les neuf députés formant la représentation de la ville et du département du Rhône appartenaient à la démocratie la plus outrée. Il en était de même de l'Alsace, où le Prince allait se rendre à son retour de Lyon ; ses treize députés étaient tous socialistes ; l'accueil fait au Prince montrait donc avec la dernière évidence que la députation, préparée et imposée par les clubs, ne représentait pas les véritables sentiments de la population lyonnaise.

Consternés de l'échec que leur infligeaient les ovations prodiguées au Président, les démagogues tentèrent une revanche. Un certain nombre d'entre eux se pressaient aux abords des lieux de réunion, essayant des manifestations qui échouaient contre le dédain du vrai peuple. A Besançon, un bal populaire fut organisé en son honneur, et le Prince fut informé qu'une manifestation hostile devait s'y produire contre sa personne. Malgré les représentations qui lui furent faites, il n'hésita pas à s'y rendre, voulant voir qui serait le plus ferme, des assassins ou de lui.

Les démagogues affiliés portaient pour signe de ralliement des cravates rouges. Le Prince, aussitôt qu'il fut entré dans la salle, se vit en effet entouré, enveloppé et pressé de toutes parts. Le prince tint ces misérables en respect quelques instants par la fermeté de son regard ; mais les officiers qui le suivaient mirent l'épée à la main et les gendarmes de service dégagèrent le Prince. Il connut bientôt la source et les meneurs du complot ; il voulut tout mépriser et oublier, assez vengé qu'il était par l'amour de la France.

Vivement sollicité, après cet incident de Besançon, de renoncer au voyage d'Alsace, le Prince persista ; il avait une idée plus nette et plus vraie que personne de la puissance de son nom ; et il ne fut pas déçu dans l'espoir d'être bien accueilli dans cette ville de Strasbourg, où, quatorze ans auparavant, il avait arboré le drapeau de l'appel au peuple. La représentation de l'Alsace était, avons-nous dit, entièrement socialiste ; la municipalité de Strasbourg refusa de voter des fonds pour recevoir le Président de la République ; mais le commerce et l'industrie suppléèrent à ce manque d'intelligence et de convenance ; et le Prince répondit en ces termes au toast porté par M. Sengenwald, président du banquet :

« Messieurs, recevez mes remercîments pour la franche cordialité avec laquelle vous m'accueillez parmi vous. La meilleure manière de me fêter, c'est de me promettre, comme vous venez de le faire, *votre appui dans la lutte engagée entre les utopies et les réformes utiles.*

« Avant mon départ, on voulait me détourner d'un voyage en Alsace. On me répétait : Vous y serez mal venu. Cette contrée, pervertie par des émissaires étrangers, ne connaît plus ces nobles mots d'honneur et de patrie que votre nom rappelle, et qui ont fait vibrer le cœur de ses habitants pendant quarante années. Esclaves, sans s'en douter, d'hommes qui abusent de leur crédulité, les Alsaciens se refuseront à voir, dans l'élu de la nation, le représentant légitime de tous les droits et de tous les intérêts !

« Et moi je me suis dit : Je dois aller partout où il y a des illusions dangereuses à dissiper et de bons citoyens à raffermir.

« On calomnie la vieille Alsace, cette terre des souvenirs glorieux et des sentiments patriotiques ; j'y trouverai, j'en suis assuré, des cœurs qui comprendront ma mission et mon dévouement au pays.

« Quelques mois, en effet, ne font pas d'un peuple profondément imbu des vertus solides du soldat et du laboureur un peuple ennemi de la religion, de l'ordre et de la propriété.

« D'ailleurs, Messieurs, pourquoi aurais-je été mal reçu ?

« En quoi aurais-je démérité de votre confiance ?

« Placé par le vote presque unanime de la France à la tête d'un pouvoir légalement restreint, mais immense par l'influence morale de son origine, ai-je été séduit par la pensée, *par les conseils d'attaquer une constitution* faite pourtant, personne ne l'ignore, en grande partie contre moi ? — Non, *je respecte et je respecterai la souveraineté du peuple*, même dans ce que son expression peut avoir de faussé ou d'hostile.

« Je suis donc heureux, Strasbourgeois, de penser qu'il y a communauté de sentiments entre vous et moi. Comme moi, vous voulez notre patrie grande, forte, respectée ; comme vous, je veux l'Alsace reprenant son ancien rang, redevenant ce qu'elle a été durant tant d'années, l'une des provinces les plus renommées, choisissant les citoyens les plus dignes pour la représenter, et ayant, pour l'illustrer, les guerriers les plus vaillants. »

En rentrant à Paris, le Prince s'arrêta un jour à Reims. Là aussi, il voulut poursuivre l'apostolat de ses doctrines et de sa parole, et il s'exprima ainsi au banquet qui lui fut offert :

« L'accueil que je reçois à Reims, au terme de mon voyage, vient confirmer ce que j'ai vu par moi-même dans toute la France, et ce dont je n'avais pas douté : notre pays ne veut que l'ordre, la religion et une sage liberté. Partout, j'ai pu m'en convaincre, le nombre des agitateurs est infiniment petit, et le nombre des bons citoyens infiniment grand. Dieu veuille qu'ils ne se divisent pas ! C'est pourquoi, en me retrouvant aujourd'hui dans cette antique cité de Reims, où les rois qui représentaient aussi les grands intérêts de la nation sont venus se faire sacrer, je voudrais que nous pussions y couronner non plus un homme, mais une idée : l'idée d'union et de conciliation, dont le triomphe ramènerait le repos dans notre patrie déjà si grande par ses richesses, ses vertus et sa foi.

« Faire des vœux pour la prospérité publique, c'est en faire pour la ville de Reims, dont la position industrielle est d'une si haute importance. »

On peut le dire ; le voyage du Prince à Lyon, à Strasbourg et à Reims lui avait directement dévoilé le cœur des populations de l'Est : elles étaient conquises à son nom, à ses doctrines et à sa personne. Il voulut faire la même expérience sur les populations de l'Ouest. Rentré à Paris le 29 août, le Prince repartit le 3 septembre pour se rendre à Cherbourg ; et, s'arrêtant à Caen le 4, il constata publiquement la chaleur avec laquelle l'opinion publique se manifestait à son égard :

« L'accueil si bienveillant, si sympathique, je dirai presque enthousiaste, que je reçois à l'est comme à l'ouest de la France, dit-il, me touche profondément, mais je ne m'en orgueillis pas. Je m'en attribue la plus faible partie. Ce qu'on acclame en moi, c'est *le représentant de l'ordre et d'un meilleur avenir*.

« Quand je traverse vos populations, entouré d'hommes qui méritent votre estime et votre confiance, je suis heureux d'entendre dire : *Les mauvais jours sont passés ; nous en attendons de meilleurs*.

« Aussi, lorsque partout la prospérité semble renaître, il serait bien coupable celui qui tenterait d'en arrêter l'essor par le changement de ce qui existe aujourd'hui, quelque imparfait que ce puisse être.

« De même, *si des jours orageux devaient reparaître et que le peuple voulût imposer un nouveau fardeau au chef du gouvernement, ce chef, à son tour, serait bien coupable de déserter cette haute mission*.

« *Mais n'anticipons pas tant sur l'avenir*. Tâchons maintenant de régler les affaires du pays, accomplissons chacun notre devoir ; *Dieu fera le reste*. »

A Cherbourg, terme de son voyage, un grand nombre de riches Anglais, arrivés sur leurs bricks de plaisance, attendaient le Président, pour le saluer. Il y arriva le 5 septembre. Le lendemain, un grand banquet, auquel assistaient ces étrangers, lui fut donné dans l'arsenal ; il y prononça le discours suivant :

« Plus je parcours la France, dit-il, et plus je m'aperçois qu'on attend beaucoup du gouvernement. Je ne traverse pas un département, une ville, un hameau, sans que les maires, les conseillers généraux, et même les représentants me demandent, ici, des voies de communication, telles que canaux, chemins de fer; là, l'achèvement des travaux entrepris; partout enfin, des mesures qui puissent remédier aux souffrances de l'agriculture, donner de la vie à l'industrie et au commerce.

« Rien de plus naturel que la manifestation de ces vœux; elle ne frappe pas, croyez-le bien, une oreille inattentive; mais, à mon tour, je dois vous dire : Ces résultats tant désirés ne s'obtiendront que si vous me donnez les moyens de l'accomplir, et ce moyen est tout entier dans votre concours à fortifier le pouvoir et à écarter les dangers de l'avenir.

« Pourquoi l'Empereur, malgré la guerre, a-t-il couvert la France de ces travaux impérissables qu'on retrouve à chaque pas, et nulle part plus remarquables qu'ici? C'est qu'indépendamment de son génie, il vint à une époque où la nation, fatiguée de révolutions, lui donna le pouvoir nécessaire pour abattre l'anarchie, réprimer les factions et faire triompher à l'extérieur, par la gloire, à l'intérieur, par une impulsion vigoureuse, les intérêts généraux du pays.

« S'il y a donc une ville en France qui doive être napoléonienne et conservatrice, c'est Cherbourg : napoléonienne, par reconnaissance, conservatrice, par la saine appréciation de ses véritables intérêts. Qu'est-ce, en effet, qu'un port créé, comme le vôtre, par de si gigantesques efforts, sinon l'éclatant témoignage de cette unité française, poursuivie à travers tant de siècles et de révolutions, unité qui fait de nous une grande nation? Mais une grande nation, ne l'oublions pas, ne se maintient à la hauteur de ses destinées que lorsque ses institutions elles-mêmes sont d'accord avec les exigences de la situation politique et de ses intérêts matériels.

« Les habitants de la Normandie savent apprécier de semblables vérités; ils m'en ont donné la preuve, et c'est avec orgueil que je porte aujourd'hui un toast à la ville de Cherbourg.

« Je porte ce toast en présence de cette flotte qui a porté si noblement en Orient le pavillon français, et qui est prête à le

COLLATION A LA REVUE DE SATORY.

porter avec gloire partout où l'honneur national l'exigerait ; en présence de ces étrangers, aujourd'hui nos hôtes. Ils peuvent se convaincre que si nous voulons la paix, ce n'est pas par faiblesse, mais par cette communauté d'intérêts et par ces sentiments d'estime naturelle qui lient entre elles les deux nations les plus civilisées. »

En l'état de désarroi où la Révolution de Février avait jeté les esprits, la difficulté à vaincre pour rétablir un gouvernement obéi et durable, c'était de lui trouver une base solide. Or, cette base ne pouvait être raisonnablement cherchée que dans la volonté générale. Ce qu'on appelait les principes, comme la légitimité ou la monarchie parlementaire, se réduisait à des utopies vaines et impuissantes, puisque l'opinion s'était retirée d'elles. Il fallait donc trouver un autre appui pour le pouvoir ; et c'était ce que faisait le Président de la République, en provoquant par ces épanchements multipliés l'expression sincère de la volonté du pays.

Les voyages qu'il venait de faire l'avaient mis en contact avec les populations urbaines et rurales ; et les banquets avaient été comme des tribunes du haut desquelles il avait loyalement laissé tomber ses idées. Assurément on était en droit de penser qu'en agissant ainsi il travaillait à consolider son gouvernement ; mais au moins il déclarait bien haut qu'il ne voulait gouverner qu'avec la volonté de la nation. Cette volonté s'était manifestée en sa faveur avec une éclatante spontanéité, le 10 décembre 1848 ; et il importait d'aller s'assurer, en visitant les provinces, si rien n'avait changé le cours de leurs idées. L'expérience avait été décisive ; car l'élu du 10 décembre avait reçu partout l'accueil le plus enthousiaste. Le Prince était donc certain d'avoir le pays avec lui ; et cette constatation lui donnait la force morale nécessaire pour résister à l'hostilité déjà manifeste de l'Assemblée.

Pendant que le Prince Louis-Napoléon consultait l'opinion nationale, le parti légitimiste se rendait à Wiesbaden, dans le duché de Nassau, où M. le comte de Chambord tenait sa cour. Trois membres de la commission de permanence de l'Assemblée, M. Berryer, M. de La Rochejaquelein et M. le général de Saint-Priest, se rendirent près de leur Roi ; et les mêmes hommes qui accusaient le Prince de conspirer pour usurper le trône, allaient publiquement conspirer à l'étranger, et disposer de ce même trône sans le concours de la volonté nationale. C'est de Wiesbaden que partit, le 30 août, une circulaire adressée au parti légitimiste, et dans laquelle M. le marquis de Barthélemy exposait, en ces termes, les déclarations de M. le comte de Chambord, déclarations qui excluaient d'une manière absolue le principe de la souveraineté nationale :

« M. le comte de Chambord a déclaré qu'il se réservait la direction de la politique générale.

« Dans la prévision d'éventualités soudaines, et pour assurer cette unité complète de vues et d'action qui seule peut faire notre force, il a désigné les hommes qu'il déléguait, en France, pour l'application de sa politique.

« Cette question de conduite devait nécessairement amener l'appréciation définitive de la question de l'appel au peuple.

« Je suis officiellement chargé de vous faire connaître qu'elle a été, à ce sujet, la déclaration de M. le comte de Chambord.

« *Il a formellement condamné le système de l'appel au peuple*, comme impliquant la négation du grand principe national de l'hérédité monarchique. Il repousse d'avance toute proposition qui, reproduisant cette pensée, viendrait modifier les conditions de stabilité qui sont le caractère essentiel de notre principe, et doivent le faire regarder comme l'unique moyen d'arracher enfin la France aux convulsions révolutionnaires.

« Le langage de M. le comte de Chambord a été formel, précis; il ne laisse aucune place au doute, et toute interprétation qui en altérerait la portée serait entièrement inexacte. »

Telle était donc et telle resta la différence essentielle entre le Prince Louis-Napoléon et les prétendants monarchiques. Ces prétendants s'adressaient aux partis; le Prince s'adressait à la France entière. Ils invoquaient de vieux préjugés; il invoquait d'immortels principes.

Les partis monarchiques, puissants dans l'Assemblée, impuissants dans le pays, avaient dû se donner un chef portant une épée, afin qu'au moment voulu cette épée pût trancher le nœud de la situation. Le général Changarnier fut ce chef accepté par les légitimistes et par les orléanistes. Comment cet officier distingué, qui devait au Président de la République le double commandement des troupes de la 1re division militaire et des gardes nationales de la Seine, et qui avait par conséquent la confiance entière du Prince, vint-il à mériter celle de ses adversaires? c'était encore un mystère au mois d'octobre 1850 ; mais bien que mystérieux dans sa cause, le fait était certain. Une célèbre revue passée à Satory, près de Versailles, le 10 octobre, le fit éclater aux yeux de tous.

C'était le droit et le devoir du chef de l'État de se tenir en rapport constant avec l'armée, comme avec les populations ; et de nombreuses revues, passées par le Prince, avaient fait éclater les sympathies des soldats à son égard. Pendant ces revues, auxquelles assistait le général Changarnier, les troupes avaient crié : *Vive Napoléon!* et le général en chef, non-seulement ne l'avait pas trouvé mauvais, mais, dans un ordre du jour du 7 juin 1850, à la suite d'une revue passée au Champ-de-Mars, il avait félicité les troupes sur *le bon esprit qu'elles avaient su conserver.*

Il n'en fut plus de même le 10 octobre 1850. Trois régiments d'infanterie, un bataillon de chasseurs à pied et quarante-huit escadrons de cavalerie, appartenant à la 1re division, commandés par le général Neumayer, furent réunis sur le plateau de Satory. Des tribunes avaient été dressées pour les spectateurs ; beaucoup de curieux, appartenant au monde politique, s'y rendirent. La commission de permanence y assistait toute entière. On y était vaguement impressionné par l'attente d'événements qui étaient dans l'air. Après la revue, le défilé commença ; et, avec le défilé, l'intérêt le plus vif de la journée.

A quelques pas en avant des tribunes, se tenaient à cheval, le Prince Président, ayant près de lui, le général d'Hautpoul, ministre de la guerre ; en face, et à cinquante mètres environ, était le général Changarnier. Au pied des tribunes bouillonnait un groupe de jeunes gens, la plupart journalistes, appartenant à l'opposition et aux partis parlementaires, et parmi lesquels les plus notables étaient Eugène Forcade, Solar et Lireux. Ils s'étaient placés directement en face du général Changarnier, l'observant avec attention.

L'émotion était profonde. Quelle allait être l'attitude des soldats, habituellement si sympathiques ?

Les trois régiments d'infanterie défilèrent conformément aux règlements militaires, c'est-à-dire en silence ; mais comme ces règlements n'avaient pas été observés aux revues précédentes, et que, dans des ordres du jour, le général Changarnier en avait sanctionné la violation, on resta frappé de cette tenue insolite. La pensée de tous les spectateurs soupçonna aussitôt des ordres donnés à l'infanterie. Ce soupçon se changea en certitude, au défilé de la cavalerie. Tous les escadrons, enlevés par leurs officiers, poussèrent des cris enthousiastes de *Vive Napoléon*. Le colonel de Montalembert, debout sur ses étriers, poussa même avec énergie le cri de *Vive l'Empereur !* que ses cavaliers répétèrent.

Les physionomies des spectateurs changèrent, suivant la pensée intime des groupes. Les journalistes placés devant la tribune se montrèrent déconcertés. On sut plus tard pourquoi. Ils avaient proposé au général Changarnier d'enlever le Prince Président à la fin de la revue, si le silence des troupes indiquait une désaffection de leur part. Assurément, le général Changarnier acceptait déjà le rôle de rival du Prince; mais de cette ambition, encore à moitié dissimulée, à une trahison, il y avait un abîme que cette jeunesse conspiratrice n'avait pas mesuré. Même pendant le défilé de l'infanterie, le signal attendu ne fut pas fait ; et le défilé des escadrons fit rentrer dans les poches les armes à moitié dégaînées.

Le Président de la République dut demander sur le terrain même des explications sur la différence d'attitude des troupes. Il fut constaté que le général en chef n'avait donné aucun ordre ; mais que le général Neumayer, commandant la 1re division, consulté par le colonel du 15me léger, avait prescrit le silence sous les armes.

De tels ordres, donnés par un subordonné, sans consulter le général en chef présent sur les lieux, constituaient un acte d'usurpation d'autorité et d'anarchie qui ne pouvait être toléré; et, dans les circonstances politiques où l'on se trouvait, il résultait de cette insubordination un blâme public infligé au chef de l'Etat. Le commandement confié au général Neumayer dut donc lui être immédiatement retiré par le ministre de la guerre, sans la participation du général Changarnier, qui se trouva moralement frappé et par conséquent irrité par cet acte d'énergie.

Dès ce moment, emporté par son ambition, enlacé par les partis monarchiques, le général Changarnier devint peu à peu l'adversaire politique du prince Louis-Napoléon. Les légitimistes de l'*Opinion publique* déclarèrent qu'il était pour eux *une place de sûreté*; les fusionnistes de l'*Assemblée nationale* en firent *l'arbitre de la situation*; et les orléanistes de *l'Ordre* affirmèrent que *sa destitution serait le signal d'une lutte entre les deux pouvoirs*. Allant encore plus loin que ces journaux, la commission de permanence, au nom de l'Assemblée elle-même, qu'elle représentait, fit connaître, par une délibération du 30 octobre, que la position du général, à la tête de l'armée de Paris, était pour l'Assemblée et pour le pays une garantie d'ordre et de sécurité; et, « considérant la phase importante et nouvelle du système d'agression dirigé, depuis un an, contre le pouvoir législatif », il fut proposé « de déférer au général Changarnier le commandement d'un corps de troupes destinées à le protéger, en cas de besoin. »

Ainsi, les partis monarchiques, coalisés contre le Président de la République, prenaient bruyamment pour chef le général Changarnier. Celui-ci resta vingt jours indécis, et garda un silence plein d'orages. Les journaux disaient : « le sphynx ne parle pas! » Il parla enfin, le 2 novembre, en publiant l'ordre du jour suivant, qui était, au fond, une protestation contre la destitution du général Neumayer, et un acte d'hostilité contre le Président de la République :

ORDRE DU JOUR.

« Aux termes de la loi, l'armée ne délibère point ; aux ter-
« mes des règlements militaires, elle doit s'abstenir de toute mani-
« festation et ne proférer aucun cri sous les armes.

« Le général en chef rappelle ces dispositions aux troupes
« placées sous son commandement. »

Le drapeau était déployé, et l'épée était tirée ; mais le général Changarnier pouvait être destitué, comme le général Neumayer, et il va l'être en effet ; il fallait donc, pour rendre sa résistance efficace, placer sous son commandement des forces dont il pût disposer au gré de l'Assemblée ; et c'est pour amener son président, M. Dupin, à donner un blanc seing au général, qu'on imagina la basse et misérable aventure de la rue des Saussaies.

Le *Journal des Débats*, du 8 novembre, publiait l'article suivant :

« La commission de l'Assemblée s'est réunie aujourd'hui. Elle a consacré presque toute sa séance à délibérer sur un incident fort singulier. L'un de ses membres a déclaré, de la manière la plus formelle, qu'il était à sa connaissance que, dans la soirée du 29 octobre, vingt-six individus, parmi les plus exaltés de la Société du Dix-Décembre, ont tenu une séance extraordinaire où ils ont agité hautement le projet d'assassiner le président de l'Assemblée nationale, M. Dupin, et le commandant en chef de l'armée de Paris, M. le général Changarnier, comme étant tous les deux le grand obstacle à l'accomplissement des desseins de la société.

« Ce projet aurait été adopté à l'unanimité, et on aurait procédé au tirage au sort pour désigner ceux qui devaient mettre à exécution ce double attentat. En conséquence, on aurait mis dans un chapeau vingt-quatre bulletins blancs, et deux portant, l'un la lettre C, et l'autre la lettre D.

« Chacun des vingt-six membres aurait été appelé à tirer successivement un bulletin. Celui qui aurait amené le bulletin avec la lettre C aurait aussitôt déclaré, en termes énergiques, qu'il était prêt à exécuter la décision de la réunion. Celui auquel serait échu le bulletin avec la lettre D aurait gardé le silence.

« Le président de la réunion ayant annoncé que le jour de l'exécution serait ultérieurement fixé, les vingt-six membres se seraient alors séparés. Les délibérations subséquentes donneraient lieu de croire qu'on aurait été disposé à faire quelque tentative de ce genre, le jour de la réunion de l'Assemblée.

« Telles sont, d'après ce que nous croyons savoir, les étranges révélations dont s'est occupée aujourd'hui la commission de permanence. Avant de se séparer, la commission qui, depuis un mois, avait demandé la dissolution de la Société du Dix-Décembre, qui a toujours présenté à ses yeux le caractère d'une société politique défendue par les lois, a chargé trois de ses membres, MM. Baze, Faucher et Monet, de se rendre auprès du ministre de l'intérieur, pour lui exprimer son profond étonnement de ce que l'autorité n'ait pas cru devoir prévenir le Président de l'Assemblée nationale et le général en chef de l'armée de Paris, des projets qu'on tramait contre eux, et de ce qu'aucune mesure n'ait encore été prise pour fermer cette dangereuse société. »

Cette révélation parut tellement extraordinaire, que l'effet en fut manqué. En général, on n'y crut pas. C'était en effet une mystification, qui fut officiellement et énergiquement démentie par le préfet de police, M. Carlier, et par M. le général Pyat, président de la Société du Dix-Décembre.

C'est dans l'arrière-boutique d'un épicier de la rue des Saussaies, nommé Pichon, que ces projets d'assassinats auraient été délibérés. Ce complot était une fable, imaginée par un agent subalterne, nommé Allais, placé sous les ordres de M. Yon, commissaire de police attaché à l'Assemblée. Allais, à la suite d'une instruction minutieuse, fut condamné pour fausse révélation à deux ans de prison par le tribunal correctionnel de la Seine, le 26 décembre 1850. Pendant les discussions ultérieures auxquelles cet incident donna lieu, M. de Lamartine déclara à la tribune, le 16 janvier 1851, qu'on avait eu tort « d'ajouter foi au chiffon de papier le plus sale qui pût être ramassé par le plus vil agent de la plus vile police dans le ruisseau des rues. »

C'était M. Dupin aîné, président de l'Assemblée, qui avait porté l'article dénonciateur au *Journal des Débats*. Il avait eu la faiblesse de croire au complot, et de s'en montrer très-effrayé. Dans la soirée du 7 novembre, il était allé trouver M. Rouher, ministre de la justice, pendant son dîner, et lui avait exposé ses terreurs. Le ministre ne put l'en guérir ; et il dut quitter la table et accompagner M. Dupin au ministère de l'intérieur, où M. Baroche ajouta ses protestations à celles de M. Rouher. M. Dupin se retira, mais il n'était qu'à demi rassuré.

M. Dupin, très-ferme magistrat, n'était pas téméraire de sa personne. Le complot avait été imaginé pour lui faire peur, et on y avait réussi. Sous l'influence de son hallucination, il était à redouter qu'il se laissât aller à signer un blanc seing donnant au général Changarnier le commandement d'un corps de troupes. Préoccupé de cette crainte, M. Rouher se rendit à l'Elysée et informa le Président de la République des faits qui précèdent, et appela son

M. BAROCHE

M. ROUHER

attention sur les dangers qui pouvait offrir la situation. Le Prince écouta ces détails avec le plus grand calme, et ne parut y attacher aucune importance. Un peu impatienté de cette impassibilité, le garde des sceaux insista. Alors le Prince, frappant sur l'épaule de son ministre, lui dit avec gravité : « M. Rouher, vous êtes bien jeune ! si l'on venait m'apprendre à l'instant même que le général Changarnier marche sur l'Élysée, avec les troupes qu'il commande aux Tuileries, j'irais au devant de lui avec les chasseurs à pied qui me gardent, et ses soldats se réuniraient aux miens. Ma destinée n'est pas accomplie; je serai Empereur! »

Ce n'était pas la première fois que Louis-Napoléon Bonaparte laissait percer clairement sa confiance dans l'avenir; il s'en était souvent entretenu avec certains collaborateurs dévoués ; mais quelle que fût cette confiance, elle ne lui inspira jamais la pensée ou la tentation de s'élever au trône par d'autres moyens que la volonté du pays.

Les craintes légitimes que la terreur de M. Dupin avait fait concevoir ne se réalisèrent pas. Non-seulement il ne céda pas à l'idée d'offrir au général Changarnier le commandement que l'Assemblée eût voulu lui donner; mais il opposa un peu plus tard un refus formel à la sollicitation du général, appuyée par M. le duc de Broglie, au nom des parlementaires.

L'Assemblée se montra moins modérée et moins digne. Elle adopta le commissaire de police Yon, frappé justement par le préfet, son chef hiérarchique ; et, le 11 novembre, les Questeurs déposèrent une proposition ayant pour objet de faire garder l'Assemblée par une police à ses gages, et sous ses ordres.

A ces provocations mesquines, le Président répondit avec bon goût et avec modération. Il prononça la dissolution de la Société du Dix-Décembre, réunion d'hommes laborieux, désintéressés, dévoués à l'ordre, et que présidait le général Pyat; il sacrifia le ministre de la guerre, général d'Hautpoult, qui, en signant la destitution du général Neumayer, avait frappé indirectement et irrité le général Changarnier; et il adressa à l'Assemblée, le 12 novembre, jour de sa rentrée, un message où il faisait appel à la concilliation et à l'oubli :

« J'ai souvent déclaré, disait-il, lorsque l'occasion s'est offerte, d'expliquer publiquement ma pensée, que je considérerais comme de grands coupables ceux qui, par ambition personnelle, compromettraient le peu de stabilité que nous garantit la Constitution. C'est ma conviction profonde ; elle n'a jamais été ébranlée. Les ennemis seuls de la tranquillité publique ont pu dénaturer les plus simples démarches qui naissent de ma position.

« Comme premier magistrat de la République, j'étais obligé de me mettre en relation avec le clergé, la magistrature, les agriculteurs, les industriels, l'administration, l'armée, et je me suis empressé de saisir toutes les occasions de leur témoigner ma sympathie et ma reconnaissance pour le concours qu'ils me prêtent ; et surtout, si mon nom et mes efforts ont concouru à raffermir l'esprit de l'armée, *de laquelle je dispose seul, d'après les termes de la Constitution*, c'est un service, j'ose le dire, que je crois avoir rendu au pays, car toujours j'ai fait tourner au profit de l'ordre mon influence personnelle.

« La règle invariable de ma vie politique sera, dans toutes les circonstances, de faire mon devoir, rien que mon devoir.

« Il est aujourd'hui permis à tout le monde, excepté à moi, de vouloir hâter la révision de notre loi fondamentale. Si la Constitution renferme des vices et des dangers, vous êtes tous libres de les faire ressortir aux yeux du pays. Moi seul, lié par mon serment, je me renferme dans les strictes limites qu'elle a tracées.

« *Les conseils généraux ont en grand nombre émis le vœu de la révision de la Constitution.* Ce vœu ne s'adresse qu'au pouvoir législatif. Quant à moi, élu du peuple, ne relevant que de lui, je me conformerai toujours à ses volontés légalement exprimées.

« L'incertitude de l'avenir fait naître, je le sais, bien des appréhensions en réveillant bien des espérances ; sachons tous faire à la patrie le sacrifice de nos espérances, et ne nous occupons que de ses intérêts. Si dans cette session vous votez la révision de la Constitution, une Constituante viendra refaire nos lois fondamentales et régler le sort du pouvoir exécutif. Si vous ne la votez pas, le peuple, en 1852, manifestera solennellement l'expression de sa volonté nouvelle.

« Mais quelles que puissent être les solutions de l'avenir, *enten-*

dons-nous, afin que ce ne soit jamais *la passion, la surprise ou la violence* qui décident du sort d'une grande nation. Inspirons au peuple l'amour du repos, en mettant du calme dans nos délibérations; inspirons-lui la religion du droit, en ne nous en écartant jamais nous-mêmes; et alors, croyez-le, le progrès des mœurs politiques compensera le danger d'institutions créées dans des jours de défiances et d'incertitudes.

« Ce qui me préoccupe surtout, soyez-en persuadés, ce n'est pas de savoir qui gouvernera la France en 1852, c'est d'employer le temps dont je dispose, de manière à ce que la transition, quelle qu'elle soit, se fasse sans agitation et sans trouble.

« *Le but le plus digne d'une âme élevée n'est point de rechercher, quand on est au pouvoir, par quels expédients on s'y perpétuera,* mais de veiller sans cesse aux moyens de consolider, à l'avantage de tous, *les principes d'autorité et de morale qui défient les passions des hommes et l'instabilité de lois.*

« Je vous ai loyalement ouvert mon cœur; vous répondrez à ma franchise par votre confiance, à mes bonnes intentions par votre concours, et Dieu fera le reste. »

Ce Message, bien accueilli par une partie de l'Assemblée, eut dans le pays un immense et salutaire retentissement. Le *Journal des Débats* reconnut que le Président de la République avait « parlé dans les termes les plus dignes de ses derniers voyages, de ses revues, objets de tant de commentaires; de ses relations avec l'armée, dont il avait le droit de dire qu'il disposait seul. Il a fait appel à la modération, à la sagesse, à l'abnégation des partis et des hommes qui les dirigent. Ce message porte le cachet de la franchise, du désintéressement, d'un sincère et vrai patriotisme. »

Comment furent accueillis dans l'Assemblée ce désintéressement et ce patriotisme? par la défiance et la provocation.

Un député de la Somme, M. Creton, avait fait inscrire à l'ordre du jour de la discussion, pour le 30 novembre 1850, une proposition ayant pour objet d'abroger les lois d'exil portées, le 10 avril 1832 et le 26 mai 1848 contre la famille des Bourbons et la famille d'Orléans. Dans la pensée d'un groupe de députés, le retour des princes d'Orléans avait pour objet de provoquer des candidatures nouvelles à la présidence de la République, et de susciter des rivaux au prince Louis-Napoléon. Le journal des orléanistes, rédigé par M. Chambolle, l'*Ordre* du 27 novembre, le déclara formellement. Les parlementaires se montraient donc disposés à se faire républicains, si la République était dirigée par leurs princes. Les légitimistes, qui sentaient que M. le comte de Chambord ne pouvait pas rentrer en France pour s'y faire démocrate, se montrèrent résolus à combattre la proposition de M. Creton ; et, sur la demande de M. Casimir Périer, elle fut ajournée au 1ᵉʳ mars 1851 ; mais le terrain de conciliation du Message était déserté ; et les orléanistes ne s'arrêtèrent que devant la crainte de voir rompre leur alliance avec les légitimistes.

Mais la rupture éclata le 3 janvier, à l'occasion de certaines instructions affichées depuis longtemps dans les casernes, et données aux chefs de corps de l'armée de Paris, par le commandant en chef. Elles ordonnaient aux chefs de corps de « ne pas écouter les représentants », et d'écarter toute réquisition ou sommation émanant d'un fonctionnaire civil, judiciaire et politique. » Ces instructions étaient anciennes et émanaient du général Changarnier lui-même. Il les avait toujours comprises dans leur sens clair et évident, qui réservait au ministre de la guerre la disposition des forces militaires.

Amené à s'expliquer sur ces instructions à la tribune, le 3 janvier, le général Changarnier déclara n'avoir « jamais contesté le droit constitutionnel de l'Assemblée de requérir les troupes, ni l'article du règlement qui défère à son Président l'exercice de ce droit. » Là dessus, l'Assemblée, refusant d'entendre le ministre de la guerre, et « acceptant l'hommage du général Changarnier, lui décerna un témoignage de confiance », et passa à l'ordre du jour.

Ainsi, l'Assemblée, sans vouloir écouter les explications du gouvernement, s'attribuait le droit de disposer des troupes, et en donnait implicitement le commandement au général Changarnier. La lutte était donc ouverte. A moins de descendre au rôle des des anciens princes tondus, le Président de la République devait accepter et accepta le défi. Par deux décrets du 9 janvier 1851, le commandement des gardes nationales de la Seine fut dévolu au général Perrot, et le général Baraguay-d'Hilliers reçut le commandement en chef des troupes de toutes armes de la première division militaire.

Le général Changarnier se trouvait ainsi destitué, par ces deux décrets, de son double commandement. M. Baroche, ministre de l'intérieur, avait signé le premier, et M. le général Regnaud de Saint-Jean d'Angély, nommé ministre de la guerre, en remplacement du général Schram, avait signé le second.

La Bourse monta, parce que l'Assemblée baissait, dit un journal. Exaspérés de leur défaite, les Parlementaires voulurent une revanche. M. de Rémusat déposa, le 10 janvier, une proposition aux termes de laquelle l'Assemblée était invitée *à prendre toutes les mesures que les circonstances pouvaient commander*. C'étaient de bien grands mots pour une chose relativement petite. Il ne s'agissait au fond que de la destitution du général Changarnier. Tout le monde en connaissait la cause ; et pendant la discussion, M. Thiers, placé dans un groupe au pied de la tribune, ayant commis l'imprudence de demander à M. Rouher s'il connaissait la cause de cette destitution, s'attira cette réponse : « Oui, je la connais, et je suis prêt à la porter à la tribune. Le général Changarnier a été destitué, parce que, réuni à M. de Lasteyrie, à M. de Lamoricière et à vous, il a conspiré aux Tuileries contre le pouvoir et contre la personne du Président de la République. » — « Ah ! c'est ce p... de Molé qui vous l'a dit », — répliqua M. Thiers, ajoutant ainsi, une récrimination violente à un aveu ; mais il n'accepta pas l'offre que lui avait faite M. Rouher de communiquer l'explication à l'Assemblée.

La proposition de M. de Rémusat, amoindrie dans les commissions, fut détournée de son but par les hésitations de l'Assemblée. Après quatre séances de discours et de menaces, une coalition des légitimistes, des orléanistes et des républicains aboutit, le 18 janvier, à cette déclaration : « L'Assemblée déclare que le ministère n'a pas sa confiance, et passe à l'ordre du jour. »

Ce n'était une nouveauté pour personne ; et c'est précisément parce qu'il n'avait pas la confiance de cette Assemblée turbulente et impuissante, que le gouvernement du Président de la République avait celle du pays.

LIVRE CINQUIÈME

Ministère du 24 janvier 1851. — Interpellation de M. Howyn de Tranchère. — Discrédit des Burgraves. — Refus de la dotation. — Le Président de la République fait vendre ses chevaux. — Il refuse les souscriptions publiques. — Proposition de M. Creton. — Projet de fusion. — Les princes d'Orléans les font échouer. — Ministère du 10 avril. — Pétitions pour la révision de la constitution. — Elle n'a pas les trois quarts des suffrages et est rejetée. — 80 conseils généraux l'avaient demandée. — Résolution d'appel au peuple. — Ministère du 27 octobre. — Intrigues des partis pour substituer des rivaux au Prince. — M. Carnot, le prince de Joinville, M. de La Rochejaquelein, M. Nadaud, M. Changarnier, candidats à la présidence. — Proposition des Questeurs. — Séance révolutionnaire. — Préparatifs de résistance armée. — Rejet de la proposition des Questeurs. — Discussion publique des divers modes de coups d'État. — Inanité de ces projets. — Offres de M. de Falloux. — Le Président les décline. — Soirée du 1er décembre 1851.

Lorsque, par ce vote du 18 janvier 1851, l'Assemblée disait au Président de la République que son ministère n'avait pas la confiance de la majorité, elle espérait naturellement l'obliger à en composer un nouveau, pris dans les rangs de cette majorité, et dont il fût à la fois l'organe et l'esclave.

Mais comment le Président aurait-il pu déférer à ce vœu? Cette majorité, directrice de la politique de l'Assemblée, n'existait pas. Sur les 415 voix qui avaient prononcé le vote de non-confiance, 200 appartenaient au parti républicain. Les éléments conservateurs hostiles au Président n'étaient donc représentés que par 215 députés; tandis que le groupe compact dévoué au Président comprenait 290 adhérents fidèles et résolus; si bien que la majorité réelle était de son côté.

Que pouvait donc faire le Président de la République? Choisir un cabinet parmi ses amis, c'était une bravade. Le choisir parmi ses adversaires, c'était une abdication. Son esprit conciliant lui conseilla de prendre un moyen terme; il forma, le 24 janvier, en dehors des partis engagés dans la lutte, un ministère composé d'hommes honnêtes, modérés, quelques-uns d'un grand talent. C'étaient MM. de Royer, à la justice; le baron Brenier, aux affaires étrangères; le général Randon, à la guerre; de Germiny, aux finances; Waïsse, à l'intérieur; l'amiral Vaillant, à la marine; Magne, aux travaux publics; Girault, à l'instruction publique; Schneider, à l'agriculture et au commerce. C'était évidemment un ministère provisoire, composé pour donner aux esprits le temps de s'apaiser.

La formation de ce cabinet fut annoncée à la Chambre par le Message suivant :

« Monsieur le Président,

« L'opinion publique, confiante dans la sagesse de l'Assemblée et du Gouvernement, ne s'est pas émue des derniers incidents; néanmoins, la France commence à souffrir d'un désaccord qu'elle déplore. Mon devoir est de faire ce qui dépendra de moi pour en prévenir les résultats fâcheux.

« L'union des deux pouvoirs est indispensable au repos du pays. Mais, comme la Constitution les a rendus indépendants, la seule condition de cette union est une confiance réciproque.

« Pénétré de ce sentiment, je respecterai toujours les droits de l'Assemblée, en maintenant intactes les prérogatives du pouvoir que je tiens du peuple.

« Pour ne point prolonger une dissidence pénible, j'ai accepté, après le vote récent de l'Assemblée, la démission d'un Ministère qui avait donné au pays, à la cause de l'ordre, des gages éclatants de dévouement.

« Voulant, toutefois, reformer un cabinet avec des chances de durée, je ne pouvais prendre ses éléments dans une majorité née de circonstances exceptionnelles, et je me suis vu à regret dans l'impossibilité de trouver une combinaison parmi les membres de la minorité, malgré son importance.

« Dans cette conjoncture, et après de vaines tentatives, je me suis résolu à former un Ministère de transition, composé d'hommes spéciaux, n'appartenant à aucune fraction de l'Assemblée, et *décidé à se livrer aux affaires sans préoccupation de parti*. Les hommes honorables qui acceptent cette tâche patriotique auront des droits à la reconnaissance du pays.

VENTE DES CHEVAUX DU PRÉSIDENT.

« L'administration continuera donc, comme par le passé. Les préventions se dissiperont au souvenir des déclarations solennelles du message du 12 novembre. *La majorité réelle se reconstituera ; l'harmonie sera rétablie, sans que les deux pouvoirs aient rien sacrifié de la dignité qui fait leur force.*

« La France veut avant tout le repos, et elle attend de ceux qu'elle a investis de sa confiance une conciliation sans faiblesse, une fermeté calme, l'impassibilité dans le droit.

« L.-N. BONAPARTE. »

Assurément, rien n'était plus sage et plus patriotique que cet appel au rétablissement de l'harmonie entre les deux pouvoirs, sans abaissement de l'un ou de l'autre. Une assemblée qui n'aurait pas été aveuglée par la passion y aurait répondu sans hésiter; mais le vertige emportait déjà les chefs parlementaires; ils choisirent un jeune député de la Gironde, nommé M. Howyn de Tranchère, pour porter leur défi; des interpellations furent demandées et accordées pour le 27 janvier; et les journaux des coalisés annoncèrent que la majorité se lèverait comme un seul homme.

Cependant, la réflexion succéda à l'emportement. On s'aperçut qu'en définitive le Président de la République était bien obligé de prendre des ministres hors de l'Assemblée, puisque celle-ci ne voulait pas de ceux qui étaient pris dans son sein. La lutte engagée manquait donc de motif sérieux ; les chefs le comprirent et abandonnèrent leur champion ; si bien que lorsque, le 27 janvier, M. Howyn de Tranchère vint demander au nouveau cabinet quelle était sa mission, celui-ci lui répondit qu'il n'était aux affaires qu'à titre de transition et pour donner à la majorité le temps de se constituer. Et tout fut dit !

Le résultat n'était pas bien brillant pour les parlementaires. Furieux, comme tous les journaux coalisés, le *Siècle* s'écria : « Voilà où la majorité a été conduite par ces *vieux enfants*, qu'elle n'a que trop écoutés. » Plus explicite ou plus sincère, l'*Événement* ajouta : « Les *Burgraves sont morts*. Prononçons leur oraison funèbre. »

L'hostilité de l'Assemblée contre le Président de la République ne tarda pas à prendre une forme directe et personnelle. Le cabinet présenta, le 3 février, un projet de loi relatif à ce qu'on appelait improprement *la dotation*.

La constitution avait prévu, en faveur de la Présidence de la République, deux sortes de dépenses ; la première était un traitement invariable, fixé à 600,000 francs par an ; la seconde consistait en frais de représentation, dont l'Assemblée déterminait le chiffre. En 1850, la Chambre avait accordé 2,161,000 fr. ; M. de Germiny, ministre des finances, ne demandait, pour 1851, que la somme de 1,800,000 fr., s'en référant, pour tout exposé de motifs, aux considérations qui avaient précédemment déterminé l'Assemblée.

D'abord, ce qu'on appelait *la dotation* était une dépense constitutionnelle. En outre, les mœurs en faisaient une dépense nécessaire. En France, on n'aime ni l'aumône officielle, ni l'hôpital ; mais on s'adresse volontiers au chef de l'État. La République ne saurait changer ces dispositions générales. Le roi Louis-Philippe donnait *quatre mille francs par jour* ; il résulte d'un rapport du ministre d'Etat, publié par le *Moniteur* du 22 décembre 1860, que l'empereur Napoléon donnait *par jour plus de seize mille francs*. La dotation, qui prend sous la monarchie le nom de liste civile, est donc en France le patrimoine des artistes, des églises et des pauvres.

Discutée dans les bureaux de la Chambre, le 5 février, la dotation y fut combattue et repoussée. Les royalistes, qui avaient trouvé bon que le roi Charles X et sa famille reçussent 36,600,000 fr. ; les orléanistes, qui avaient trouvé bon que Louis-Philippe et sa famille reçussent 20,761,000 fr., trouvaient fort mauvais qu'en dehors de son traitement personnel de 50,000 francs par mois, le Président pût encore recevoir 1,800,000 fr. pour frais annuels de représentation. Ils trouvèrent pour raison de leur refus cette maxime : la dotation altèrerait le caractère de la Présidence. Ainsi, plus de deux millions n'avaient pas altéré le caractère de la Présidence, en 1850 ; mais moins de deux millions l'auraient altérée en 1851. Telle était la logique des chefs parlementaires.

Le Président de la République supporta ce coup avec la plus grande dignité. Afin de ne pas diminuer la part des pauvres, il diminua la sienne. Il réduisit ses dépenses et vendit ses chevaux. En outre, il publia au *Moniteur* la déclaration suivante, pour refuser les souscriptions ouvertes de toutes parts :

« Dans la prévision du rejet qui vient d'avoir lieu au sujet des frais de représentation, des souscriptions nombreuses s'organisaient.

« C'était là un témoignage imposant et manifeste de sympathie et d'approbation pour la conduite du Président. Il en est profondément touché et remercie cordialement tous ceux qui en ont eu la pensée. Mais il croit devoir sacrifier au repos du pays une satisfaction personnelle. Il sait que le peuple lui rend justice, et cela lui suffit.

« Le Président refuse donc toute souscription, quelque spontané et national qu'en soit le caractère. »

L'opinion publique se révolta contre cette conduite de l'Assemblée. Des souscriptions s'étaient en effet ouvertes de tous côtés pour offrir au Président de la République les frais de représentation qu'on lui refusait. Les journaux du temps sont remplis des traces de l'indignation générale. Le *Bulletin de la Bourse*, du 7 février, disait : « Des bruits sans nombre ont couru. On parle de souscriptions déjà réalisées dans des ateliers du faubourg Saint-Antoine et du quartier Popincourt ; de députations ouvrières qui se proposaient, dans le cas où la dotation serait rejetée, d'aller complimenter Louis-Napoléon. »

De leur côté, les journaux des Burgraves eurent peur; ils menacèrent ceux qui auraient été disposés à souscrire. Le *Siècle*, du 7 février, prit l'initiative de cette intimidation. « Donner par souscription à M. Bonaparte, les 1,800,000 fr. qu'il ne peut obtenir par l'Assemblée, c'est, disait-il, *insulter l'Assemblée*. Nous ne disons pas que ce soit un acte qui tombe sous la juridiction des tribunaux; mais parce qu'il échappe à la qualification de *délit*, il n'en est pas moins répréhensible. »

Ce langage de la presse témoigne de la situation des esprits ; et prouve naïvement que l'opinion publique soutenait le Président de la République contre l'Assemblée.

Du reste l'impuissance de l'Assemblée, suite de ses divisions, va se manifester par des votes successifs, dont les principaux seront amenés par la proposition de M. Creton sur les lois d'exil, la révision de la constitution, la propositions des Questeurs et le rappel de la loi du 31 mai.

La date du 1ᵉʳ mars ramena la proposition de M. Creton, relative au rappel des lois d'exil contre les Bourbons et les d'Orléans. Ce rappel ne pouvait être obtenu que par l'accord des partisans des deux branches. Or, cet accord était impossible ; car les légitimistes ne pouvant admettre que M. le comte de Chambord vint, par sa rentrée en France comme simple citoyen, sanctionner la République, ne voulaient pas non plus que les d'Orléans, leurs rivaux, eussent la faculté de venir briguer le pouvoir, dont ils les savaient capables de s'accommoder, sous toutes les formes. A la rigueur, les légitimistes acceptaient les lois d'exil pour leur compte ; et par conséquent, ils étaient désireux de les maintenir pour le compte des orléanistes. C'est ce qui arriva ; M. Berryer proposa d'ajourner la proposition de M. Creton, au 1ᵉʳ septembre. Toute la Montagne vota avec les orléanistes ; et M. Berryer, avec tous les légitimistes, se précipita dans les bras des conservateurs de l'Elysée. On vit alors ce que les hommes qui s'appelaient *le grand parti de l'ordre et la majorité*, contenaient de versatilité, de rivalités et de haines.

La cause qui avait violemment séparé les orléanistes et les légitimistes, à l'occasion des lois d'exil, c'était la rivalité des deux branches princières. On eut alors la pensée de réunir ces deux branches, afin de réunir leurs partisans. Ce nouveau parti en projet s'appela *la fusion*. Soutenue vivement par les feuilles légitimistes, la fusion fut énergiquement combattue par le *Journal des Débats*, qui avait été l'organe principal du gouvernement de Juillet. Il déclara que la valeur politique des Princes d'Orléans résidait dans la tradition fondée par le règne de leur père ; et que, ne représentant pas les idées de 1815, ils devaient rester les représentants des idées de 1830, sous peine de n'avoir plus aucune signification.

« Quel acte de soumission veut-on que fassent les Princes d'Or-
« léans, dit ce journal, le 11 mars 1851 ? Est-ce pour la France
« qu'ils se soumettraient ? ils n'ont ni le droit, ni la volonté de
« le faire ; et quand ils le feraient, il y aurait à la vérité quelques
« princes légitimes de plus pour *garnir la cour* de Frohsdorf ; il n'y
« aurait plus de princes de la famille d'Orléans. »

Le refus obstiné du *Journal des Débats* de coopérer à la fusion fit évanouir le projet, et la majorité dite conservatrice demeura plus divisée que jamais. Seul, le Président de la République restait avec la plénitude de son autorité morale, grandissant par les obstacles, et devenant un peu plus, chaque jour, l'objet des espérances du pays. Ce spectacle frappait vivement tous les observateurs attentifs; et l'une des intelligences les plus saines de notre époque en traçait ainsi le tableau :

« La majorité est en miettes, disait M. Louis Veuillot, dans
« l'*Univers* du 14 mars 1851 ; le Président, qui semblait ne de-
« voir sa force qu'au concours de l'Assemblée, marche seul, sans
« l'Assemblée et contre elle; on ne l'a pas affaibli, on ne l'a pas
« humilié, on n'a pas même réussi à le mettre de mauvaise humeur;
« il a eu du sang-froid, de la persévérance, du caractère; il a ga-
« gné du terrain et des amis. Nous ne disons rien que l'on puisse
« contester; cela est évident. »

Cependant le cabinet intérimaire durait depuis le 24 janvier. Le Président crut les passions momentanément assez calmées pour rentrer dans la règle. On était aux premiers jours d'avril. Le prince composa, le 10, un ministère dont tous les membres étaient pris dans l'Assemblée, à l'exception du général Randon, qui eut le portefeuille de la guerre. Il comprenait, MM. Rouher, à la justice ; Baroche, aux affaires étrangères; Léon Faucher, à l'intérieur ; Fould, aux finances; de Chasseloup-Laubat, à la marine; de Crouseilles, à l'instruction publique; Buffet, au commerce; Magne, aux travaux publics.

Alors se dessina un mouvement d'opinion qui ébranla tout et qui entraînera tout; c'était la demande, de toutes parts exprimée, de réviser la constitution. Qu'y avait-il au fond de ce mouvement? M. Dufaure le dira, à la tribune, le 18 juillet suivant : « Pourquoi une révision? Etudiez le mouvement que vous indique le pétitionnement? que désire-t-il au fond? que veut-on au fond? C'est la révision de l'article 45 que l'on désire. On vous propose d'ouvrir une voie à la réélection du Président de la République. »

Voilà la vérité, telle que la proclamaient les adversaires les plus passionnés du prince Louis-Napoléon : la France voulait la prorogation de ses pouvoirs et la faculté de le réélire, à l'expiration de son mandat.

L'opinion publique était depuis longtemps frappée de la nécessité de donner de la stabilité au pouvoir, en maintenant le Président à la tête des affaires bien au delà du terme marqué par l'article 45 de la constitution, qui ne lui accordait que quatre années, en lui interdisant d'être réélu. Les conseils généraux, dans leur session ordinaire du mois d'août 1850, avaient déjà, en majorité, émis le vœu que la constitution fût révisée. En effet, les journaux du 9 septembre de cette année avaient constaté que sur 86 conseils départementaux, 44 avaient demandé la révision, 8 l'avaient combattue, et 34 s'étaient abstenus. Mais ces vœux émis en 1850 étaient en quelque sorte prématurés, la période constitutionnelle pendant laquelle la question était légalement posée, ne s'ouvrant que le 28 mai 1851.

En effet, la révision de la constitution était prévue et réglée par son article 111, qui s'exprimait ainsi :

« Lorsque, dans la dernière année d'une législature, l'Assem« blée nationale aura émis le vœu que la constitution soit modifiée
« en tout ou en partie, il sera procédé à cette révision de la ma« nière suivante :

« Le vœu exprimé par l'Assemblée ne sera converti en résolu« tion définitive qu'après trois délibérations consécutives, prises
« chacune à un mois d'intervalle, et aux trois quarts des suffrages
« exprimés. Le nombre des votants devra être de cinq cents au
« moins. »

Or, la troisième et dernière année de la législature courante commençait le 28 mai 1851 ; et c'était par conséquent à partir de ce jour que la révision pouvait être régulièrement proposée.

Dès les premiers jours de mai 1851, il s'alluma comme un feu de pétitionnement général. Le Président de la République, comme en prévision des accusations qui pourraient lui être adressées, avait confié le ministère de l'intérieur à M. Léon Faucher, parlementaire ardent, adversaire du suffrage universel, et opposé à l'intervention directe du pays dans la direction des affaires. Il adressa aux préfets des ordres sévères, rapportés dans la *Patrie* du 16 mars, leur enjoignant d'avoir à casser, en conseil de préfecture, les délibérations des conseils municipaux qui auraient demandé la révision de la constitution. Les pétitions, tant collectives qu'individuelles, étaient donc à ce point spontanées, qu'elles durent, pour se produire, résister à la pression officielle du ministre de l'intérieur.

Le dépôt des pétitions sur le bureau de l'Assemblée commença le 5 mai. M. Bérard, député de Lot-et-Garonne, fit le premier. Du 5 mai au 31 juin, il fut déposé 13,294 pétitions collectives, soit, en moyenne, 237 par jour. Ces pétitions portaient *un million cent vingt-trois mille six cent vingt-cinq signatures*, toutes légalisées. Sur ce nombre, 741,011 demandaient la révision ; et 382,624 demandaient en outre la prolongation des pouvoirs du Président. Du 31 juin au 24 juillet, le nombre des pétitionnaires s'était accru de *trois cent mille*.

Les adversaires de la révision avaient de leur côté sollicité des pétitions contraires, et il est à remarquer qu'il ne se produisit contre la révision que *cinq cent vingt-six* pétitions individuelles. Tous ces chiffres sont consignés, soit dans le rapport de M. de Melun, fait au nom de la commission des pétitions, le 8 juillet 1851, soit dans les documents publiés par M. Pepin Lehalleur, au nom du comité central de révison, institué à Paris le 1er mai.

Un pareil mouvement en faveur des pouvoirs du Président de la République était fort menaçant pour les parlementaires. Aussi s'attachèrent-ils, contrairement à l'évidence des faits, à nier sa spontanéité. Mais il faudra bien, deux mois plus tard, se rendre à à l'évidence, lorsque les conseils généraux des départements, dans leur session ordinaire du mois d'août, viendront sanctionner et corroborer l'élan de l'opinion publique.

Naturellement, les partis politiques qui composaient l'Assemblée ne pouvaient pas assister, sans se concerter sur le parti à prendre, au mouvement des esprits qui demandaient la révision de la constitution.

Le parti légitimiste se réunissait, rue de Rivoli, sous la direction de M. Berryer et de M. de Falloux. Les conservateurs, ralliés au Président, avaient leur lieu de réunion, rue des Pyramides, sous la présidence successive de M. de Broglie, de M. de Montalembert ou de M. Daru. Enfin, un groupe de monarchistes et de fusionnistes se réunissait, rue de l'Université, sous la présidence de M. Molé.

INAUGURATION DU CHEMIN DE FER DE DIJON.

La réunion de la rue de Rivoli, un instant effrayée des conséquences que la révision entraînerait en faveur du Président, crut échapper au danger en décidant, sous l'impulsion de M. Berryer, que la révision devrait être totale, et que l'on soumettrait au suffrage universel le choix à faire entre la république et la royauté.

Les réunions de la rue des Pyramides et de la rue de l'Université se prononcèrent pour la révision ; mais la première fit davantage. Une commission de cinq membres proposa et fit agréer la proposition suivante :

« Les soussignés, représentants du peuple, dans le but de remettre à la nation le plein exercice de sa souveraineté, demandent que l'Assemblée émette le vœu de la révision de la constitution. »

Cette proposition fut signée par *deux cent trente-deux députés*, et déposée par M. le duc de Broglie.

Malheureusement pour la révision, les difficultés élevées contre elle par la constitution étaient à peu près insurmontables. La majorité exigée pour la révision était des trois quarts des suffrages. Sur une assemblée de 750 membres, 180 voix opposantes suffisaient donc pour qu'il n'y eût point majorité. Or, le parti républicain disposait de 220 voix ; et le *National,* son organe, faisait, le 26 mai, la déclaration suivante : « Le révision ne passera pas, parce que les républicains qui siégent à l'Assemblée sont assez nombreux pour l'empêcher. »

Certes, on vient de le voir, l'opinion générale voulait la révision de la constitution et la prorogation des pouvoirs du Président ; mais, quoique en minorité dans le pays, l'Assemblée était la maîtresse. Les partis parlementaires venaient donc s'interposer sans cesse entre le Prince et la France, qui mettait son espoir en lui. Ses adversaires le trouvaient trop entreprenant ; l'opinion publique le trouvait trop patient. On l'aurait voulu plus téméraire. La confiance des populations avait donc besoin d'être maintenue par quelques paroles fermes, qui permissent de compter sur l'avenir.

Tel fut l'objet du discours prononcé le 1ᵉʳ juin 1851, à l'occasion de l'inauguration de la section du chemin de fer de Dijon à Tonnerre :

« Je voudrais, dit le Prince, que ceux qui doutent de l'avenir m'eussent accompagné à travers les populations de l'Yonne et de la Côte-d'Or. Ils se seraient rassurés en jugeant par eux-mêmes de la véritable disposition des esprits. Ils eussent vu que ni les intrigues, ni les attaques, ni les discussions passionnées des partis, ne sont en harmonie avec les sentiments et l'état du pays. La France ne veut ni le retour à l'ancien régime, quelle que soit la forme qui le déguise, ni l'essai d'utopies funestes et impraticables. C'est parce que je suis l'adversaire naturel de l'un et de l'autre, qu'elle a placé sa confiance en moi. S'il n'en était pas ainsi, comment expliquer cette touchante sympathie du peuple à mon égard, qui résiste à la polémique la plus dissolvante et m'absout de ses souffrances ?

« En effet, si mon gouvernement n'a pas pu réaliser toutes les améliorations qu'il avait en vue, il faut s'en prendre aux manœuvres des factions, qui paralysent la bonne volonté des assemblées, comme celle des gouvernements les plus dévoués au bien public. Depuis trois ans, on a pu remarquer que j'ai toujours été secondé quand il s'est agi de combattre le désordre par des mesures de compression. Mais lorsque j'ai voulu faire le bien, améliorer le sort des populations, je n'ai rencontré que l'inertie. C'est parce que vous l'avez compris ainsi que j'ai trouvé dans la patriotique Bourgogne un accueil qui est pour moi une approbation et un encouragement.

« Je profite de ce banquet comme d'une tribune pour ouvrir à mes concitoyens le fond de mon cœur.

« Une nouvelle phase de notre ère politique commence. *D'un bout de la France à l'autre des pétitions se signent pour demander la révision de la Constitution.* J'attends avec confiance les manifestations du pays et les décisions de l'Assemblée, qui ne seront inspirées que par la seule confiance du bien public. *Si la France reconnaît qu'on n'a pas eu le droit de disposer d'elle sans elle, la France n'a qu'à le dire : mon courage et mon énergie ne lui manqueront pas.*

« Depuis que je suis au pouvoir, j'ai prouvé combien, en présence des grands intérêts de la société, je faisais abstraction de ce qui me touche. Les attaques les plus injustes et les plus violentes n'ont pu me faire sortir de mon calme; *quels que soient les devoirs que le pays m'impose, il me trouvera décidé à suivre sa volonté;* et, croyez-le bien, Messieurs, la France ne périra pas dans mes mains. »

Autant ce langage ferme et résolu rassurait les espérances des provinces, autant il inquiétait et irritait les rivalités de l'Assemblée. Comme s'il s'était senti désigné dans ses fonctions de Lord Protecteur de la chambre, le général Changarnier bondit sous les allusions du discours de Dijon ; et, montant à la tribune, le 3 juin, il répondit en ces termes au défi qu'il avait cru y trouver :

« On n'entraînerait contre l'Assemblée ni un bataillon, ni une compagnie, ni une escouade ; et l'on trouverait devant soi les chefs que nos soldats sont accoutumés à suivre sur le chemin du devoir et de l'honneur. Mandataires de la France, délibérez en paix ! »

Paroles plus menaçantes que perspicaces ; paroles d'un sourd, qui n'entendait pas le tonnerre, à des aveugles, qui ne voyaient pas les éclairs.

La commission chargée d'examiner les pétitions relatives à la révision fut nommée le 7 juin 1851 ; M. de Tocqueville, son rapporteur, déposa son travail le 23, et la discussion fut fixée au 14 juillet. Les partis y apportèrent les dispositions que nous avons déjà fait connaître. Au nom du parti républicain, M. le général Cavaignac exprima les idées étroites et anti-sociales des sectaires, qui suppriment la liberté humaine au profit d'une forme politique. « La révision, dit-il, mettrait la république en balance avec la monarchie. Or, la république ne doit pas être discutée. La souveraineté nationale est un de ces principes primordiaux qui dominent les constitutions elles-mêmes ; et la république est la seule et unique expression de cette souveraineté. »

Il serait inutile de discuter la puérilité de cette doctrine. C'est précisément parce que la souveraineté nationale est un principe primordial, dominant les constitutions, que cette souveraineté domine toutes les formes de gouvernement, dont elle apprécie les mérites et détermine le choix. Et d'ailleurs, pourquoi donc la constitution républicaine de 1848 avait-elle, par son article 111, admis en principe la révision, partielle ou totale, si la souveraineté du peuple était enchaînée par un dogme, et si la patrie était incrustée dans une forme immuable, comme un coquillage dans un rocher?

La discussion fut close le 20 juillet.

Le groupe républicain, secondé par les orléanistes, fit échouer la révision.

Il y avait 724 votants.

La majorité constitutionnelle des *trois quarts*, exigée pour la révision, était donc de 543 suffrages.

Il y eut :

Pour la révision 446 voix,

Contre la révision 278 voix.

En conséquence, elle fut rejetée ; quoiqu'elle eût obtenu 446 voix sur 724, c'est-à-dire 278 voix de majorité ordinaire.

Avaient voté contre la révision de la constitution : M. Thiers, M. de Rémusat, M. Piscatory, M. Roger du Nord, M. Le Flô, M. de Lasteyrie, M. de Lamoricière, M. Creton, M. Delessert, M. Bedeau, M. Baze, M. de Mornay, c'est-à-dire les partisans alors les plus avoués de la monarchie parlementaire.

Donc, il était décidé par l'Assemblée que la constitution ne serait pas révisée, malgré les vœux des pétitionnaires dont nous avons fait connaître le nombre, et le vote de 446 députés sur 724. Aux yeux de tous, c'était le Président de la République, dont l'opinion générale voulait la réélection, qui venait d'être battu. Ces parlementaires violents ne trouvèrent pas leur victoire suffisante. Le lendemain, 21 juillet, M. Baze, l'un des Questeurs, proposa d'infliger un blâme au ministère, pour la part que, sans preuves, il lui attribuait dans le pétitionnement en faveur de la révision. Ce blâme fut voté, à la majorité de 330 voix contre 320.

La France ne ratifia pas la décision de la Chambre. Dans leur session ordinaire du mois d'août, c'est-à-dire peu de jours après le rejet de la révision, les conseils généraux reprirent la question, et la résolurent dans un sens contraire à l'Assemblée, à une effroyable majorité.

Le nombre des conseils généraux était réduit à 85, parce que le département de la Seine était administré par une commission.

Sur ces 85 conseils généraux réunis,

80 demandèrent que la constitution fût révisée,

2, celui du Cher et celui de Saône-et-Loire, s'y opposèrent :

3, celui d'Eure-et-Loir, celui de la Drôme et celui de l'Isère, s'abstinrent;

1, *un seul*, celui de Vaucluse, demanda le maintien de la République.

En conscience, étaient-ce les 278 voix opposantes de l'Assemblée, ou bien les pétitionnaires et les conseils généraux qui exprimaient la véritable opinion de la France?

Il était temps qu'un peu de calme succédât à tant d'agitation. L'Assemblée se prorogea du 10 octobre au 4 novembre.

Deux choses étaient évidentes :

La France voulait continuer les pouvoirs du Prince Louis-Napoléon.

L'Assemblée ne le voulait pas.

Pour accomplir leur dessein par les voies légales, les pétitionnaires et les conseils généraux avaient demandé la révision de la constitution; — pour s'opposer à leurs vœux, l'Assemblée l'avait rejetée.

Au point de vue de la morale, de la justice, de la souveraineté nationale, qui devait prévaloir en définitive, des 278 voix opposantes de l'Assemblée, ou du pays à peu près tout entier?

Telle était la question qui se posait.

L'obstacle direct et immédiat à la révision, ardemment demandée par le pays, c'était l'article 111 de la constitution, qui exigeait une majorité des trois quarts des votants.

L'obstacle moral, passionné, intéressé, c'était le parti républicain, secondé par un groupe orléaniste.

L'article 111, c'est-à-dire la légalité de forme, servait à abriter derrière elle la minorité républicaine, tenant en échec le pays tout entier. Or, en faisant la constitution de 1848 sans consulter le peuple, le parti républicain avait violé la souveraineté nationale, principe sur lequel reposent toutes les républiques démocratiques; et par conséquent il avait par avance enlevé à cette constitution la légitimité d'origine sans laquelle aucun respect ne lui était dû.

Quand il s'agit de gouvernement à fonder, tout ce qui se fait sans le consentement de la nation est nul de soi; et un appel au peuple reste toujours ouvert contre les régimes qui, en s'établissant, n'ont pas reçu la consécration de la souveraineté nationale.

A aucune époque de sa carrière si agitée, le Prince Louis-Napoléon Bonaparte ne s'arrêta à la pensée de recourir à la force pour s'approprier le pouvoir; mais il n'hésita jamais à considérer le recours à la force comme légitime en soi, lorsque, en présence d'un gouvernement établi par voie d'usurpation sur la souveraineté nationale, la force avait pour objet de restituer au peuple le droit dont il avait été dépouillé.

On a vu que telle était la doctrine qui l'avait dirigé à Strasbourg et à Boulogne. Dans ses proclamations comme devant ses juges, il déclara toujours qu'après le succès, il réunirait la nation dans ses comices, pour lui laisser le soin de choisir son gouvernement en toute liberté.

Depuis que, par le vote du 10 décembre 1848, le Prince Louis-Napoléon fut appelé à la Présidence de la République, il ne cessa jamais de se déclarer le serviteur du peuple, de se dire prêt à exécuter ses volontés, et de considérer sa souveraineté comme la base nécessaire des institutions politiques. Tous ses grands discours respirent cette doctrine.

Dans son discours de Lyon, du 15 août 1850, il disait :

« Je serai *tout entier au pays*, quelque chose qu'il exige de moi, *abnégation* ou *persévérance*.

« Si des prétentions coupables menaçaient de compromettre le repos de la France, je saurais les réduire à l'impuissance, *en invoquant encore la souveraineté du peuple*, car je ne reconnais à personne le droit de se dire son représentant plus que moi. »

Dans son discours de Caen du 4 septembre, il disait :

« Si des jours orageux devaient reparaître, et que *le peuple voulût imposer un nouveau fardeau au chef du gouvernement*, ce chef serait bien *coupable de déserter* cette haute mission. »

Enfin, dans son discours de Dijon, du 1ᵉʳ juin 1851, il disait :

« D'un bout à l'autre de la France des pétitions se signent pour demander la révision de la constitution... Si la France reconnaît *qu'on n'a pas eu le droit de disposer d'elle sans elle*, la France N'A QU'A LE DIRE : *mon courage et mon énergie ne lui manqueront pas.* »

« Quels que soient les *devoirs que le pays m'impose*, il me trouvera *décidé à suivre sa volonté.* »

Le Président ne pouvait pas dire plus clairement qu'il était résolu à faire un appel au peuple, si la France reconnaissait qu'on n'avait pas eu le droit de disposer d'elle sans elle : or, les deux millions de pétitionnaires qui avaient protesté contre la constitution, et les quatre-vingt conseils généraux qui avaient demandé qu'elle fût révisée, venaient de faire nettement cette déclaration.

Un Plébiscite prochain ne pouvait donc être douteux pour aucun de ceux qui connaissaient la résolution du Président de la République, à partir du moment où venait de se réaliser le cas dans lequel ce plébiscite lui était imposé par la volonté de la France.

Le ferait-il d'accord avec l'Assemblée ?

Le ferait-il sans l'Assemblée et contre elle ?

Inévitable et résolu au fond, l'appel au peuple ne laissait plus à examiner à ce moment, que la forme et les circonstances dans lesquelles il serait exécuté.

Le Prince préférait de beaucoup agir d'accord avec l'Assemblée ; mais il était bien obligé de prévoir le cas où cet accord ne pourrait pas être obtenu.

Lorsque, à Strasbourg et à Boulogne, le Prince tenta de rendre au peuple français les droits dont l'avait dépouillé une oligarchie parlementaire, la pensée ne lui vint jamais de recourir à l'émeute, qui représente les haines, les convoitises et le désordre. Il recourut à l'armée, qui représente l'honneur, le désintéressement et la discipline. L'émeute amène toujours à sa suite les violences personnelles, le désordre administratif et le pillage des places. Avec l'armée, il n'excitait ni l'ambition, ni la domination exclusive d'un parti; étrangère aux compétitions politiques, l'armée ne ferait prévaloir que la souveraineté nationale. Elle protégerait l'inviolabilité de l'urne ouverte au suffrage universel, et dans laquelle viendrait s'épancher librement la volonté du peuple.

Avec l'émeute, on a l'usurpation d'un parti; avec le plébiscite, on a le triomphe de l'opinion publique. Or, le Prince était d'une race qui n'usurpe jamais, et qui, lorsque le pouvoir suprême est vacant, le reçoit des seules mains dont il est l'inviolable patrimoine et qui ont le droit de le déléguer.

Il s'arrêta donc au principe qui l'avait toujours dirigé ; et, dans le cas où l'Assemblée lui refuserait son concours, il résolut de pla-

COMMISSION DE RÉVISION DE LA CONSTITUTION.

cer l'appel au peuple sous le patronage élevé, impartial et désintéressé de l'armée.

Le 4 novembre était le jour de la rentrée de l'Assemblée, et il était naturel de s'attendre, dès cette époque, à des luttes nouvelles. Il fallait donc être prêt éventuellement.

La préoccupation universelle était alors l'imminence d'une mesure décisive, ayant pour objet d'arracher la France aux perplexités où la plongeaient les rivalités parlementaires, pour lui rendre la libre disposition d'elle-même. La confiance ne pouvait renaître que de l'établissement d'un gouvernement fort, et un gouvernement fort ne pouvait sortir que d'un appel à la nation. Ces vérités élémentaires étaient dans toutes les bouches, et l'on ne parlait de tous côtés que d'un coup d'état. Les uns l'attendaient du Président, les autres de l'Assemblée ; mais personne n'en doutait.

L'esprit de l'armée, comme celui des autres classes de citoyens, était donc assez familiarisé avec cette idée.

L'appui que le Président avait trouvé dans les populations avait fortifié sa cause aux yeux de tous ; les innombrables pétitions apportées sur la tribune, les délibérations des conseils généraux, avaient bien montré que la France était pour lui et blâmait hautement les résistances de l'Assemblée, dans lesquelles se laissaient voir clairement les haines intéressées des partis. On était donc généralement disposé à aider le Prince à faire triompher la volonté nationale ; et ce sentiment régnait dans l'armée comme ailleurs.

Les officiers de l'armée de Paris, reçus à l'Élysée avec distinction et avec sympathie, étaient généralement dévoués au Président. La plupart des colonels avaient offert éventuellement le concours de leurs régiments, sur lesquels ils savaient qu'ils pouvaient compter. Le Prince, ne voulant pas autoriser l'esprit d'insubordination dans l'armée, avait remercié les officiers de leurs offres, sans les accepter. Il était donc certain que le jour où ces officiers supérieurs recevraient des ordres réguliers de leurs chefs hiérarchiques, en vue de protéger l'éxécution d'un appel au peuple, ces ordres seraient ponctuellement exécutés.

Deux officiers généraux d'une grande bravoure et d'une grande distinction avaient attiré l'attention du Prince, en vue des ouvertures qui pourraient éventuellement leur être faites ; c'étaient le général de Saint-Arnaud et le général Magnan.

Le général Leroy de Saint-Arnaud, commandant la division de Constantine, avait été appelé, le 22 août 1851, au commandement d'une division militaire de l'armée de Paris. Il avait accepté sans hésiter la mission de protéger, comme ministre de la guerre, un appel au peuple loyalement exécuté.

Le général Magnan, en communauté d'idées avec le général de Saint-Arnaud, et déjà commandant en chef de l'armée de Paris, depuis le 15 juillet, assura également le Prince de son concours.

Ainsi, dès le mois de septembre 1851, le Président de la République était assuré de l'appui de l'armée pour exécuter un appel à la nation, soit avec l'Assemblée, si elle donnait son concours, soit malgré l'Assemblée et contre elle, si elle le refusait. Toutefois, deux agents importants étaient encore nécessaires ; il fallait un ministre de l'intérieur, pour prendre la responsabilité des décrets à signer et des ordres à donner, et un préfet de police, pour en assurer l'exécution à Paris, siége justement présumé de la résistance qui pourrait se produire.

Le ministre de l'intérieur destiné au plébiscite, c'était M. de Morny, qui fut tenu en réserve pour le jour de l'action. M. de Maupas, jeune préfet de la Haute-Garonne, fut destiné à la Préfecture de Police, en vue des événements ultérieurs et prochains.

Enfin, un appel au peuple impliquait nécessairement le rétablissement du suffrage universel. Le Prince résolut donc de proposer à l'Assemblée l'abrogation de la loi du 31 mai 1850, lui laissant la responsabilité morale du rejet de la proposition.

Toutes ces résolutions prises, le Président forma, le 27 octobre, un cabinet composé d'hommes distingués, mais étrangers aux précédents et aux luttes de l'Assemblée. Il comprenait : M. Corbin, procureur général à Bourges, appelé à la justice ; M. de Turgot, appelé aux affaires étrangères ; M. Charles Girault, à l'instruction publique ; M. de Thorigny, à l'intérieur ; M. de Casabianca, à l'agriculture et au commerce ; M. Lacrosse, aux travaux publics ; M. Fortoul, à l'instruction publique ; M. Blondel, inspecteur général des finances, aux finances ; enfin, le général Leroy de Saint-Arnaud, à la guerre.

Le même jour, M. de Maupas remplaçait M. Carlier à la Préfecture de Police.

Ainsi préparé, le Président attendit la rentrée de l'Assemblée et les attaques de ses adversaires. De leur côté, comment ceux-ci avaient-ils employé le temps de la prorogation ?

Ils n'étaient pas restés oisifs.

La démagogie faisait des préparatifs immenses et à peine dissimulés pour le mois d'avril 1852, époque à laquelle devaient prendre fin les pouvoirs de l'Assemblée. L'organe avoué du parti, la *Voix du Proscrit*, avait imprimé audacieusement, le 19 avril 1851, les lignes suivantes : « Au 29 avril 1852 ! et que tous les *bons citoyens* soient au *rendez-vous !* les crimes et les délits ne seront pas prescrits, en 1852 ! » Ces *bons citoyens*, convoqués au *rendez-vous*, c'étaient les révolutionnaires qui, sur des ordres partis de Paris le 2 décembre, insurgèrent dix-sept départements qu'il fallut reprendre à coups de canon.

Les partis, jaloux du Président de la République et de sa popularité, ne voyaient pas ces préparatifs redoutables. Ils ne voyaient qu'eux-mêmes et ne se préoccupaient que de leur ambition. Sans se demander si la société ne serait pas bouleversée, ils s'occupèrent de susciter des rivaux au Prince, en vue de le supplanter au pouvoir.

Donc les candidats à la présidence de la République pullulèrent. Chaque parti eut le sien.

Les journaux républicains mirent en avant M. Carnot.

Le *Journal des Débats* proposa M. le prince de Joinville.

La *Gazette de France* recommanda M. de La Rochejacquelain.

M. de Girardin, directeur de la *Presse*, inépuisable en fait de combinaisons politiques, proposa pour gouverner la France, et faire suite à Louis XIV et à Napoléon, M. Martin Nadaud, fort honnête maçon de la Creuse, devenu représentant du peuple, tout comme le sergent Boichot.

Enfin, M. le général Changarnier, qui avait eu la précaution de fonder un journal à son usage, le *Messager de l'Assemblée*, prit le parti de se proposer lui-même.

Cette dernière candidature était la seule qui attirât un peu l'attention publique.

M. le général Changarnier, homme capable, résolu, distingué, grandi par la longue confiance du Président de la République, avait conçu la pensée, encore secrète, de devenir chef de l'État. Il est certain que l'exemple du général Cavaignac pouvait justifier ses espérances.

Les légitimistes et les orléanistes se groupaient autour de cette candidature, patronnée par M. Thiers, par M. de Rémusat, par M. Duvergier de Hauranne, à titre de candidature *légale, constitutionnelle* et fusionniste. Chacun des deux partis se réservait mentalement l'appui exclusif du général, en vue d'écraser l'autre ; et, placé entre ces prétendants, comme Don Juan entre ses conquêtes, il gagnait l'un d'un regard et rassurait l'autre d'un sourire. L'essentiel, c'était d'éviter les explications catégoriques, et de ne pas sortir du rôle de sphynx.

Malheureusement pour lui, le général manqua d'empire sur lui-même, et ne sut pas se taire.

L'*Union*, organe de M. Berryer, insinua que le général Changarnier ayant voté le rappel des princes d'Orléans, sur la proposition de M. Creton, sa candidature n'offrait peut-être pas toutes les garanties désirables au parti légitimiste. Cette insinuation menaçait d'un schisme ; le journal du général fit la faute de donner dans le piége. « Si le général Changarnier rompait avec le parti orléaniste, dit-il, comment pourrait-il être un candidat fusionniste ? Sa signification, et par conséquent sa valeur politique, qui est d'être le seul candidat acceptable pour les deux partis royalistes, se trouverait à l'instant annulée. »

Cet aveu du général confirmait les soupçons du parti légitiste, qui demanda des garanties. Ce parti proposa une transaction, qui consistait à obtenir du général qu'il s'abstint dans la question du rappel des princes d'Orléans. L'abstention n'était pas un acte d'hostilité ; ce n'était qu'une déclaration d'indifférence. Le général refusa, craignant que cette concession lui retirât l'appui de la branche cadette ; mais il ajouta des explications qui lui retirèrent l'appui de toutes les deux.

« La situation du général Changarnier, dit son journal, doit être définie. Selon nous, le général n'a pas besoin des partis royalistes ; les partis royalistes ont besoin de lui. Il y a des hommes qui représentent mieux le parti légitimiste que le général Changarnier ; il y a des hommes qui représentent mieux le parti orléaniste que le général Changarnier ; il n'y en a pas qui représentent comme lui la résistance à la révolution et la défense de la légalité.

« Quand on a une telle situation, on n'a pas de concession à faire aux partis ; c'est aux partis à faire des concessions. »

C'était fier, mais souverainement imprudent. Le général Changarnier, qui n'avait jamais eu qu'une autorité de reflet, resta seul avec lui-même, et disparut de la scène politique.

C'est en cet état des esprits et des questions que le nouveau cabinet se présenta, le 4 novembre, devant l'Assemblée, à laquelle le Président de la République adressa un Message, où il disait:

« Une vaste conspiration démagogique s'organise en France et en Europe. Les sociétés secrètes cherchent à étendre leurs ramifications jusque dans les moindres communes. Tout ce que les partis renferment d'insensé, de violent, d'incorrigible, sans être d'accord sur les hommes ni sur les choses, s'est donné rendez-vous en 1852, non pour bâtir, mais pour renverser.

« Votre patriotisme et votre courage, à l'égal desquels je m'efforcerai de marcher, épargneront, je n'en doute pas, à la France les périls dont elle est menacée ; mais, pour les conjurer, envisageons-les sans crainte comme sans exagération ; et tout en étant convaincus que, grâce à la force de l'administration, au zèle éclairé de la magistrature, au dévouement de l'armée, la France ne saurait périr, réunissons tous nos efforts afin d'enlever au génie du mal jusqu'à l'espoir d'une réussite momentanée.

« Le meilleur moyen d'y parvenir m'a toujours paru l'application de ce système qui consiste, d'un côté, à satisfaire largement les intérêts légitimes ; de l'autre, à étouffer dès leur apparition les moindres symptômes d'attaques contre la religion, la morale, la société. »

Le Président proposait, comme l'un des moyens les plus propres à calmer les passions le retrait de la loi du 31 mai 1850, qui avait supprimé trois millions d'électeurs. Il maintenait toutes les garanties nécessaires au loyal exercice du droit électoral ; mais il réduisait le domicile exigé à une durée de six mois. En rendant leurs droits à ces trois millions d'électeurs, il les ralliait à la cause de l'ordre, et les enlevait aux démagogues qui s'étaient faits, depuis le 31 mai, les défenseurs de la cause populaire.

La lecture du Message fut suivie de cris violents et scandaleux. M. Berryer proposa comme une déclaration de la patrie en danger, en demandant la nomination immédiate d'une commission chargée d'appeler les ministres devant elle, de les interroger, et de faire ensuite, au nom de l'Assemblée, un rapport sur l'état du pays.

Deux des nouveaux ministres. M. de Thorigny et M. Charles Giraut, crevèrent immédiatement le ballon gonflé de vent de M. Berryer. « Vous voulez des explications, dirent-ils? Sur quoi? Faites-le connaître ; nous allons vous les donner. Les voulez-vous demain ? Les voulez-vous sur-le-champ ? Nous sommes prêts à vous répondre. » Ce n'était pas des explications que voulait M. Berryer ; c'était du désordre. Il ne l'eut pas. Sa proposition tomba dans le vide, sans avoir obtenu ni un vote, ni même une parole.

Néanmoins, trois jours plus tard, le 7 novembre, la guerre se ralluma, cette fois-ci avec des plans mieux concertés. Les trois Questeurs de l'Assemblée, MM. Baze, Le Flô et de Panat, déposèrent la proposition suivante, avec demande d'urgence :

Art. 1er. Le *président de l'Assemblée nationale* est chargé de veiller à la sûreté intérieure et extérieure de l'Assemblée. Il exerce, au nom de l'Assemblée, le droit conféré au Pouvoir législatif par l'article 32 de la Constitution, *de fixer l'importance des forces militaires pour sa sûreté, d'en disposer et de désigner le chef chargé de les commander*. A cet effet, il a le droit de requérir la force armée et *toutes les autorités dont il juge le concours nécessaire*. Ces réquisitions peuvent être adressées directement *à tous les officiers, commandants ou fonctionnaires*, qui sont tenus d'y obtempérer immédiatement, sous les peines portées par la loi.

« Art. 2. Le président peut *déléguer son droit de réquisition aux Questeurs ou à l'un d'eux*.

« Art. 3. La présente loi sera mise à l'ordre du jour de l'armée, et affichée dans toutes les casernes sur le territoire de la République. »

Signé : Baze, Le Flô, de Panat.

Comment les trois Questeurs, chargés de régler les fournitures du bois, du bouillon et des sirops consommés par l'Assemblée, en étaient-ils venus à la diriger? Cela ne peut s'expliquer qu'en disant qu'en fait de passions et de haines, les plus violentes prennent le pas sur les autres. La proposition des Questeurs fut envoyée à une commission, dont M. Vitet fut nommé rapporteur.

Cette proposition des questeurs était évidemment insensée. Si l'article 32 de la constitution laissait au Président du pouvoir législatif le soin de disposer des forces nécessaires à sa défense, ce droit de réquisition s'appliquait évidemment aux forces employées à la garde de l'Assemblée, et non à l'armée elle-même, qui restait placée sous les ordres du Président de la République. En effet, l'article 50 de la constitution disait d'une manière absolue : « Le Président de la République... *dispose de la force armée*, sans pouvoir jamais la commander en personne. »

Donc, les Questeurs sortaient des limites du bon sens et des droits de l'Assemblée, en revendiquant pour son président le droit de requérir les forces militaires, autres que celles qui étaient employées à sa sûreté. Mais ils arrivaient jusqu'au grotesque en demandant pour les Questeurs, ou pour l'un deux, le droit de requérir *toutes les autorités* dont ils jugeraient le concours nécessaire. Voir les maréchaux et l'armée française commandés par M. Baze, modeste avocat de province, était un spectacle qu'une Assemblée en délire pouvait seule rêver.

Pendant que la proposition des Questeurs suivait son cours, la Chambre eut à examiner la proposition du gouvernement relative à l'abrogation de la loi du 31 mai. Le projet du gouvernement avait été accueilli avec dédain; mais quand il fallut le discuter, les raisons manquèrent.

Etait-ce une raison de dire, comme M. Piscatory : « La loi du 31 mai doit être révisée, elle devra même l'être bientôt ; mais refaire la loi aujourd'hui, *ce serait donner raison au Message.* »

Etait-ce une raison de dire, comme M. Monnet : « je ne défends pas la loi du 31 mai ; elle a été trop loin ; mais l'Assemblée ne doit pas l'abroger dans les conditions actuelles, *sous la pression du pouvoir exécutif?*

Enfin, était-ce une raison de dire, comme M. Daru, dans son

LE GÉNÉRAL DE SAINT-ARNAUD

rapport, lu à la séance du 11 novembre 1851 : « nous ne méconnaissons pas qu'il puisse être utile ou nécessaire de modifier quelques-unes des dispositions que la loi du 31 mai consacre. Si l'on fait appel à la sagesse et à l'impartialité de l'Assemblée, nous ne doutons pas que cet appel soit entendu;... mais le devoir de l'Assemblée est de *résister aux entraînements qui ressembleraient à de la faiblesse.* »

L'histoire doit conserver la trace de la mauvaise foi de ces hommes, qui reconnaissaient comme utiles et nécessaires des mesures qu'ils refusaient néanmoins au pays, parce qu'elles eussent profité à la popularité du Président de la République.

Avant d'aborder la discussion relative à l'abrogation de la loi du 31 mai, le parti légitimiste frappé de la violence avec laquelle l'opinion publique se prononçait contre cette Chambre jalouse, passionnée et impuissante, fit, par l'organe de M. de Vatismenil, une proposition ayant pour objet de tout concilier. On aurait détaché de la loi municipale organique l'article relatif aux élections, et l'on aurait ainsi rapporté la loi du 31 mai, sans avoir l'air de céder, en adoucissant les conditions de domicile, manifestement exagérées. Tout le monde condamnait donc la loi du 31 mai, mais beaucoup n'avaient pas la loyauté de le dire.

Enfin, la Chambre prononça le 13 novembre ; la loi du 31 mai fut maintenue, à la majorité absolue d'UNE VOIX, sur *sept cents votans*. La majorité absolue étant de 351 voix, il y eut pour le maintien de la loi 351 suffrages. Le bon sens et le patriotisme du Président de la République l'avaient donc emporté. La loi du 31 mai n'existait plus, une voix de majorité ne pouvant lui donner la vie.

A la demande de M. de Vatimesnil et de M. Odilon Barrot, le chapitre de la loi communale relatif aux élections fut mis à l'ordre du jour du 18 novembre, pour tâcher de refaire une majorité ; car déjà l'Assemblée était coupée en deux parties égales sur les lois les plus importantes. Or, la moitié de l'Assemblée n'était plus l'Assemblée elle-même.

En présence de ce néant, une terreur panique s'empara des parlementaires. Dans la nuit du 13 au 14 novembre, une centaine de députés environ, légitimistes et orléanistes, restèrent en permanence à l'Assemblée. Ils crurent le dernier jour de leur pouvoir arrivé. Les journaux du 16, et notamment le *Constitutionnel*, racontèrent leurs terreurs, et dépeignirent un groupe de cinq ou six, parmi les plus intrépides, faisant des patrouilles aux Champs-Elysées, explorant avec précaution les abords de l'Elysée, et effrayant les ivrognes atardés des mouvantes clartés de leurs lanternes sourdes.

La peur gagna la presse elle-même ; et l'*Assemblée nationale*, du 15 novembre, poussa la minorité à un coup d'Etat contre le Président : « MINORITÉ... il est temps encore ! il faut agir. Un ACTE VIGOUREUX peut seul étouffer une manifestation prochaine des faubourgs ! » ainsi parlaient ceux qui depuis ont reproché au Président d'être sorti de la légalité.

La proposition des Questeurs, adoptée par la commission, le 12 novembre, arriva à la discussion, le 17. M. Vitet avait fait le rapport. Depuis qu'elle avait été déposée, la proposition des Questeurs avait été sévèrement jugée par l'opinion publique, qui y avait vu, comme le reconnut M. de Lasteyrie lui-même, le symptôme d'une lutte entre les deux pouvoirs. Or, le rôle de provocateur avait été pris par l'Assemblée. On avait fait disparaître la faculté donnée au Président de nommer un général en chef, ainsi que la faculté demandée pour lui de déléguer son pouvoir aux Questeurs ou à l'un d'eux.

On craignait que la menace au chef de l'Etat, clairement contenue dans la proposition, parût trop choquante ; mais le Président de la République était assez perspicace pour ne pouvoir être aisément trompé.

Au moment même où s'ouvraient les débats, M. Dupin informa l'Assemblée d'un fait qui montra subitement la situation sous son vrai jour. Il annonça qu'il recevait à l'instant même, du conseil d'Etat, le projet de loi relatif à la responsabilité du Président de la République. Or, le conseil d'Etat, alors nommé par l'Assemblée, en reflétait toutes les passions ; et, comme pour dissiper le dernier doute, le projet de loi déposé contenait cette disposition significative : « lorsque le Président de la République *est accusé*, il cesse ses fonctions. »

La proposition des Questeurs se doublait donc du projet clairement avoué de déposer, par un décret d'accusation, le Président de la République; et puis, placé à la tête des forces usurpées par l'Assemblée, un général aurait, en son nom, exécuté le décret. Dans cette lutte ouverte, tout dépendait de la détermination que prendrait le parti républicain, dont le vote ferait la majorité, s'il se réunissait aux orléanistes et aux légitimistes coalisés.

Nous avons déjà dit que le Président de la République était résolu et prêt à en appeler de l'Assemblée au peuple, s'il y était contraint par quelque atteinte directe portée à ses droits. La séance du 17 novembre pouvait être décisive, et toutes les mesures avaient été prises pour frapper un grand coup ; le préfet de police, M. de Maupas et le général Magnan, commandant de l'armée de Paris, étaient dans une tribune, pour juger des événements.

Le débat fut ouvert par M. Ferdinand de Lasteyrie, député de la Seine. Il offrit le retrait de la proposition des Questeurs, si le ministère consentait à reconnaître que l'article 32 de la constitution, accordait au président de l'Assemblée le droit de requérir, non-seulement les *forces militaires établies pour sa sûreté*, ce que personne ne contestait, mais *la force armée* elle-même, que l'article 50 de la constitution réservait au chef de l'Etat. Une pareille proposition équivalait à une capitulation sans combat; il n'y avait pas à s'y arrêter.

Le général de Saint-Arnaud lui répondit. C'était son début politique. Le général était une nature d'élite, à laquelle il n'avait manqué jusqu'alors qu'une occasion de se produire. Cette occasion venait le chercher, et il la saisit en homme de cœur et de talent. Il se renferma dans la question légale. Il rappela le décret du 11 mai 1848, par lequel l'Assemblée constituante, alors pouvoir souverain et unique, s'était attribué la disposition de l'armée, comme elle avait la disposition de toutes choses; mais il rappela aussi que lorsque la constitution partagea les attributions diverses entre le pouvoir législatif et le pouvoir exécutif, la disposition suprême de la force publique avait été dévolue au chef de l'Etat par l'article 50, l'Assemblée ne s'étant réservé, par l'article 32, que la réquisition des forces spéciales jugées nécessaires pour sa défense. Or, toutes ces dispositions étaient méconnues par la proposition des Questeurs.

« Cette proposition, dit-il, a-t-elle pour objet de fixer l'importance des forces militaires nécessaires à la sûreté de l'Assemblée ?

« Nullement.

« Elle demande, pour le président de l'Assemblée, un droit de réquisition directe, illimitée, absolue, sur l'armée tout entière, au lieu d'un droit limité à une force militaire déterminée d'avance.

« Aux termes de la proposition, il n'est pas un officier de l'armée qui ne puisse être requis directement par le président de l'Assemblée. C'est là un empiétement véritable, contre lequel il nous est impossible de ne pas protester.

« L'article 32 attribue à l'Assemblée, pour sa sûreté, la disposition des forces détachées dont elle aura préalablement fixé l'importance. Ce droit, personne ne le conteste ; mais il faut le renfermer dans les limites de la constitution.

« Le Président de la République ne peut pas être dépouillé des attributions que les articles 19, 50 et 64 de la constitution lui ont conférées.

« Ces articles dérivent d'un principe fondamental, condition première des gouvernements libres, la séparation des pouvoirs.

« Si vous adoptez la proposition des Questeurs, si vous inscrivez dans un décret le droit absolu, illimité, de réquisition directe pour le président de l'Assemblée, vous faites passer dans sa main le pouvoir exécutif tout entier.

« Ce droit qu'on demande pour lui ne serait pas seulement la violation du grand principe de la séparation des pouvoirs, ce serait aussi la destruction de toute discipline militaire.

« La condition essentielle de cette discipline, c'est l'unité du commandement. Or, le projet donne un nouveau chef à l'armée, le président de l'Assemblée législative.

« Maintenant, supposez une insurrection, des ordres contradictoires, puisqu'ils pourraient émaner de deux chefs différents, que devient sa force, son action ? Là où il n'y a plus le principe de l'unité dans le commandement, il n'y a plus d'armée.

« Ainsi, inopportune, inconstitutionnelle, destructive de l'autorité militaire, la proposition accuse, malgré la modération du langage, une méfiance injuste envers le pouvoir exécutif. Elle répand l'anxiété dans le pays, l'étonnement dans les rangs de l'armée. »

Après ce discours, empreint du plus ferme bon sens et de la raison la plus droite, la question était vidée, et il n'y avait plus rien à dire. On s'en aperçut bien vite, lorsque le général Le Flô, l'un des auteurs de la proposition, vint déclarer à la tribune que l'Assemblée n'userait pas jusqu'au bout du droit réclamé par elle. Parole creuse s'il en fut, car on ne demande pas le droit de commander les armées, ou l'on s'en sert.

L'Assemblée n'offrait pas l'aspect d'une discussion, mais d'une bataille. L'anxiété régnait dans les esprits, l'intolérance dans les paroles. C'étaient des exclamations, non des discours. Au milieu de ce désordre, les conservateurs se faisant factieux, les républicains se firent conservateurs. En proposant le retrait de la loi du 31 mai, le Président venait de témoigner de son dévouement à la cause démocratique, tandis que les partisans de la proposition des Questeurs lui étaient hostiles.

Donc, les républicains se mêlèrent au débat par des interruptions et des interpellations.

M. Crémieux accusa les monarchistes de ne pas dire tout ce qu'ils méditaient.

M. Michel de Bourges interpella le rapporteur, M. Vitet, et le défia de faire connaître les périls dont il avait parlé.

Emporté par cette provocation, M. Vitet s'écria : « vous me demandez où est le péril ? Eh bien ! il est dans l'alliance avec celui que vous protégez ! » Cette parole, qui mettait la gauche en suspicion, la tourna contre le projet. « Vous l'avouez donc, s'écria M. Schœlcher, la proposition est dirigée contre nous, et vous voulez que nous la votions ? »

A moins d'un incident qui rétablît la confusion, la pensée des partisans de la proposition était transparente, et leur cause était perdue. Quoique le débat fût clos, M. Thiers s'élança à la tribune, et s'y cramponna malgré les cris. La raison calme du général de Saint-Arnaud avait refroidi les passions ; il fallait les rallumer. Quittant le terrain de la théorie, où s'était établi M. Vitet, M. Thiers se jeta dans les incidents.

« Voici, dit il, la cause de la proposition. Si elle a été présentée, c'est parce que la récente circulaire de M. le général de Saint-Arnaud, s'écartant de celles de ses prédécesseurs, parle aux soldats de la discipline, et omet de faire mention de l'obéissance aux lois. Approuvez-vous que M. le ministre de la guerre, parlant de l'obéissance, parlant de la discipline, ne parle pas du respect dû aux lois? Tel a été le but de la proposition. »

M. Thiers avait compté sans la droiture d'esprit du rude soldat qu'il venait de provoquer, et qui lui adressa cette fière et éloquente réponse :

« Étranger à la politique, aux partis, je n'ai vu que le principe de l'obéissance dans les rangs; et ce principe, je l'ai appris à l'école de l'illustre maréchal Bugeaud.

« Ce principe est fondamental. La discipline, c'est la vie de l'armée; et le jour où vous n'aurez plus d'armée, l'ordre public aura perdu son plus sûr, son plus fidèle appui.

« On me reproche de n'avoir pas rappelé à l'armée le respect dû aux lois et à la constitution. Ce n'est plus mes paroles qu'on accuse, c'est mon silence. Le soldat n'est pas juge de la loi. Je n'ai trouvé ni utile, ni digne de recommander à des chefs le premier de tous les devoirs. En rappelant l'armée à la discipline, en lui faisant sentir la nécessité de resserrer ses rangs, je n'ai pas songé, je l'avoue, à faire descendre la loi des hauteurs où elle réside.

« Que faites-vous par votre proposition? vous introduisez dans l'armée l'esprit de délibération, qui est la ruine de la discipline. A côté des devoirs de l'obéissance, j'ai placé les devoirs de la responsabilité, car sans la hiérarchie, il n'y pas d'armée.

« L'armée est l'armée du pays; elle est unie dans le sentiment de ses devoirs.

« M. le rapporteur vous a dit qu'il ne fallait pas d'équivoque, je suis de son avis. Il faut que l'Assemblée accepte ou rejette la proposition. L'Assemblée est parfaitement maîtresse de fixer l'importance des forces qu'elle entend consacrer à sa garde; mais pour en disposer, ce qui ne lui sera jamais refusé, elle doit passer par la hiérarchie. »

Cet honnête et ferme langage épuisait évidemment la question, et l'on allait passer au vote, lorsqu'un incident imprévu vint de nouveau jeter la confusion dans le débat et la perplexité dans les esprits.

... M. le général Bedeau demanda s'il était vrai que le décret du 11 mai 1848, que le lecteur connaît déjà, et qui avait été précédemment affiché dans les casernes, eût été enlevé récemment, par ordre du pouvoir exécutif.

Cette question inattendue souleva un tumulte extraordinaire. L'orage, apaisé par le bon sens du ministre de la guerre, fut soulevé de nouveau, et les conspirateurs parlementaires ressaisirent bruyamment les espérances qui s'étaient évanouies. Partout, dans la salle, dans les tribunes, les regards avides et inquiets se portèrent sur le général de Saint-Arnaud qui, seul resté calme au milieu de l'agitation, jeta à l'Assemblée cette réponse d'une voix lente, ferme et accentuée :

« Il est vrai que le décret avait été affiché. Il n'existait, lors de
« mon entrée au ministère, que dans très-peu de casernes. Mais
« en présence de la proposition des Questeurs, et comme il y avait
« doute si ce décret devait être exécuté, pour ne pas laisser d'hési-
« tation dans les ordres donnés, je dois le déclarer, j'ai ordonné
« qu'on le retirât. »

... Ces paroles loyales et résolues donnèrent à la salle l'aspect des grandes scènes révolutionnaires. On était debout, vociférant, s'interpellant, se défiant. On entendait éclater les menaces les plus diverses. « Arrêtons-les ! arrêtons-les tous à leur banc ! »

La gauche semblait hésitante, et des royalistes parcouraient les bancs des montagnards, cherchant à les entraîner. Les amis du Président, inquiets, s'approchèrent du banc des ministres, leur faisant connaître qu'il devenait difficile de voter pour eux. « Faites ce que vous voudrez, leur répondit avec fermeté M. de Thorigny, ministre de l'intérieur ; mais soyez certains que nous sommes prêts à tout. » A ces paroles, prononcées avec calme, on se regarda ; et la confiance étant devenue réciproque, on alla voter résolûment.

.. Cependant, un doute immense oppressait toute la salle ; les solutions les plus opposées paraissaient possibles. Un mot dit à la dérobée au commissaire de police de l'Assemblée par M. le général Changarnier fut interprété comme un ordre d'aller fermer les portes extérieures. M. de Morny, qui avait un rôle éventuel à jouer dans la lutte engagée, sortit avant le vote. De son côté, M. de Saint-Arnaud, appréciant avec justesse ce qu'il y avait de révolutionnaire

LE MARÉCHAL MAGNAN.

dans la situation, se pencha à l'oreille de M. Thorigny, et lui dit : « Si je sortais, à tout évènement ? ». — « Oui, répondit le ministre de l'intérieur ; sortez, nous resterons ici jusqu'à la fin. »

Le général de Saint-Arnaud sortit lentement, non sans avoir jeté un regard significatif au général Magnan, commandant l'armée de Paris, qui assistait à la séance, dans une tribune, avec M. de Maupas, préfet de police. Comme il approchait de la porte de la salle, il dit en riant à un collègue qui s'étonnait de le voir sortir avant le vote : « On fait trop de bruit dans cette maison, je vais chercher la garde ». Et il y allait comme il le disait.

En ce même moment, un officier du 49me de ligne se faisait ouvrir la tribune où était le général Magnan, et lui disait : « Mon général, sortez bien vite ; l'ordre vient d'être donné de vous arrêter ». Le général sortit en effet, avec le préfet de police : ils allèrent tout droit au quartier général de l'armée de Paris, aux Tuileries, où le ministre de la guerre venait d'arriver avant eux ; et, après avoir pourvu aux dernières dispositions, en cas d'une prise d'armes immédiate, ils se rendirent à l'Elysée, auprès du Président de la République.

Celui-ci, calme, impassible, attendait la décision de l'Assemblée.

L'anxiété qui régnait dans la salle du palais législatif avait retenu tout le monde, deputés et spectateurs. A huit heures moins un quart, M. le président Dupin proclama le résultat du vote, que voici :

Nombre de votants. . .	708
Majorité absolue . . .	355
Pour la proposition. . .	300
Contre	408

Les conjurés parlementaires étaient battus par une majorité relative de cent huit voix.

M. Rouher, resté jusqu'à la fin, porta le vote à l'Élysée. Après l'avoir lu, le Président de la République dit avec calme : « J'aime mieux cela » ! Puis, il envoya un officier d'ordonnance au général de Saint-Arnaud, afin de retirer les ordres déjà donnés.

C'était un désarmement des deux côtés.

L'Assemblée retomba disloquée, déconsidérée, perdue. La coalition avait compris 145 légitimistes, 125 conservateurs, membres de la réunion Molé, et 30 orléanistes groupés autour de M. Thiers. C'étaient les républicains, moins le général Cavaignac et le groupe du National, qui, menacés par les partisans de la loi du 31 mai et par la dictature du général Changarnier, avaient fait échouer la proposition des Questeurs, et donné, par crainte d'une défaite de leur parti, la victoire à l'Élysée.

Le régime parlementaire, ce cénacle hautain des classes dites dirigeantes, s'était déshonoré. Les partisans de ce régime étaient à la fois scandalisés et consternés de l'attitude de l'Assemblée.

« Interrogez, s'écriait avec douleur le *Journal des Débats,* quiconque a assisté à cette scène, pour laquelle nous voudrions qu'on eût réclamé le huis-clos ; tous vous diront que jamais, à aucune des époques les plus tumultueuses et les plus orageuses, l'Assemblée n'a présenté une plus désolante image du désordre. Dans les batailles rangées, où chacun se serre et combat autour de son drapeau, il y a du moins de la grandeur et quelque chose qui élève les âmes, et la défaite est aussi noble que la victoire ; mais ce que nous avons vu hier, ce n'était point une lutte, c'était l'anarchie générale, c'était le chaos, c'était la dissolution.

« Nous ne craignons pas les coups d'État, non, nous ne nous attendons pas à des tentatives de violence et d'usurpation. Nous n'avons pas cette crainte, et, ce qu'il y a de plus triste, *c'est que nous en sommes à regretter de ne pas l'avoir.* Mais pourquoi les ennemis du pouvoir parlementaire, s'il en a, iraient-ils compromettre par des violences inutiles une œuvre qui s'accomplit si complaisamment sans eux ? Pourquoi tenteraient-ils les hasards d'un conflit avec l'assemblée, quand l'assemblée *travaille avec une ardeur si fébrile à sa propre ruine ?*

« Nous ne pouvons songer sans une inquiétude profonde à l'impression que produira dans le pays la séance d'hier. Comment voulez-vous que cette malheureuse nation, *qui se sent sur le bord de l'abîme, qui ne se voit pas de lendemain,* qui marche dans la nuit et *demande sa route à ceux qui sont à sa tête,* comment voulez-vous, *quand elle regarde en haut et y voit cet affreux désordre,* qu'elle ne désespère pas de la liberté, et ne se jette pas *dans les premiers bras qui lui sembleront un refuge?*

« Oui, c'est vrai, le pouvoir exécutif paye cher son triomphe, puisqu'il ne le doit qu'à ses ennemis, à la Montagne ; mais le Président ne peut-il pas répondre à son tour, que la minorité, composée principalement de conservateurs, *a recherché, demandé, quêté ce concours,* qu'elle lui reproche d'avoir accepté ? »

Se sentant perdus à jamais s'ils ne se relevaient pas, les vaincus du 17 novembre cherchèrent immédiatement une revanche. Ils avaient évidemment quêté le concours des républicains, le *Journal des Débats* le constate, et leur défection les avait mis en minorité. Pourquoi les républicains avaient-ils décliné l'alliance des légitimistes, des orléanistes et des conservateurs de la réunion Molé? Parce que cette alliance leur avait été offerte sans les garanties nécessaires. Est-ce que le Président était leur homme? Nullement ; ils le détestaient autant que pouvaient le faire ses autres adversaires. Ils l'avaient trouvé en travers de leur route le 19 janvier 1849 et le 13 juin 1850. Il était d'ailleurs l'élu du 10 décembre, qui avait écrasé leurs chefs et ruiné leurs espérances. Cependant, ils ne pouvaient pas s'empêcher de reconnaître que, dans la lutte contre les Questeurs, le Président avait représenté leur cause, car il avait maintenu le suffrage universel, détruit par la loi du 31 mai, et assuré la république, menacée par la dictature fusionniste du général Changarnier. Voilà pourquoi ils avaient voté pour l'Elysée.

Pour réparer leur défaite, les vaincus du 17 novembre se tournèrent vers les républicains ; et, afin de les engager dans la ligue contre le Président de la république, il leur offrirent de confier au général Cavaignac, leur chef accepté, le rôle qui, dans la tentative précédente avait été réservé au général Changarnier.

Cette combinaison ne pouvait naître qu'au milieu du bouillonnement qui entraînait alors les esprits exaltés. Elle ne fut ni officiellement stipulée, ni pratiquement scellée par les engagements formels et réciproques des partis ; mais elle fut proposée, discutée, propagée, au milieu de toutes celles que l'emportement des passions faisait éclore. Si nous la mentionnons, c'est à cause d'un article du *Constitutionnel* du 24 novembre, qui la signala et la fit évanouir. Cet article, porté lui-même à la tribune, fut l'un des éléments de l'agitation contemporaine. Un peu d'atonie suivit les agitations que nous avons peintes, et cependant les esprits restaient toujours faciles à s'exalter. On le vit bien le 25 novembre, lorsque le Président de la République distribua les récompenses nationales aux lauréats français à l'exposition universelle de Londres, réunis dans le local du Cirque au Champs-Elysées. Ils étaient là trois mille, artisans, patrons, ouvriers, représentant toutes les branches de l'art et de l'industrie. Le Président leur parla de leurs travaux, de leurs succès, de leur avenir, en ce langage à la fois ému et contenu, que nul ne posséda mieux que lui, et sous lequel bondirent dix fois ces esprits pratiques et ces âmes honnêtes.

« Il est, dit-il, des cérémonies qui, par les sentiments qu'elles inspirent et les réflexions qu'elles font naître, ne sont pas un vain spectacle. Je ne puis me défendre d'une certaine émotion et d'un certain orgueil, comme Français, en voyant autour de moi les hommes honorables qui, au prix de tant d'efforts et de sacrifices, ont maintenu avec éclat, à l'étranger, la réputation de nos métiers, de nos arts, de nos sciences.

« J'ai déjà rendu un juste hommage à la grande idée qui présida à l'exposition universelle de Londres ; mais au moment de couronner vos succès par une récompense nationale, puis-je oublier que tant de merveilles de l'industrie ont été commencées au bruit de l'émeute, et achevées au milieu d'une société sans cesse agitée par la crainte du présent comme par les menaces de l'avenir ? Et en réfléchissant aux obstacles qu'il vous a fallu vaincre, je me suis dit : *combien elle serait grande cette nation, si l'on voudrait la laisser respirer à l'aise et vivre de sa vie !* — Applaudissements.

« En effet, c'est lorsque le crédit commençait à peine à renaître ; c'est lorsqu'une idée infernale poussait sans cesse les travailleurs à tarir les sources mêmes du travail; c'est lorsque la démence, se parant du manteau de la philosophie, venait détourner les esprits des occupations régulières pour les jeter dans les spéculations de l'utopie ; c'est alors que vous avez montré au monde des produits qu'un calme durable semblait seul permettre d'exécuter.

« En présence donc de ces résultats inespérés, je dois le répéter : combien elle pourrait être grande la République française, s'il lui était permis de vaquer à ses véritables affaires et de réformer ses institutions, au lieu d'être sans cesse troublée, d'un côté par les idées démagogiques, et, de l'autre, par les hallucinations monarchiques ! — Tonnerre d'applaudissements.

« Les idées démagogiques proclament-elles une vérité ? Non, elles répandent partout l'erreur et le mensonge. L'inquiétude les précède, la déception les suit ; et les ressources employées à les réprimer sont autant de pertes pour les améliorations les plus pressantes, pour le soulagement de la misère. — Adhésion unanime.

« Quant aux hallucinations monarchiques, sans faire courir les mêmes dangers, elles entravent également tout progrès, tout travail sérieux. On lutte au lieu de marcher. On voit des hommes, jadis ardents promoteurs des prérogatives de l'autorité royale, se faire conventionnels, afin de désarmer le pouvoir issu du suffrage populaire. — Bruyants applaudissements.

« On voit ceux qui ont le plus souffert, le plus gémi des révolutions, en préparer de nouvelles, et cela dans l'unique but de se soustraire au vœu national et d'empêcher le mouvement qui entraîne les sociétés de suivre un cours paisible. — Bravos prolongés.

« Ces efforts seront vains. Tout ce qui est dans la destinée des temps doit s'accomplir ; l'inutile seul ne saurait revivre. Cette cérémonie est encore une preuve que, si certaines institutions tombent sans retour, celles au contraire qui sont conformes aux mœurs, aux idées, aux besoins de l'époque, bravent les attaques de l'envie ou du puritanisme.

« Vous tous, fils de cette société régénérée qui détruisit les anciens priviléges et qui proclama comme principe fondamental l'égalité civile et politique, vous éprouvez néanmoins un juste orgueil à être nommés chevaliers de l'ordre de la légion d'honneur. C'est que cette institution était, ainsi que toutes celles créées à cette époque, en harmonie avec l'esprit du siècle et les idées du pays. Loin de servir comme d'autres à rendre les démarcations plus tranchées, elle les efface en plaçant sur la même ligne tous les mérites, à quelque profession, à quelque rang de la société qu'ils appartiennent. — Applaudissements.

« Recevez donc ces croix de la légion d'honneur, qui, d'après la grande idée du fondateur, sont faites pour honorer le travail à l'égal de la bravoure, et la bravoure à l'égal de la science.

« Avant de nous séparer, messieurs, permettez-moi de vous encourager à de nouveaux travaux. Entreprenez-les sans crainte, ils empêcheront le chômage cet hiver. Ne redoutez pas l'avenir, la tranquilité sera maintenue, quoi qu'il arrive. — Bravos prolongés.

« Un gouvernement qui s'appuie sur la masse entière de la nation, qui n'a d'autre mobile que le bien public, et qu'anime cette foi ardente qui vous guide sûrement, même à travers un espace où il n'y a pas de route tracée, le gouvernement, dis-je, saura remplir sa mission, car il a en lui, et le droit qui vient du peuple, et la force qui vient de Dieu. »

De longs et d'énergiques applaudissements suivirent ce discours qui révélait, sous des paroles suffisamment transparentes pour être pénétrées, d'éventuelles et de suprêmes résolutions. Dans le Président de la République seul l'opinion publique trouvait une popularité immense, une pensée d'ordre immuablement arrêtée, un but clairement défini à atteindre. Dans les partis qui lui disputaient le pouvoir au contraire, tout était rivalités, directions diverses, haine coalisées, divisions ultérieures, stérilité finale.

Il ne restait, en effet, à l'Assemblée qu'un dernier témoignage à donner de son irrémédiable impuissance. Elle le donna le 20 novembre, en passant à la troisième lecture de cette loi communale, qui devait servir de base à la réglementation de l'électorat politique. Là encore, la durée du domicile était la pierre d'achoppement.

La commission exigeait un domicile de deux ans pour être électeur. Trois députés, MM. Monet, de Larochejaquelin et Victor Lefranc, proposaient de réduire le domicile à un an. Après un assez long débat, l'Assemblée ne put arriver à former une majorité, ni dans un sens, ni dans l'autre, quoique la question du droit électoral dût servir de base à la société politique.

Sur 641 votants, il y eut 320 bulletins pour le domicile d'*un an* et 321 bulletins pour le domicile de *deux* ans; ce n'était pas même une majorité absolue, qui est exigé 322 voix.

Donc, il n'y avait plus de pouvoir législatif, puisqu'il n'y avait plus de majorité. Il fallait aviser.

On entra dans la période des solutions.

L'idée des solutions énergiques et décisives n'était pas alors à chercher. Chose singulière, excepté le Président de la République, tout le monde l'avait eue. Représentant du principe de la souveraineté nationale et de l'appel au peuple, il attendait tout de la France. Les chefs parlementaires, vieux combattants de 1830 et de 1848, étaient au contraire familiarisés avec les usurpations. Tout le monde désirait naturellement la sécurité et la confiance ; et quand on considérait la division et l'impuissance des groupes parlementaires, on était bien forcé d'avouer que pour faire renaître la confiance et la sécurité, il fallait confier le gouvernement définitif à établir à celui que six millions d'hommes avaient élevé à la Présidence.

Il y avait deux manières de sortir de la situation périlleuse où le rejet de la révision venait de jeter la France : il fallait agir avec l'Assemblée, si elle consentait à donner sa coopération ; ou agir malgré l'Assemblée, si elle la refusait. Trois hommes politiques considérables, M. le général Changarnier, M. Thiers et M. Molé, avaient envisagé et accepté en principe la seconde hypothèse, en 1849 et en 1850, mais sans proposer néanmoins aucun plan d'exécution ; et l'on verra que, le 1er décembre 1851, M. de Falloux fit apporter au Président de la République un projet de coup d'État qu'il s'offrait à exécuter immédiatement ; mais le plus grand nombre des membres importants de la majorité, reconnaissant que la situation présente n'était plus tolérable, discutèrent publiquement avec les amis du Prince les moyens plus ou moins légaux et réguliers de s'y soustraire.

C'est après les troubles du 19 janvier 1849, que M. le général Changarnier, environné de troupes fidèles, eut la pensée de céder au mouvement de l'opinion publique, qui appelait le retour de l'Empire. Louis-Napoléon résista ; le lendemain, le général disait dans son salon des Tuileries, à ses officiers généraux : « Le Président a manqué une belle occasion ; il a eu tort, car il ne s'en présentera peut-être plus de pareille. »

M. Thiers vint à l'idée de proroger pour dix années les pouvoirs du Président, pendant la durée du cabinet parlementaire du 20 décembre 1848. Sentant le prestige du nom de Napoléon, et supposant le Prince principalement préoccupé de l'idée de rester

DISTRIBUTION DES CROIX AUX EXPOSANTS.

au pouvoir, il exprima formellement devant ses amis la convenance qu'il y avait à l'y maintenir. « Ce sera, dit-il en prenant le bras de l'un des assistants, une terrible journée dans Paris ; mais c'est à la fois juste et indispensable, et j'y suis résolu. » Ce n'était pas précisément rétablir l'Empire, mais c'était changer la Constitution.

M. le comte Molé, ancien serviteur du premier Empire, se rallia de lui-même à la pensée de proclamer le second, quoiqu'il eût d'abord caressé l'idée de devenir Président de la République. Au milieu des inquiétudes générales causées par les élections socialistes de Paris, le 10 mars 1850, M. Molé n'hésita pas sur le remède à opposer à de si grands maux. « Il faut rétablir l'Empire, disait-il ; cela seul peut nous tirer de ce désordre. J'ai sur moi une lettre de lord Lyndhurst, qui exprime la même pensée ; et, en ce qui me touche, c'est depuis longtemps mon avis. »

Comme nous l'avons dit, M. le général Changarnier, M. Thiers et M. Molé avaient conçu et admis la nécessité de sortir de la constitution de 1848 ; et l'impossibilité de réaliser légalement leur pensée ne les en avait pas détournés.

C'est pendant la lutte engagée entre l'Assemblée et le Président, à propos de la proposition des Questeurs, et lorsque les événements eurent pris une tournure révolutionnaire, que les hommes d'ordre, effrayés des périls présents et futurs, commencèrent à examiner sérieusement la meilleure forme d'une solution extra-constitutionnelle. Il en fallait une absolument, car la seule qui eût été constitutionnelle avait été écartée par l'Assemblée.

Le Conseil général des Pyrénées-Orientales avait émis l'opinion de réviser la constitution à la simple majorité. Il y avait dans ce vote le germe d'une tentative ; il s'agissait de le féconder. Une réunion eut lieu à ce sujet, chez M. le comte Daru, rue de Lille, vers le 15 novembre. A cette réunion assistèrent M. Baroche, M. Fould, M. Buffet, M. Chassaigne-Goyon, M. de Montalembert, M. Quentin-Bauchard et M. Rouher.

M. Rouher exposa et discuta les termes d'un décret qui aurait été conçu à peu près en ces termes :

« Le Président de la République est rééligible.

« Le pouvoir législatif sera divisé en deux Chambres.

« L'Assemblée législative organisera les deux Chambres.

« Les dispositions du présent décret seront votées à la simple majorité.

« Ce décret ne sera valable qu'après la ratification du peuple.

Au point de vue de la légalité stricte, ce décret aurait été inconstitutionnel, puisque l'article 111 de la Constitution exigeait, pour une révision, une majorité des trois quarts ; mais au point de vue du bon sens, de la justice, des difficultés insurmontables au milieu desquelles on se trouvait, ce décret aurait été parfaitement honnête et acceptable, puisque, provisoire de sa nature, il devait subir l'épreuve définitive et suprême de l'approbation populaire. S'il avait été voté et accepté, l'évolution politique se fût faite sans secousse, et le coup d'État n'aurait pas eu lieu.

Aussi, sur cette proposition générale, il s'éleva bien peu d'objections, et il ne s'en éleva aucune de sérieuse. Mais il restait à examiner les deux hypothèses qui naissaient du projet et en constituaient le point délicat, sans qu'il fût possible de les éluder ; ces deux hypothèses étaient celles-ci :

Si, la majorité simple étant acquise au décret, la minorité refusait d'obtempérer, que fallait-il faire ?

Si le décret n'obtenait pas même la simple majorité, quel parti fallait-il prendre ?

La discussion s'engagea avec vivacité sur ces deux points.

Sur le premier, quelques membres de la réunion n'hésitèrent pas. M. Rouher, M. Baroche, M. Fould, M. de Montalembert, M. Quentin-Beauchard furent d'avis qu'il n'y avait pas lieu de s'arrêter aux résistances de la minorité, et que l'opinion de la majorité devait prévaloir, même par un recours à la force. Les autres membres objectaient, discutaient, résistaient, et un député ayant dit qu'on rétablirait la constitution de l'an VIII, avec un Sénat et une Chambre de députés, M. Buffet répondit : « Constitution pour constitution, j'aime autant la constitution Marrast que la constitution Sieyès. »

Sur le second point, qui était de beaucoup le plus grave, les membres qui avaient été d'avis de faire prévaloir le décret s'il avait la majorité simple, furent encore d'avis de le faire prévaloir s'il ne l'avait point. En considération des périls et des impossibilités dont la situation était hérissée, M. Fould, M. Rouher, M. Baroche, M. de Montalembert, M. Quentin-Beauchard soutinrent l'opinion que, même dans le cas où le décret n'aurait pas la simple majorité, il y avait lieu de se retirer devers le Président de la République, de dissoudre l'Assemblée, et de soumettre les résolutions de la minorité à la sanction du peuple.

Ici, les résistances des autres membres de la réunion devinrent vives et unanimes. M. de Montalembert employa vainement, pour les vaincre, les habiletés et l'énergie de sa parole convaincue : il ne ramena personne. M. Daru lui répondit même, avec quelque vivacité : « Si le gouvernement du Président exécutait ce que vous proposez, avant six mois vous lui feriez de l'opposition. » Parole prophétique, et que l'événement a justifiée.

Le succès de la combinaison discutée avait besoin, pour s'affirmer, du concours unanime et résolu d'un groupe de représentants considérable ; dès que l'accord n'existait pas, la combinaison perdait toute sa valeur ; et elle fut, à l'instant même, complétement abandonnée.

Deux autres tentatives du même genre furent faites, le 30 novembre et le 1ᵉʳ décembre.

Un groupe de cent-soixante députés, représentés par MM. de Montalembert, de Mouchy et Henri de Mortemart, avaient signé et voulaient déposer une demande de révision de la constitution, pour laquelle ils espéraient obtenir la majorité ordinaire.

Un autre groupe, qui se réunit le 30 novembre chez M. Dariste, et le 1ᵉʳ décembre chez M. de Rancé, proposa de porter à l'Assemblée un projet d'appel au peuple, statuant sur la prolongation des pouvoirs du Président, l'organisation de deux Chambres et le rétablissement de l'ancien Conseil d'État, chargé de préparer les lois. Dans ce groupe étaient MM. Ferdinand Barrot, Bérard, Dabeaux, Dariste, Ducos, Dumas, Augustin Giraud, Le Verrier, Mimerel, de Rancé, Vaisse, Lebœuf et quelques autres.

Tous ces honorables députés commettaient la faute de commencer le coup d'État et de ne pas l'achever. Il était pourtant bien évident que leurs diverses combinaisons ne mèneraient à rien, si l'on n'y ajoutait pas une sanction pratique, qui était l'emploi de la force, dans le cas, où la simple majorité étant acquise, la minorité refuserait de se soumettre.

On arriva donc ainsi au 1er décembre, sans avoir rien résolu. Comme la crise était flagrante et la solution impérieusement nécessaire, le Président, sans rien décliner ou décourager de ce qui eût été raisonnable et possible, avait, à tout événement, avisé de son côté.

Le concours le plus important et le plus décisif était celui de l'armée. Le ministre de la guerre et le général commandant l'armée de Paris étaient prêts. Le général Magnan s'était ouvert aux généraux; ils s'étaient tous spontanément engagés à seconder un appel au peuple.

Cette conférence, qui eût été souverainement imprudente avec des natures moins élevées et moins droites que les vingt généraux de l'armée de Paris, eut lieu chez M. le général Magnan, le 26 novembre, à l'insu du Président de la République.

Le général exposa brièvement à ses camarades la situation de la France, l'impérieuse nécessité de résister aux préparatifs de la démagogie, et la résolution qu'il savait au Président de la République de faire un appel nouveau à la souveraineté nationale, pour substituer la volonté du pays aux prétentions diverses des partis. La haute impartialité de l'armée était nécessaire pour protéger la liberté du scrutin contre les factions. Il ne dissimula pas la ferme résolution où il était d'engager sa responsabilité toute entière dans une entreprise qui avait les droits du peuple pour objet, et il exprima l'espoir d'être suivi par les généraux de l'armée de Paris.

Le général Magnan ajouta que s'il y en avait parmi eux qui crussent leur conscience engagée à ne pas entrer dans cette voie, il leur laissait la liberté la plus absolue de s'expliquer, dès ce moment même, s'en rapportant, quant à l'ouverture qu'il venait de leur faire, en son nom propre, à leur probité et à leur honneur.

A ce langage si franc et si énergique, le général Reybell répondit au nom de tous ses camarades. Il déclara que les vingt généraux de l'armée de Paris ne sépareraient pas leur cause de celle du prince Louis-Napoléon, qui était la cause du peuple; qu'en s'exprimant ainsi, il était l'interprète de tous ses camarades, et que quelle que fût l'heure où le Prince et le général en chef feraient appel à leur dévouement, il n'en était pas un seul qui ne fût résolu à y répondre.

Une chaleureuse acclamation couvrit les paroles du général Reybell; tous les généraux s'embrassèrent; et l'on put dire dès ce moment que la cause nationale était sauvée.

Quand l'émotion fut calmée, le général Magnan reprit la parole: « Jurons tous, dit-il, que pas un de nous ne parlera à qui que ce puisse être de ce qui vient de se passer entre nous. » Le serment fut fait avec chaleur par les vingt et un généraux ; et il fut si bien tenu, que cet accord mémorable resta absolument inconnu pendant plusieurs années.

Toutefois, ce jour-là, 1er décembre, une proposition sérieuse fut portée au Président, au nom de M. de Falloux, par M. le baron de Heeckeren.

M. de Falloux avait partagé le préjugé commun à beaucoup de ses collègues, qui pensaient qu'un coup d'État auquel l'Assemblée serait associée, aurait plus de chance de succès. C'était une grande erreur. L'Assemblée était usée, dépopularisée, impuissante, et son concours ne pouvait apporter devant l'opinion publique aucune autorité morale résultant de sa coopération. Ce n'est pas qu'il partageât les illusions de M. Berryer sur le prestige de la Chambre. Celui-ci disait, le 1er décembre : « Le Prince n'osera rien contre l'Assemblée; les chefs de l'armée ne sont pas pour lui; et quand il s'agira de faire mouvoir des troupes contre la Chambre, il ne trouvera pas quatre hommes et un caporal pour lui obéir. » Bien différente était la conviction de M. de Falloux; il croyait à l'éventualité prochaine d'un coup d'État, comme à sa nécessité et à sa réussite ; et, comme nous l'avons dit, il s'offrit, le 1er décembre au soir, pour l'exécuter.

Dans les idées de M. de Falloux, le coup d'État devait être tenté avec la majorité. Il se disait disposé à monter à la tribune, pour le proposer à ses amis ; et, aussi logique que résolu, il offrit de suivre le Prince jusqu'au bout, même jusqu'à l'emploi de la force, si la Montagne poussait la résistance jusqu'à une lutte ouverte. Comme condition et compensation de cette offre de concours, M. de Falloux demandait la composition d'un ministère formé avec tous les hommes éminents de la majorité, lesquels prendraient, avant d'entrer aux affaires, l'engagement de prolonger les pouvoirs du Président de la République.

Il était environ six heures et demie du soir, lorsque M. de Heeckeren porta cette proposition à l'Élysée, en demandant au Président la réponse qu'il devait faire à M. de Falloux. Le Prince lui dit : « L'heure du dîner approche ; restez avec nous ; je réfléchirai, et je vous donnerai ma réponse dans la soirée. »

Après le dîner, la réception commença ; il vint beaucoup de monde. Impatient du sort de sa proposition, M. de Heeckeren saisit l'instant qu'il crut le plus propice pour demander la réponse à faire à M. de Falloux : « Je suis enchanté, lui dit le Prince, de la bonne nouvelle que vous m'apportez ; mais, il est tard ; je suis, vous le voyez, bien entouré et bien absorbé en ce moment. Venez me voir demain matin, à dix heures ; nous en causerons. »

Le lendemain matin, c'était le 2 décembre. A 10 heures du matin, l'Assemblée était dissoute et le peuple français convoqué pour un plébiscite. M. de Heeckeren, quelle que fût la juste confiance que le Prince avait en lui, comprit que le secret le plus absolu avait été nécessaire ; et il alla à l'Élysée, non pour chercher la réponse à faire à M. de Falloux, mais pour remercier le Prince d'avoir sauvé la France.

Cette soirée du lundi, 1er décembre 1851, à l'Élysée, eut la physionomie des réunions ordinaires. Comme tous sentaient que des événements décisifs et inévitables étaient proches, tous en parlaient hautement. Un député méridional, connu par sa verve, M. Denjoy, abordait au milieu d'un groupe un journaliste, son compatriote, et lui disait : « Eh! bien, quand nous mettrez-vous à la porte? » A quoi le journaliste répondait, sur le même ton et le même sans gêne : « Mais, j'espère que cela ne tardera pas. » Le Prince se montra à ses hôtes avec son calme et son aménité ordinaires. Nul n'aurait pu découvrir sur son front un nuage, dans ses traits une préoccupation.

Cependant, vers dix heures, les salons commencèrent à se vider, et, à onze heures, les portes étaient closes. Les deux visiteurs qui sortirent les derniers étaient le journaliste dont nous venons de parler, et M. de Heeckeren, son ami, qui lui faisait la confidence des propositions de M. de Falloux. Ils allaient ainsi devisant des graves événements qui étaient dans l'air, que tout le monde savait certains et prochains, mais dont nul, excepté le Prince, ne savait le jour.

Entouré de serviteurs dont le dévouement était absolu, le Prince ne s'était ouvert à chacun d'eux que dans la mesure qui était nécessaire à sa coopération. Ces serviteurs étaient préparés et décidés à agir, et ils attendaient avec calme l'heure de l'action. M. de Morny, M. de Maupas, M. de Saint-Arnaud, M. Magnan, M. de Béville, les cinq acteurs directs du 2 décembre, ne reçurent eux-mêmes qu'à minuit, le lundi soir, leurs instructions pour la matinée du lendemain; et M. de Persigny lui-même, ce vétéran de la fidélité, ce dévoué de Strasbourg et de Boulogne, qui avait concouru, comme quelques autres, à la préparation du coup d'État, n'y reçut son rôle, d'ailleurs très-limité, qu'à cinq heures du matin, lorsque étaient déjà en mouvement toutes les forces qui devaient l'accomplir.

RÉUNION DES GÉNÉRAUX CHEZ LE GÉNÉRAL MAGNAN.

LIVRE SIXIÈME

Mesures militaires et de police pour l'exécution du coup d'Etat. — Arrestations.— Placement des troupes. — Réunion des députés à la mairie du Xme arrondissement. — Convocation du peuple pour le Plébiscite du 21 décembre. — Emeutes et luttes du 4 décembre. — Emeutes dans les départements. — Résultat du Plébiscite. — Le Président élu pour 10 ans. — Organisation des nouveaux pouvoirs. — Corps législatif, Sénat, Conseil d'Etat. — Première session législative. — Actes accomplis pendant la période de la dictature.— Décret du 23 janvier. — Fête de l'armée, bénédiction des drapeaux, distribution des aigles. — Vacances parlementaires.—Voyages du Prince dans les départements du centre et du midi. — Version des *Mémoires* de M. de Persigny à ce sujet. — Rectification de cette version. — Entretien à Saint-Cloud et à Toulouse.— Discours de Bordeaux. — Rentrée triomphale à Paris. — Sénatus-consulte. — Plébiscite. — Proclamation de l'Empire, le 2 décembre 1852.

Le coup d'État du 2 décembre 1851 avait pour objet, il ne faut jamais l'oublier, de faire un appel au peuple français, et de le mettre à même de se prononcer dans la lutte survenue entre l'Assemblée et le Président de la République. En faisant ce coup d'État, le Prince Louis-Napoléon n'avait donc en vue aucune usurpation de pouvoir, comme les auteurs des odieux coups de main du 24 février 1848 et du 4 septembre 1870. Par conséquent, plus cet appel à la nation serait libre et calme, plus il serait sincère et loyal.

Trois mesures étaient nécessaires pour son exécution. Il fallait dissoudre l'Assemblée, mettre momentanément hors d'état d'agiter Paris un petit nombre de personnes passionnées, et avoir sous la main la force armée indispensable pour contenir toute résistance qui se produirait. Au moment même où ces mesures s'accompliraient, il fallait aussi, pour éclairer et rassurer les bons citoyens, faire connaître à la France entière le but de ce grand acte politique.

La simultanéité de toutes les parties du coup d'État était évidemment la première condition du succès; et l'intervalle de six heures un quart à sept heures, le matin du 2 décembre, fut choisi comme le moment le plus propice pour les trois parties de l'entreprise, qui étaient : les arrestations à opérer, à six heures un quart ; le Palais de l'Assemblée à investir, à six heures et demie ; le décret de dissolution et les proclamations à afficher, à sept heures.

A minuit, M. de Béville, lieutenant-colonel d'état-major, officier d'ordonnance du Président, se rendit à l'imprimerie nationale, où le directeur, M. de Saint-Georges, avait été mandé à onze heures précises, et où les ouvriers nécessaires avaient été consignés pour un travail urgent.

A trois heures un quart du matin, M. de Maupas s'établissait dans son cabinet, à la Préfecture de police, et M. le général Magnan était mandé auprès du général de Saint-Arnaud, ministre de la guerre.

A six heures et demie précises, M. de Morny prenait possession du ministère de l'intérieur, accompagné de deux cent cinquante chasseurs à pied ; et comme M. de Thorigny, ministre de l'intérieur, ignorait tout, il le faisait réveiller et lui remettait un billet du Président de la République, le remerciant de ses loyaux services, et l'informant de l'acte politique auquel il avait dû se résoudre.

A six heures un quart, le colonel Espinasse, commandant le 42me de ligne, se présentait à la grille du Palais de l'Assemblée, se la faisait ouvrir, et occupait le palais tout entier.

L'impression des décrets et des proclamations était une opération délicate, à raison de l'heure prématurée à laquelle elle était faite. Le directeur de l'imprimerie ignorait pourquoi il avait été convoqué. Un bataillon de gardes municipaux arriva, à minuit et demi, à l'imprimerie, et se mit aux ordres de M. de Béville. Des sentinelles furent placées à toutes les portes et à toutes les fenêtres, pour empêcher les communications avec le dehors ; et c'est alors seulement que les pièces à imprimer furent livrées aux compositeurs. Après en avoir surveillé personnellement l'impression jusqu'au bout, M. de Béville les porta lui-même à la Préfecture de police à six heures précises.

Les arrestations constituaient l'opération la plus délicate de toutes. Elles comprenaient deux sortes de personnes bien distinctes, des députés et des chefs de clubs. Il avait été décidé qu'elles précéderaient d'un quart d'heure l'arrivée et le placement des troupes.

Les préparatifs en avaient été commencés dès la veille, et à tout événement. A onze heures du soir, le 1er décembre, huit cents sergents de ville et les brigades de sûreté avaient été consignés à la Préfecture de police, sous le prétexte de la présence à Paris des réfugiés de Londres, et des troubles qu'elle pourrait amener. A trois heures et demie du matin, le 2, les officiers de paix et les quarante commissaires de police étaient convoqués à domicile. A quatre heures et demie, tout le monde était arrivé et placé, par petits groupes, dans des locaux séparés, pour éviter les questions et les explications.

A cinq heures précises, tous les commissaires de police descendirent un à un dans le cabinet de M. de Maupas, reçurent de sa bouche la confidence pleine et entière de la vérité, avec les ordres, les instructions, le personnel et le matériel nécessaires. Chaque commissaire avait été approprié à l'opération spéciale qui lui était destinée ; tous partirent pleins d'ardeur et de courage, résolus d'accomplir leur devoir à tout prix. Pas un seul ne faillit à sa promesse. Un grand nombre de voitures avaient été placées, par groupes, aux abords de la Préfecture de police, et chaque commissaire prit le groupe qui lui avait été assigné.

Les agents avaient reçu l'ordre de se trouver, à six heures et cinq minutes, à la porte des personnes désignées, et d'entrer immédiatement. Tout marcha avec une telle ponctualité, qu'à six heures vingt-cinq minutes, les soixante-dix-huit arrestations étaient opérées ; et à sept heures, M. de Maupas avait les soixante-dix-huit procès-verbaux sur son bureau.

Quelques-unes de ces arrestations présentèrent des circonstances caractéristiques, et, il nous paraît digne d'intérêt d'en conserver les traits principaux. Ajoutons que les détails relatifs au coup d'État qui précèdent ou qui vont suivre ont été puisés dans les documents officiels.

Les arrestations des trois généraux Changarnier, Cavaignac et Lamoricière étaient naturellement au nombre des plus importantes.

M. le général Changarnier logeait rue du Faubourg Saint-Honoré, n° 3. Deux hommes d'une rare énergie, le commissaire de police Leras et le capitaine Baudinet, de la garde municipale, se trouvèrent à sa porte à six heures cinq minutes, avec quinze agents choisis, trente garde républicains et un piquet de dix hommes à cheval. Ils sonnèrent.

Le concierge, après le *qui est là* d'usage, et la réponse *ouvrez, on veut vous parler,* refusa d'ouvrir. Il devint manifeste que le concierge était sur ses gardes. L'agent le plus rapproché continua de parlementer avec lui, pour le retenir près de la porte, et l'empêcher de monter chez le général.

Dans la même maison, et à côté de la porte, se trouvait un magasin d'épiceries; il était ouvert, et quelques personnes se trouvaient au comptoir. L'idée vint au commissaire que la boutique devait communiquer avec la cour. Il entre, demande la clé d'un ton impératif, l'obtient, et pénètre ainsi dans la cour, suivi de son monde. Un bruit de sonnettes qui retentit alors fit supposer que le général venait d'être averti. On trouva en effet son domestique sur le palier du premier étage; la clé de l'appartement qu'il avait à la main lui fut arrachée, et le commissaire entra.

Au même moment, s'ouvrait de l'intérieur une porte de chambre à coucher; le général parut, nu-pieds, en chemise, un pistolet à chaque main.

Le commissaire se précipita sur ses bras, abattit ses armes, et lui dit: « Général, qu'allez-vous faire? On n'en veut pas à votre vie; pourquoi la défendre? »

M. le général Changarnier resta calme, remit ses pistolets, et dit: « Je suis à vous; je vais m'habiller. » Une fois habillé par son domestique, il dit au commissaire: « M. de Maupas est un homme bien élevé; dites-lui que j'attends de sa courtoisie qu'il ne me prive pas de mon domestique. » Cette demande fut accueillie.

Dans la voiture, le général parla de l'événement du jour, et dit: « la réélection du Président était certaine; il n'avait pas besoin de recourir à un coup d'État; il se donne de la peine bien inutilement. » Plus tard, il ajouta: « Quand le président aura la guerre à l'étranger, il sera content de me trouver, pour me confier le commandement d'une armée. »

M. le général Cavaignac demeurait rue du Helder, n° 17. Le commissaire Colin engagea avec le concierge le dialogue suivant :
« Où demeure le général Cavaignac ? » — Il n'y est pas. — « Il faut absolument que je lui parle ; je sais qu'il y est. » — Il n'y est pas ; du reste, il dort ; vous venez trop matin. Son logement est à l'entresol. »

On sonne à la porte, et l'on demande le général. Une voix de femme répond d'abord : « Il n'y est pas. » Un moment après, on sonne de nouveau ; et alors une voix d'homme répond : « Qui est là ? » — Commissaire de police ; au nom de la loi, ouvrez. — « Je n'ouvre pas ! » — Général, je vais enfoncer la porte. »

Le général Cavaignac ouvrit lui-même.

« Général, lui dit le commissaire, vous êtes mon prisonnier. Toute résistance est inutile, mes mesures sont prises. J'ai ordre de m'assurer de votre personne, en vertu du mandat dont je vais vous donner lecture. — « C'est inutile. » Le général se montre exaspéré. Il frappe du poing sur une table de marbre, et s'emporte en injures. Le commissaire l'invitant à la modération, le général répondit : « Comment, m'arrêter, moi ? Je veux avoir vos noms ? — Nous ne vous les cacherons pas, général ; mais ce n'est pas le moment ; veuillez vous habiller et nous suivre. » Le général se calma alors, et dit : « C'est bien, Monsieur ; je suis prêt à vous suivre. Donnez-moi le temps de m'habiller ; faites retirer votre monde. » — Il demande la permission d'écrire ; elle lui est accordée.

Quand le général fut prêt, il dit au commissaire : « Pardon, Monsieur ; je vous demande, pour grâce unique, de me rendre à destination avec vous seul. » Le commissaire acquiesça.

Pendant le trajet, le général paraissait livré à de graves préoccupations, qui n'ont été interrompues que par ces paroles : « Suis-je arrêté seul ? — Général, je n'ai pas à répondre à cette question. — Où me conduisez-vous ? — A Mazas. »

Le général de Lamoricière habitait rue Las Cases, n° 11. Le concierge refusa au commissaire Blanchet de donner de la lumière et d'indiquer l'appartement.

Le commissaire ayant sonné au premier étage, un domestique paraît, et referme immédiatement la porte. S'étant promptement ravisé, il revient, une lampe à la main ; mais ayant aperçu l'écharpe du commissaire, il éteint la lampe et se sauve par un escalier dérobé, en criant : Au voleur ! Arrêté à la porte extérieure de la maison par les sergents de ville qui la gardaient, il se calme, se résigne, et dirige le commissaire vers la chambre de son maître.

Tout d'abord, le général ne dit pas un mot; puis, jetant les yeux sur la cheminée, il demande à son domestique ce qu'était devenu l'argent qu'il y avait déposé. Celui-ci ayant répondu qu'il était en sûreté, le général demande ses vêtements et s'habille. Le commissaire lui dit : « Monsieur, l'observation que vous venez de faire est très-blessante pour moi. — « Qui m'a dit que vous n'êtes pas des malfaiteurs, répond le général ? » A ces mots, le commissaire montre son écharpe. Le général garde le silence.

« Général, dit le commissaire, j'ai reçu de M. le Préfet de police l'ordre de vous traiter avec tous les égards possibles ; si vous me donnez votre parole d'honneur que vous ne chercherez à prendre la fuite, je me ferai un devoir de vous mettre dans un coupé, où vous n'aurez que moi pour gardien. — Je ne vous donne rien, je ne réponds de rien. Faites de moi ce que vous voudrez. »

Arrivé en face du poste de la Légion d'honneur, le général mit la tête à la portière, et voulut haranguer les soldats. Le commissaire ne lui laissa pas le temps d'achever sa phrase, et lui déclara qu'il serait forcé de le traiter avec rigueur, s'il faisait une nouvelle tentative : « Faites ce qu'il vous plaira ; » répondit le général.

Arrivé à Mazas, le général s'est montré beaucoup plus calme. il a prié le commissaire de ne point saisir ses armes précieuses, et de lui envoyer des cigares, avec l'*Histoire de la Révolution française*.

Le général Le Flô, logé à la Questure, était au lit, lorsque le commissaire Bertoglio le réveille et lui fait connaître son mandat. Il se lève en proférant des menaces contre le commissaire et des injures contre le Président de la République. « Napoléon veut faire son coup d'État! nous le fusillerons à Vincennes. Quant à vous, nous ne vous enverrons pas à Nouka-Hiva, nous vous fusillerons avec lui. » Le commissaire lui fit observer qu'il n'y avait aucune résistance à faire, qu'on était en état de siège, et qu'il fallait se résigner.

En montant en voiture, il apostropha le colonel du 42ᵉ de ligne, et voulut haranguer les soldats. Le colonel Espinasse lui imposa silence, et les soldats croisèrent la baïonnette sur lui. De l'Assemblée à Mazas, le général Le Flô ne proféra pas une parole.

Le général Bedeau habitait rue de l'Université, n° 30. La maison est considérable et a plusieurs escaliers. Le commissaire Hubaut jeune ignorait quel était celui qui conduisait à l'appartement du général; et ce ne fut qu'après avoir parlementé avec le concierge, que celui-ci consentit à le guider.

Le domestique accourt au coup de sonnette, et entr'ouvre la porte. Le commissaire la pousse, et se porte en avant. Le domestique se sauve épouvanté vers la chambre du général, où le commissaire le suit, se fait connaître, et exhibe son mandat.

Le général fut d'abord atterré. Se remettant bientôt, il protesta, cria à la violation de la constitution, et dit au commissaire : « Vous vous mettez hors la loi ; vous ne devez pas oublier que je suis représentant du peuple, et vice-président de l'Assemblée. Vous ne pouvez m'arrêter, puisque vous ne constatez pas un flagrant délit. »

Le général Bedeau continua en protestant qu'il ne conspirait pas. Il demanda le nom du commissaire, celui-ci répondit qu'il n'avait pas à commenter son mandat, mais à l'exécuter. Il ordonna au général de se lever et de s'habiller. Au moment de partir, le visage du général devint sombre et colère. Il s'adossa à la cheminée et dit : « Maintenant, je ne partirai pas. Je ne sortirai que si vous m'emmenez comme un malfaiteur, que si vous m'arrachez de chez moi, que si vous osez me saisir au collet, moi, le vice-président de l'Assemblée. »

Le commissaire lui dit : « Reconnaissez-vous que j'ai apporté à ma mission tous les procédés convenables envers vous? — Oui, monsieur, répondit le général. » Alors le commissaire le saisit. Le général fit la plus vive résistance. On le porta dans la voiture. Il criait : « A la trahison! aux armes! je suis le vice-président de l'Assemblée, et on m'arrête! » Tout cela, comme on le pense bien, fut inutile ; la voiture partit, et l'escorte la suivit.

Arrivé à Mazas, le général apostropha un peloton de gardes républicains, qui restèrent sourds à ses paroles.

LE MATIN DU 2 DÉCEMBRE.

Le colonel Charras, logé rue du faubourg Saint-Honoré, n° 14, refusa d'abord d'ouvrir ; mais voyant sa porte voler en éclats, il dit : « Arrêtez ! je vais ouvrir. »

Le commissaire Courteille lui notifia son mandat. Le colonel dit : « Je l'avais bien prévu, et je m'y attendais. J'aurais pu me sauver, mais je n'ai pas voulu quitter mon poste. Je croyais que cela se ferait deux jours plus tôt, et, dans cette prévision, j'avais chargé mon pistolet, mais je l'ai déchargé. » Il montrait un pistolet à deux coups, sur une commode. Le commissaire s'en empara. « Si vous étiez venu ce jour-là, dit le colonel, je vous aurais brûlé la cervelle. »

Il monta en voiture sans résistance. Dans le trajet, il demanda où on le conduisait. Le commissaire hésitant à répondre, le colonel dit : « Me menez-vous fusiller ? » — Non, je vous mène à Mazas.

Lorsque le commissaire Boudrot pénétra, rue Casimir-Périer, n° 27, dans la chambre du fameux Charles Lagrange, émeutier émérite, et devenu député à la suite du coup de pistolet tiré, le 23 février 1848, sur le boulevard des Capucines, il était déjà debout, s'informant des cris poussés par sa domestique.

Lagrange protesta ; il dit qu'on violait la Constitution ; assura qu'il lui suffirait de tirer un coup de pistolet par la fenêtre pour appeler le peuple aux armes ; que, s'il voulait se défendre, il pourrait tuer tous les agents. Ces hâbleries n'arrêtèrent personne.

On saisit de nombreux papiers politiques, beaucoup d'armes, deux pistolets, un fusil de munition, deux moules à balles, des cartouches, trois poignards, un sabre de cavalerie numéroté 478, et qui fut reconnu par le maréchal-des-logis Kerkan, de la garde républicaine, auquel il avait été volé le 24 février.

Dans le trajet de Mazas, Lagrange dit plusieurs fois : « Le coup est hardi, mais c'est bien joué. » A Mazas, Lagrange apostropha le général de Lamoricière, et lui dit : « Eh ! bien, général, nous voulions f..... dedans le Président de la République, mais c'est lui qui nous y met. »

Indépendamment du procès-verbal du commissaire Boudrot, qui rapporte textuellement le propos de Charles Lagrange, il est certifié par le colonel Thiérion, gouverneur de Mazas, dans une note de sa main, remise par lui à celui qui écrit ces lignes. Le projet d'arrêter le Président de la République, tramé aux Tuileries, et révélé au Prince par M. Molé, est donc mis hors de doute par le témoignage même de l'un des conspirateurs.

M. Greppo, député de Lyon, et ardent socialiste, avait chez lui, rue de Ponthieu, n° 15, un véritable arsenal, réuni sous son chevet. On y trouva une énorme hache d'armes, fraîchement aiguisée, deux poignards, un pistolet chargé, et un bonnet rouge, tout neuf.

L'arrivée subite du commissaire Gronfier le plongea dans une prostration complète. Interrogé sur sa hache d'armes, il répondit qu'il l'avait achetée à raison de son goût pour la marine.

Madame Greppo, femme énergique, honteuse de la défaillance de son mari, l'apostrophe avec vivacité. « Est-il possible, s'écria-t-elle, d'avoir si peu de résolution, et de se laisser arrêter ainsi, sans la moindre résistance ? »

Mais, hélas ! les courageuses exhortations de madame Greppo, la vue de la hache d'armes, le pistolet et les poignards furent impuissants à ranimer le socialiste abattu. La présence des agents lui occasionna un dérangement aussi irrésistible que peu héroïque ; et il dut, dit le procès-verbal, passer dans un cabinet pour y satisfaire.

L'arrestation de M. Thiers fut la plus remarquable, par les détails qui la compliquèrent ; nous allons les reproduire d'après un récit composé sur un document irrécusable, deux ou trois jours après l'événement.

« Lorsque le commissaire de police Hubaut aîné pénétra dans la chambre à coucher de M. Thiers, place Saint-Georges, n° 1, M. Thiers dormait profondément. Le commissaire écarta les rideaux en damas cramoisi, doublés de mousseline blanche, réveilla le dormeur et lui notifia sa qualité et son mandat. M. Thiers se mit vivement sur son séant, porta les mains à ses yeux, sur lesquels s'abaissait un bonnet de coton blanc, et dit : « De quoi s'agit-il ? »

« Je viens faire une perquisition chez vous ; mais soyez tranquille, on ne vous fera pas de mal ; on n'en veut pas à vos jours. » Cette dernière assurance semblait nécessaire, car M. Thiers était atterré.

« Mais que prétendez-vous faire ? savez-vous que je suis représentant ? — Oui, mais je ne puis discuter avec vous sur ce point ; je dois exécuter les ordres que j'ai. — Mais ce que vous faites là peut vous faire porter votre tête sur l'échafaud ! — Rien ne m'arrêtera dans l'accomplissement de mes devoirs. — Mais c'est un coup d'Etat que vous faites là ? — Je ne puis répondre à vos interpellations ; veuillez vous lever, je vous prie. — Savez-vous si je suis le seul dans le même cas ? en est-il de même de mes collègues ? — Monsieur, je l'ignore. »

« M. Thiers se leva et s'habilla lentement, refusant les services des agents. Tout à coup, il dit au commissaire : « Mais, monsieur, si je vous brûlais la cervelle ? — Je vous crois incapable d'un pareil acte, monsieur Thiers ; mais en tout cas, j'ai pris mes mesures, et je saurais bien vous en empêcher. — Mais, connaissez-vous la loi ? savez-vous que vous violez la constitution ? — Je n'ai pas mission de discuter avec vous, et d'ailleurs vous possédez des connaissances trop supérieures aux miennes, je ne puis qu'exécuter les ordres qui me sont donnés, comme j'eusse exécuté les vôtres, quand vous étiez ministre de l'intérieur. »

« Prié de descendre et de partir, M. Thiers se troubla, parut craintif et plein d'hésitation dans ses mouvements. On lui laissa croire qu'il était conduit auprès du préfet de police. La direction que prit la voiture augmenta ses appréhensions, et il s'efforça, en route, par toute sorte de raisonnements captieux et comminatoires, de détourner les agents de l'accomplissement de leurs devoirs.

« Arrivé à la prison de Mazas, M. Thiers demanda s'il pourrait avoir son café au lait comme à son habitude. On le combla d'attentions. Néanmoins, il faut bien le dire, son courage l'abandonna tout à fait en prison, et il ne s'éleva pas au-dessus de la fermeté de M. Greppo.

« Dispensé, par une haute volonté, du transférement à Ham, auquel les autres prisonniers politiques de Mazas furent soumis, M. Thiers fut, dès le 5, provisoirement ramené chez lui. Par une décision nouvelle, il dut être conduit hors de France, et laissé, sur la rive droite du Rhin, au pont de Kell.

« L'officier de paix Veindenbach alla prendre M. Thiers chez lui, à six heures du soir. M. Mignet et un autre ami l'accompagnèrent jusqu'à la gare du chemin de fer de Strasbourg. Au moment de partir, et pendant les premiers instants de sa route, M. Thiers versa d'abondantes larmes. »

Ce récit, où sont fidèlement peintes, d'après le procès-verbal du commissaire Hubaut aîné, les faiblesses morales que l'acte du 2 décembre fit éclater dans l'âme de M. Thiers, est extrait d'un court mémoire publié après les événements (1). L'impression resta profonde et ineffaçable dans cette âme ulcérée ; si bien que, vingt ans plus tard, porté momentanément au pouvoir par les malheurs de la France, M. Thiers fit enlever, emprisonner et envoyer sur la rive gauche de la Bidassoa l'écrivain qui avait raconté comment il avait été envoyé sur la rive droite du Rhin.

Indépendamment des membres de l'Assemblée placés momentanément, par une arrestation, hors d'état de troubler l'appel qui allait être fait au suffrage universel, M. de Maupas fit enlever environ soixante-dix émeutiers émérites et chefs de barricades. Il serait sans intérêt de rappeler aujourd'hui des noms obscurs, couverts du voile de l'oubli.

A l'instant même où finissaient les arrestations commençait le mouvement des troupes. Ainsi que nous l'avons déjà dit, le colonel Espinasse, à la tête du 42me de ligne, se représenta à la grille de l'Assemblée, sur la place de Bourgogne, à six heures un quart ; il envoya chercher le chef de bataillon de service, le releva régulièrement, et fit ramener par lui le bataillon de garde à la caserne. En même temps que le 42me de ligne, étaient entrés les trois commissaires de police chargés d'arrêter les Questeurs. Comme ce qui concernait la dissolution de l'Assemblée et l'investissement du Palais était important, M. de Persigny en surveilla l'exécution, et alla en rendre compte à l'Elysée.

Là se borna la coopération directe et personnelle de M. Persigny à l'acte du 2 décembre ; mais il est juste et nécessaire d'ajouter que c'est sur ses conseils et sur sa recommandation que le Président de la République avait confié le ministère de l'intérieur à M. de Morny, non-seulement à cause de sa calme résolution, mais à cause de la situation distinguée qu'il occupait dans la politique et et dans le monde.

En investissant l'Assemblée, on avait oublié une porte, située sur la rue de Bourgogne, et qui donnait aussi dans la salle des séances. Les premières nouvelles de l'événement amenèrent au Palais

(1) *Récit authentique des Événements de décembre* 1851, par A. Granier de Cassagnac.

une soixantaine de députés, qui pénétrèrent par cette porte. Ils ne tardèrent pas naturellement à s'exalter un peu. Sur un ordre du ministre de l'intérieur, le commandant Saucerotte, de la garde municipale, fut chargé de faire sortir ces députés. Il pénétra seul dans la salle des conférences, et adressa aux députés un petit discours respectueux, spirituel et ferme. M. le président Dupin, appelé par ses collègues, arriva de son côté, et, se tenant sur la porte de la salle, leur adressa ces paroles : « Messieurs, la Constitution est évidemment violée ; nous avons pour nous le droit; mais nous ne sommes pas les plus forts. Je vous engage à vous retirer. »

Comme la réunion ne semblait pas trouver les deux discours décisifs, le commandant Saucerotte déclara qu'il allait faire monter ses soldats ; et tout assitôt, les représentants se dispersèrent.

Lorsque Paris, debout un peu plus tôt que d'habitude, se porta, à sept heures, vers la place de la Concorde, il trouva tout le deuxième arrondissement couvert de troupes. Etaient groupées en effet :

Autour de l'Assemblée, la brigade Ripert ;

Sur le quai d'Orsay, la brigade Forey ;

Dans le jardin des Tuileries, le 19ᵉ et le 51ᵉ de ligne, de la brigade Dulac ;

Sur la place de la Concorde, la brigade de Cotte ;

A l'avenue Marigny et au faubourg Saint-Honoré, autour de l'Elysée, la brigade Canrobert ;

Aux Champs-Elysées, le 1ᵉʳ et le 7ᵉ lanciers, de la brigade Reybell, et la division de grosse cavalerie de Versailles, commandée par le général Korte, formée des 1ᵉʳ et 2ᵉ carabiniers, du 6ᵉ et 7ᵉ lanciers et du 12ᵉ dragons, composant les brigades Tartas et d'Allonville.

L'ensemble de ces mesures, exécutées avec un calme, une précision et un ensemble admirables, révélait dans le Président de la République un homme très-habile, très-résolu et très-fort. On ne s'occupait plus ni de la Constitution, source de tous les embarras, ni des représentants, organes de toutes les intrigues. Ce grand acte de courage entr'ouvrait un avenir de sécurité ; et le coup d'Etat était généralement approuvé, avec cette réserve : « réussira-t-il ? »

Après avoir constaté le fait, le public avide chercha la pensée ;

et, de toutes parts, on se porta aux affiches, dont de nombreux agents continuaient à couvrir les murs.

Trois pièces attiraient l'attention de tous : Un décret, une proclamation à l'armée et une proclamation à la France.

Voici le décret :

AU NOM DU PEUPLE FRANÇAIS,

LE PRÉSIDENT DE LA RÉPUBLIQUE DÉCRÈTE :

ART. 1ᵉʳ. L'Assemblée nationale est dissoute.

ART. 2. Le suffrage universel est rétabli. La loi du 31 mai est abrogée.

ART. 3. Le peuple français est convoqué dans ses comices, à partir du 14 décembre jusqu'au 21 décembre suivant.

ART. 4. L'état de siége est décrété dans l'étendue de la 1ʳᵉ division militaire.

ART. 5. Le Conseil d'Etat est dissous.

ART. 6. Le ministre de l'intérieur est chargé de l'exécution du présent décret.

C'était à la fois hardi, franc et honnête. L'Assemblée était dissoute, mais le peuple français était convoqué; la Constitution, à laquelle manquait la sanction de la France, était détruite, mais la nation elle-même, source du droit constituant, était appelée à la condamner, ou à la venger. Entre le pouvoir législatif et le pouvoir exécutif en lutte, il y avait un juge, le suffrage universel. Le Président de la République prenait le pouvoir, mais c'était pour le remettre au peuple, afin qu'il en disposât librement.

La proclamation à l'armée était pleine du même respect pour la souveraineté nationale. La voici :

« SOLDATS !

« Soyez fiers de votre mission, vous sauverez la patrie, car je compte sur vous, non pour violer les lois, mais pour faire respecter la première loi du pays, la souveraineté nationale, dont je suis le légitime représentant.

« Depuis longtemps vous souffriez comme moi des obstacles qui s'opposaient et au bien que je voulais vous faire, et aux démonstrations de votre sympathie en ma faveur. Ces obstacles sont brisés. L'Assemblée a essayé d'attenter à l'autorité que je tiens de la nation entière ; elle a cessé d'exister.

« Je fais un loyal appel au peuple et à l'armée, et je leur dis : Ou donnez-moi les moyens d'assurer votre prospérité, ou choisissez un autre à ma place.

« En 1830 comme en 1848, on vous a traités en vaincus. Après avoir flétri votre désintéressement héroïque, on a dédaigné de consulter vos sympathies et vos vœux, et cependant vous êtes l'élite de la nation. Aujourd'hui, en ce moment solennel, je veux que l'armée fasse entendre sa voix.

« Votez donc librement comme citoyens ; mais, comme soldats, n'oubliez pas que l'obéissance passive aux ordres du chef du gouvernement est le devoir rigoureux de l'armée, depuis le général jusqu'au soldat. C'est à moi, responsable de mes actions devant le Peuple et devant la postérité, de prendre les mesures qui me semblent indispensables pour le bien public.

« Quant à vous, restez inébranlables dans les règles de la discipline et de l'honneur. Aidez, par votre attitude imposante, le pays à manifester sa volonté dans le calme et la réflexion. Soyez prêts à réprimer toute tentative contre le libre exercice de la souveraineté du Peuple.

« Soldats, je ne vous parle pas des souvenirs que mon nom rappelle. Ils sont gravés dans vos cœurs. Nous sommes unis par des liens indissolubles. Votre histoire est la mienne. Il y a entre nous, dans le passé, communauté de gloire et de malheur.

« Il y aura dans l'avenir communauté de sentiments et de résolutions pour le repos et la grandeur de la France.

« Fait au palais de l'Elysée, le 2 décembre 1851. »

On le voit encore, aucune ambition personnelle ne perce dans cet appel à l'armée. Le Président de la République ne lui demande pas le pouvoir ; il ne l'invite pas à se mettre au-dessus des lois.

SCÈNE A LA MAIRIE DU Xe.

mais à protéger la souveraineté nationale, et à assurer au peuple la liberté du scrutin.

La proclamation au peuple français posait la question de souveraineté et de gouvernement avec la plus noble franchise :

« Français,

» La situation actuelle ne peut plus durer longtemps. Chaque jour qui s'écoule aggrave les dangers du pays. L'Assemblée, qui devait être le plus ferme appui de l'ordre, est devenue un foyer de complots. Le patriotisme de trois cents de ses membres n'a pu arrêter ses fatales tendances. Au lieu de faire des lois dans l'intérêt général, elle forge des armes pour la guerre civile ; elle attente au pouvoir que je tiens directement du peuple ; elle encourage toutes les mauvaises passions ; elle compromet le repos de la France : je l'ai dissoute, et je rends le peuple entier juge entre elle et moi.

» La Constitution, vous le savez, avait été faite dans le but d'affaiblir d'avance le pouvoir que vous alliez me confier. Six millions de suffrages furent une éclatante protestation contre elle, et cependant je l'ai fidèlement observée. Les provocations, les calomnies, les outrages m'ont trouvé impassible. Mais aujourd'hui que le pacte fondamental n'est plus respecté de ceux-là mêmes qui l'invoquent sans cesse, et que les hommes qui ont déjà perdu deux monarchies veulent me lier les mains, afin de renverser la République, mon devoir est de déjouer leurs perfides projets, de maintenir la République et de sauver le pays en invoquant le jugement solennel du seul souverain que je reconnaisse en France : le Peuple.

» Je fais donc un appel loyal à la nation tout entière, et je vous dis : Si vous voulez continuer cet état de malaise qui nous dégrade et compromet notre avenir, *choisissez un autre à ma place, car je ne veux plus d'un pouvoir qui est impuissant à faire le bien*, me rend responsable d'actes que je ne puis empêcher, et m'enchaîne au gouvernail quand je vois le vaisseau courir vers l'abîme.

» Si, au contraire, vous avez encore confiance en moi, donnez-moi les moyens d'accomplir la grande mission que je tiens de vous.

» Cette mission consiste à fermer l'ère des révolutions en satisfaisant les besoins légitimes du peuple et en le protégeant contre les passions subversives. Elle consiste surtout à créer des institutions qui survivent aux hommes et qui soient enfin des fondations sur lesquelles on puisse asseoir quelque chose de durable.

» Persuadé que l'instabilité du Pouvoir, que la prépondérance d'une seule Assemblée, sont des causes permanentes de trouble et de discorde, je soumets à vos suffrages les bases fondamentales suivantes d'une Constitution que les Assemblées développeront plus tard :

» 1° Un chef responsable nommé pour dix ans ;

» 2° Des ministres dépendant du pouvoir exécutif seul ;

» 3° Un conseil d'État formé des hommes les plus distingués, préparant les lois et en soutenant la discussion devant le corps législatif ;

» 4° Un corps législatif discutant et votant les lois, nommé par le suffrage universel, sans scrutin de liste qui fausse l'élection ;

» 5° Une seconde Assemblée, formée de toutes les illustrations du pays, pouvoir pondérateur, gardien du pacte fondamental et des libertés publiques.

» Ce système, créé par le premier consul au commencement du siècle, a déjà donné à la France le repos et la prospérité ; il les lui garantirait encore.

» Telle est ma conviction profonde. Si vous la partagez, déclarez-le par vos suffrages. Si, au contraire, vous préférez un gouvernement sans force, monarchique ou républicain, emprunté à je ne sais quel passé ou à quel avenir chimérique, répondez négativement.

» Ainsi donc, pour la première fois depuis 1804, vous voterez en connaissance de cause, en sachant bien pour qui et pour quoi.

» Si je n'obtiens pas la majorité de vos suffrages, alors je provoquerai la réunion d'une nouvelle Assemblée, et je lui remettrai le mandat que j'ai reçu de vous.

» Mais si vous croyez que la cause dont mon nom est le symbole, c'est-à-dire la France régénérée par la Révolution de 89 et organisée par l'Empereur, est toujours la vôtre, proclamez-le en consacrant les pouvoirs que je vous demande.

» Alors, la France et l'Europe seront préservées de l'anarchie, les obstacles s'aplaniront, les rivalités auront disparu, car tous respecteront, dans l'arrêt du peuple, le décret de la Providence.

» Fait au palais de l'Élysée, le 2 décembre 1851. »

Si l'on se rappelle qu'en 1815, le gouvernement des Bourbons s'imposa hautement à la France, à l'aide de la pression des étrangers ; qu'en 1830, la maison d'Orléans se glissa au pouvoir, à l'aide des intrigues de la Chambre des députés ; qu'en 1848, une poignée d'ambitieux, chassant les pouvoirs publics, s'empara du gouvernement à l'aide d'une émeute parisienne, on rendra justice à un homme qui, élu par six millions d'hommes, appuyé sur l'armée, tenait à la France ce langage :

« Je fais un appel loyal à la nation tout entière, et je vous dis : Si vous voulez continuer cet état de malaise qui nous dégrade et compromet notre avenir, CHOISISSEZ UN AUTRE A MA PLACE, CAR JE NE VEUX PLUS D'UN POUVOIR IMPUISSANT A FAIRE LE BIEN..... SI JE N'OBTIENS PAS LA MAJORITÉ DE VOS SUFFRAGES, JE PROVOQUERAI LA RÉUNION D'UNE NOUVELLE ASSEMBLÉE, ET JE LUI REMETTRAI LE MANDAT QUE J'AI REÇU DE VOUS. »

Jamais encore un fondateur de gouvernement n'avait parlé avec cette franchise à une nation ; et c'est pour cela que ce langage gagna immédiatement les cœurs au Président de la République. Aussi le coup d'État n'effraya-t-il que les démagogues, dont il avait rompu les projets, et les parlementaires, dont il déjouait les intrigues.

Quel fut l'effet immédiat de ces mesures, connues en quelques instants de tout Paris ? — Tous ceux qui n'étaient pas enrôlés dans les partis parlementaires approuvèrent et applaudirent. L'acte du 2 décembre paraissait devoir inaugurer une ère d'ordre et de sécurité, et l'on se montra universellement disposé à en attendre les effets. Les ouvriers, comptant sur un gouvernement fort, qui assurerait le travail, restèrent sourds aux incitations. Seuls, les monarchistes violents de l'Assemblée tentèrent un simulacre de résistance légale, et une partie des montagnards se joignit aux vétérans de l'émeute.

La mairie du X° arrondissement, située rue de Vaugirard, fut choisie par deux cent vingt députés, pour constituer une réunion.

Ils s'y rendirent vers dix heures du matin. M. Benoist d'Azy présidait la séance. M. Berryer proposa de prononcer la déchéance du Président de la République, en vertu de l'article 68, ce qui fut décidé par la réunion. Cependant, la Constitution formait évidemment un tout indivisible ; et si l'on prenait au pied de la lettre l'article 68, où il est dit : « Si le Président dissout l'Assemblée, il est déchu de plein droit, » il fallait prendre de même l'article 40, où il était dit : « La présence de la moitié plus un des membres de l'Assemblée est nécessaire pour la validité du vote. » Or, deux cent vingt membres, c'est-à-dire moins du tiers de l'Assemblée, n'étaient plus l'Assemblée elle-même. Après avoir prononcé la déchéance du Président, la réunion nomma le général Oudinot commandant des forces militaires ; mais, vers midi, un bataillon de chasseurs de Vincennes, précédé des commissaires Lemoine-Tacherat et Barlet, entra dans la mairie, conduit par le général Forey en personne, et la fit évacuer. Placés entre deux files de soldats, les députés furent conduits à la caserne du quai d'Orsay, au milieu de l'indifférence de la foule, tant le pouvoir législatif s'était déconsidéré et affaibli, dans sa lutte avec le Président de la République. Le cortége suivit les rues de Grenelle, Saint-Guillaume, rue Neuve-de-l'Université, rue de l'Université, de Beaune et le quai Voltaire. Il était trois heures vingt minutes, lorsque les portes de la caserne se fermèrent sur lui.

Pendant le trajet, le général Oudinot ayant reconnu, à ses côtés, un brave sergent qui avait assisté au siége de Rome, lui dit : « Comment, c'est toi, Martin, qui me conduis en prison ? » — Pardon, mon général, répondit le sergent ; mais je n'ai pas assez de pouvoir pour vous relever de cette punition-là. »

Le 17e lanciers occupait la caserne du quai d'Orsay. MM. Berryer, Dufaure, Odilon Barrot et de Broglie furent placés dans l'appartement du colonel Féray ; mais, vers minuit, M. de Broglie et M. Dufaure purent rentrer chez eux, par ordre du Président. Leurs collègues, placés, à l'entrée de la nuit, dans des omnibus et des fiacres, avaient été dirigés sur le mont Valérien, à Mazas et à Vincennes. Ajoutons qu'il fut plus difficile de les faire sortir de prison que de les y mettre, car ils refusèrent d'être mis en liberté, et il fallut les pousser dans les voitures envoyées le lendemain pour les ramener à Paris.

Toute la journée du 2 décembre fut tranquille. Pendant la nuit du 2 au 3, les émeutiers de profession excitèrent et ameutèrent leurs dupes. Des placards furent affichés, portant les signatures, vrais ou fausses, des représentants Michel de Bourges, Schœlcher, Leydet, Mathieu de la Drôme, Jules Favre, Emmanuel Arago, Madier de Monjaud, Eugène Sue, Esquiros, de Flotte, Chauffour, de Brives et quelques autres. Dans ces placards, il était fait appel à la guerre civile.

Quelques barricades furent élevées, dans la matinée du 3, au faubourg Saint-Antoine, rues de Cotte et de Sainte-Marguerite, ainsi que rue Aumaire et rue du Lion-Saint-Sauveur. Les insurgés du faubourg Saint-Antoine engagèrent le feu les premiers contre un détachement de la brigade Marulaz. C'est là que ces soldats, en ripostant, tuèrent le représentant Baudin, qui était derrière la barricade. Néanmoins, toute la journée se passa en agitation, plutôt qu'en luttes ; les insurgés, traqués sur la rive droite, se jetèrent sur la rive gauche, dans les faubourgs Saint-Jacques et Saint-Marceau, qu'ils ne réussirent pas à entraîner.

Il serait aujourd'hui sans intérêt de raconter en détail la lutte armée du 4 décembre. Commencée à deux heures et demie, elle était terminée à cinq, et les troupes revenaient à cette heure à leurs positions respectives sur le boulevard. Dans la matinée du 5, une dernière tentative fut faite par les insurgés à Ménilmontant et à la Croix-Rouge. L'arrivée des troupes fit tout disparaître, car les barricades ne furent même pas défendues. L'armée réunie à Paris comprenait douze brigades, dont six seulement furent engagées ; et, sur ces six brigades, la moitié des troupes seulement avait pris part à la lutte.

Dans la soirée du 5, le ministre de la guerre adressa, en ces termes, ses remerciements aux soldats :

« Soldats !

« Vous avez accompli aujourd'hui un grand acte de votre vie militaire. Vous avez préservé le pays de l'anarchie, du pillage, et sauvé la République. Vous vous êtes montrés ce que vous serez toujours, braves, dévoués, infatigables. La France vous admire et vous remercie. Le Président de la République n'oubliera jamais votre dévouement.

« La victoire ne pouvait être douteuse ; le vrai peuple, les honnêtes gens sont avec vous.

« Dans toutes les garnisons de la France, vos compagnons d'armes sont fiers de vous, et suivraient au besoin votre exemple. »

Le 6 décembre, Paris reprit sa physionomie habituelle. L'énergie déployée par le Président, l'appui qu'il avait trouvé dans l'armée, l'indifférence que la population parisienne avait montrée pour l'émeute, l'oubli déjà complet où était tombée l'Assemblée, tout concourait à ranimer la confiance et à réveiller les transactions.

Le 1er décembre, la rente 5 pour 100 était à 91 fr. 60.

Le 16 décembre, elle était à 100 fr. 90.

C'était une hausse de près de 10 francs ; c'est-à-dire une augmentation de près d'un dixième dans la fortune publique et privée.

Dans les départements, l'ordre fut plus lent à se rétablir.

Le message adressé à l'Assemblée, le 27 octobre précédent, avait dénoncé l'existence d'une ligue révolutionnaire et socialiste, organisée en France et à l'étranger, et se préparant à livrer un assaut à la société au mois de mai 1852. Les partis aveuglés affectèrent de dédaigner cet avertissement. Il n'était que trop fondé. Les comités insurrectionnels existaient dans la plupart des départements ; mais la soudaineté du coup d'Etat les surprit, avant qu'ils ne fussent complétement prêts. Néanmoins, des ordres partirent de Paris le 2 décembre ; les meneurs dirent naturellement aux affiliés que la résistance de la capitale assurait le succès ; et trente-trois départements cédèrent à l'impulsion.

Cinq départements, le Lot, les Hautes et les Basses-Pyrénées, la Marne et le Bas-Rhin n'eurent que des agitations locales et passagères.

Seize, la Côte-d'Or, le Tarn-et-Garonne, le Tarn, les Deux-Sèvres, le Gard, la Haute-Vienne, la Haute-Garonne, les Pyrénées-Orientales, l'Ille-et-Vilaine, la Meurthe, l'Ardèche, l'Aveyron, l'Ain, le Loiret, le Lot-et-Garonne, la Saône-et-Loire, eurent des insurrections, promptement et complétement réprimées.

Douze départements, l'Aude, la Saône-et-Loire, la Drôme, l'Yonne, la Sarthe, le Gers, l'Hérault, le Jura, la Nièvre, l'Allier, le Var, les Basses-Alpes, eurent des parties qui restèrent quelque temps au pouvoir des insurgés, et qu'il fallut reprendre à coups de canon.

Même dans ces localités, dont quelques-unes imprimèrent une tache ineffaçable à leur nom, ce furent des minorités composées d'hommes déclassés qui imposèrent aux populations honnêtes leur passagère et honteuse domination.

Cependant le calme de Paris, la confiance des esprits, la sécurité des intérêts enlevaient la plus grande partie de leur gravité aux troubles momentanés de la province. Dès le 8 décembre, un décret autorisait l'éloignement forcé et la transportation, soit à Cayenne, soit en Algérie, des anciens condamnés, placés sous la surveillance de la haute police, et trouvés en rupture de ban, ainsi que des individus reconnus coupables d'avoir fait partie des sociétés secrètes. Cette mesure frappait le personnel exalté et dépravé des clubs, des conspirations et des émeutes, et eut pour résultat de débarrasser Paris, Lyon et quelques autres grandes villes de plusieurs milliers d'étrangers et de bandits.

Le même jour, le Président de la République adressait à la France cette proclamation :

« Français,

« Les troubles sont apaisés. Quelle que soit la décision du peuple, la société est sauvée. La première partie de ma tâche est accomplie; l'appel à la nation, pour terminer les luttes des partis, ne faisait, je le savais, courir aucun risque sérieux à la tranquillité publique.

« Pourquoi le peuple se serait-il soulevé contre moi ?

« Si je ne possède plus votre confiance, si vos idées ont changé, il n'est pas besoin de faire couler un sang précieux, il suffit de déposer dans l'urne un vote contraire. Je respecterai toujours l'arrêt du peuple.

ÉMEUTES DANS LES DÉPARTEMENTS.

« Mais tant que la nation n'aura pas parlé, je ne reculerai devant aucun effort, devant aucun sacrifice pour déjouer les tentatives des factieux. Cette tâche, d'ailleurs, m'est rendue facile.

« D'un côté, l'on a vu combien il était insensé de lutter contre une armée unie par les liens de la discipline, animée par le sentiment de l'honneur militaire et par le dévouement à la patrie.

« D'un autre côté, l'attitude calme des habitants de Paris, la réprobation dont ils flétrissaient l'émeute, ont témoigné assez hautement pour qui se prononçait la capitale.

« Dans ces quartiers populeux où naguère l'insurrection se recrutait si vite parmi des ouvriers dociles à ses entraînements, l'anarchie cette fois n'a pu rencontrer qu'une répugnance profonde pour ses détestables excitations. Grâces en soient rendues à l'intelligente et patriotique population de Paris! Qu'elle se persuade de plus en plus que mon unique ambition est d'assurer le repos et la prospérité de la France.

« Qu'elle continue à prêter son concours à l'autorité, et bientôt le pays pourra accomplir dans le calme l'acte solennel qui doit inaugurer une ère nouvelle pour la République. »

La nation entière, convoquée dans ses comices les 20 et 21 décembre, rendit en pleine liberté son verdict solennel. Il avait été formé, dès le 5 décembre, une Commission consultative, composée de tous les députés de l'opinion conservatrice, et destinée à seconder, s'il y avait lieu, le Président de la République. Cette Commission fit le dépouillement des votes, et se transporta, le 31 décembre au soir, au palais de l'Elysée, pour y apporter le résultat que voici :

Votants. 8.116.773
Oui. 7.439.216
Non 640.733

La Commission consultative avait à sa tête M. Baroche. Il exprima, en quelques paroles élevées et heureuses, les sentiments de confiance et de gratitude que la France venait de faire éclater ; et le Président de la République lui répondit en ces termes :

« La France, a répondu à l'appel loyal que je lui avais fait.

Elle a compris que *je n'étais sorti de la légalité que pour rentrer dans le droit. Plus de sept millions de suffrages viennent de m'absoudre, en justifiant un acte qui n'avait* d'autre but que d'épargner à notre patrie, et à l'Europe peut-être, des années de troubles et de malheurs.

« Si je me félicite de cette immense adhésion, ce n'est pas par orgueil, mais parce qu'elle me donne la force de parler et d'agir ainsi qu'il convient au chef d'une grande nation comme la nôtre. (Bravos répétés.)

« Je comprends toute la grandeur de ma mission nouvelle, je ne m'abuse pas sur ces graves difficultés. Mais, avec un cœur droit, avec le concours de tous les hommes de bien qui, ainsi que vous, m'éclaireront de leurs lumières et me soutiendront de leur patriotisme, avec le dévouement éprouvé de notre vaillante armée, enfin avec cette protection que demain je prierai solennellement le ciel de m'accorder encore (sensation prolongée), j'espère me rendre digne de la confiance que le peuple continue de mettre en moi. (Vive approbation.) J'espère assurer les destinées de la France en fondant des institutions qui répondent à la fois et aux instincts démocratiques de la nation, et à ce désir exprimé universellement d'avoir désormais un pouvoir fort et respecté. (Adhésion chaleureuse.) En effet, donner satisfaction aux exigences du moment en créant un système qui reconstitue l'autorité sans blesser l'égalité, sans fermer aucune voie d'amélioration, c'est jeter les véritables bases du seul édifice capable de supporter plus tard une liberté sage et bienfaisante. »

Le plébiscite des 20 et 21 décembre avait posé les bases de la future constitution. Elle devait contenir cinq institutions, sanctionnées par le peuple; à savoir :

Un chef responsable nommé pour dix ans;
Des ministres dépendant du pouvoir exécutif seul;
Un conseil d'Etat préparant les lois et en soutenant la discussion devant le Corps législatif;
Un Corps législatif, discutant et votant les lois, nommé sans scrutin de liste;

Une seconde Assemblée, formée de toutes les illustrations du pays, pouvoir pondérateur, gardien du pacte fondamental.

La Constitution du 14 janvier 1852 ne fut que la mise en œuvre de ces principes; et, si nous n'en plaçons pas ici le texte, il nous paraît utile d'en reproduire, au moins en partie, le Préambule qui en explique l'esprit. :

« Français, lorsque, dans ma proclamation du 2 décembre, je vous exprimai loyalement qu'elles étaient, à mon sens, les conditions vitales du pouvoir en France, je n'avais pas la prétention, si commune de nos jours, de substituer une théorie personnelle à l'expérience des siècles. J'ai cherché, au contraire, quels étaient dans le passé les exemples les meilleurs à suivre, quels hommes les avaient donnés et quel bien en était résulté.

« Dès lors j'ai cru logique de préférer les préceptes du génie aux doctrines spécieuses d'hommes à idées abstraites. J'ai pris comme modèle les institutions politiques qui déjà au commencement de ce siècle, dans des circonstances analogues, ont raffermi la société ébranlée et élevé la France à un haut degré de prospérité et de grandeur.

« J'ai pris comme modèle les institutions qui, au lieu de disparaître au premier souffle des agitations populaires, n'ont été renversées que par l'Europe entière coalisée contre nous.

« En un mot, je me suis dit : Puisque la France ne marche depuis cinquante ans qu'en vertu de l'organisation administrative, militaire, judiciaire, religieuse, financière du Consulat et de l'Empire, pourquoi n'adopterions-nous pas aussi les institutions politiques de cette époque ? Créées par la même pensée, elles doivent porter en elles le même caractère de nationalité et d'utilité pratique.

« En effet, ainsi que je l'ai rappelé dans ma proclamation, notre société actuelle, il est essentiel de le constater, n'est pas autre chose que la France régénérée par la révolution de 89 et organisée par l'Empereur. Il ne reste plus rien de l'ancien régime que de grands souvenirs et de grands bienfaits. Mais tout ce qui alors était organisé a été détruit par la révolution, et tout ce qui a été organisé depuis la révolution et qui existe encore l'a été par Napoléon.

« Nous n'avons plus ni provinces, ni pays d'État, ni parlements, ni intendants, ni fermiers généraux, ni coutumes diverses, ni droits féodaux, ni classes privilégiées en possession exclusive des emplois civils et militaires, ni juridictions religieuses différentes.

« À tant de choses incompatibles avec elle, la révolution avait fait subir une réforme radicale, mais elle n'avait rien fondé de définitif. Seul, le premier consul rétablit l'unité, la hiérarchie et les véritables principes du gouvernement. Ils sont encore en vigueur.

« Ainsi, l'administration de la France confiée à des préfets, à des sous-préfets, à des maires, qui substituaient l'unité aux commissions directoriales ; la décision des affaires au contraire donnée à des conseils, depuis la commune jusqu'au département ; ainsi, la magistrature affermie par l'inamovibilité des juges, par la hiérarchie des tribunaux ; la justice rendue plus facile par la délimitation des attributions, depuis la justice de paix jusqu'à la cour de cassation : tout cela est encore debout.

« De même, notre admirable système financier, la Banque de France, l'établissement des budgets, la cour des comptes, l'organisation de la police, nos règlements militaires, datent de cette époque.

« Depuis cinquante ans, c'est le Code Napoléon qui règle les intérêts des citoyens entre eux ; c'est encore le Concordat qui règle les rapports de l'État avec l'Église.

« Enfin, la plupart des mesures qui concernent les progrès de l'industrie, du commerce, des lettres, des sciences, des arts, depuis les règlements du Théâtre-Français jusqu'à ceux de l'Institut, depuis l'institution des prud'hommes jusqu'à la création de la Légion d'Honneur, ont été fixées par les décrets de ce temps.

« On peut donc l'affirmer, la charpente de notre édifice social est l'œuvre de l'Empereur, et elle a résisté à sa chute et à trois révolutions.

« Pourquoi, avec la même origine, les institutions politiques n'auraient-elles pas les mêmes chances de durée ? »

De même que la constitution de 1852 avait été coordonnée par rapport aux principes généraux de la révolution française, elle avait été également appropriée aux changements que le temps a amenés dans la société depuis un demi-siècle.

Ainsi, la longue pratique des assemblées, l'apaisement relatif des passions, avaient permis de donner au Corps législatif la discussion directe des Lois, au lieu de la discussion concentrée, d'abord entre le Tribunat et le Conseil d'État, et plus tard, par le décret d'août 1807, entre le Conseil d'État et la Commission de 21 membres, nommée chaque année au début de chaque session.

Ainsi encore, l'amélioration des mœurs publiques, le patriotique usage que le peuple avait fait, le 10 décembre 1848, du suffrage universel direct, avait permis de donner à l'élection des députés une base beaucoup plus libérale que celle qui était consacrée par la Constitution de l'an VIII. Au lieu de faire choisir un député par le Sénat, parmi les candidats présentés par les assemblées de canton, la Constitution de 1852, qui ne pouvait pas rester au-dessous de la Charte de 1830 et de la Constitution de 1848, les faisait élire par le suffrage universel direct.

Ainsi enfin, au lieu de subordonner la nomination des membres du Sénat à la présentation opérée par les listes départementales, cette nomination fut dévolue entièrement au chef de l'État, afin qu'il pût y appeler librement toutes les notabilités de l'agriculture, de l'industrie, des arts, de la science, de l'armée et du clergé.

Appropriées à l'état nouveau de la Société, à ses besoins et à ses vœux, les institutions politiques de 1852, puisées aux sources d'où sortirent les institutions civiles du Consulat et de l'Empire, auraient sans nul doute présenté la même solidité et obtenu la même durée, ainsi que le Préambule de la constitution en exprime la confiance, si des causes et des influences que nous aurons à apprécier plus loin n'étaient venues modifier leur nature et altérer leur efficacité.

La Constitution promulguée le 15 janvier 1852 reçut promptement son exécution.

Le 22 fut créé le ministère d'État, intermédiaire indispensable entre le chef de l'État et les Ministres, depuis la suppression des présidents du Conseil.

Le 26, le Sénat fut institué et les Sénateurs furent nommés. Le même jour, le Conseil d'État fut établi, son organisation réglée et son personnel désigné.

Le 2 février fut publié le décret organique du Corps législatif, et, le 17, celui qui réglait le régime de la presse.

Le 1ᵉʳ mars eurent lieu les élections au Corps législatif; et, le 20, le Président inaugura, en personne, les travaux des grands corps de l'État, au Palais des Tuileries, devenu, depuis le 1ᵉʳ janvier, sa résidence officielle.

Ce jour-là, le Président de la République se dépouillait de la dictature dont le Plébiscite des 20 et 21 décembre précédent l'avait investi ; et il adressait aux Sénateurs et aux députés le discours suivant :

« MESSIEURS LES SÉNATEURS, MESSIEURS LES DÉPUTÉS,

« La dictature que le peuple m'avait confiée cesse aujourd'hui. Les choses vont reprendre leur cours régulier. C'est avec un sentiment de satisfaction réelle que je viens proclamer ici la mise en vigueur de la Constitution ; car ma préoccupation constante a été non-seulement de rétablir l'ordre, mais de le rendre durable en dotant la France d'institutions appropriées à ses besoins.

« Il y a quelques mois à peine, vous vous en souvenez, plus je m'enfermais dans le cercle étroit de mes attributions, plus on s'efforçait de le rétrécir encore, afin de m'ôter le mouvement et l'action. Découragé souvent, je l'avoue, j'eus la pensée d'abandonner un pouvoir ainsi disputé. Ce qui me retint, c'est que je ne voyais pour me succéder qu'une chose : l'anarchie. Partout, en effet, s'exaltaient des passions ardentes à détruire, incapables de rien fonder. Nulle part ni une institution, ni un homme à qui se rattacher ; nulle part un droit incontesté, une organisation quelconque, un système réalisable.

« Aussi, lorsque, grâce au concours de quelques hommes courageux, grâce surtout à l'énergique attitude de l'armée, tous les périls furent conjurés en quelques heures, mon premier soin fut de demander au peuple des institutions. Depuis trop longtemps la société ressemblait à une pyramide qu'on aurait retournée et voulu faire reposer sur son sommet ; je l'ai replacée sur sa base. Le suffrage universel, seule source du droit dans de pareilles conjonctures, fut immédiatement rétabli ; l'autorité reconquit son ascendant ;

enfin, la France adoptant les dispositions principales de la Constitution que je lui soumettais, il me fut permis de créer des corps politiques dont l'influence et la considération seront d'autant plus grandes que leurs attributions auront été sagement réglées.

« Parmi les institutions politiques, en effet, celles-là seules ont de la durée qui fixent d'une manière équitable la limite où chaque pouvoir doit s'arrêter. Il n'est pas d'autre moyen d'arriver à une application utile et bienfaisante de la liberté : les exemples n'en sont pas loin de nous.

« Pourquoi, en 1814, a-t-on vu avec satisfaction, en dépit de nos revers, inaugurer le régime parlementaire ? C'est que l'Empereur, ne craignons pas de l'avouer, avait été, à cause de la guerre, entraîné à un exercice trop absolu du pouvoir.

« Pourquoi, au contraire, en 1851, la France applaudit-elle à la chute de ce même régime parlementaire ? C'est que les Chambres avaient abusé de l'influence qui leur avait été donnée, et que, voulant tout dominer, elles compromettaient l'équilibre général.

« Enfin, pourquoi la France ne s'est-elle pas émue des restrictions apportées à la liberté de la presse et à la liberté individuelle ? C'est que l'une avait dégénéré en licence, et que l'autre, au lieu d'être l'exercice réglé du droit de chacun, avait, par d'odieux excès, menacé le droit de tous.

« Cet extrême danger, pour les démocraties surtout, de voir sans cesse des institutions mal définies sacrifier tour à tour le pouvoir ou la liberté, a été parfaitement apprécié par nos pères il y a un demi-siècle, lorsqu'au sortir de la tourmente révolutionnaire et après le vain essai de toute espèce de régimes ils proclamèrent la Constitution de l'an VIII, qui a servi de modèle à celle de 1852. Sans doute, elle ne sanctionne pas toutes ces libertés, aux abus desquelles nous étions habitués, mais elle en consacre aussi de bien réelles. Le lendemain des révolutions, la première des garanties pour un peuple ne consiste pas dans l'usage immodéré de la tribune et de la presse : elle est dans le droit de choisir le gouvernement qui lui convient. Or, la nation française a donné, peut-être pour la première fois, au monde le spectacle imposant d'un grand peuple votant en toute liberté la forme de son gouvernement.

« Ainsi le chef de l'État que vous avez devant vous est bien

LE CORPS LÉGISLATIF A SAINT-CLOUD.

l'expression de la volonté populaire : et devant moi, que vois-je ? Deux Chambres, l'une élue en vertu de la loi la plus libérale qui existe au monde, l'autre nommée par moi, il est vrai, mais indépendante aussi, puisque elle est inamovible.

« Autour de moi vous remarquez des hommes d'un patriotisme et d'un mérite reconnus, toujours prêts à m'appuyer de leurs conseils, à m'éclairer sur les besoins du pays.

« Cette constitution, qui dès aujourd'hui va être mise en pratique, n'est donc pas l'œuvre d'une vaine théorie ou du despotisme: c'est l'œuvre de l'expérience et de la raison. Vous m'aiderez, messieurs, à la consolider, à l'étendre, à l'améliorer. »

M. Billaut, nommé Président du Corps législatif, ouvrit la session, qui dura trois mois. Elle fut laborieuse et féconde ; mais, pour ne point fractionner l'œuvre législative, nous la diviserons par groupes de questions et d'hommes, et nous renvoyons le premier au volume suivant, qui commencera l'histoire du régime impérial.

La période comprise entre le 31 décembre 1851, jour de la proclamation du plébiscite, et le 29 mars 1852, jour où le Président de la République inaugura les grands pouvoirs, créés par la Constitution, avait été remplie par un régime de dictature transitoire. Cette période fut marquée par des actes nombreux et considérables.

Le premier en date est le décret du 23 janvier, qui, conformément aux précédents, obligea la famille d'Orléans à vendre les biens qu'elle possédait en France. Les considérants de ce décret veulent être connus ; les voici :

« Le Président de la République,

« Considérant que tous les gouvernements qui se sont succédé ont jugé indispensable d'obliger la famille qui cessait de régner à vendre les biens meubles et immeubles qu'elle possédait en France :

« Qu'ainsi, le 12 janvier 1816, Louis XVIII contraignait les membres de la famille de l'empereur Napoléon de vendre leurs biens personnels dans le délai de six mois, et que, le 10 avril 1832,

Louis-Philippe en a agi de même à l'égard des princes de la famille aînée des Bourbons ;

« Considérant que de pareilles mesures sont toujours d'ordre et d'intérêt publics ;

« Qu'aujourd'hui plus que jamais de hautes considérations politiques commandent impérieusement de diminuer l'influence que donne à la famille d'Orléans la possession de près de 300 millions d'immeubles en France ;

« Décrète :

« Art. 1er. Les membres de la famille d'Orléans, leurs époux, épouses et leurs descendants ne pourront posséder aucuns meubles et immeubles en France ; ils seront tenus de vendre d'une manière définitive tous les biens qui leur appartiennent dans l'étendue du territoire de la République.

« Art. 2. Cette vente sera effectuée dans le délai d'un an, à partir, pour les biens libres, du jour de la promulgation du présent décret, et pour les biens susceptibles de liquidation ou discussion, de l'époque à laquelle la propriété en aura été irrévocablement fixée sur leur tête. »

Le même jour parut un décret plus grave. et qui a été diversement apprécié; c'est celui qui annulait la dotation faite, le 7 août 1830, par Louis-Philippe à ses enfants, de ses biens, meubles et immeubles, afin de les soustraire à la dévolution qui, deux jours plus tard, devait les réunir au domaine, par l'élévation au trône du donateur.

« Art. 1er. Les biens meubles et immeubles qui sont l'objet de la donation faite le 7 août 1830 par le roi Louis-Philippe, sont restitués au domaine de l'Etat.

« Art. 2. L'État demeure chargé du paiement des dettes de la liste civile du dernier règne.

« Art. 3. Le douaire de 300,000 fr. alloué à la duchesse d'Orléans est maintenu.

« Art. 4. Les biens faisant retour à l'État seront vendus en partie à la diligence de l'administration des domaines, *pour le pro-*

duit en être réparti aux sociétés de secours mutuels, à l'amélioration des logements des ouvriers dans les grandes villes manufacturières, à l'établissement d'institutions de crédit foncier dans les départements, à l'établissement d'une caisse de retraite au profit des desservants les plus pauvres. Le surplus des biens énoncés dans l'art. 1er sera réuni à la dotation de la Légion d'honneur. »

Qu'au moment où Louis-Philippe faisait donation de ses biens, au profit de ses enfants, en se réservant l'usufruit sa vie durant, il agît en vue d'accepter la couronne, sans être obligé de se dépouiller réellement de rien, cela est évident. Il voulait rester propriétaire, en devenant roi, et frustrer ainsi le Trésor de la valeur de ses biens, soumis à la loi traditionnelle de la dévolution. La donation portait donc en elle un principe de fraude incontestable. Enlevés au Trésor, ces biens devaient lui être restitués ; et ils furent attribués à diverses œuvres nécessaires, auxquelles le Trésor aurait dû pourvoir.

Les considérans de ce second décret du 23 janvier étaient puisés dans la tradition de la monarchie ; en voici un extrait :

« D'après l'ancien droit public de la France, maintenu par le décret du 21 septembre 1790 et par la loi du 8 novembre 1814, tous les biens qui appartenaient aux princes lors de leur avènement au trône, étaient de plein droit et à l'instant même réunis au domaine de la couronne ; la consécration de ce principe remontait à des époques fort reculées de la monarchie ; Henri IV, ayant voulu empêcher, par lettres patentes du 15 avril 1590, la réunion de ses biens au domaine de la couronne, le Parlement de Paris refusa l'enregistrement des lettres patentes, et Henri IV, applaudissant plus tard à cette fermeté, rendit au mois de juillet 1607 un édit qui révoquait ses premières lettres patentes ;

« Cette règle fondamentale de la monarchie a été appliquée sous les règnes de Louis XVIII et de Charles X, et reproduite dans la loi du 15 janvier 1825 ;

« Aucun acte législatif ne l'avait révoquée le 9 août 1830, lorsque Louis-Philippe a accepté la couronne ; ainsi, par le fait seul de cette acceptation, tous les biens qu'il possédait à cette époque sont devenus la propriété incontestable de l'Etat ;

« La donation universelle sous réserve d'usufruit consentie par

Louis-Philippe au profit de ses enfants, à l'exclusion de l'aîné de ses fils, le 7 août 1830, le jour même où la royauté lui était déférée, et avant son acceptation qui eut lieu le 9 du même mois, a eu uniquement pour but d'empêcher la réunion au domaine de l'État des biens considérables possédés par le prince appelé au trône ; enfin en se réservant l'usufruit des biens compris dans la donation, Louis-Philippe ne se dépouillait de rien, et voulait seulement assurer à sa famille un patrimoine devenu celui de l'Etat, etc. »

Néanmoins, la promulgation de ces deux décrets amena la retraite de M. Rouher et de M. Baroche, lesquels, comme jurisconsultes, les avaient combattus. M. de Morny, ministre de l'intérieur, se retira également ; mais pour d'autres causes, quoique on ait dit et cru le contraire. Son remplacement était résolu plusieurs jours avant les décrets.

Le 4 mars fut ordonné le percement de la rue monumentale, qui met en communication directe la gare de Strasbourg et le boulevard Saint-Denis.

Le 14 mars fut ordonnée la conversion du fonds de rente 5 pour 100 en fonds de rentes 4 et 1/2 pour cent ; mesure devant laquelle la monarchie de 1830 avait reculé.

Le 18 mars parut le mémorable décret qui, réalisant la pensée de Napoléon Ier, ordonnait l'achèvement du Louvre, et sa réunion aux Tuileries ; et comme en ce temps les projets marchaient vite, la première pierre fut posée le 27 juillet.

Le 21 mars fut créée la médaille militaire, institution complémentaire de la Légion d'honneur, et qui durera autant qu'elle. En faisant la première distribution, le Président de la République adressa aux sous-officiers et soldats médaillés une belle allocution, à laquelle nous empruntons les paroles suivantes :

« Quand on est témoin comme moi de tout ce qu'il y a de dévouement, d'abnégation et de patriotisme dans les rangs de l'armée, on déplore souvent que le gouvernement ait si peu de moyens de reconnaître de si grands services.

« L'admirable institution de la Légion d'honneur perdrait de son prestige si elle n'était renfermée dans de certaines limites. Cependant combien de fois ai-je regretté de voir des soldats et des sous-officiers rentrer dans leurs foyers sans récompense, quoique, par la durée de leur service, par des blessures, par des actions dignes d'éloges, ils eussent mérité un témoignage de satisfaction de la patrie ! C'est pour le leur accorder que j'ai institué cette médaille.

« Elle leur assurera cent francs de rente viagère ; c'est peu, certainement ; mais ce qui est beaucoup, c'est le ruban que vous porterez sur la poitrine, et qui dira à vos camarades, à vos familles, à vos citoyens, que celui qui le porte est un brave.

« Cette médaille ne vous empêchera pas de prétendre à la croix de la Légion d'honneur, si vous en êtes jugés dignes ; au contraire, elle sera comme un premier degré pour l'obtenir, puisqu'elle vous signalera d'avance à l'attention de vos chefs. »

Enfin, le décret du 26 mars, établissant un commencement de décentralisation administrative, vint clore l'ensemble des mesures qui remplissent la période dictatoriale.

Pendant la durée de la session, divers actes eurent lieu, empreints de la pensée générale qui devait présider au règne.

Le 4 avril, la magistrature prêta le serment ordonné par la constitution ; et le Président de la République en rehaussa par quelques belles paroles la moralité et la convenance :

« Messieurs les magistrats,

« Quoique je reçoive votre serment avec plaisir, l'obligation de le prêter pour tous les corps constitués me semble moins nécessaire de la part de ceux dont la noble mission est de faire dominer et respecter le droit.

« Plus l'autorité repose sur une base incontestable, plus elle doit être naturellement défendue par vous.

« Depuis le jour où le dogme de la souveraineté du peuple est venu remplacer le principe du droit divin, on peut dire qu'aucun gouvernement n'a été aussi légitime que le mien.

« En 1804, quatre millions de suffrages, en proclamant l'hérédité du pouvoir dans ma famille, me désignèrent comme l'héritier de l'Empire.

« En 1848, près de six millions m'appelèrent à la tête de la République.

« En 1851, près de huit millions m'y maintinrent.

« Ainsi, en me prêtant serment, ce n'est pas simplement à un homme que vous allez jurer d'être fidèles, mais à un principe, à une cause, à la volonté nationale elle-même. »

Le 21 avril, le prisonnier de Ham, se souvenant des belles études qu'il avait composées dans sa prison sur l'amélioration du sort des ouvriers agricoles, se rendit en Sologne, avec un cortége de savants chimistes, d'ingénieurs et d'agriculteurs, et commença par cette initiative la rénovation de ce pays déshérité.

Le 10 mai eut lieu la fête de l'armée, la bénédiction des drapeaux et la distribution des aigles. Des députations de tous les corps furent réunies au champ de mars, devant l'Ecole militaire, où les grands corps de l'État, toute la société distinguée de Paris et un très-grand nombre d'étrangers étaient réunis dans de vastes tribunes. Avant le défilé, qui souleva des applaudissements enthousiastes, et pendant lequel la députation des gendarmes fut l'objet d'une ovation spécialement touchante, le Président de la République adressa à l'armée le discours suivant, qui compte au nombre des pages les plus belles de son œuvre littéraire :

« Soldats !

« L'histoire des peuples est en grande partie l'histoire des armées. De leurs succès ou de leurs revers dépend le sort de la civilisation et de la patrie. Vaincues, c'est l'invasion ou l'anarchie ; victorieuses, c'est la gloire ou l'ordre.

« Aussi les nations comme les armées portent-elles une vénération religieuse à ces emblèmes de l'honneur militaire, qui résument en eux tout un passé de luttes et de triomphes.

« L'aigle romaine, adoptée par l'empereur Napoléon au commencement de ce siècle, fut la signification la plus éclatante de la régénération et de la grandeur de la France. Elle disparut dans nos malheurs ; elle devait revenir, lorsque la France, relevée de ses défaites, maîtresse d'elle-même, ne semblerait plus répudier sa propre gloire.

« Soldats ! Reprenez donc ces aigles, non comme une menace contre les étrangers, mais comme le symbole de notre indépendance, comme le souvenir d'une époque héroïque, comme le signe de noblesse de chaque régiment.

« Reprenez ces aigles qui ont si souvent conduit nos pères à la victoire, et jurez de mourir, s'il le faut, pour les défendre. »

Le 28 juin, un message vint clore la première session législative. Il se terminait par d'admirables paroles, qui peignaient fidèlement l'état des esprits à cette époque, imprégnée de foi et ivre d'espérances :

« En retournant dans vos départements, soyez les échos fidèles du sentiment qui règne ici : la confiance dans la conciliation et la paix. (Emotion universelle.) Dites à vos commettants qu'à Paris, ce cœur de la France, ce centre révolutionnaire qui répand tour à tour sur le monde la lumière ou l'incendie, vous avez vu un peuple immense s'appliquant à faire disparaître les traces des révolutions et se livrant avec joie au travail, avec sécurité à l'avenir. (Assentiment général.) Lui qui naguère, dans son délire, était impatient de tout frein, vous l'avez vu saluer avec acclamation le retour de nos aigles, symboles d'autorité et de gloire.

» A ce spectacle imposant où la religion consacrait par ses bénédictions une grande fête nationale, vous avez remarqué son attitude respectueuse. Vous avez vu cette armée si fière, qui a sauvé le pays, se relever encore dans l'estime des hommes en s'agenouillant avec recueillement devant l'image de Dieu, présente au haut de l'autel. (Sensation profonde.)

» Cela veut dire qu'il y a en France un gouvernement animé de la foi et de l'amour du bien, qui repose sur le peuple, source de tout pouvoir ; sur l'armée, source de toute force ; sur la religion, source de toute justice. »

A partir des vacances parlementaires, le Président de la République se prépara à son voyage dans le midi de la France,

DISTRIBUTION DES AIGLES

pendant lequel la confiance et le dévouement des populations firent explosion, et imposèrent au Président de la République le rétablissement de l'Empire.

Le Prince partit de Paris pour son voyage dans le midi, le 14 septembre 1852. Lorsqu'il monta en wagon, à la gare de Paris à Orléans, vers une heure après-midi, il était accompagné du ministre de la guerre, du ministre de la police générale, de ses aides de camp et des officiers de sa maison.

Arrivé à Orléans vers trois heures, il reçut de la population et des autorités l'accueil le plus chaleureux ; mais le Préfet du département, en lui rendant ses devoirs, termina sa harangue officielle par le cri de *vive la République !*

Mais lorsque le train, arrivé à Bourges, eut pénétré au cœur du département du Cher, la scène changea tout à coup. Les députations des communes et la population libre accourue des campagnes étaient encore plus nombreuses ; des arcs de triomphe étaient élevés, portant des aigles ; et, lorsque la marche des wagons s'arrêta, le Président de la République fut salué par un cri formidable de *vive l'Empereur !* dont le préfet avait donné le signal, et que la foule poussait et répétait avec enthousiasme.

Que s'était-il donc passé ? — Il est intéressant et nécessaire de le dire.

M. de Persigny a laissé des *Mémoires* encore inédits, dans lesquels se lisent divers épisodes relatifs à la vie, au caractère, aux actes, aux luttes de l'Empereur, auquel il ne cessa de témoigner un dévouement, qui est l'honneur de sa vie. Or, M. de Persigny explique ainsi que nous allons le rapporter l'élan qui, à partir du département du Cher et durant tout le voyage dans le midi, entraîna les populations et finit par entraîner le Prince lui-même vers le rétablissement de l'Empire.

Il raconte qu'un peu avant le voyage, le conseil des ministres délibéra sur la question de savoir s'il convenait d'influencer les sentiments de confiance et d'affection que les populations ne manqueraient pas de témoigner au Prince-Président, et de les diriger soit vers le maintien provisoire de la République, soit vers le rétablissement de l'Empire. On sait déjà que, dans le discours adressé, le 20 mars, aux grands corps de l'Etat, le Prince avait abordé cette question, en disant que sa solution dépendait de la conduite des partis, et qu'il l'avait résumée en ajoutant : « Conservons la République ; elle ne menace personne, elle peut rassurer beaucoup de monde. »

D'après le récit de M. de Persigny, le Conseil des ministres se divisa à peu près par moitié ; les uns, à la tête desquels était M. Abbatucci, garde des sceaux, opinaient pour qu'il ne fût rien dit dans les discours officiels qui parût contraire au maintien de la République ; les autres, parmi lesquels s'était principalement signalé M. de Persigny, ministre de l'intérieur, voulaient que les sentiments favorables à l'Empire, déjà si souvent manifestés par les populations, fussent hautement accueillis et encouragés.

Après avoir écouté en silence les opinions de ses ministres, le Prince décida qu'il garderait la plus stricte réserve, et qu'il laisserait un libre cours au vœu des populations, sans laisser percer soit une détermination, soit même une préférence.

Cette solution ne satisfit pas M. de Persigny ; il était toujours resté ce qu'on l'avait vu à Strasbourg et à Boulogne, un intrépide et un téméraire. Il croyait l'Empire fait dans l'esprit des populations, et il ne pouvait pas se résigner à le refouler dans les cœurs, du fond desquels il était prêt à sortir. Il prit donc, sous sa responsabilité, une résolution grave ; il organisa secrètement, comme par une sorte de conspiration, et en trompant la bonne foi d'un préfet, une manifestation qui, dès Bourges, poussa irrésistiblement vers l'Empire les populations déjà disposées d'elles-mêmes et spontanément prêtes à éclater.

Nous avons déjà dit que M. Abbatucci, garde des sceaux, avait émis et fait partager à la moitié du Conseil l'avis de ne porter aucune atteinte au maintien de la République. Ancien magistrat à la cour d'Orléans, ancien député du Loiret, M. Abbatucci avait conservé dans le département une influence considérable. Le préfet, M. Dubessey, était sous son patronage. Par conséquent, M. de Persigny ne pouvait pas, sans s'exposer à faire découvrir son projet par ses collègues et même par le Président de la République, en faire la confidence au préfet du Loiret et tenter de l'y associer ; mais il n'hésita pas à appeler dans son cabinet, par dépêche télégraphique, le préfet du Cher, qui se rendit immédiatement près du ministre, en observant le secret qui lui était commandé.

Le préfet du Cher était alors M. Pastoureau, homme intelligent et résolu, mort il y a quelques mois. M. de Persigny lui donna l'ordre de réunir à la gare du chef-lieu de son département, les maires et les conseils municipaux des communes environnantes. Il était inutile d'y appeler les populations qui ne manqueraient pas de s'y rendre en masse. Le préfet avait à faire des préparatifs pour une réception qui devait durer moins d'un jour, mais dont les conséquences devaient être immenses. Des arcs de triomphe allaient être dressés, portant les aigles de l'Empire ; et, à l'arrivée du Président de la République, le préfet ne devait pas hésiter à le saluer du cri de *Vive l'Empereur* ! En l'état bien connu des esprits, ce cri ne pouvait pas manquer d'être énergiquement répété par toutes les populations accourues.

Afin de bien pénétrer le préfet du Cher de l'importance de la mission qui lui était donnée, M. de Persigny termina ses instructions en lui disant : « Ce que je viens de vous dire est un secret entre le Prince, vous et moi. Vous m'en répondez. Maintenant, rentrez dans votre département comme vous êtes venu, c'est-à-dire sans communiquer avec personne ».

M. Pastoureau rentra en effet chez lui ; il exécuta avec intelligence et ponctualité les ordres du ministre ; et c'est ainsi que commença dans le Cher, le 14 septembre 1852, cette longue acclamation qui suivit le Prince à Lyon, à Grenoble, à Marseille, à Toulouse, à Bordeaux, à La Rochelle, à Poitiers, à Tours, et à laquelle firent écho les cris enthousiastes de Paris, pendant l'entrée triomphale du 16 octobre. Le vivat des maires réunis à Bourges n'avait été qu'une étincelle ; mais les matières inflammables étaient prêtes depuis longtemps, et l'incendie s'alluma tout seul.

Il faut bien le reconnaître ; la démonstration organisée par M. de Persigny, à l'insu de ses collègues, était une blâmable témérité, et le secret confié au préfet du Cher, avec le consentement supposé du Chef de l'État, constituait une complète et coupable supercherie ; mais nous avons le devoir d'ajouter qu'en agissant comme il le fit, M. de Persigny n'obéissait à aucune vue personnelle. L'Empereur était sur le trône depuis plus de trois ans, qu'il ignorait encore ce qui s'était passé, au mois de septembre 1852, entre son ministre de l'intérieur et son préfet du Cher. M. de Persigny s'en ouvrit un jour à l'Empereur, dans un épanchement; et, s'étant porté garant de la discrétion du préfet, il ajouta : « Deux personnes seules, Sire, sauront ce secret ; Votre Majesté, à qui je le dis aujourd'hui, et mon fils, à qui je le dirai un jour. »

Le secret a été, en effet, fidèlement gardé ; et s'il est venu, depuis la mort de l'Empereur, à la connaissance d'un très-petit nombre de personnes, c'est grâce à la communication confidentielle des *Mémoires* inédits de M. de Persigny.

Ces *Mémoires* seront certainement publiés un jour. Des esprits prévenus ou malveillants, ou mal instruits, pourraient être portés à conclure du récit que nous venons de résumer, que M. de Persigny fut la principale cause du mouvement qui entraîna la proclamation de l'Empire. Ce serait une grande erreur ; et c'est pour la prévenir que nous avons cru devoir anticiper sur la publication des *Mémoires*, en précisant beaucoup plus que n'a fait leur auteur la pensée du public et celle du Prince Louis-Napoléon à cette époque.

Il y avait trois ans, en 1852, que l'opinion des populations rurales tout entières voulait le rétablissement de l'Empire, et y poussait ; en faisant le Prince Louis-Napoléon Président de la République, le 10 décembre 1848, les paysans et les ouvriers avaient cru le faire empereur. Le plébiscite du 20 et du 21 décembre 1851 avait la même signification. M. Thiers avait donc eu raison de dire à la tribune : « l'Empire est fait ; » et pour l'établir, il n'était même pas nécessaire de le vouloir ; il suffisait de le souffrir. C'est pour cela que lorsque l'on entendit un préfet crier *Vive l'Empereur*, on prit ce cri pour un consentement officiel : et dès cet instant même, l'Empire fut debout.

De son côté, le Prince Louis-Napoléon avait toujours vu l'Empire devant lui, et il y avait marché avec confiance, beaucoup moins comme vers un but pour son ambition, que comme une nécessité logique de la tendance des populations et de la sécurité de la France. Il savait avec certitude qu'il serait Empereur ; mais il voulait être désigné par les vœux spontanés du pays, avant d'être consacré par ses suffrages.

Le voyage entrepris à travers les populations du centre et du midi, pendant l'automne de 1852, devait infailliblement poser la question, sinon la résoudre. On a vu que le Prince avait fait délibérer son Conseil des ministres à ce sujet; et que, tenant compte du partage des opinions, il avait adopté le parti de la réserve la plus absolue.

Cependant, s'il se refusait à résoudre directement le problème, il voulait le faire poser devant la France, afin qu'elle le résolût elle-même.

Trois ou quatre jours avant le départ du 14 septembre, c'est-à-dire au moment où M. de Persigny mandait le Préfet du Cher au ministère de l'intérieur, le Prince mandait au palais de Saint-Cloud un écrivain dévoué, modeste et discret, confident de quelques-unes de ses pensées, depuis trois années. Cet écrivain était devenu aux dernières élections député du Gers et membre du Conseil général, à raison du dévoûment que les populations lui savaient pour le Prince Président, depuis l'élection du 10 décembre.

Arrivé à Saint-Cloud et introduit, l'écrivain reçut la confidence de la nature des questions à poser et à résoudre.

« Vous savez, lui dit à peu près le Prince, les dispositions de l'opinion publique au sujet du rétablissement de l'Empire. Il faut préparer une brochure, que nous publierons à mon retour, et dans laquelle seront résumées et discutées avec la plus entière bonne foi les raisons de décider pour ou contre.

« Vous rappellerez l'état où se trouvait la France en 1802, lorsque l'Empereur, mon oncle, se décida à accepter la couronne des mains de la nation, résolue à la lui offrir; et vous comparerez l'état des esprits et des besoins généraux à cette époque avec la situation où ils se trouvent aujourd'hui. Vous connaissez trop bien l'époque du Consulat et le caractère du Premier consul pour avoir jamais ajouté foi aux prétendues intrigues, accréditées par M. Thiers, à l'aide desquelles Napoléon se serait fait empereur. Des intrigues peuvent faire un pouvoir, mais elles ne le soutiennent pas. C'est la France qui fit l'Empire, parce qu'elle avait besoin de stabilité au dedans, de force et de gloire au dehors.

« Après les trois années d'instabilité et de luttes que nous venons de traverser, la France actuelle a besoin de repos et de confiance en l'avenir. Ses vœux se révèlent dans des aspirations que ma présence au milieu des populations a souvent fait éclater, et auxquelles mon voyage au centre et dans le midi de la France va certainement donner carrière. Il me serait bien aisé de rétablir l'Empire, je n'aurais qu'à laisser voir que je le désire ; mais si je puis moi-même faire le second Empire, la France seule peut le faire durer, en adoptant spontanément son principe, ses institutions, et en prenant l'initiative de son retour.

« La brochure que je vous demande doit précisément avoir pour objet de poser devant l'opinion publique la question de l'Empire, et de mettre tous les hommes sincères, guidés par l'intérêt général, en situation de se prononcer loyalement et en connaissance de cause. Mon intérêt ne peut pas et ne doit pas être séparé de celui de la France. Ce n'est pas un titre plus éclatant que j'ambitionne, mais un pouvoir plus efficace, parce qu'il sera plus stable ; mais il est bien évident que ma force, comme Empereur, ne sera plus réelle et plus grande, que si le pays me l'a conférè spontanément et librement.

« Mettez-vous au travail ; à mon retour, nous le lirons ensemble ; nous y introduirons les aperçus que les événements pourront avoir nécessités, et nous provoquerons ainsi la nation à s'expliquer sur une question qu'elle a seule le droit de résoudre. »

Trois ou quatre jours après cet entretien, le Prince partit pour le Midi, et l'écrivain se rendit dans le Gers. Le 4 octobre, le Président de la République arrivera à Toulouse, où, comme beaucoup de ses collègues, le député du Gers alla lui rendre ses devoirs. Ils reprendront dans le salon de M. Chapuis de Montlaville, préfet de la Haute-Garonne, leur conversation du Palais de Saint-Cloud au sujet de la brochure projetée sur le rétablissement de l'Empire ; mais il convient, en attendant, de revenir à Bourges, où nous nous sommes arrêtés, et de suivre le Prince dans son voyage à travers les populations du centre et du midi, qui accourent au devant de lui et le couvrent de leurs acclamations.

Arrivé à Bourges, à six heures du soir, le Prince alla visiter la cathédrale, au milieu d'un concours immense ; et il accepta un bal à la Préfecture.

Le lendemain, 15 septembre, le prince arriva à Nevers, à deux heures et demie. Il fut reçu à la gare par le baron Charles Dupin, qui lui présenta le conseil municipal. Là, comme à Bourges, il fut reçu aux cris de *Vive l'Empereur!* et comme M. Charles Dupin lui faisait remarquer dans son discours le vœu exprimé par la population, le Président de la République termina sa réponse par ces mots :

« Lorsqu'il s'agit de l'intérêt général, je m'efforce toujours de devancer l'opinion publique ; mais je la suis, lorsqu'il s'agit d'un intérêt qui peut sembler personnel. »

On voit par ces paroles que l'accueil du département du Cher ne l'avait pas changé, et qu'il persistait dans la réserve absolue exposée dans la conversation avec l'écrivain mandé à Saint-Cloud. Il y persistera jusqu'à Toulouse ; et c'est là seulement que prendra une forme arrêtée la résolution qui fit l'objet du mémorable discours de Bordeaux.

De même qu'à Nevers, le Prince avait trouvé quarante mille personnes, accourues de toutes les parties du département de la Nièvre pour le saluer; de même à Moulins, le 16 ; à Roanne, le 17 ; à Saint-Etienne, le 18, il rencontra un concours immense et chaleureux.

Le 19 septembre, à deux heures et demie, l'entrée à Lyon fut triomphale.

Le lendemain, après une revue des troupes sur la place Bellecour, le Président de la République posa la première pierre du piédestal de la statue équestre élevée à l'Empereur par la ville de Lyon. C'était une occasion naturelle d'exposer ses idées sur la politique napoléonienne ainsi que sur la situation présente. Le Prince n'hésita pas à la saisir, et il prononça le discours suivant :

« Lyonnais.

« Votre ville s'est toujours associée par des incidents remarquables aux phases différentes de la vie de l'Empereur. Vous l'avez salué consul, lorsqu'il allait par delà les monts cueillir de nouveaux lauriers ; vous l'avez salué empereur tout-puissant : et lorsque l'Europe l'avait relégué dans une île, vous l'avez encore, des premiers, en 1815, salué empereur.

« De même aujourd'hui votre ville est la première qui lui élève une statue équestre. Ce fait a une signification. On n'élève de

NEVERS, RÉCEPTION DES MARINIERS.

PAYSANS DU BOURBONNAIS.

statues équestres qu'aux souverains qui ont régné ; aussi les gouvernements qui m'ont précédé ont-ils toujours refusé cet hommage à un pouvoir dont ils ne voulaient pas admettre la légitimité.

« Et cependant, qui fut plus légitime que l'Empereur, élu trois fois par le peuple, sacré par le chef de la religion, reconnu par toutes les puissances continentales de l'Europe, qui s'unirent à lui et par les liens de la politique et par les liens du sang ?

« L'Empereur fut le médiateur entre deux siècles ennemis ; il tua l'ancien régime en rétablissant tout ce que ce régime avait de bon ; il tua l'esprit révolutionnaire en faisant triompher partout les bienfaits de la Révolution : voilà pourquoi ceux qui l'ont renversé eurent bientôt à déplorer leur triomphe. Quant à ceux qui l'ont défendu, ai-je besoin de rappeler combien ils ont pleuré sa chute ?

« Aussi, dès que le peuple s'est vu libre de son choix, il a jeté les yeux sur l'héritier de Napoléon, et, par la même raison, depuis Paris jusqu'à Lyon, sur tous les points de mon passage, s'est élevé le cri unanime de *Vive l'empereur!* mais ce cri est bien plus, à mes yeux, un souvenir qui touche mon cœur qu'un espoir qui flatte mon orgueil.

« Fidèle serviteur de la France, je n'aurai jamais qu'un but, c'est de reconstituer dans ce grand pays, si bouleversé par tant de commotions et par tant d'utopies, une paix basée sur la conciliation pour les hommes, sur l'inflexibilité des principes d'autorité, de morale, d'amour pour les classes laborieuses et souffrantes, de dignité nationale.

« Nous sortons à peine de ces moments de crise où les notions du bien et du mal étant confondues, les meilleurs esprits se sont pervertis. La prudence et le patriotisme exigent que dans de semblables moments la nation se recueille avant de fixer ses destinées ; et il est encore pour moi difficile de savoir sous quel nom je puis rendre les plus grands services.

« Si le titre modeste de Président pouvait faciliter la mission qui m'est confiée, et devant laquelle je n'ai pas reculé, ce n'est pas moi qui, par intérêt personnel, désirerais changer ce titre contre celui d'Empereur. »

« Déposons donc sur cette pierre notre hommage à un grand

homme ; c'est honorer à la fois la gloire de la France et la généreuse reconnaissance du peuple ; c'est constater aussi la fidélité des Lyonnais à d'immortels souvenirs. »

Le soir, le Président de la République se rendit au théâtre ; et ce fut une occasion nouvelle de ramener les manifestations enthousiastes que sa présence faisait éclater partout.

Le 21, à huit heures du matin, le Président de la République partit pour Grenoble, où il arriva à sept heures du soir. Il y séjourna le 22, passa la revue des troupes et visita les forts. Le 23, il arriva à Valence, où il accepta le bal offert par la ville ; le 24, après une visite faite à la cathédrale, il s'embarque sur le vapeur *le Parisien*, qui le conduit à Avignon, où il passe une revue et visite l'hospice ; le 25, il part d'Avignon à onze heures et demie, et arrive à Marseille, à quatre heures.

A Marseille, comme à Lyon, comme à Avignon, comme à Valence et à Grenoble, le concours des populations environnantes fut immense, ce n'étaient que cris de *vive Napoléon! vive l'Empereur!*

Le 26, le Prince pose la première pierre de la cathédrale, et, debout, au milieu de la foule émue et recueillie qui l'environne, il s'exprime ainsi :

« Messieurs,

« Je suis heureux que cette occasion particulière me permette de laisser dans cette grande ville une trace de mon passage et que la pose de la première pierre de la cathédrale soit l'un des souvenirs qui se rattachent à ma présence parmi vous. Partout, en effet, où je le puis, je m'efforce de soutenir et de propager les idées religieuses, les plus sublimes de toutes, puisqu'elles guident dans la fortune et consolent dans l'adversité. Mon Gouvernement, je le dis avec orgueil, est peut-être le seul qui ait soutenu la religion pour elle-même ; il la soutient non comme instrument politique, non pour plaire à un parti, mais uniquement par conviction, et par amour du bien qu'elle inspire comme des vérités qu'elle enseigne.

« Lorsque vous irez dans ce temple appeler la protection du ciel sur les têtes qui vous sont chères, sur les entreprises que vous avez commencées, rappelez-vous celui qui a posé la première pierre de cet édifice, et croyez que, s'identifiant à l'avenir de cette grande Cité, il entre par la pensée dans vos prières et dans vos espérances. »

Ce témoignage que le Prince se rendait à lui-même, au sujet de ses loyaux sentiments envers la religion, des prélats le lui avaient rendu spontanément. On a vu, en effet, des gouvernements se servir de la religion pour consolider leur pouvoir, et la compromettre dans leurs brigues. Le Prince Louis-Napoléon était un catholique convaincu et il croyait sans ostentation. Pendant les trois années de la présidence, il eut au palais de l'Elysée une chapelle privée, desservie par M. l'abbé Laine, et dans laquelle, à l'insu du public, il assistait à l'office du dimanche, environné de sa maison.

Le 27 septembre, le Prince-Président s'embarque à bord du *Napoléon*, et se dirige vers Toulon, où il arrive à trois heures et demie, et d'où il repart le 29, après avoir accepté le bal de la ville. Revenu à Marseille le 29, il arrive à Aix à quatre heures, et, le 30, à Nimes, où toute la population des environs l'attendait. Le 1er octobre, il visite Montpellier, où il accepte de se rendre au bal du Manége, que les artisans et les ouvriers donnaient en son honneur. Au milieu des acclamations qui l'accueillirent, on entendit le cri de *vive l'amnistie!* à ce mot, le Prince se retourna, et dit : « J'entends des cris de *vive l'amnistie!* l'amnistie est encore plus dans mon cœur que dans votre bouche ; si vous la désirez, rendez-vous en dignes par votre sagesse et votre patriotisme. » Et ces paroles, dont personne ne suspectait la loyauté, soulevèrent un long cri de *vive l'Empereur!*

Le 2 octobre, le Prince passe à Pézénas, à Béziers, et s'arrête à Narbonne. Le 3, il arrive à Carcassonne ; partout le même concours, le même accueil, les mêmes acclamations.

Le 4 octobre, à 3 heures, il arrive à Toulouse, où l'attendaient deux cent mille personnes, accourues de l'Aveyron, du Gers, de l'Ariége et même de la République d'Andorre.

Hommes, femmes, vieillards, enfants, tout ce qui pouvait marcher, monter à cheval ou aller en voiture, était accouru dans la nuit ou pendant la matinée. On campait dans les rues et sur les places publiques. On voulait voir Napoléon, l'homme du 10 décembre, celui qui venait de chasser les assassins des gendarmes et des prêtres. Lorsqu'il apparut à l'entrée de la ville, les cris de *vive Napoléon ! vive l'Empereur !* éclatèrent comme un tonnerre, et le suivirent jusqu'à la place Saint-Étienne, où il descendit à l'hôtel de la Préfecture.

Le séjour à Toulouse remplit le reste de la journée du 4 et toute la journée du 5. Il y eut *Te Deum* à la cathédrale, revue des troupes au Polygone, réception dans la salle du trône, au Capitole, des députations du département de la Haute-Garonne et des départements voisins. Les deux députations les plus remarquées furent assurément celles du Val d'Andorre, qui avaient envoyé ses Syndics et son Viguier, et celle de la Vallée de Bémale, qui avait envoyé ses douze plus belles filles, remplissant un char pavoisé.

Il y avait juste vingt jours que le Prince-Président était parti de Paris, les esprits s'étaient enflammés, les solutions politiques avaient marché ; et la base de la brochure demandée, au Palais de Saint-Cloud, à l'écrivain dévoué dont nous avons parlé, s'était bien modifiée. Naturellement, cet écrivain, député du Gers, était accouru à Toulouse, avec les quarante mille habitants du département qui étaient allés voir le Prince et le saluer. Invité, le 4 au soir, au dîner de quatre-vingts couverts donné par le Prince à la Préfecture, il y eut entre lui et le Prince, en sortant de table, au milieu du grand salon, un entretien faisant suite à celui de Saint-Cloud, et que les événements rendaient aussi intéressant que nécessaire.

Le Prince, faisant un signe du regard à l'écrivain, qui sortit de la salle à manger et entra dans le salon à côté de lui, lui dit en riant : « Eh bien ! le Peuple a fait la brochure avant nous ! »

— « Oui, Prince, et elle me paraît concluante. La moitié de mon département est ici ; et, vous avez pu l'entendre comme moi, il n'a qu'un cri, il demande l'Empire. Le lui donnerez-vous ?

— « C'est une détermination bien délicate à prendre. Vous connaissez mes sentiments ; je ne désire pas un pouvoir plus grand pour moi ; je ne l'accepterai que si le pays le croit nécessaire pour lui-même. Sans doute, sa volonté s'est clairement exprimée pendant mon voyage ; j'ai entendu à Lyon, à Grenoble, à Marseille, partout, ce que j'entends ici ; on veut l'Empire ; mais, c'est égal ; la situation est délicate ; et le parti à prendre mérite réflexion. »

Le Prince ne disait pas toujours à ses plus dévoués serviteurs tout ce qu'il pensait ; mais il leur permettait de lui dire tout ce qu'ils pensaient eux-mêmes. Son interlocuteur le connaissait bien ; il n'hésita donc pas à reprendre l'ordre de ses idées.

— « Prince, ajouta-t-il, il n'y a plus à hésiter ; la pensée du peuple vous est aujourd'hui bien connue ; il vous l'a dite lui-même ; il veut l'Empire ; il le veut, à la fois, pour lui et pour vous. Il ne veut pas avoir à revenir périodiquement sur des élections successives ; il lui a fallu trois ans de patience pour obtenir ce qu'il désirait ; il veut le garder. Votre refus de prendre la couronne ne se concevrait pas. On chercherait la cause de ce refus, et l'on n'en trouverait qu'une : on dirait que vous avez peur ! Oui, on dirait que vous avez peur de l'Europe. Cela n'est pas, cela ne saurait être ; mais on le croirait, faute d'une autre explication. Une pareille idée vous affaiblirait dans l'esprit des populations, qui vous ont choisi à cause de votre nom, qui signifie courage ! »

Durant cette courte reprise de l'entretien, le Prince resta impénétrable, et ne répondit rien, ce qui était son habitude lorsqu'il voulait réserver sa pensée. Néanmoins, en entendant dire que son refus de rétablir l'Empire serait interprété par de la peur, son œil calme s'alluma d'une flamme rapide ; et tout son corps eut un léger mouvement ; mais il garda le silence. Le vieux marquis de Portes, depuis sénateur, se détachant du cercle, intervint peut-être un peu indiscrètement dans la conversation ; et l'écrivain s'inclina et s'écarta, sachant bien qu'il serait rappelé, s'il y avait lieu.

La journée du lendemain se passa et le départ du 6 pour Agen eut lieu, sans qu'il fût de nouveau question de la brochure ; et le député du Gers rentra chez lui, bien persuadé que le Prince allait enfin prendre son parti, et que la brochure n'était plus à faire. Il était, en effet, à peine rentré dans sa famille, que les journaux lui apportèrent le célèbre discours de Bordeaux, où la question était résolue.

C'est le 7 octobre que le Prince arriva à Bordeaux. L'accueil y fut splendide. Le 8, il y eut revue des troupes ; le 9, le Prince accepta le dîner offert par la chambre de commerce ; et le Président lui ayant porté un toast, il y répondit par le discours suivant :

« Messieurs,

« L'invitation de la chambre de commerce de Bordeaux, que j'ai acceptée avec empressement, me fournit l'occasion de remercier votre grande cité de son accueil si cordial, de son hospitalité si pleine de magnificence ; et je suis bien aise aussi, vers la fin de mon voyage, de vous faire part des impressions qu'il m'a laissées.

« Le but de mon voyage, vous le savez, était de connaître par moi-même nos belles provinces, d'approfondir leurs besoins. Il a toutefois donné lieu à un résultat beaucoup plus important.

« En effet, je le dis avec une franchise aussi éloignée de l'orgueil que d'une fausse modestie, jamais peuple n'a témoigné d'une manière plus directe, plus spontanée, plus unanime, la volonté de s'affranchir des préoccupations de l'avenir, en consolidant dans la même main un pouvoir qui lui est sympathique. C'est qu'il connaît, à cette heure, et les trompeuses espérances dont on le berçait et les dangers dont il était menacé. Il sait qu'en 1852 la société courait à sa perte, parce que chaque parti se consolait d'avance du naufrage général par l'espoir de planter son drapeau sur les débris qui pourraient surnager. Il me sait gré d'avoir sauvé le vaisseau en arborant seulement le drapeau de France.

« Désabusé d'absurdes théories, le peuple a acquis la conviction que les réformateurs prétendus n'étaient que des rêveurs, car il y avait toujours inconséquence, disproportion entre leurs moyens et les résultats promis.

« Aujourd'hui la France m'entoure de ses sympathies, parce que je ne suis pas de la famille des idéologues. Pour faire le bien du pays, il n'est pas besoin d'appliquer de nouveaux systèmes, mais de donner, avant tout, confiance dans le présent, sécurité dans l'avenir. Voilà pourquoi la France semble vouloir revenir à l'Empire.

« Il est néanmoins une crainte à laquelle je dois répondre. Par esprit de défiance, certaines personnes se disent : l'Empire, c'est la guerre. Moi je dis : l'Empire, c'est la paix.

« C'est la paix, car la France la désire, et, lorsque la France est satisfaite, le monde est tranquille. La gloire se lègue bien à titre d'héritage, mais non la guerre. Est-ce que les princes qui s'honoraient justement d'être les petits-fils de Louis XIV ont recommencé ses luttes ? La guerre ne se fait pas par plaisir, elle se fait par nécessité ; et, à ces époques de transition où partout, à côté de tant d'éléments de prospérité, germent tant de causes de mort, on peut dire avec vérité : Malheur à celui qui, le premier, donnerait en Europe le signal d'une collision dont les conséquences seraient incalculables !

« J'en conviens cependant, j'ai, comme l'Empereur, bien des conquêtes à faire. Je veux, comme lui, conquérir à la conciliation les partis dissidents et ramener dans le courant du grand fleuve populaire les dérivations hostiles qui vont se perdre sans profit pour personne.

« Je veux conquérir à la religion, à la morale, à l'aisance, cette partie encore si nombreuse de la population qui, au milieu d'un pays de foi et de croyance, connaît à peine les préceptes du Christ ; qui au sein de la terre la plus fertile du monde, peut à peine jouir de ses produits de première nécessité.

« Nous avons d'immenses territoires incultes à défricher, des routes à ouvrir, des ports à creuser, des rivières à rendre navigables, des canaux à terminer, notre réseau de chemins de fer à compléter. Nous avons, en face de Marseille, un vaste royaume à assimiler à la France. Nous avons tous nos grands ports de l'Ouest à rapprocher du continent américain par la rapidité de ces communications qui nous manquent encore. Nous avons partout enfin des ruines à relever, des faux dieux à abattre, des vérités à faire triompher.

« Voilà comment je comprendrais l'Empire, si l'Empire doit se rétablir. Telles sont les conquêtes que je médite, et vous tous qui m'entourez, qui voulez, comme moi, le bien de notre patrie, vous êtes mes soldats. »

Après ce discours, l'Empire était virtuellement rétabli, car il ne restait plus qu'à réunir le Sénat, qui seul pouvait proposer de

PRESENTATION DANS LA SALLE DU TRONE, A TOULOUSE.

modifier la constitution, et qu'à consulter le peuple, dont la pensée était connue d'avance.

Le 10 octobre, le Prince reprit son voyage triomphal; il arriva le même jour à Angoulême; le 11, à Rochefort; le 12, à La Rochelle; le 13, à Niort; le 14, à Poitiers; le 15, à Tours, après s'être arrêté à Châtellerault.

Le 16, en reprenant la route de Paris, le Prince s'arrêta à Amboise. Abd-el-Kader était prisonnier dans le château. Le Prince se le fit présenter, et il lui donna la liberté, en lui adressant les paroles suivantes:

ABD-EL-KADER,

« Je viens vous annoncer votre mise en liberté. Vous serez conduit à Brousse, dans les Etats du sultan, dès que les préparatifs nécessaires seront faits, et vous y recevrez du gouvernement français un traitement digne de votre ancien rang.

« Depuis longtemps, vous le savez, votre captivité me causait une peine véritable, car elle me rappelait sans cesse que le gouvernement qui m'a précédé n'avait pas tenu les engagements pris envers un ennemi malheureux, et rien à mes yeux de plus humiliant pour le gouvernement d'une grande nation que de méconnaître sa force au point de manquer à sa promesse. La générosité est toujours la meilleure conseillère, et je suis convaincu que votre séjour en Turquie ne nuira pas à la tranquillité de nos possessions d'Afrique.

« Votre religion, comme la nôtre, apprend à se soumettre aux décrets de la Providence. Or, si la France est maîtresse de l'Algérie, c'est que Dieu l'a voulu, et la nation ne renoncera jamais à cette conquête.

« Vous avez été l'ennemi de la France, mais je n'en rends pas moins justice à votre courage, à votre caractère, à votre résignation dans le malheur; c'est pourquoi je tiens à honneur de faire cesser votre captivité, ayant pleine foi en votre parole. »

L'Émir, profondément ému de ces généreuses et nobles paroles, témoigna au Prince sa respectueuse et éternelle reconnaissance.

et jura sur le Coran qu'il ne tenterait jamais de troubler notre domination en Afrique ; il ajouta que la loi du Prophète défendait de manquer aux engagements pris, même envers les chrétiens ; et il montra au Prince le verset du Coran qui condamne, sans exception ni réserve, quiconque viole la foi jurée même envers les infidèles.

L'Emir a tenu sa parole ; et le chef du Gouvernement français n'a eu qu'à s'applaudir et à s'honorer de sa générosité.

Enfin, le 16 octobre, à 2 heures, eut lieu la rentrée du Prince à Paris. Elle fut triomphale. Les ministres, des députations des grands corps de l'Etat, l'archevêque de Paris et son clergé, tous les états-major, la cour de cassation, les tribunaux civils, l'attendaient à la gare, enveloppée d'un immense concours de population.

Après la réception, le Prince monta à cheval, suivi d'un grand nombre d'officiers généraux, et entra en ville. Arrivé sur la place Walhubert, où avait été élevé un arc de triomphe magnifique, portant cette inscription : LA VILLE DE PARIS A LOUIS-NAPOLÉON EMPEREUR. Il se dirigea vers le pavillon sous lequel l'attendaient le préfet de la Seine, M. Berger, qui harangua le Prince au nom de la Capitale.

Ainsi, après Lyon, Marseille, Toulouse, Bordeaux, la ville de Paris acclamait l'Empire, avec autant de sincérité et avec plus d'éclat que les autres !

D'autres arcs de triomphe, en grand nombre, ornaient la ligne des boulevards, que le Prince parcourut toute entière, partout salué, partout acclamé, jusqu'au jardin des Tuileries, où étaient rangées les députations des halles et des marchés. Ces hommes du peuple de Paris, vivant avec lui, par lui, comme lui, étaient l'expression vivante de ses sentiments. Après le défilé de ces députations, le Prince rentra au Palais des Tuileries, laissant la ville entière animée et remplie d'une affectueuse émotion.

Le 19 octobre parut un décret qui convoquait le Sénat pour le 4 novembre. Le Roi Jérôme présidait la séance ; mais, obéissant à des scrupules personnels, parfaitement honorables, et jaloux d'écarter jusqu'aux apparences d'une participation qui n'aurait pas exclusivement en vue les grands intérêts de l'Etat, il laissa au vice-président, M. Mesnard, le soin et l'honneur de diriger la discussion.

Le ministre d'Etat, M. Fould, fut introduit, et, au nom du Prince, président de la République, il donna lecture du message suivant :

« Messieurs les sénateurs,

« La nation vient de manifester hautement sa volonté de rétablir l'Empire. Confiant dans votre patriotisme et vos lumières, je vous ai convoqués pour délibérer légalement sur cette grave question et vous remettre le soin de régler le nouvel ordre de choses. Si vous l'adoptez, vous penserez sans doute, comme moi, que la constitution de 1852 doit être maintenue, et alors les modifications reconnues indispensables ne toucheront en rien aux bases fondamentales.

» Le changement qui se prépare portera principalement sur la forme : et cependant reprendre le symbole impérial est pour la France d'une immense signification. En effet, dans le rétablissement de l'Empire, le peuple trouve une garantie à ses intérêts et une satisfaction à son juste orgueil : ce rétablissement garantit ses intérêts en assurant l'avenir, en fermant l'ère des révolutions, en consacrant encore les conquêtes de 89. Il satisfait son juste orgueil, parce que, relevant avec liberté et avec réflexion ce qu'il y a trente-sept ans l'Europe entière avait renversé par la force des armes au milieu des désastres de la patrie, le peuple venge noblement ses revers sans faire de victimes, sans menacer aucune indépendance, sans troubler la paix du monde.

» Je ne me dissimule pas néanmoins tout ce qu'il y a de redoutable à accepter aujourd'hui et à mettre sur sa tête la couronne de Napoléon ; mais mes appréhensions diminuent par la pensée que, représentant à tant de titres la cause du peuple et la volonté nationale, ce sera la nation qui, en m'élevant au trône, se couronnera elle-même.

« Fait au palais de Saint-Cloud, le 4 novembre 1852. »

La lecture de ce Message terminée, M. le ministre d'Etat fut reconduit ; et aussitôt, conformément aux prescriptions du décret organique du 22 mars précédent, une proposition de modification de la constitution, signée de dix sénateurs, fut déposée entre les mains du Président du Sénat.

Aux termes du même décret, les bureaux furent immédiatement réunis, et ils émirent l'avis unanime que la proposition devait être prise en considération et serait lue en séance générale.

Conformément au règlement, cette proposition fut immédiatement transmise au ministre d'État.

Après une heure d'attente, le Président du Sénat reçut du gouvernement, par l'intermédiaire du ministre d'État, la réponse suivante :

« Monseigneur.

« Vous m'avez donné connaissance d'un projet de sénatus-consulte, ayant pour objet le rétablissement de l'Empire, qui vient d'être déposé dans la séance de ce jour.

« J'ai l'honneur de vous remercier de cette communication. Je m'empresse de vous faire savoir que le gouvernement ne s'oppose pas à la prise en considération de ce projet, et que, suivant décret ci-joint, MM. Baroche, vice-président du Conseil d'État; Rouher, président de la section de législation, et Delangle, conseiller d'État, sont chargés de représenter le gouvernement dans la délibération à laquelle ce sénatus-consulte donnera lieu. »

Ainsi, la proposition de rétablir l'Empire était devenue un projet de loi, soumis comme tous les autres à l'examen d'une commission, nommé par les cinq bureaux.

La commission s'étant immédiatement réunie, nomma M. Troplong pour rapporteur.

Le 6 novembre, le Sénat se réunit sous la présidence de M. Mesnard, premier vice-président, pour entendre la lecture du rapport et du projet de sénatus-consulte dont il était suivi. M. Baroche, vice-président du conseil d'État, M. Rouher, président de la section de législation, et M. Delangle, conseiller d'État, furent introduits.

Le rapport de M. Troplong, œuvre de l'un des esprits les plus éminents et de l'un des plus grands jurisconsultes qu'ait produits la France, apprécie la nature des institutions impériales avec une droiture et une hauteur de raison qui ne sauraient être dépassées. Ce rapport était suivi d'un projet de Sénatus-Consulte, dont les articles 1 et 2 étaient ainsi conçus :

« Art. 1ᵉʳ. La dignité impériale est rétablie.

« Louis-Napoléon Bonaparte est Empereur, sous le nom de Napoléon III.

« Art. 2. La dignité impériale est héréditaire dans la descendance directe et légitime de Louis-Napoléon Bonaparte, de mâle en mâle, par ordre de primogéniture, et à l'exclusion perpétuelle des femmes et de leur descendance.

Le lendemain, 7 novembre, le Sénat examina et vota article par article le projet de sénatus-consulte, lequel fut adopté par quatre-vingt-six voix sur quatre-vingt-sept membres présents. On supposa que la voix dissidente était celle de M. Vieillard, ancien précepteur du Prince.

Après la séance, tous les sénateurs en costume, les cardinaux en robe rouge, précédés d'une escorte de cavalerie, se rendirent au palais de Saint-Cloud. Ils étaient réunis dans la grande galerie, lorsque le Prince-Président entra, entouré de ses ministres, des commissaires désignés par le Conseil d'État et suivi de sa maison militaire. Le cri de *Vive l'Empereur!* salua son entrée.

M. le premier vice-président du Sénat lui ayant remis le Sénatus-Consulte, le Prince le remercia par un discours. Puis, après s'être entretenus individuellement avec le chef de l'Etat, les sénateurs rentrèrent à Paris, précédés et suivis de la même escorte.

Un décret du 8 novembre convoqua le peuple français dans ses comices, les 21 et 22 novembre courant, pour accepter ou rejeter au scrutin secret, par *oui* ou par *non*, le sénatus-consulte, ainsi résumé :

« Le peuple Français veut le rétablissement de la dignité impériale dans la personne de Louis-Napoléon Bonaparte, avec hérédité dans sa descendance directe, légitime ou adoptive, et lui donne le droit de régler l'ordre de succession au trône dans la famille Bonaparte. »

Tous les Français âgés de vingt et un ans, jouissant de leurs droits civils et politiques étaient appelés à voter.

Un autre décret, du même jour, convoquait le Corps législatif pour le 25 novembre, à l'effet de constater la régularité des votes, d'en faire le recensement et d'en déclarer le résultat.

Réuni en séance le jour indiqué, le Corps législatif reçut du Prince-Président le message suivant :

« Messieurs les députés,

« Je vous ai rappelés de vos départements pour vous associer au grand acte qui va s'accomplir. Quoique le Sénat et le peuple aient seuls le droit de modifier la Constitution, j'ai voulu que le corps politique issu comme moi du suffrage universel vînt attester au monde la spontanéité du mouvement national qui me porte à l'Empire.

« Je tiens à ce que ce soit vous qui, en constatant la liberté du vote et le nombre des suffrages, fassiez sortir de votre déclaration toute la légitimité de mon pouvoir; aujourd'hui, en effet, déclarer que l'autorité repose sur un droit incontestable, c'est lui donner la force nécessaire pour fonder quelque chose de durable et assurer la prospérité du pays.

« Le gouvernement, vous le savez, ne fera que changer de forme. Dévoué aux grands intérêts que l'intelligence enfante et que la paix développe, il se contiendra, comme par le passé, dans les limites de la modération, car le succès n'enfle jamais d'orgueil l'âme de ceux qui ne voient dans leur élévation nouvelle qu'un devoir plus grand imposé par le peuple, qu'une mission plus élevée confiée par la Providence. »

Le recensement des votes émis les 21 et 22 novembre fut opéré par le Corps législatif dans sa séance du 1ᵉʳ décembre.

Il fut constaté que les opérations du vote avaient été partout librement et régulièrement accomplies. Le recensement général des suffrages émis sur le projet de Plébiscite avait donné le résultat suivant :

Votants oui. . . . 7,824,189.
Votants non. . . . 253,145.

En conséquence, le Corps législatif déclara que le Peuple avait adopté le projet de Plébiscite, et que l'Empire était rétabli en la personne de Louis-Napoléon.

Un cri unanime de *vive l'Empereur* accueillit cette déclaration; et il fut unanimement déclaré que le Corps législatif se transporterait, à huit heures du soir, au palais de Saint-Cloud, pour présenter à Sa Majesté l'Empereur le résultat des votes du peuple Français.

Ce soir même, à l'heure dite, le Sénat et le Corps législatif, en costume, se rendirent à Saint-Cloud. Les voitures, escortées de détachements de cavalerie, étaient précédées de cavaliers portant des torches. Les deux Corps furent immédiatement reçus.

Il était neuf heures moins un quart. L'Empereur accompagné du prince Jérôme, son oncle; du prince Napoléon Bonaparte, son cousin, précédé du comte Bacciochi, maître des cérémonies, des aides de camp et officiers d'ordonnance, suivi de ses ministres, se rendit dans la grande galerie, au fond de laquelle un trône avait été dressé.

M. Billaut, président du Corps législatif, et M. Mesnard, vice-président du Sénat, adressèrent successivement la parole à l'Empereur, qui leur répondit en ces termes :

« Messieurs,

« Le nouveau régime que vous inaugurez aujourd'hui n'a pas pour origine, comme tant d'autres dans l'histoire, la violence, la conquête ou la ruse. Il est, vous venez de le déclarer, le résultat légal de la volonté de tout un peuple qui consolide au milieu du calme ce qu'il avait fondé au sein des agitations. Je suis pénétré de reconnaissance envers la nation qui, trois fois en quatre années, m'a soutenu de ses suffrages, et chaque fois n'a augmenté sa majorité que pour accroître mon pouvoir.

« Mais plus le pouvoir gagne en étendue et en force vitale, plus il a besoin d'hommes éclairés comme ceux qui m'entourent chaque jour, d'hommes indépendants comme ceux auxquels je m'adresse, pour m'aider de leurs conseils, pour ramener mon autorité dans de justes limites si elle pouvait s'en écarter jamais.

« Je prends dès aujourd'hui, avec la couronne, le nom de Napoléon III, parce que la logique du peuple me l'a déjà donné dans ses acclamations, parce que le Sénat l'a proposé légalement et parce que la nation entière l'a ratifié.

« Est-ce à dire cependant qu'en acceptant ce titre je tombe dans l'erreur reprochée au prince qui, revenant de l'exil, déclara nul et non avenu tout ce qui s'était fait en son absence ? Loin de moi un semblable égarement. Non-seulement je reconnais les gouvernements qui m'ont précédé, mais j'hérite en quelque sorte de ce qu'ils ont fait de bien ou de mal : car les gouvernements qui se succèdent sont, malgré leur origine différente, solidaires de leurs devanciers. Mais, plus j'accepte tout ce que depuis cinquante ans l'histoire nous transmet avec son inflexible autorité, moins il m'était permis de passer sous silence le règne glorieux du chef de ma famille et le titre régulier, quoique éphémère, de son fils, que les Chambres proclamèrent dans le dernier élan du patriotisme vaincu. Ainsi donc le titre de Napoléon III n'est pas une de ces prétentions dynastiques et surannées qui semblent une insulte au bon sens et à la vérité : c'est l'hommage rendu à un gouvernement qui fut légitime et auquel nous devons les plus belles pages de notre histoire moderne. Mon règne ne date pas de 1815, il date de ce moment même où vous venez me faire connaître les suffrages de la nation.

« Recevez donc mes remercîments, Messieurs les députés, pour l'éclat que vous avez donné à la manifestation de la volonté nationale, en la rendant plus évidente par votre contrôle, plus imposante par votre déclaration. Je vous remercie aussi, Messieurs les Sénateurs d'avoir voulu être les premiers à m'adresser vos félicitations, comme vous avez été les premiers à formuler le vœu populaire.

« Aidez-moi tous à asseoir sur cette terre bouleversée par tant de révolutions un gouvernement stable qui ait pour bases la religion la justice, la probité, l'amour des classes souffrantes.

« Recevez ici le serment que rien ne me coûtera pour assurer la prospérité de la patrie, et que, tout en maintenant la paix, je ne céderai rien de tout ce qui touche à l'honneur et à la dignité de la France. »

Le lendemain, 2 décembre, à dix heures, le Préfet de la Seine proclama l'Empire du haut des marches de l'Hôtel-de-Ville, au milieu des proclamations enthousiastes de la foule; et, à deux heures, après une revue passée par l'Empereur, dans la cour du Carrousel, le maréchal de Saint-Arnaud, ministre de la guerre, le proclama devant l'armée, et M. de Persigny, ministre de l'intérieur, en fit la proclamation devant la garde nationale.

Ainsi était relevé, le 2 décembre 1852, le trône impérial, brisé en 1815 par les baïonnettes étrangères, non par le peuple, qui conserva inaltérables son respect et son affection au fondateur de la dynastie des Napoléon.

TABLE DES MATIÈRES

	PAGES
Préface	1

Livre Premier. — Naissance de Louis Napoléon Bonaparte. — Caractère de la reine Hortense et de ses deux enfants. — Leur éducation. — Jeunesse du prince Louis. — Ses études. — Ses participations aux événements d'Italie. — 1808-1836. ... 5

Livre Deuxième. — Etats des esprits en 1836. — Espérances que le prince Louis-Napoléon fait concevoir. — Tentative de Strasbourg. — Transportation en Amérique. — Retour. — Mort de la reine Hortense. — Le prince se réfugie en Angleterre. — Progrès des idées Bonapartistes. — Le Gouvernement envoie chercher les restes de l'Empereur à Sainte-Hélène. — Tentative de Boulogne. — Echec. — Procès devant la cour des Pairs. — Le prince est condamné à la prison perpétuelle. — Forteresse de Ham. — 1836-1845. ... 88

Livre Troisième. — Le prince prisonnier à Ham. — Calme de son esprit. — Ses travaux. — Analyse de ses ouvrages. — Sa résignation. — Sa popularité. — Il apprend la dernière maladie du roi Louis et demande l'autorisation de se rendre près de lui. — Refus du Roi. — Il prépare une évasion. — Concours que lui donnent le docteur Conneau et Ch. Thélin. — Evasion du 26 mai 1846. — Son arrivée à Londres. — Refus du chargé d'affaires de Toscane de lui permettre de se rendre à Florence. — Révolution de 1848. — Le prince se rend à Paris. — Il est repoussé par le Gouvernement provisoire. — Affaiblissement de la République par ses excès. — L'attention publique se porte sur le prince. — Il est élu député de l'Assemblée constituante. — Incidents divers. — Il vient prendre sa place à l'Assemblée. — Elaboration de la Constitution. — Il accepte la candidature à la présidence de la République. — Election du 10 décembre 1848. — Le prince à l'Elysée. ... 171

Livre Quatrième. — Idée générale que rédige le Président de la République. — Il se subordonne absolument à la volonté du pays. — Responsable il veut être libre. — Lettre à M. Léon de Malleville. — Représentant de l'autorité il veut être conservateur. — Lettre au prince Napoléon. — Proposition. — Roteau. — Dissolution de la Constituante. — Elections générales du 13 mai 1849. — Affaires d'Italie. — Siège et prise de Rome. — Emeute du 13 juin. — M. Ledru-Rollin à son vasistas. — Lutte de l'Assemblée contre le Président. — Message et ministère du 31 octobre. — Rapprochement temporaire. — Les Burgraves de l'Elysée. — Luttes nouvelles. — Le Président se met en rapport avec les populations. — Voyage à Lyon, à Strasbourg, à Caen, à Cherbourg. — Accroissement de la popularité du Président. — Hostilité et rivalité du général Changarnier. — Rupture ouverte de l'Assemblée avec le Président de la République. ... 227

Livre Cinquième. — Ministère du 24 janvier 1851. — Interpellation de M. Howyn de Tranchère. — Discrédit des Burgraves. — Refus de la dotation. — Le Président de la République fait vendre ses chevaux. — Il refuse les souscriptions publiques. — Proposition de M. Creton. — Projet de fusion. — Les princes d'Orléans les font échouer. — Ministère du 10 avril. — Pétition pour la révision de la Constitution — Elle n'a pas les trois quarts des suffrages et est rejetée. — Quatre-vingts conseils généraux l'avaient demandée. — Résolution d'appel au peuple. — Ministère du 27 octobre. — Intrigues des partis pour substituer des rivaux au Prince. — M. Carnot, le prince de Joinville, M. LaRochejacquelein, M. Nadot, M. Changarnier, candidats de la présidence. — Proposition des Questeurs. — Séance révolutionnaire. — Préparation de résistance armée. — Rejet de la proposition des Questeurs. — Discussions publiques des divers modes de papier d'Etat — Inanité de ces projets. — Offres de M. de Falloux. — Le Président les décline. — Soirée du 21 décembre 1851. ... 283

Livre Sixième. — Mesures militaires et de police pour l'exécution du coup d'Etat. — Arrestations. — Placement des troupes. — Réunion des députés à la mairie du Xe arrondissement. — Proclamation au peuple Français et à l'armée. — Convocation pour le Plébiscite du 21 décembre. — Emeutes et luttes du 4 décembre. — Emeutes dans les départements. — Résultat du Plébiscite. — Le Président élu pour 10 ans. — Organisation des nouveaux pouvoirs. — Corps législatif, Sénat, Conseil d'Etat. — Première session législative. — Actes accomplis pendant la période de la dictature. — Décrets du 23 janvier. — Fête de l'armée, bénédiction des drapeaux, distribution des aigles. — Vacances parlementaires. — Voyage du Prince dans les départements du centre et du midi. — Version des *Mémoires* de M. de Persigny à ce sujet. — Rectification de cette version — Entretien de Saint-Cloud et de Toulouse. — Discours de Bordeaux. — Rentrée triomphale à Paris. — Sénatus-consulte. — Plébiscite. — Proclamation de l'Empire, le 2 décembre 1852. 331

TABLE DES GRAVURES

	PAGES
Portrait de Napoléon III.	
— de la reine Hortense	13
— du roi de Hollande	21
Le chant national	29
Le château d'Arenenberg	37
Les adieux	45
Le prince Louis-Napoléon arrête des chevaux emportés	53
Le capitaine d'artillerie Bonaparte	61
Louis-Napoléon à Thoun	69
Arenenberg. Salon de la reine	77
Le prince Eugène	85
Fialin de Persigny	93
Strasbourg	101
Sainte-Hélène : Tombeau de l'Empereur	109
Boulogne	117
Le général Bertrand. Le général de Montholon	125
Le fort de Ham	133
Ham. Le jardin du prisonnier. La chambre du prisonnier	141
La colonne	147
La translation des cendres	159
Tombeau de Napoléon Ier aux Invalides	165
Vue des Invalides	173
Le prince Louis-Napoléon en 1840. (D'après un portrait du temps)	181
Ham	189
Combat du Château d'Eau, 24 février 1848	197
Le 15 mai à l'Assemblée nationale	205
Émeutes de juin, une barricade	213
Louis-Napoléon, Président de la République, à la tribune de l'Assemblée, 20 décembre	221
Le Palais de l'Élysée	229
Prise de Rome	236
Le général Niel	245
Haute Cour de Versailles	253
Le Président à Lyon	261
Collation à la revue de Satory	269
M. Baroche. M. Rouher	277
Vente des chevaux du Président	285
Inauguration du chemin de fer de Lyon	293
Commission de révision de la constitution	301
Le général de Saint-Arnaud	309
Le maréchal Magnan	317
Distribution des croix aux Exposants	325
Réunion des généraux chez le général Magnan	333
Le matin du 2 décembre	341
Scène à la mairie du Xe	349
Émeutes dans les départements	357
Le Corps législatif à Saint-Cloud	365
Distribution des aigles	373
Nevers, réception des mariniers paysans du Bourbonnais	381
Présentation dans la Salle du trône, à Toulouse	389

www.ingramcontent.com/pod-product-compliance
Lightning Source LLC
Chambersburg PA
CBHW052125230426
43671CB00009B/1121